RH, les apports
de la psychologie du travail

2. MANAGEMENT DES ORGANISATIONS

Éditions d'Organisation
Groupe Eyrolles
61, Bd Saint-Germain
75240 Paris Cedex 05
www.editions-organisation.com
www.editions-eyrolles.com

Cet ouvrage a d'abord été publié en un seul volume,
la première édition sous le titre : *RH, les apports de la psychologie du travail*,
la deuxième édition sous le titre : *La psychologie du travail*

© Groupe Eyrolles, 2006
ISBN : 2-7081-3463-9

Sous la direction de

Claude **Claude** **Jean-Pierre**
LÉVY-LEBOYER **LOUCHE** **ROLLAND**

RH, les apports
de la psychologie du travail

2. MANAGEMENT
DES ORGANISATIONS

Éditions
d'Organisation

SOMMAIRE

LES AUTEURS 9

AVANT-PROPOS
De la théorie à la pratique et de la pratique à la théorie 15
Claude Lévy-Leboyer, Claude Louche, Jean-Pierre Rolland

INTRODUCTION
Le management des organisations 25
Claude Louche

PREMIÈRE PARTIE
GÉRER LE CHANGEMENT ET LA DIVERSITÉ

CHAPITRE 1
Le management interculturel 33
Miriam Erez

CHAPITRE 2
Comment réussir l'introduction de changements :
les apports de la justice organisationnelle 53
Dirk D. Steiner et Florence Rolland

CHAPITRE 3
Comment conduire un changement organisationnel ? 71
Yves-Frédéric Livian

CHAPITRE 4

Recruter ou non des travailleurs handicapés ? 85
Nathalie Bayle et Jacques Curie

CHAPITRE 5

**Comment insérer les bas niveaux de qualification
dans les entreprises ?** 107
Denis Castra

CHAPITRE 6

**Comment faciliter l'insertion des nouveaux recrutés
dans les organisations de travail ?** 125
Brigitte Almudever et Alexis le Blanc

DEUXIÈME PARTIE

GÉRER LE CONTEXTE SOCIAL
ET LES RELATIONS INTER-PERSONNELLES

CHAPITRE 7

Comment gérer les carrières aujourd'hui ? 151
Nathalie Delobbe

CHAPITRE 8

**L'engagement organisationnel peut-il favoriser
le bien-être des salariés ?** 175
Christian Vandenberghe

CHAPITRE 9

Pourquoi met-on en place une équipe de travail ? 191
Alain Trognon et Lara Dessagne

CHAPITRE 10

**Quels sont les facteurs qui influencent la réussite
d'une équipe de travail ?** 205
Alain Trognon et Lara Dessagne

CHAPITRE 11

Comment choisir et former des leaders ? 233
Claude Lévy-Leboyer

CHAPITRE 12

**Comment aborder la question du temps de travail en entreprise ?
L'exemple des cadres** 249
Gérard Vallery et Caroline Hervet

CHAPITRE 13

**La relation de service et ses implications dans la gestion
des ressources humaines** 267
Vincent Rogard

TROISIÈME PARTIE

GÉRER LE STRESS ET LA SÉCURITÉ

CHAPITRE 14

**Le rôle des psychologues dans le maintien
de la sécurité dans les organisations à haut risque** 283
Bernhard Wilpert

CHAPITRE 15

Comment gérer le stress au travail ? 299
Nicole Rascle

CHAPITRE 16

**Qu'est-ce que le burnout ?
Comment les entreprises peuvent-elles y remédier ?** 319
Valérie Pezet-Langevin

CHAPITRE 17

**Pourquoi, quand et comment faut-il mesurer
les émotions au travail ?** 337
Alain Meunier, Jean-Pierre Rolland

CHAPITRE 18
**Management de la sécurité :
rôle des croyances et des perceptions** 361
Dongo Rémi Kouabenan

QUATRIÈME PARTIE
INTRODUIRE DE NOUVELLES FORMES DE TRAVAIL

CHAPITRE 19
Quels sont les effets des NTIC sur le travail et l'organisation ? ... 387
Gérard Vallery

CHAPITRE 20
**Comment s'assurer de la facilité d'utilisation
d'une nouvelle technologie ?** 413
Cédric Bach, Eric Brangier, Dominique L. Scapin

CHAPITRE 21
**Comment améliorer la performance de l'opérateur
par des dispositifs d'aide au travail ?** 429
Eric Brangier

CHAPITRE 22
**La création de sites web par des concepteurs débutants :
Quels sont les processus cognitifs mis en œuvre
et comment en faciliter la réalisation ?** 451
Nathalie Bonnardel et Laurence Lanzone

CHAPITRE 23
Le travail à distance et ses problèmes psychologiques 471
Claude Louche et Virginie Jouve

POSTFACE
**Usage, non-usage ou mauvais usage
de la psychologie du travail** 483
Pieter Drenth

INDEX 493

Les auteurs

Claude LEVY-LEBOYER est Professeur émérite de psychologie du travail à l'Université Paris V René Descartes. A été Président de l'Association Internationale de Psychologie Appliquée et fondateur de ENOP (European Network of Organizational Psychology). Elle est actuellement consultant et directeur de l'IRAP. Parmi ses ouvrages récents : *L'évaluation du personnel* (5ème édition, 2005), *La gestion des compétences* (2003), *La motivation dans l'entreprise* (2ème édition, 2003), *La personnalité* (2004), *L'évaluation du personnel* (5ème édition, 2005) publiés par les Editions d'Organisation.

Claude LOUCHE est Professeur de psychologie sociale du travail à l'Université Paul-Valéry de Montpellier. Il est responsable d'une équipe qui développe des recherches sur les nouvelles formes d'emploi, les transformations culturelles des organisations et la motivation au travail abordée sous l'angle normatif. Il est également associé au Centre de Recherche en Gestion des Organisations de l'IAE de Montpellier. Il a publié ou édité plusieurs ouvrages de psychologie du travail.

Jean-Pierre ROLLAND est Professeur de psychologie à l'Université de Paris X. Ses recherches portent sur la personnalité, les personnalités problématiques, le bien-être et les émotions au travail et la validité des méthodes d'évaluation et de recrutement. Il a été Président de l'Association Française d'Etude et de Recherches sur les troubles de la personnalité. Il est membre de SIOP (Society for Industrial and Organizational Psychology). Il a publié en 2004 *L'évaluation de la personnalité : le modèle en cinq facteurs* (Mardaga). Il est l'auteur du « Système D5D », outil qui conjugue l'analyse de poste et l'évaluation de la personnalité.

Brigitte ALMUDEVER est Maître de Conférences en Psychologie du Travail et des Organisations à l'Université de Toulouse-Le Mirail et poursuit dans l'équipe de Psychologie sociale, du travail et des organisations du Laboratoire Personnalisation et Changements Sociaux des recherches sur la dynamique des relations interpersonnelles dans les situations de transition psycho-sociales, les processus de socialisation organisationnelle et l'entrée au travail, et sur les nouvelles formes d'emploi.

Cédric BACH est Docteur en Psychologie ergonomique, diplômé de l'Université de Metz. Après avoir mené des travaux sur les liens existants entre les organisations du travail et les risques professionnels, il s'est spécialisé dans les méthodes pour l'ergonomie des interactions homme-environnements virtuels au sein du projet MerLIn (méthodes ergonomiques pour les logiciels interactifs) de l'I.N.R.I.A. Il est actuellement associé au Groupe de Recherches en Ingénierie Cognitive de l'Institut de Recherches en Informatique de Toulouse (IRIT). Ses recherches se sont orientées vers la conception centrée utilisateur et l'intégration des technologies avancées aux contextes culturels. Parallèlement, au sein de la société Metapages, il développe des activités de transfert de connaissances et de conseil qui visent à implanter et à pérenniser les processus de conception centrés usagers dans l'industrie des multimédia. Il enseigne également l'ergonomie des logiciels et des systèmes interactifs à divers publics (ingénieurs, informaticiens, concepteurs multipédia, managers technologiques, spéciastes IHM…)

Nathalie BAYLE est Docteur en Psychologie de l'Université de Toulouse 2 et Attachée d'enseignement et de recherches à l'Université de Poitiers. Ses recherches portent sur la psychologie des organisations.

Nathalie BONNARDEL est Maître de Conférences habilitée à diriger des recherches dans le Département de psychologie cognitive et expérimentale de l'Université de Provence. Elle est responsable du master professionnel ergonomie cognitive ainsi que de l'équipe Conception et utilisation de systèmes multi média et symboliques du Centre de recherche en Psychologie de la Connaissance, du Langage et de l'Emotion. Ses recherches portent sur les activités de conception créative et contribuent à la fois à une meilleure connaissance des processus cognitifs mis en œuvre par les concepteurs et à l'assistance à de telles activités.

Eric BRANGIER est professeur des Universités (Université Paul Verlaine, Metz), Docteur en Psychologie, diplômé en sociologie et en linguistique, habilité à diriger des recherches, Directeur adjoint du Laboratoire de Psychologie des universités de Nancy 2 et Metz (LABPSYLOR) et responsable pédagogique du Master professionnel « Psychologie du travail et ergonomie » commun à ces deux universités. Ses recherches portent principalement sur les aspects psychologiques et ergonomiques des relations homme-technologie-organisation. Invité à plusieurs reprises à l'étranger (Belgique, Canada, Suisse, Portugal), il est expert pour des programmes nationaux et internationaux de recherche et d'innovation. Il a co-présidé plusieurs congrès scientifiques (IHM 2003, Ergo'IA 2006). Ouvrages récents : avec J. Barcenilla, *Concevoir un produit facile à utiliser* (Ed d'Organisation), *Les dimensions humaines du travail : théories et pratiques de la psychologie du travail et des organisations* (édité avec A. Lancry, et C. Louche aux Presses Universitaires de Nancy).

Denis CASTRA est Professeur de Psychologie sociale à l'Université de Bordeaux 2. Il y dirige une équipe de recherches sur « Psychologie sociale des insertions ». Ses recherches concernent les processus d'insertion et d'exclusion scolaire, sociale et professionnelle. Il exerce également des responsabilités associatives dans le secteur de l'insertion professionnelle.

Jacques CURIE est professeur émérite à l'Université de Toulouse le Mirail où il a été Directeur du Laboratoire Personnalisation et changements sociaux. Parmi ses publications récentes, *Travail, personnalisation, changements sociaux* (2000, Octarès).

Nathalie DELOBBE, docteur en psychologie, est professeur de comportement organisationnel et de gestion des ressources humaines à l'Institut d'Administration et de Gestion de l'Université catholique de Louvain. Ses travaux scientifiques ont trait à la construction du lien employeur-employé, notamment via l'étude du contrat psychologique et de la socialisation organisationnelle, et au développement des ressources humaines.

Lara DESSAGNE est Allocataire de Recherche et chargée de cours en psychologie sociale à l'Université de Nancy 2. Elle poursuit au Laboratoire de Psychologie de l'Interaction des recherches sur les processus de négociation et de décision au sein d'un groupe.

Pieter J. DRENTH a obtenu son Doctorat en 1960 à la Vrije Universiteit d'Amsterdam. Il a été Maître de Conférences en méthodes de recherches et théorie des tests depuis 1967. Ses publications concernent les théories de l'intelligence, la théorie des tests, la psychologie des organisations et la psychologie inter-culturelle. Il a été professeur invité à l'Université Washington à Saint Louis (1966) et à l'Université de Washington à Seattle (1977). Il est docteur Honoris Causa de l'Université de Gand et de l'Université René Descartes Paris V (1996). De 1982 à 1987, il a occupé la charge de Rector Magnificus à la Vrije Universiteit. De 1990 à 1996, il a été Président de l'Académie Royale des Arts et des Sciences de Hollande. Depuis 2000 il est Président de ALLEA (All European Academies).

Miriam EREZ est titulaire de la chaire Mendès-France de gestion et d'économie à l'Université de Haïfa (Israël). Elle a fait de nombreuses recherches sur la motivation, sur les facteurs de l'innovation, et sur la gestion cross-culturelle. Elle a écrit en collaboration, et édité plusieurs ouvrages ; et elle a participé au projet GLOBE, qui a étudié les caractéristiques des leaders dans 62 pays différents. Elle a été le rédacteur en chef de Applied psychology et a été Président de la Division de psychologie des organisations de l'Association Internationale de Psychologie Appliquée. Elle a reçu en 2005 le Prix israélien des Sciences du management.

Caroline HERVET est Doctorante convention CIFRE à la Direction de l'Innovation et de la Recherche de la SNCF et membre de l'équipe de recherche partenariales ConTActS, Université Jules Verne (Picardie).

Virginie JOUVE est chargée par une société multi média de Montpellier de l'élaboration d'un outil de consultation pour la mise en place du télétravail en entreprise et est actuellement conseillère en bilan de compétences au GRETA de Chateauroux.

Dongo Rémi KOUABENAN est Professeur de psychologie du travail et des organisations à l'Université Pierre Mendès-France (Grenoble 2) et Directeur du DESS de Psychologie du travail de cette Université. Il est responsable du réseau de recherches sur l'hygiène et la sécurité de l'Association Internationale de Psychologie du Travail de Langue Française. Ses recherches portent sur l'hygiène et la sécurité, les conditions de travail, la sécurité routière, et la gestion des ressources humaines. Il a publié *Explication naïve de l'accident et prévention* (PUF, 1997).

Laurence LANZONE est titulaire du DESS d'ergonomie cognitive, ergonome dans la société Multimania où elle effectue des études de faisabilité et de conception ainsi que le suivi du développement de nouvelles fonctionnalités.

Alexis LE BLANC est Maître de Conférences en Psychologie sociale du Travail à l'Université de Toulouse-Le Mirail et poursuit des recherches dans l'équipe de Psychologie sociale du travail et des organisations du Laboratoire Personnalisation et Changements sociaux sur la construction des projets professionnels et l'interdépendance des domaines de vie, la satisfaction professionnelle et la centralité du travail ainsi que sur les nouvelles formes d'emploi.

Yves-Frédéric LIVIAN est Professeur à l'IAE de l'Université Jean Moulin (Lyon 3). Il est responsable du groupe « Organisation et relations d'emploi » du Centre de Recherches de l'IAE. Il a publié (en collaboration) *Les nouvelles approches sociologiques des organisations* (Seuil, 1996) et *Organisation, théories et pratiques* (Dunod, 1998).

Alain MEUNIER est spécialisé dans le pilotage des changements stratégiques en entreprise (fusion, internationalisation, restructuration). Il a travaillé durant les quinze dernières années au programme d'intégration des ressources humaines et du leadership dans les contextes multi culturels de Matra British Aerospace Dynamics, Aérospatiale Matra, EADS et Airbus.

Valérie PEZET-LANGEVIN au moment de la rédaction du chapitre consacré au burnout, était Maître de Conférences en Psychologie du travail à l'Université de Paris X-Nanterre. Ses recherches concernent le stress au travail et le burnout. Elle travaille maintenant à l'Institut National de Recherche et de Sécurité (INRS).

© Groupe Eyrolles

Nicole RASCLE est Maître de Conférences en psychologie différentielle et de la Santé à l'Université de Bordeaux 2. Ses recherches portent sur les facteurs psycho-sociaux du stress professionnel, les modèles théoriques du stress et la construction d'outils d'évaluation de la personne en situation professionnelle.

Vincent ROGARD est Professeur de Psychologie du Travail à l'Université René Descartes Paris 5. Ses recherches portent sur l'ergonomie des ressources humaines, notamment les liens entre les modèles d'analyse ergonomique de l'activité professionnelle et les épreuves de mise en situation dans la formation et le recrutement.

Florence ROLLAND est Doctorante à l'Université de Nice-Sophia Antipolis, sous la direction du Professeur Dirk D. Steiner. Dans le cadre d'une convention CIFRE, elle poursuit des recherches sur l'application de la justice organisationnelle à la mise en place des procédures de ressources humaines et à l'accompagnement des changements organisationnels.

Dominique SCAPIN est Directeur de recherche à l'INRIA et responsable scientifique du projet MerLIn. Il mène depuis 1977 des recherches en ergonomie des logiciels, en particulier sur les méthodes d'évaluation et de conception des interfaces Homme – machine : par exemple sur les « langages de commande », sur les « critères ergonomiques » pour les interfaces graphiques, le web, les environnements virtuels, sur les méthodes et outils de description des tâches (MAD), sur le multi media et la multi modalité. Auteur de plus de 80 publications scientifiques dans le domaine de l'ergonomie des IHM, il est membre du comité de rédaction des revues BIT, IwC, UAIS, IJHCI, RIHM. Il a été président des démonstrations pour INTERCHI'93, président d'IHM'94, co-président des articles de recherche pour INTERACT'95, vice-président d'IHM'99, co-président d'ERGO-IHM 2000, co-président du comité de programme d'IHM'02. Il a dirigé 19 contrats de recherche, suite à divers appels d'offre nationaux, européens ou industriels, encadré 13 thèses de 3ème cycle en ergonomie et en informatique. Il est expert pour diverses organisations nationales et internationales, consultant auprès de diverses entreprises et organisations. Il est membre des sociétés scientifiques HF&ES, ACM, SELF, et AFIHM et ancien président de l'Human Factors Society Europe et ancien président de l'AFIHM.

Dirk STEINER est Professeur de Psychologie Sociale du Travail et des Organisations à l'Université de Nice-Sophia Antipolis où il dirige le Master Professionnel de Psychologie du travail et Ingénierie des ressources humaines et le master recherche de Psychologie cognitive et sociale, fondamentale et appliquée. Il est également responsable de l'équipe « Psychologie Sociale Appliquée » du Laboratoire de Psychologie Expérimentale et Quantitative au sein de laquelle il réalise et dirige divers travaux de recherche sur les thèmes de la justice organisationnelle, le recrutement, la discrimination à l'embauche, le harcèlement moral et d'autres thèmes de psychologie du travail.

Alain TROGNON est Professeur de psychologie à l'Université de Nancy 2 et Directeur du Laboratoire de Psychologie de l'Interaction. Il est également Directeur Général des Presses Universitaires de Nancy et membre du Conseil National des Universités. Il est l'auteur de six ouvrages et de plus de 150 articles et il a également des activités de consultant en matière de communication dans les équipes de travail et les organisations.

Gérard VALLERY est Maître de Conférences HDR en Ergonomie et Psychologie du travail à l'Université de Picardie Jules Verne. Il dirige le Master 2 Professionnel intitulé « Facteurs Humains et Systèmes de Travail » et l'équipe de recherches partenariales ConTActs (Conduites de Travail et Activités de Service). Ses recherches et interventions portent sur les transformations des situations de travail et d'organisation, notamment dans le cadre du développement des nouvelles technologies et des activités de service.

Christian VANDENBERGHE a obtenu un Doctorat en Sciences Psychologiques de l'Université Catholique de Louvain en 1996. Il est maintenant Professeur au Service de l'enseignement du management à HEC Montréal où il enseigne le comportement organisationnel. Ses intérêts de recherche portent sur l'engagement organisationnel et la performance au travail. Ses travaux ont été publiés dans plusieurs revues internationales, entre autres dans Journal of applied Psychology, Journal of organizational Behavior, Journal of vocational Behavior, Journal of cross-cultural Psychology, Journal of applied social Psychology, European Journal of Work and organizational Psychoogy, Le travail humain, et Psychologie du travail et des organisations. Depuis avril 2005, il est titulaire de la Chaire de recherches du Canada en gestion de l'engagement et du rendement des employés.

Bernhard WILPERT a fait des études de psychologie, de sociologie et d'anthropologie en Allemagne et aux Etats-Unis. Il est titulaire d'un Ph D. de l'Université de Tûbingen (1965). Il a été membre du Comité du Programme allemand d'aide à l'étranger (1965-1968), Chargé de recherches au Centre Scientifique de Sciences Sociales à Berlin (1969-1978), Professeur de Psychologie au Collège d'Education de Berlin (1979), Professeur de Psychologie du Travail à l'Université technologique de Berlin (1980-2003). Depuis 1993, il est membre de la commission de sûreté nucléaire du gouvernement allemand. Il a été Président de l'Association Internationale de Psychologie Appliquée (1994-1998), Vice-Président pour les Affaires internationales à l'Université technologique de Berlin (2000-2002). Il a reçu un Ph D. honoraire de la Rijsk Universiteit de Gand (1999). Il a été Professeur honoraire à l'Institut de psychologie de l'Académie des Sciences de Chine à Pékin (1999) et il est membre externe de l'académie des Sciences de Hollande.

Avant-Propos

De la théorie à la pratique et de la pratique à la théorie

CLAUDE LÉVY-LEBOYER,
CLAUDE LOUCHE, JEAN-PIERRE ROLLAND

La mondialisation de l'économie ainsi que la rapidité des progrès techniques ont donné une importance accrue aux ressources humaines. Leur gestion efficace, ainsi que le développement et la mobilisation des compétences dont disposent les individus faisant partie d'une entreprise sont devenus un des éléments clés de la compétitivité. Ce qui a eu une série de conséquences qui mérite l'attention.

Tout d'abord, ces nouvelles attentes ont suscité une forte demande de la part des responsables de ce domaine dans les entreprises, demande très diversifiée, puisqu'elle concerne aussi bien l'évaluation des potentiels individuels que la solution de problèmes plus spécifiques comme la gestion de la motivation, les interventions relatives au stress, la composition des équipes de projet, le développement des carrières, l'établissement de plans de formation, la gestion prévisionnelle des emplois, les effets de l'image de l'entreprise sur les candidatures, le développement de la « qualité des services », le suivi du moral des expatriés, la gestion des différences de styles résultant de l'internationalisation des équipes... pour ne citer que quelques exemples. La réponse à ces besoins ne s'est pas fait attendre et on a assisté à une multiplication des offres faites sur le marché par les créateurs de méthodes, de programmes, d'interventions, de coaching... offres parfois bien-fondées, mais trop souvent soutenues par un marketing efficace, par un recours séduisant aux nouvelles technologies, sans données scientifiques vérifiées, et sans preuves objectives de leur efficacité et de leur validité.

Il faut rappeler que les périodes caractérisées par des problèmes cruciaux et urgents de recrutement, d'orientation et de formation ont toujours fait progresser la psychologie du travail. La Guerre de 14-18 a vu se développer les méthodes de sélection, la dépression des années 30, les activités de conseil et d'orientation professionnelle, la Seconde Guerre mondiale, des avances importantes concernant les méthodes d'évaluation indépendantes de la culture, et l'appréciation des qualités de leader. A l'heure actuelle, la globalisation de l'économie et l'importance de la compétition en même temps que l'apparition de nouvelles formes de travail ont mis l'accent sur la formation, l'employabilité des non-qualifiés, l'évaluation et le développement des compétences, la gestion des problèmes sociaux posés par les retraites anticipées, les conséquences des fusions et des changements structurels qui les accompagnent sur la communication et sur la coopération de salariés issus de cultures très diverses, les effets des restructurations sur le moral et l'implication dans l'entreprise ...

De nombreuses recherches ont été conduites dans ces divers domaines et beaucoup d'entre elles ont apporté des résultats notables. Citons, par exemple, la démonstration de la validité de certains types d'entretien, la structure des habiletés motrices, l'identification des dimensions fondamentales de la personnalité et la mise en évidence, très longtemps controversée, de leur validité, les preuves de la validité générale des tests d'intelligence, l'identification des facteurs de la motivation au travail. En outre, dans le domaine de la formation, il a été clairement montré qu'il était possible de procéder à une évaluation expérimentale des effets recherchés et que cette évaluation permettait non seulement le choix de méthodes pertinentes, mais aussi qu'elle fournissait des indications pour infléchir dans un sens favorable les pratiques courantes. C'est ainsi que les travaux portant sur l'évaluation des méthodes destinées à développer des compétences cognitives générales (méthodes de remédiation cognitive comme le PEI ou les Ateliers de raisonnement logique) ont montré qu'il était préférable de faire procéder à des apprentissages sur des contenus significatifs plutôt que sur des contenus quelconques et pauvres.

Autre conséquence : les Universités, conscientes des possibilités d'emploi offertes dans les entreprises aux étudiants formés dans ce domaine, ont créé de nouveaux cursus destinés à faciliter aux jeunes diplômés l'entrée dans les services de ressources humaines et dans les organismes de formation et de conseil en ressources humaines. A l'heure actuelle, dans les Universités Françaises, 30 Masters professionnels de psychologie du travail et des organisations ou encore des Masters « Gestion des Ressources Humaines », avec une orientation vers la psychologie du travail, regroupent environ 700 étudiants chaque année. Ce qui a forcément entraîné d'abord l'ouverture de postes d'enseignants-chercheurs capables de répondre à ces nouveaux besoins de formation, puis le développement de thèses et d'activités de recherche qui étaient rares en France voici une dizaine d'années, ainsi que des progrès notables dans la connaissance des travaux internationaux par ces nouveaux spécialistes.

On aurait pu espérer que ces progrès soient pris en compte par les gestionnaires des ressources humaines, précisément en raison de l'accroissement de la demande. Et que les psychologues du travail jouent un rôle efficace dans les entreprises, comme l'avaient fait, au début du siècle dernier les précurseurs qu'ont été en France J.-M. Lahy et S. Pacaud, à la SNCF et à la RATP, R. Bonnardel chez Peugeot et Michelin... Ce n'est malheureusement pas toujours le cas. Le développement des recherches fondamentales, appuyé par la maîtrise des avancées théoriques dans ce domaine, ne s'est pas traduit par une égale avancée des pratiques de terrain. Force est de constater qu'il reste difficile pour un gestionnaire de ressources humaines, confronté à un problème pratique et à la nécessité de mettre rapidement en œuvre une solution réaliste, de faire la différence entre un consultant compétent et un amateur éloquent, entre une bonne méthode et un produit non fondé mais bien promu. D'autant plus que la presse spécialisée est à la recherche de nouveaux concepts pour les mettre en vedette, ce qui a trop souvent pour effet de transformer des approches parfaitement justifiées en gadgets, plus souvent utilisé parce que c'est la mode que pour répondre à un besoin précis. Un exemple récent concerne les démarches dites à « 360° » parce qu'elles consistent à faire décrire les compétences d'un cadre par lui-même et par ceux qui travaillent avec lui, supérieur, mais aussi collègues et collaborateurs,- ceci pour définir et mettre en œuvre un plan de développement des compétences. Faire noter un cadre par ses subordonnés a d'abord paru inconciliable avec la culture des entreprises françaises. Puis les premiers essais ayant montré que ces nouvelles informations étaient à la fois bien reçues par les cadres concernés et utiles à l'organisation, on assiste actuellement à deux dérives. D'une part, certaines entreprises veulent essayer ce nouveau « gadget » seulement parce que d'autres organisations l'utilisent, donc sans avoir un objectif précis, et sans créer les conditions du succès d'une activité de développement des compétences. D'autre part, les questionnaires à 360° se multiplient sans le souci nécessaire de vérifier leurs qualités métriques. Ceux qui font l'essai de questionnaires mal construits et qui, en outre, le font sans bien savoir à quoi cette démarche peut servir, n'en retirent pas les bénéfices attendus et, selon l'expression consacrée, « jettent le bébé avec l'eau du bain », condamnant la méthode parce qu'ils n'ont pas su la mettre en œuvre.

En d'autres termes, il existe un problème de communication entre praticiens et chercheurs. Quelles en sont les causes ? Quels remèdes y apporter ?

Trois causes fondamentales expliquent cette situation.

- La première est un véritable problème d'identité. La psychologie est un vaste domaine avec des corpus de connaissances couvrant des champs bien différents les uns des autres, qui vont du pathologique au normal, du diagnostic à l'intervention, au développement et à l'évaluation, et, également, qui se développent aussi bien dans le cadre d'un laboratoire de recherche fondamentale que sur des terrains variés. On admet facilement qu'un spécialiste de chimie organique ne soit ni concerné, ni compétent, en chimie des colorants, par exemple, donc qu'il existe des spécialités très hétérogènes au sein du vaste champ de connaissances et d'applications que regroupe le terme de « chimie ». Mais la représentation de la psychologie est très souvent dominée par ses applications cliniques, alors que les connaissances scientifiquement établies en psychologie s'appliquent également à des cas qui ne ressortent pas d'une approche diagnostique ou thérapeutique, et ceci dans des domaines très différents,- l'école, le travail, la vie sociale, notamment. L'image de la psychologie et des psychologues du travail est encore fortement dominée par ses applications cliniques et correspond trop souvent à une représentation simpliste du psychologue-psychanalyste, sondant... les « replis cachés de la personnalité ». Cette représentation fait peur, à tel point que les psychologues qualifiés hésitent parfois à afficher leur titre lorsqu'ils travaillent dans une entreprise, que les spécialistes qui utilisent, dans une organisation, les connaissances faisant partie de la psychologie n'utilisent que rarement le mot de « psychologue » dans l'intitulé de leurs fonctions, et que les éditeurs spécialistes du monde du travail reculent devant les titres d'ouvrage comportant le mot de « psychologie ».

  Mieux identifier le domaine, les méthodes de la psychologie du travail, les compétences des professionnels qualifiés, donc les services que peut et doit rendre la psychologie du travail à la gestion des ressources humaines, les différencier clairement des autres champs qui font partie de cette discipline, contribuerait certainement à construire une idée plus claire du rôle de la psychologie du travail sur le terrain et à une plus large diffusion des résultats des recherches faites dans ce domaine.

- La seconde cause est, en quelque sorte, le symétrique de la première. Chercheurs et enseignants en psychologie du travail appartiennent à des organisations universitaires ou à des services de recherche publique qui les incitent peu à se préoccuper de la dissémination de leurs idées, de leurs concepts et de leurs résultats dans le monde du travail. Ils publient dans des revues spécialisées, destinées à d'autres chercheurs, et sans toujours se soucier de préciser les conséquences pratiques des avancées de connaissance qu'ils exposent. En outre, il s'est développé au fil des années un vocabulaire technique qui semble souvent hermétique au praticien de terrain. De fait, la carrière de ces enseignants chercheurs dépend précisément du nombre de publications faites dans des revues spécialisées, destinées à des spécialistes, et très peu de leur impact dans le monde du travail. Rien d'étonnant donc si abondent les exemples de recherches n'ayant pas de retombées pratiques alors que celles-ci paraissent pourtant assez évidentes. Il est vrai, et la psychologie sociale l'a montré dans de nombreux cas, comme le port de ceinture de sécurité, l'alcool au volant, l'utilité des vaccinations, et, plus récemment, le réchauffement de la planète, que les données scientifiques n'entraînent pas automatiquement un changement de comportement. L'habitude, la conviction intime que les procédures et les comportements actuels sont efficaces fait obstacle aux changements les mieux fondés.

Dans le domaine des applications de la psychologie du travail, il y a nombre d'exemples où des conclusions sont bien démontrées mais peu appliquées. C'est ainsi que les recherches concernant les entretiens comme source d'informations en vue d'une décision de recrutement, tels qu'ils sont couramment pratiqués, ont montré clairement que la validité prédictive de cette approche est très faible, et que les opinions, forcément subjectives, qu'on élabore au cours d'un entretien sont fortement dominées par la première impression. Le recruteur d'une grande entreprise nationale disait récemment à l'un d'entre nous qu'il était souvent gêné parce qu'il avait le sentiment que la décision aurait été différente si son voisin de bureau avait mené l'entretien...

Mais cela n'empêche pas la majorité des recruteurs de tenir le plus grand compte, dans leur décision, de l'évaluation qu'ils élaborent au tout début de l'entretien d'embauche. Il est vrai que l'entretien a d'autres fonctions, d'information notamment, et qu'il plaît aux candidats qui ont le sentiment de pouvoir s'exprimer librement. Plus frappant encore les recherches sur l'entretien d'embauche ont progressé et ont permis de préciser le style et le contenu que doivent avoir des entretiens pour être fiables et conduire à des décisions dont la validité prédictive est meilleure, sans, ici encore, que la majorité des praticiens ne tiennent compte de ces avancées méthodologiques.

Non seulement les conclusions pratiques des progrès de la recherche ne sont rendues ni suffisamment visibles ni réellement convaincantes pour les gestionnaires de ressources humaines, mais elles sont souvent présentées d'une manière trop complexe, qui décourage ceux qui voudraient en tirer des leçons pratiques. Il est vrai qu'il s'agit presque toujours de résultats qui ne peuvent être encapsulés dans une formule simple. D'où le succès – regrettable – de modèles faciles à retenir, qui peuvent être résumés en deux ou trois phrases, ou, encore mieux, sous la forme d'un schéma. C'est probablement ce qui explique la vogue durable de la « pyramide » de Maslow, alors qu'on a maintes fois démontré que son principe de base est inexact, c'est-à-dire qu'il n'y a pas de corrélation négative entre la satisfaction d'un besoin et son pouvoir motivant. Et le fait que certains formateurs continuent à utiliser la « grille de Blake et Mouton » qui a l'avantage de proposer une « bonne » manière d'exercer son autorité dans l'entreprise, mais qui correspond à un modèle normatif simpliste et contredit par toutes les recherches qui ont montré que l'efficacité d'un style de leadership dépend du contexte dans lequel il doit s'exercer. C'est encore plus vrai de l'accueil favorable fait au modèle « bi-factoriel » de Herzberg qui oppose des besoins « motivateurs » à des besoins « d'hygiène », sans que cette distinction n'ait pu être validée par les nombreuses enquêtes et études sur les sources de la motivation. Ce qui n'empêche pas des consultants peu scrupuleux ou ignorants de le présenter encore comme une « nouveauté », alors que la communauté scientifique a décidé, depuis vingt ans, et d'un commun accord, de cesser toute recherche sur ce sujet, après que son caractère erroné ait été abondamment prouvé.

Il importe donc que les chercheurs fassent, plus et mieux qu'avant, l'effort de communiquer leurs résultats aussi bien dans des revues spécialisées destinées à leurs collègues que, de façon aussi opérationnelle que possible, dans des documents destinés aux praticiens. L'existence de revues, voire de magazines spécialisés publiés en langue française faciliterait probablement aussi la dissémination des résultats de recherche. Et il serait utile que les chercheurs se préoccupent de promouvoir les changements nécessaires, en les décrivant de manière aussi réaliste que possible, et en utilisant des exemples concrets pour en montrer les avantages. Ajoutons qu'il est aussi souhaitable que les commissions qui décident des conditions à satisfaire pour faire évoluer une carrière de chercheur ou d'enseignant valorisent le rôle essentiel que ceux-ci sont capables de jouer en dehors des murs aseptisés de l'Université.

• Ce n'est pas tout. La troisième cause concerne le dialogue entre chercheurs et praticiens. Il nous faut écouter, et répondre le mieux possible à tous les aspects pratiques des problèmes rencontrés par les gestionnaires de ressources humaines à l'heure actuelle. Prenons l'exemple du recrutement. La psychologie du travail s'est principalement préoccupée d'élaborer et de décrire des prédicteurs valides du succès professionnel, de manière à fournir des instruments et des procédures à ceux qui sont chargés de prendre des décisions de recrutement, et, également de construire des normes qui permettent d'interpréter les résultats de façon adaptée. Dans la réalité le recrutement soulève bien d'autres problèmes : comment recruter dans un marché du travail étroit ? Comment relier le recrutement à la stratégie de l'entreprise et à sa vision ? Comment choisir les méthodes les plus rentables ? Comment utiliser les nouvelles technologies de l'information pour recruter ? Comment éviter d'utiliser des méthodes et procédures non conformes à la législation et s'assurer que les procédures retenues ne sont pas discriminatoires ? Comment retenir – dans une perspective porteuse du marché de l'emploi – les personnels performants ? Plusieurs bonnes raisons expliquent aussi que les chercheurs répondent parfois à côté de la demande qui leur est faite. D'abord parce que l'expérience montre qu'une demande explicitée dissimule parfois un problème différent qu'il faut prendre en considération. Également parce que nous n'avons pas la bonne réponse et que le projet de recherche ou le programme d'enquête proposée ne correspond pas à la nécessité de prendre rapidement une décision.

Les contraintes de l'application ne doivent pas non plus faire négliger les exigences déontologiques. Même si Kurt Lewin a affirmé qu'il n'y a rien de plus pratique qu'une bonne théorie, il faut bien reconnaître que toute théorie qui vise la parcimonie dans le choix des variables à prendre en compte a nécessairement un caractère général et abstrait. Certes, avant toute application, un modèle théorique doit être correctement démontré. Mais, ensuite, son application doit répondre au caractère spécifique de chaque situation. Par exemple, on peut décrire avec précision, et en s'appuyant sur des preuves rigoureuses, les conditions pour qu'un groupe soit efficace : un objectif clair et compris par tous, qui constitue un défi, qui soit important pour tous les membres du groupe, et aussi une équipe composée de manière équilibrée, avec un ensemble de compétences adéquates et bien diversifiées, le fait que les membres acceptent des normes communes, et enfin un contexte organisationnel qui soutient l'équipe et lui apporte les ressources d'expertise nécessaires. On peut enseigner ces principes dans des sessions de formation bien agencées. Mais c'est de retour sur le terrain que les difficultés vont peut-être commencer : comment faire accepter un objectif clair et commun à des cadres qui ont une expérience et des priorités différentes ? Comment trouver les réserves de compétences nécessaires dans l'organisation ? Quelles sources de motivation mettre en place pour stimuler le groupe ? La réponse du théoricien à ces contraintes de terrain consiste trop souvent à développer un schéma de contingences qui respecte la vérité, mais qui rend la situation encore plus confuse et les règles énoncées encore plus difficiles à appliquer.

Cette troisième cause est liée au décalage entre les demandes du terrain et les objectifs des chercheurs. La logique de la recherche, c'est d'avoir un schéma théorique cohérent qui constitue une hypothèse de travail, puis de mettre en œuvre une procédure de vérification afin d'accroître nos connaissances en confirmant l'hypothèse, ou, plus souvent en la modifiant pour ouvrir la voie à d'autres recherches. Alors que, sur le terrain, les gestionnaires de ressources humaines sont confrontés à des problèmes qui exigent des solutions rapides, faciles à faire accepter, et ne supposant ni recherche à long terme, ni... « réponse de Normand ». En outre, la solution proposée doit être adaptée au contexte de l'entreprise. Or toute nouvelle méthode, qu'il s'agisse d'organisation du travail, de notation, de gestion de carrière, de développement des compétences, de motivation, de formation, d'évaluation et de prise en compte du moral... constitue un changement perçu comme une prise de risque, donc pas facile à faire accepter. Et sur tous ces points, les gestionnaires de ressources humaines souhaitent non seulement des réponses toutes prêtes, mais également des solutions non inédites, qui ont prouvé ailleurs non seulement leur efficacité mais aussi leur compatibilité avec la culture d'entreprise. Alors que le chercheur sollicité a besoin de temps pour mener une étude précise. Sur ce point, il faut également noter la frustration des chercheurs qui souhaitent que la méthode ou l'intervention qu'ils ont contribué à introduire soit validée grâce à un suivi précis et objectif de ses effets. Ce suivi qui passe nécessairement par des études longitudinales ou prospectives est rare, et il faut bien dire que, sur le terrain, on se soucie peu de regarder en arrière pour faire le point des succès et chercher la cause des erreurs, parce que le quotidien polarise tous les efforts. Bref, si la pratique a tout intérêt à s'appuyer sur des théories, la complexité des situations concrètes et les contraintes de tout changement font qu'elle ne se réduit jamais à leur simple application.

Le constat qui précède a été fait voici cinq ans et a justifié la publication d'une première édition de « RH, les apports de la psychologie du travail ». Un appel envoyé à une large liste de praticiens, d'enseignants et de chercheurs avait permis de publier un ouvrage collectif de 30 chapitres dont le thème et le contenu correspondaient bien à notre double objectif : présenter aux praticiens des ressources humaines des procédures d'intervention et des méthodes répondant aux préoccupations quotidiennes de ceux qui sont chargés de la gestion des ressources humaines, à condition que ces interventions et ces méthodes soient appuyées et justifiées par un modèle théorique clair. Le succès de ce premier ouvrage collectif a permis une rapide réédition, en 2003, avec trois chapitres supplémentaires, mais sans remise en cause du plan initial.

Rappelons que la méthode employée a été différente de celle qui est classiquement utilisée pour développer un « Traité », c'est-à-dire commencer par élaborer un plan exhaustif et chercher ensuite des spécialistes à qui on peut passer commande. Elle s'est révélée fructueuse puisqu'elle nous a permis de découvrir, – et de faire découvrir à nos lecteurs – soit des applications réalisées sur le terrain et bien-fondées au plan méthodologique, soit les synthèses de règles méthodologiques gouvernant ces applications. Dans tous les cas, nous avons veillé à ce que la rédaction des chapitres les rendent aussi utiles que possible pour des praticiens.

La **troisième édition** est le résultat d'un second appel qui a été aussi fructueux que le premier. De nouveaux auteurs sont venus donner à l'ensemble une orientation internationale puisque la table des matières comporte des chapitres venant des Etats-Unis, du Canada, d'Allemagne, d'Angleterre, de Belgique, d'Espagne et de Hollande. Et les réponses ont été sélectionnées de manière à ne retenir que celles qui étaient conformes à l'orientation initiale de l'ouvrage.

La richesse et la diversité des thèmes traités dans cette troisième édition nous a conduits à regrouper les chapitres sous deux intitulés, chacun faisant l'objet d'un volume, l'un consacré au **management des personnes**, l'autre, au **management des organisations,** tout en gardant en sur-titre le titre initial : **RH, les apports de la psychologie du travail**. En outre, nous avons demandé aux auteurs de la première et de la seconde édition de mettre à jour leur texte précédent, dans tous les cas où le thème qu'ils avaient traité avait été l'objet de nouvelles recherches ou encore d'applications originales.

La variété des thèmes traités dans les différentes parties des deux volumes, l'actualité des recherches et des interventions décrites, témoignent de la vitalité de notre discipline. La compétitivité des entreprises repose de plus en plus sur leurs ressources en compétences, comme sur leur capacité à développer des talents et à les mettre en œuvre dans un environnement organisationnel porteur. Cet ouvrage montre que les psychologues du travail apportent, de plus en plus, des réponses aux problèmes que pose la gestion des ressources humaines dans le monde du travail.

INTRODUCTION

Le management des organisations

CLAUDE LOUCHE

La Psychologie du Travail apporte des bases théoriques, des méthodes et des outils qui permettent d'améliorer différentes facettes du « management des personnes » (le recrutement, les méthodes d'évaluation, la formation et le développement personnel....). Elle fournit également des repères pour améliorer « le management des organisations ». Ce volume en constitue le témoignage.

Sur un plan global, on peut considérer que deux types de contraintes doivent être prises en compte dans le management des organisations :

- des contraintes constitutives

  Elles tiennent aux caractéristiques fondamentales de toute organisation : Au-delà de leur diversité, en effet, les organisations sont toujours constituées d'une collectivité d'individus qui interagissent, autour d'objectifs, dans la durée. Cette interaction s'inscrit dans le cadre d'une division du travail entre services et entre individus, compensée par la mise en place d'une coordination. A partir de là se posent, dans tous les contextes, des questions de base comme celles de l 'intégration des individus dans le collectif, du fonctionnement des équipes, du style hiérarchique qui contribue à la coordination, de l'engagement des individus dans l'organisation....

- des contraintes contingentes

  Les organisations ne se développent pas en lieu clos. Elles sont donc sensibles à des modifications environnementales qui peuvent influencer considérablement leur fonctionnement. De profondes transformations, survenues dans les dernières décennies (développement des nouvelles technologies, mondialisation, exigences de flexibilité, politique de qualité, notamment du service rendu à la clientèle...), affectent la gestion des organisations et posent aux responsables de nouveaux problèmes de management. Ils concernent les transformations de la relation d'emploi avec le développement de l'emploi précaire et la distension des liens entre l'individu et l'organisation, la pénibilité psychologique du travail, les nouvelles formes d'emploi accompagnant l'implantation de nouvelles technologies, la nécessité de s'ouvrir aux relations internationales...

Les contributions rassemblées dans cet ouvrage traitent de ces deux types de contraintes et offrent aux responsables des moyens leur permettant de les prendre en compte. En s'appuyant sur les acquis de la recherche développée en psychologie du travail et des organisations, elles fournissent en effet aux responsables des outils d'analyse des situations et d'intervention pour s'adapter à elles.

Les chapitres de la **première partie** abordent la gestion du changement et de la diversité. Plusieurs contributions retenues analysent des situations de différence. La première forme de diversité qui est considérée est la diversité nationale. Les entreprises sont souvent placées devant la nécessité (pour traiter avec des clients étrangers, pour expatrier des cadres, dans les situations de fusion...) de comprendre ce qui rapproche ou sépare différentes cultures nationales. Le chapitre de Miriam Erez sert cet objectif : il présente une typologie des cultures et analyse l'impact des valeurs culturelles sur la pratique du management. D'autres formes de diversité sont également considérées dans cette première partie. Nathalie Bayle et Jacques Curie rappellent l'obligation d'emploi de salariés handicapés et analysent les facteurs (attitudes d'une part et caractéristiques organisationnelles d'autre part) liés au recrutement de personnes handicapées. Ils fournissent des éléments susceptibles d'orienter des interventions en faveur de l'emploi de ces personnes. Le chapitre de Denis Castra porte sur les bas niveaux de qualification. Après avoir constaté l'échec des dispositifs de formation et d'insertion mis en place pour favoriser l'intégration de ces populations, D. Castra propose l'utilisation de procédures « d'accès direct à l'emploi ». La question de la socialisation organisationnelle se trouve alors posée. Elle avait été vue, dans les travaux classiques, comme l'intégration passive par le nouvel entrant des normes et des valeurs ambiantes. Après avoir résumé cette approche, Brigitte Almudever et Alexis Le Blanc en montrent les insuffisances : ils considèrent alors que la procédure d'insertion dans une organisation relève d'une appropriation active d'un nouveau contexte qui ne prend son sens que dans le cadre d'une relation entre la vie au travail et la vie hors travail.

Deux chapitres de cette première partie apportent des connaissances utiles pour faire face aux multiples changements intervenant dans les entreprises. Yves-Frédéric Livian traite de la question délicate de sa conduite. Il fournit des repères tant pour analyser le projet de changement que pour en gérer le processus. Dans ces situations, la question de l'acceptation du changement et de son appropriation par les salariés constitue un élément décisif à considérer. Dirk Steiner et Florence Rolland mobilisent une théorie, celle de la justice organisationnelle, qui propose des principes d'action utiles à appliquer pour faciliter l'introduction des changements.

Les textes de la **deuxième partie** portent sur la gestion du contexte social et des relations interpersonnelles. Nathalie Delobbe analyse les transformations qui touchent la gestion des carrières. Elle montre que le nouveau modèle qui s'installe et qui se caractérise par une absence de lien durable entre le salarié et l'organisation qui l'emploie doit conduire les professionnels à abandonner une approche adéquationniste pour adopter une vision beaucoup plus contractuelle. La question de l'engagement des salariés au sein de l'organisation mérite d'être considérée. Christian Vandenberghe présente les différentes formes de l'engagement organisationnel. A partir de l'examen des recherches publiées, il montre que l'une d'entre elles, l'engagement affectif, est la forme la plus bénéfique pour les entreprises et pour les salariés. Il suggère alors de mettre en place des politiques permettant de la développer.
Alain Trognon et Lara Desagnes apportent une réponse à deux questions essentielles concernant les équipes de travail : pourquoi avoir recours à elles ? Quels sont les facteurs qui influencent leur réussite ? Le leadership constitue sans aucun doute un de ces facteurs.
Claude Lévy-Leboyer présente un bilan des connaissances sur ce thème. Ce bilan donnera aux gestionnaires des ressources humaines des outils d'analyse des situations qui seront utiles pour conduire des recrutements ou engager des opérations de formation.
Gérard Valléry et Caroline Hervet abordent la question du temps de travail en entreprise. L'organisation du temps de travail est, sur le plan économique, un élément essentiel de la mise en place d'une politique de flexibilité. Il constitue également, au niveau social, un élément de structuration de la vie hors travail. Le chapitre présente les facteurs à considérer pour réussir un projet d'organisation du temps de travail.

© Groupe Eyrolles

La recherche de la qualité des produits et des services est devenue une priorité. Vincent Rogard souligne le rôle important joué par la psychologie à ce niveau. Cette discipline intervient au niveau de l'aménagement physique des espaces d'accueil comme elle intervient au niveau de toute l'organisation de travail, en prenant en compte les contraintes spécifiques des postes amenant une interaction avec des clients.

La troisième partie traite une question devenue essentielle dans le contexte actuel, celle de la gestion du stress et de la sécurité. Deux contributions abordent la problématique de la sécurité. Bernhart Wilpert s'intéresse au maintien de la sécurité dans les organisations à haut risque (nucléaire par exemple). Il présente l'évolution des installations techniques ainsi que des bases théoriques et des outils susceptibles d'être mobilisés dans ces interventions. Dans une réflexion finale, il prend du recul par rapport aux dilemmes vécus dans ce type de pratique. Rémi Kouabenan, de son côté, s'appuie, pour traiter de la sécurité, sur tout un corps de recherches menées en psychologie sociale sur l'explication dans la vie quotidienne. Il montre comment les connaissances acquises dans ce domaine peuvent être utilisées pour comprendre l'analyse causale des accidents et pour mettre en place des stratégies de prévention adaptées. L'augmentation de la pénibilité psychologique du travail, le développement d'un certain mal-être dans de multiples entreprises ont des conséquences économiques et humaines graves. Nicole Rascle présente trois conceptions du stress au travail ainsi que les solutions pratiques qui peuvent être mises en œuvre pour réduire les effets négatifs qu'il engendre. Valérie Pezet-Langevin traite du burnout, conséquence négative du stress professionnel. Elle suggère des solutions pour dépasser les difficultés de cette situation. Alain Meunier et Jean-Pierre Rolland font remarquer que les responsables, pour analyser les situations, ont besoin de recueillir des informations sur le vécu des salariés. Ils notent les insuffisances d'une approche centrée sur les seules attitudes. Ils proposent de la compléter par une mesure des émotions, variable liée à la réussite professionnelle et qui intéresse de plus en plus les spécialistes des organisations.

On ne pouvait pas s'intéresser au management des organisations sans se préoccuper de l'introduction de nouvelles formes de travail **(quatrième partie).** Le chapitre de Gérard Valléry est centré sur l'avènement des nouvelles technologies. Après les avoir définies, l'auteur en analyse les effets sur l'emploi, sur la transformation des compétences, sur les conditions de travail. La mise en place de nouvelles technologies s'accompagne souvent de difficultés lorsque les systèmes techniques sont inadaptés aux caractéristiques physiques, cognitives et sociales des personnes. Bach, Brangier et Scapin montrent que les travaux de psychologie et d'ergonomie ont permis de constituer un savoir stable. Ces connaissances permettent l'évaluation et l'amélioration de la qualité ergonomique des technologies dans les situations de travail. La complexification des tâches peut conduire les organisations à mettre en place des dispositifs d'aide au travail, constitués de logiciels ou de simples supports écrits. Eric Brangier énonce les exigences à respecter pour rendre ces dispositifs performants.

Nathalie Bonnardel et Laurence Lanzone soulignent la contribution de l'ergonomie cognitive à la conception d'un site Web par un concepteur débutant. Après avoir relevé les caractéristiques de ce type d'activité, elles décrivent les processus cognitifs mis en œuvre pour ensuite proposer des modalités d'assistance susceptibles de favoriser les activités de conception. Les nouvelles technologies conduisent à l'émergence de formes non traditionnelles d'emploi. Claude Louche et Virginie Jouve s'interrogent sur le faible développement du télétravail en France malgré ses avantages évidents pour tous les acteurs sociaux. Ils analysent ensuite les difficultés de son implantation et les facteurs à considérer lors de sa mise en place.

Les différents chapitres réunis dans cet ouvrage témoignent de l'utilité de la Psychologie du Travail pour assurer le management des organisations. Cette discipline permet en effet de fournir des réponses mieux adaptées aux nouvelles contraintes affrontées par les gestionnaires. Toutefois une prise de recul par rapport à cette utilité a paru essentielle aux éditeurs du livre. Aussi ils ont choisi de le clore par une postface de Pieter Drenth qui analyse les conditions d'utilisation des connaissances scientifiques dans le monde réel, notamment celui des organisations.

Première partie

Gérer le changement et la diversité

Chapitre 1

Le management interculturel

MIRIAM EREZ

> « Il y a trente ans – peut-être vingt ans seulement – on affirmait souvent que, même s'il y avait actuellement beaucoup plus de cadres et de dirigeants que dans les années 20, la plupart d'entre eux faisaient, à peu de choses près, ce que leurs prédécesseurs avaient fait, et le faisaient à peu près de la même manière. Personne ne dirait plus cela des cadres et des dirigeants, aujourd'hui… (et) ce que les cadres et les dirigeants feront demain sera encore plus différent de ce que font les cadres et les dirigeants aujourd'hui. »
> (P. Drucker, 1995, p. xi)

La globalisation a profondément changé l'environnement du travail, et a créé de nouvelles opportunités pour les cadres d'aujourd'hui. Beaucoup d'entre eux travaillent dans des entreprises multinationales, et gèrent des activités internationales. Ces nouvelles formes d'organisation traversent les frontières culturelles et, de ce fait, posent de nouveaux défis aux cadres qui travaillent dans un environnement plus complexe et qui dirigent un personnel plus diversifié. En outre, ces cadres répondent souvent à une hiérarchie qui se trouve dans un pays différent du leur, et leurs collaborateurs appartiennent à des cultures différentes (Leung et al., 2005).

La globalisation implique une interdépendance économique qui se développe grâce à la circulation de biens, de services, de capitaux, de savoir-faire et de personnes entre les pays. Les entreprises traversent les frontières culturelles en globalisant leur présence sur le marché, leurs chaînes d'approvisionnement, leurs sources de capitaux et leur main-d'œuvre. Aussi les cadres ont de plus en plus souvent à gérer des opérations qui ont lieu hors de leur pays, à commercialiser leurs produits et à offrir leurs services à une clientèle globale. Dans les années 80 et 90, les « autres » étaient perçus comme des étrangers, les compagnies de pays différents étaient en compétition, comme par exemple entre les industrie d'automobiles américains et japonais. Depuis l'entrée dans le XXIe siècle, on réalise de plus en plus que les « autres » font partie du monde global des entreprises, et les titres des journaux annoncent de plus en plus souvent des fusions internationales de grande taille comme celles entre Renault (France) et Nissan (Japon), entre Ford (USA) et Volvo (Suède), entre Chrysler (USA) et Mercedes-Benz (Allemagne).

La coopération demande, plus que la compétition, une meilleure compréhension du partenaire international, qui ne se limite pas à connaître le concurrent. La nécessité de comprendre les différences et les similarités entre cultures devient de plus en plus cruciale si on veut créer un partenariat international efficace. Les différences culturelles sont facilement observées sur les produits, les cérémonies, les coutumes, les normes et les valeurs de comportement, et même sur les croyances fondamentales concernant le monde. Mais il est important de classer ces multiples comportements, normes, valeurs et opinions fondamentales en catégories qui serviront aux managers à différencier les cultures et à apprendre comment s'adapter aux différentes cultures.

- *Le premier objectif* de ce chapitre est de présenter une classification des valeurs culturelles qui permette de comprendre pourquoi certaines procédures de management seront efficaces dans une culture, mais pas dans une autre. On se demandera si il existe une série de valeurs culturelles qui caractérisent l'environnement global des entreprises, et qui peuvent être partagées par des personnes appartenant à des cultures différentes.
- *Le second objectif* est de définir les caractéristiques de l'environnement global des entreprises ainsi que les valeurs globales qui facilitent l'adaptation à cet environnement. En parallèle à leurs activités dans un monde global, les managers conservent leurs valeurs nationales et locales. Il faut donc savoir comment ils équilibrent ces deux séries de valeurs, et comment les entreprises globales font co-exister les valeurs culturelles globales et locales.
- *Le troisième objectif* de ce chapitre consiste à proposer des modes de management qui permettent cet équilibre entre valeurs locales et globales.

ADAPTER LES PRATIQUES MANAGÉRIALES
AUX VALEURS CULTURELLES LOCALES

Les cadres et les employés qui travaillent dans des cultures différentes apportent à leur environnement de travail les codes de comportement et les normes de leur propre culture. Ces normes et ces valeurs culturelles déterminent les processus organisationnels et les pratiques managériales. Ce qui signifie que différentes pratiques managériales sont utilisées dans différentes parties du monde. Par exemple, dans les cultures individualistes comme les Etats-Unis, les procédures de sélection de nouveaux employés sont fondées sur leurs résultats personnels. Dans les cultures collectivistes comme le Mexique, les recommandations des membres de la famille qui travaillent déjà dans l'entreprise constituent un facteur important de la décision d'embauche de nouveaux employés. Aux Etats-Unis, la promotion à un niveau d'encadrement plus élevé dépend de la réussite personnelle telle qu'elle apparaît dans les notations professionnelles. Par contre, dans les cultures collectivistes et hiérarchiques, comme le Japon, la séniorité joue un rôle majeur sur les décisions de promotion. Le salaire est fonction des résultats dans un plus grand nombre d'entreprises américaines que d'entreprises Européennes. Dans les pays européens, les salaires fixes sont plus fréquents qu'aux Etats-Unis. Les primes attribués aux cadres américains sont constituées, pour une grande part, par des stock-options, alors que c'est plus rare dans les pays européens.

Une typologie des principales valeurs culturelles

Les employés évaluent la signification des pratiques managériales en fonction des opportunités qu'elles leur apportent pour accroître ou réduire leur valeur personnelle et leur bien-être (Erez et Earley, 1993). Aussi les approches managériales contraires aux valeurs culturelles dominantes ne seront vraisemblablement pas efficaces parce que les employés ne voudront pas les adopter et se sentiront même menacés. Ce qui signifie que puisque les cultures défendent des valeurs dissemblables, les personnes appartenant à différentes cultures vont interpréter différemment les mêmes pratiques managériales. La culture est constituée essentiellement par un système de valeurs partagées (Hofstede, 2001, House et al., 2004) et elle détermine les valeurs centrales et les normes de ses membres. Ces valeurs sont partagées et transmises d'une génération à l'autre par les processus d'apprentissage et d'observation, aussi bien que par les effets des actions individuelles. Les sociétés homogènes ont des cultures étroites et leurs normes comme leurs valeurs sont fortement partagées par leurs membres. Et les sociétés constituées de sous-groupes ayant des normes et des valeurs dissemblables ont des cultures faibles.

Les cultures possèdent des composantes différentes. Deux valeurs, le collectivisme opposé à l'individualisme et la distance de pouvoir, sont celles qui permettent de différencier le plus les cultures entre elles.

L'*individualisme-collectivisme* concerne le degré de relation entre les membres d'une même culture (Hofstede, 2001). Le collectivisme implique une préférence pour le travail en équipe, la soumission des buts personnels aux buts du groupe, le souci de l'intégrité du groupe, et un fort attachement émotionnel au groupe. Par opposition, l'individualisme souligne l'autonomie individuelle, l'adhérence aux objectifs personnels, et un moindre attachement affectif au groupe. Les Etats-Unis, l'Australie et l'Angleterre sont des pays à culture fortement individualiste, alors que l'Amérique du Sud, le Pakistan, la Corée, le Japon et Taiwan sont fortement collectivistes

La *distance de pouvoir* concerne le degré d'égalité dans la société. Une forte distance de pouvoir implique une faible égalité et une structure de pouvoir claire dans les organisations. Dans ce type de culture, les employés savent quelle est leur place dans la hiérarchie organisationnelle, et des symboles de statut évidents permettent de distinguer les différents niveaux dans l'organisation. Par contre, dans les cultures à faible distance de pouvoir, les employés ont la liberté de ne pas être d'accord avec leur supérieur et d'exprimer ouvertement leurs opinions. La Malaisie, les Philippines, les pays Arabes, la France et l'Inde sont connus pour leur niveau élevé de distance de pouvoir. A l'opposé, Israël, la Scandinavie, et la Nouvelle-Zélande sont connus pour leur faible niveau de distance de pouvoir.

Le fait d'*éviter l'incertitude* concerne la mesure selon laquelle les membres d'une société se sentent menacés par des situations incertaines ou inconnues. Un fort niveau d'incertitude crée de l'anxiété. Les organisations qui cherchent à éviter l'incertitude ont des règles formelles, des définitions de tâches claires, et tolèrent peu tout écart par rapport aux règlements ou aux normes. Par contre, les organisations qui ont une forte tolérance pour l'incertitude sont moins formelles, plus flexibles, et acceptent des normes et des comportements fortement hétérogènes. La France, la Belgique, la Grèce, et le Portugal sont des pays qui évitent l'incertitude. Le Danemark, la Suède et Singapour ont une forte tolérance pour l'incertitude.

L'*égalité entre les sexes* concerne la mesure selon laquelle une société ou une organisation minimise les différences de rôles liées au sexe. Dans les cultures à faible égalité, les hommes sont supposés être autoritaires, inflexibles, préoccupés avant tout par le succès matériel, alors que les femmes sont perçues comme plus modestes, sensibles et préoccupées avant tout par la qualité de la vie. La Corée et le Koweït sont à l'extrémité la plus faible de l'égalité entre les sexes, alors que la Hongrie, la Russie, le Danemark et la France font partie des pays situés au pôle le plus élevé de l'égalité entre les sexes.

L'*orientation vers l'avenir* concerne la mesure selon laquelle la culture est orientée vers une planification à long terme et des récompenses à échelle lointaine. Les « pays du dragon », comme le Japon, Hong Kong et la Corée, de même que la Suisse sont positionnés au niveau élevé pour cette dimension alors que la Russie, l'Argentine et la Pologne sont à l'autre extrémité.

L'*orientation vers la performance* concerne la mesure selon laquelle les sociétés et les organisations encouragent et récompensent les membres de ces groupes pour les progrès de leur performance et pour leurs mérites. Les pays qui ont des scores élevés sur cette dimension sont la Suisse, Singapour et Hong Kong. Par contre, la Russie, la Hongrie et la Grèce ont des orientations faibles vers la performance (House et al., 2004).

Une recherche intitulée « GLOBE Study », dirigée par Robert House à la Wharton School a été faite par un groupe de plus de 80 chercheurs dans 62 pays. Elle a décrit les différences et les similarités concernant les valeurs culturelles ainsi que les préférences pour le style de leadership. A titre d'exemple de ces comparaisons, voici les résultats concernant quatre pays : les Etats-Unis, la France, l'Allemagne et Israël. L'Allemagne a les scores les plus élevés pour les valeurs de Distance de pouvoir et d'Evitement de l'incertitude, suivie par la France. Par contre, Israël a les scores les plus bas pour ces valeurs et les Etats-Unis sont entre les deux. Mais aussi bien Israël que la France sont plus Collectivistes que l'Allemagne et les Etats-Unis. En ce qui concerne l'Orientation vers la performance, ce sont les Etats-Unis qui ont les scores les plus élevés et il n'y a pas de différence significative entre les trois autres pays. L'Egalitarisme entre les sexes est le plus élevé en France, et il n'y a pas de différence significative entre les trois autres pays. C'est la France qui a les scores les plus faibles sur l'Orientation vers l'avenir, par comparaison avec les trois autres pays.

Ces différences culturelles doivent avoir des conséquences sur le potentiel d'innovation de chacun de ces pays. Un fort Evitement de l'incertitude associé à une Distance de pouvoir élevée inhibent l'innovation et la prise de risques, parce que explorer et prendre des risques, activités qui sont au cœur de l'innovation, accroissent le niveau d'Incertitude. L'autonomie et la motivation intrinsèque sont en contradiction avec le contrôle externe imposé par la hiérarchie. De ce fait, l'innovation se développera plus dans les cultures qui associent un faible niveau d'Evitement de l'incertitude avec une faible Distance de pouvoir. Cela explique probablement le taux élevé de start-up en Israël où ces deux valeurs sont faibles.

LE RÔLE DES VALEURS CULTURELLES SUR LES PRATIQUES MANAGÉRIALES

Les pratiques managériales concernent la manière dont les managers traitent les problèmes dans leurs organisations, comment ils délèguent leur autorité, attribuent des récompenses, prennent des décisions, décrivent les postes, mettent en œuvre des programmes par exemple d'amélioration de la qualité. Des valeurs culturelles différentes ont des conséquences sur les pratiques managériales qui seront efficaces dans différentes cultures. Mais les managers et les professionnels ne sont pas toujours conscients de ce fait. Ils ont tendance à adopter certaines techniques managériales parce qu'elles ont réussi ailleurs, alors que les pratiques managériales transférées d'une culture à une autre perdent leur efficacité.

L'attribution de récompenses

Comment attribuer des récompenses afin de stimuler la motivation ? Si vous êtres un manager américain, vous appliquerez vraisemblablement le principe de récompense au mérite. Mais dans le monde global où nous vivons, il y a trois principes sur lesquels l'attribution des récompenses peut être fondée : le principe d'équité, – à chacun selon sa contribution, le principe d'égalité, – à chacun la même part et le principe de besoin, – à chacun selon ses besoins. Une méta-analyse récente, réalisée par Fisher et Smith (2003) a montré que les personnes appartenant à des sociétés où les revenus sont peu inégaux récompensent plus également, alors que là où il y a de fortes inégalités de revenus les récompenses sont plus différenciées. Les participants de culture où le pouvoir est très différencié distribuent les récompenses de manière plus équitable que ceux appartenant à des cultures plus égalitaires. En outre, les cultures masculines, avec un faible niveau

© Groupe Eyrolles

d'égalité entre les sexes utilisent plus souvent le principe d'équité (chacun selon sa contribution) alors que les cultures qui ont un fort niveau d'égalité entre les sexes préfèrent le principe d'égalité (Chiang et al., 2005).

Les recherches réalisées dans les années 20 ont montré que les cultures collectivistes appliquaient le principe d'égalité afin de préserver l'harmonie du groupe. Et des travaux plus récents ont décrit d'autres facteurs qui modifient cette règle. Par exemple, une étude a comparé le type de récompenses préférées par les Chinois avec celles préférées par les Américains et a mis en évidence un fort changement de valeurs chez les Chinois. Avant la réforme économique de 1978, les entreprises chinoises se comportaient comme des institutions politiques, éducatives et de protection sociale. Leurs objectifs étaient plus idéologiques qu'économiques. Ce qui explique que, à cette époque, la règle d'égalité était dominante. Mais, depuis la réforme économique, les entreprises chinoises ont des objectifs différents. Et ce changement culturel a modifié les préférences pour les règles d'attribution des récompenses qui passent du principe d'égalité au principe d'équité (Chen, 1995). Il est vrai que ce changement peut être dû aux pressions économiques plutôt qu'à un changement profond de valeurs, bien que le principe d'équité soit cohérent dans une culture caractérisée par une forte distance de pouvoir. En fait, même dans les recherches les plus anciennes, faites dans les années 80, sur l'attribution des récompenses en Chine, on a pu observer différentes règles d'attribution selon qu'il s'agit des membres du groupe ou de personnes extérieures au groupe. La règle d'égalité était appliquée pour les membres du groupe et la règle d'équité pour les personnes extérieures au groupe.

En Europe, les Suédois utilisent la règle d'égalité plus souvent que les Américains (Tornblom et al., 1985). Le système éducatif suédois décourage la compétition en faveur de la coopération et du travail en équipe. En outre, les Suédois ont une attitude plus positive que les Américains en ce qui concerne le principe de besoin. Par contre, c'est le principe de besoin qui est préféré en Inde (Berman et al., 1985). L'attribution de récompenses en fonction des besoins domine dans les cultures collectivistes, et lorsque les besoins sont très visibles, comme c'est le cas aux Indes (Murphy-Berman et al., 1984).

L'utilisation d'un principe de distribution des récompenses inapproprié peut entraîner des sentiments d'injustice et démotiver les employés. Connaître les différences culturelles concernant les préférences pour un principe d'attribution des récompenses est donc essentiel si on veut introduire des procédés motivationnels efficaces.

La participation des employés et le travail en équipe

La participation à l'élaboration des objectifs et aux prises de décision n'est pas sans lien avec les valeurs. D'un point de vue politique cela accroît le contrôle des travailleurs sur les moyens de production, ce qui fait croire que la démocratie participative constitue une valeur en soi. Les différences idéologiques entre les Etats-Unis et l'Europe ont amené les partisans de la participation aux Etats-Unis à défendre l'adoption volontaire des pratiques participatives, alors que dans de nombreux pays européens, la législation impose une participation obligatoire. D'une manière générale, les pays européens, comme l'Angleterre, la Scandinavie et l'Allemagne de l'Ouest sont réputés plus orientés vers les problèmes sociaux que les Etats-Unis et ayant une distance de pouvoir plus faible entre les différents niveaux organisationnels (Hofstede, 2001). Il est donc raisonnable de penser que l'arrière-plan culturel peut influencer le niveau de participation des employés en ce qui concerne la prise de décision dans les organisations. En outre, dans les pays très égalitaires et orientés vers le groupe comme Israël, les employés réagissent négativement aux objectifs imposés, ce qui n'est pas le cas pour les employés qui ont pu participer à l'élaboration des objectifs. Cette réaction négative aux buts imposés n'a pas été observée chez les employés appartenant à des cultures plus individualistes et moins égalitaires (Erez et Earley, 1987). Dans les cultures individualistes, les objectifs du groupe produisent souvent de la flânerie sociale et du travail individuel parce que les membres du groupe ne partagent pas la responsabilité de la même manière que les membres de groupes appartenant à une culture collectiviste. Par contre, cette flânerie sociale n'a pas été observée dans les cultures orientées vers le groupe comme la Chine et Israël (Earley, 1989, Erez et Somech, 1996). Dans les cultures individualistes, la flânerie disparaît dans la mesure où les membres du groupe sont tenus personnellement responsables des résultats du groupe. Ce qui signifie que dans les cultures individualistes, pour être efficaces, les équipes devraient être organisées avec un faible niveau d'interdépendance entre leurs membres, de manière à permettre à chacun des membres du groupe de se sentir personnellement responsable des résultats du groupe et d'identifier leur contribution personnelle.

Définir les tâches pour des équipes ou pour des individus

La manière dont on définit les tâches a aussi un impact important sur la motivation et l'efficacité des employés. Travailler en équipe convient mieux aux cultures fortement collectivistes et ayant des valeurs orientées vers le groupe. Dans les cultures individualistes, les employés ont l'habitude de travailler seuls et peuvent préférer cette forme d'organisation. Au Japon, par exemple, les Cercles de Contrôle de Qualité constituent la principale méthode d'amélioration de la qualité. Il s'agit de petits groupes de personnes appartenant au même secteur et qui de manière volontaire et continue mettent en œuvre des activités de contrôle de qualité sur le lieu de travail. Ces programmes sont conçus pour des équipes et concernent tous les niveaux organisationnels, ce qui signifie qu'ils sont à la fois hiérarchiques et horizontaux. La participation à ces cercles permet aux employés d'identifier avec succès des problèmes significatifs et de leur trouver des solutions. Comme la culture japonaise est caractérisée par une forte distance de pouvoir, un chef de groupe est nommé pour chaque cercle. Il reçoit une formation approfondie sur la gestion de la qualité et la gestion d'équipe et c'est lui qui dirige les réunions.

Les activités d'amélioration de la qualité au niveau de l'entreprise sont soutenues par une organisation nationale, appartenant au JUSE (Union Japonaise des Scientifiques et des Ingénieurs), qui fournit des informations sur la manière de démarrer une activité de Cercle de Qualité, sur sa gestion et sur la garantie de continuité. Cette organisation centrale gère le prix Deming qui est attribué aux entreprises ayant atteint des résultats remarquables en ce qui concerne l'amélioration de la qualité.

Les cercles de qualité sont moins populaires aux Etats-Unis. Une enquête réalisée en 1992 sur 1 000 compagnies a montré que 70 % de ces compagnies ont affirmé que pratiquement aucun de leurs employés ne sont actifs dans un programme de cercle de qualité et seulement 2 % de ces entreprises ont dit que 80 % de leurs employés était actifs dans un cercle de qualité. Les Cercles de qualité ne constituent pas une activité naturelle dans une société aussi individualiste que les Etats-Unis. En général, les travailleurs américains accordent un intérêt primordial à leurs évaluations et à leurs résultats personnels. Ils sont donc d'autant plus motivés qu'ils se sentent personnellement responsables du niveau de qualité. Pour encourager le travail en équipe, la contribution individuelle aux activités d'équipe devra donc être reconnue et récompensée. Les initiatives américaines, à l'échelle nationale, pour récompenser les programmes d'amélioration de la qualité, à l'échelle individuelle plutôt qu'à l'échelle des équipes, a conduit à l'établissement du Malcolm Baldridge National Quality Award en 1987. Il récompense les entreprises qui ont employé avec succès des procédures d'amélioration de qualité. Parmi les gagnants depuis 1987, on peut citer Motorola, Federal Express, Xerox, General Motors, Cadillac, IBM à Rochester, et Wallace.

Il y a des similarités, mais aussi des différences entre les entreprises qui ont gagné ces prix aux Etats-Unis et au Japon.

- *En premier lieu*, au Japon comme aux Etats-Unis, les dirigeants au plus haut niveau se sont fortement impliqués dans la mise en œuvre des programmes d'amélioration de la qualité en précisant la vision, en développant des activités de communication efficaces à travers l'organisation et en récompensant les améliorations de la qualité.

- *Deuxièmement*, dans les deux pays, la formation est apparue comme cruciale pour l'acquisition de savoir et de compétences, ainsi que pour l'internalisation des valeurs et des normes comportementales essentielles pour le progrès de la qualité.

- *Troisièmement*, aussi bien les entreprises japonaises que les entreprises Américaines qui ont reçu ces prix ont facilité la prise de parole des employés et leur implication. Mais, aux Etats-Unis, on a donné plus d'importance aux employés en tant qu'individus, alors que au Japon, l'accent a été mis au niveau des équipes.

- *Quatrièmement*, dans les deux pays, les programmes d'amélioration de la qualité ont donné aux personnel plus d'autorité et plus de responsabilité en ce qui concerne l'amélioration de la qualité. Mais, au Japon, l'implication des employés se fait à travers la participation à l'équipe en ce qui concerne l'identification des problèmes de qualité, les suggestions d'amélioration et leur mise en œuvre. Alors qu'aux Etats-Unis l'implication s'est faite par la délégation d'autorité aux individus. Par exemple, le service aux clients est amélioré quand les employés ont plus de liberté de décision sur le service aux clients et ils ne perdent plus de temps à obtenir un accord sur des décisions précises. Les cadres japonais apportent leur soutien par l'intermédiaire de la participation du groupe, alors que les cadres américains délèguent leur autorité à des individus.

- *Cinquièmement*, le programme d'évaluation du personnel est capital parce que ce qui est récompensé est aussi ce qui sera fait. Même si Deming lui-même n'était pas d'accord avec les évaluations des performances individuelles, elles sont toujours utilisées par la plupart des entreprises américaines qui ont gagné le prix. Des critères de qualité font partie des évaluations de performance des employés dans de nombreuses entreprises, comme Westinghouse, Xerox, Federal Express. La gestion de l'amélioration de la qualité par les Américains diffère de la méthode japonaise, parce qu'elle est axée sur les individus plutôt que sur les équipes (Earley et Erez, 1997).

- *Sixièmement*, aux Etats-Unis, le programme de récompenses et de reconnaissance, comme celui d'évaluation, intègre des récompenses basées sur les niveaux individuels et d'équipe. Chez Xerox, les individus sont nominés pour le prix du Président ou pour le prix de réalisation Xerox. Les équipes sont candidats pour le prix d'excellence, et le prix d'excellence concernant la satisfaction des clients. Westinghouse a mis en œuvre une notation par les pairs pour évaluer la qualité des résultats des gagnants.

Outre les programmes de salaire basés sur les performances individuelles, il y a aussi des programmes de partage de profit et de bénéfice basés sur les résultats organisationnels. Les programmes de salaires basés sur les résultats individuels sont majoritaires dans les entreprises appartenant aux « Fortune 500 ». Mais dans 50 % de ces entreprises, s'y ajoutent des récompenses non-monétaires, des primes d'équipe, des salaires basés sur les compétences et des bénéfices « cafeteria ». D'autres systèmes, comme les participations des employés au capital, le partage des bénéfices et des gains, associent les récompenses financières à la performance évaluée au niveau organisationnel.

Pour résumer, les programmes d'amélioration de la qualité ont des caractéristiques communes qui sont universelles, telles que faire descendre l'autorité et les responsabilités au niveau des employés eux-mêmes, former les employés de manière à améliorer leurs compétences et leurs connaissances, évaluer leur contribution à l'amélioration de la qualité et récompenser leurs réalisations. Mais ces principes généraux prennent des formes différentes aux Etats-Unis et au Japon, formes qui sont cohérentes avec leurs valeurs culturelles respectives. Les programmes d'amélioration de la qualité qui ont réussi aux Etats-Unis sont ceux qui mettent l'accent sur le niveau individuel en ce qui concerne la délégation, l'évaluation et les récompenses. Au Japon, par contre, ce sont les cercles de contrôle de qualité qui gèrent les activités d'amélioration de la qualité. Ces différences reflètent les différences culturelles entre les deux pays, – différences culturelles auxquelles les managers internationaux doivent être sensibles.

Beaucoup de ces managers internationaux travaillent dans des organisations qui ont des activités traversant les frontières culturelles. Dans ce cas, les employés et les cadres des « autres cultures » sont actifs au-delà de leurs cultures nationales. Le problème est alors de savoir si ils vont tous partager un ensemble de valeurs communes qui caractérisent le contexte global de l'entreprise, ou si il leur faut s'adapter à une culture partagée plutôt que devoir s'adapter à l'environnement multi-culturel qui est constitué par un personnel divers. La partie suivante tente de répondre à cette question.

LES CARACTÉRISTIQUES DE L'ENVIRONNEMENT PROFESSIONNEL GLOBAL ET LES VALEURS GLOBALES QUI FACILITENT L'ADAPTATION À CE CONTEXTE

On peut définir la culture comme un ensemble de significations partagées. Cet ensemble peut se former à des niveaux différents – celui de l'équipe, de l'organisation, du pays, et, au-delà des pays, concerner la globalité de l'environnement professionnel.

Un nouveau niveau de culture à l'échelle de l'environnement professionnel global s'est développé à mesure que les expériences et les normes étaient partagées par des individus, par des groupes, et par des organisations. Pour résoudre leurs problèmes de survie, il est nécessaire de conserver un avantage dans la compétition globale et de structurer une intégration interne commune à des succursales multiples. La culture globale est créée et partagée par des entreprises multiculturelles, à l'occasion de fusions internationales, d' acquisitions et de toutes les formes d'alliances internationales. La culture facilite l'adaptation à l'environnement. Les valeurs culturelles nous disent ce qui est important et ce qui ne l'est pas, ce qui est bon ou mauvais, et ce qui est bien ou mal. Les valeurs culturelles globales doivent donc refléter le contexte global du travail.

Berson et al. (2004) ont été les premiers à décrire les valeurs globales du travail. L'environnement de travail global, dans lequel les compagnies globales exercent leurs activités est très compétitif. De ce fait, l'importance accordée à une *performance orientée vers la compétition* a été identifiée comme une valeur culturelle majeure de cet environnement. Cette orientation suppose une forte importance accordée à la *qualité, au souci des clients, et à l'innovation*. En outre, l'environnement global est considéré comme étant fortement dynamique et il est caractérisé par un fort niveau d' incertitude. L'adaptation à cet environnement est donc facilitée par les valeurs de faible évitement de l'incertitude, de forte flexibilité et d'ouverture au changement. Pour réussir dans un environnement géographiquement et culturellement dispersé, il faut donc un haut niveau *d'interdépendance et de coordination* entre les différentes unités organisationnelles de manière à s'assurer qu'elles respectent toutes les objectifs organisationnels communs (Baghat et al., 2002). Le respect des accords internationaux, des lois et des normes, régule les activités des organisations internationales au-delà des frontières nationales et facilite la compréhension partagée de ce qui est bien ou mal, permis ou interdit. Enfin, les environnements dans lesquels travaillent les organisations globales impliquent des groupes de main-d'œuvre culturellement différents, des marchés et des clients également différents, ce qui donne une place centrale à *l'ouverture à la diversité culturelle*. Dans cet environnement varié, où les membres d'une culture sont peu familiers des autres cultures, et où la possibilité de conflits d'intérêt et d'incompréhension est élevée, *l'éthique des comportements* devient un facteur clé de l'intégration en douceur et de la communication entre les divers secteurs de l'organisation, les services et leurs membres.

Bien que certaines de ces valeurs fassent partie des typologies existantes, d'autres, comme l'orientation vers une performance compétitive et l'ouverture à la diversité culturelle, sont directement issues de l'analyse des caractéristiques de l'environnement global (Gati et Erez, sous presse). Ces valeurs sont partagées par les corporations globales, et elles influencent aussi les cultures des organisations locales, dont les actionnaires, les fournisseurs, où les clients peuvent être internationaux.

Une recherche portant sur cinq cents managers travaillant dans une importante entreprise multinationale active dans six zones géographiques (Pays de l'est, Europe latine, allemande, Europe du nord, Angleterre et Etats-Unis) a permis d'identifier les valeurs partagées par tous les managers, ainsi que les valeurs locales qui différencient les managers appartenant à des régions différentes (Berson et al., 2004). Quatre caractéristiques importantes des managers globaux ont été identifiées :

- La planification stratégique globale
- La gestion du changement et de l'innovation
- La direction du personnel en ce qui concerne la performance
- La considération témoignée au personnel

Les managers interrogés attribuent le même niveau d'importance aux rôles de planification stratégique et de gestion du changement, quelle que soit leur région géographique. Il s'agit donc de rôles concernant le management global. L'importance attribuée au management stratégique reflète la valeur globale de l'orientation vers la performance compétitive. L'importance accordée à la gestion du changement et à l'innovation reflète la valeur globale de l'ouverture au changement. Par contre, les managers appartenant à des zones géographiques différentes n'ont pas attribué la même importance à la direction du personnel concernant leur performance et à la considération à leur montrer. Il s'agit donc là de deux rôles managériaux locaux.

En outre, Berson et al. (2004) ont fait une analyse de contenu des communications venant des cadres dirigeants de ces entreprises multinationales relevées dans leurs discours et dans les rapports annuels de leur entreprise. Ces dirigeants adoptent les valeurs de diversité, d'orientation vers la performance, d'individualisme, d'interdépendance, de faible distance de pouvoir et de faible évitement de l'incertitude.

Récemment, Gati et Erez ont fait une analyse de contenu des valeurs culturelles dans les multinationales, basée sur l'information publique apparaissant sur les sites Internet de 77 multinationales appartenant à la liste des Fortune 500 pour la période 2003-2004. Les valeurs les plus fréquentes sur leur site Web concernent l'orientation vers une performance compétitive, le souci de la qualité, l'orientation vers le client, l'innovation, l'ouverture au changement, et la formation. S'y ajoutent des valeurs relationnelles mettant en avant l'esprit d'équipe, l'ouverture à la diversité, la confiance et le comportement éthique, ainsi que les responsabilités sociales et environnementales.

Les résultats de ces deux recherches suggèrent qu'il existe bien une culture professionnelle globale, présente dans les multinationales et dans les alliances internationales. Les membres des organisations globales partagent ces valeurs, ce qui les aide à établir des relations entre eux, et à comprendre les normes et les codes de comportement des autres. En outre, ce ne sont pas seulement les organisations transnationales qui défendent ces valeurs ; les organisations locales qui ont des actionnaires, des fournisseurs, des intérêts venant de lieux variés, adhèrent aussi au standards globaux et, dans une certaine mesure, adoptent les valeurs globales du travail.

Les managers et les employés qui travaillent dans des corporations globales viennent de différentes cultures. Quand il entrent dans une organisation globale, ils sont donc exposés à des valeurs culturelles différentes de leurs valeurs locales. D'où la question : comment les employés, les managers et les corporations trouvent-ils un équilibre entre ces valeurs en compétition, ou même en conflit ? La partie suivante décrit les stratégies qui aident à résoudre le conflit potentiel entre valeurs culturelles globales et locales.

QUELLES STRATÉGIES MANAGÉRIALES FACILITENT L'ÉQUILIBRE ENTRE LES VALEURS CULTURELLES GLOBALES ET LOCALES ?

Le défi auquel sont confrontées les corporations globales consiste à créer une culture globale sans offenser les cultures locales. Les recherches actuelles décrivent cette tension mais ne proposent pas de réponse claire pour la réduire. Et il est déconseillé de donner trop de place soit à la culture du quartier général, soit à celle d'une succursale. On peut suggérer une autre approche destinée à équilibrer les valeurs globales et locales, en identifiant les valeurs qui devraient être adoptées par toutes les parties de l'entreprise, et en les différenciant de celles qui doivent être laissées à la discrétion des membres venant de différentes origines culturelles.

Les résultats décrits dans la première partie nous permettent de suggérer d'imposer une série commune de valeurs qui respecte les rôles globaux de l'organisation, qui régule ses objectifs et sa stratégie de compétition, ainsi que son approche active au changement et à l'innovation. Par contre, en ce qui concerne les relations entre collègues, entre cadres et collaborateurs, les filiales locales devraient avoir plus de liberté pour s'appuyer sur leurs valeurs et leurs normes locales. De ce fait, on imposerait moins d'homogénéité aux activités qui se déroulent dans des lieux géographiquement différents.

Réconcilier les différences culturelles est souvent difficile lorsqu'il y a des fusions ou des acquisitions internationales. Les données statistiques montrent que, à long terme, entre 50 et 80 % des fusions posent problème, et les aspects humains semblent expliquer la moitié de ces problèmes (Cartwright et al.,1998). Un des problèmes principaux posé par ces fusions et ces acquisitions vient de la difficulté rencontrée lorsqu'il faut intégrer deux cultures (Erez-Rein, Erez et Maital, 2003). Fusions et acquisitions sont une source de stress pour les employés parce qu'ils signifient souvent une perte d'identité, une non-utilisation de leurs compétences et de leurs savoirs, plus d'ambiguïté, l'incapacité à se focaliser sur le travail lui-même, et la perte de personnes clés qui quittent l'organisation.

Le succès des fusions et acquisitions dépend beaucoup de la manière dont on adopte et on met en œuvre une stratégie efficace d'acculturation. L'acculturation implique deux facteurs : le désir de protéger son identité culturelle et le désir de développer des relations avec d'autres cultures (Nehavandi et al., 1988). Ces deux dimensions permettent de distinguer quatre types d'acculturation :

- Maintien de ses valeurs avec un fort désir de développer des relations qui vont permettre l'*Intégration*
- Maintien de ses valeurs sans désir de développer des relations, ce qui va conduire à la *Séparation*
- Faible maintien de ses valeurs avec un fort désir de relations qui vont conduire à l'*Assimilation*
- Faible maintien de ses valeurs avec un faible désir de relations ce qui va conduire à la *Marginalisation*

L'Intégration est la manière la plus souhaitable de réaliser l'acculturation ; elle dépend d'un bon équilibre entre les valeurs globales de l'organisation et les valeurs locales et nationales. Une vision forte, des objectifs clairs, et des stratégies gouvernant les opérations globales devraient être uniformément établies dans toutes les organisations qui ont fusionné. La flexibilité et la tolérance pour la diversité, avec le respect des différentes modalités de relations interpersonnelles permettront aux membres de différentes succursales de respecter leurs propres valeurs.

Mais les procédures d'adaptation sont aussi culturelles. Les cultures diffèrent entre elles en ce qui concerne leurs résistance au changement. La résistance est la plus forte pour les cultures caractérisées par une forte distance de pouvoir, un faible individualisme, et une forte résistance à l'incertitude (Harzing et al., 1996). Parmi ces cultures, on peut citer : la plupart des pays d'Amérique latine, le Portugal, la Corée, suivis par le Japon, la France, l'Espagne, la Grèce, la Turquie, et les pays arabes. Les cultures avec une faible résistance au changement sont caractérisées par une faible distance de pouvoir, un fort individualisme, et une faible résistance à l'incertitude. Cette catégorie comprend les pays anglo-saxons, les pays du Nord de l'Europe, et la Hollande, suivis par Singapour, Hong Kong et l'Afrique du Sud.

Les managers devraient donc prendre en considération les caractéristiques culturelles des deux partenaires. Les procédures adoptées pour réaliser l'acculturation jouent un rôle important. Tout changement culturel devrait commencer par le haut. Plus les dirigeants de l'organisation articulent leurs visions et précisent des objectifs et des règles communes, plus la culture organisationnelle qu'ils créent est forte, et plus ils créeront d'homogénéité à travers les différentes composantes du personnel. Les dirigeants devraient présenter des anticipations réalistes des conséquences du changement, et minimiser le niveau d'ambiguïté qui nourrit la résistance au changement. En outre, une forte implication des membres des différentes organisations concernées par le processus aide à réduire la résistance au changement.

RÉSUMÉ ET CONCLUSION

Les managers du troisième millénaire devraient développer un état d'esprit global, parce qu'ils ne travaillent plus dans des zones culturelles locales et distinctes du point de vue géographique. Il leur faut connaître les différences culturelles et comprendre comment ces différences affectent les pratiques managériales. Quand il sont sensibles aux variations des valeurs culturelles, les managers comprennent comment ces valeurs affectent la motivation du personnel à venir travailler, à obtenir des résultats, à innover et à mettre en œuvre de nouvelles activités. Ce savoir leur permet de modifier les pratiques managériales qui seront susceptibles de motiver le personnel et d'accroître leur bien-être. Prendre conscience des différences culturelles permet aux managers de mettre en œuvre des pratiques managériales cohérentes avec les valeurs culturelles de l'organisation dans laquelle ils travaillent.

Les « leaders globaux » sont ceux qui créent une culture globale susceptible d'unir les différentes composantes de l'organisation globale tout en respectant les diversités culturelles. La stratégie destinée à équilibrer les cultures globales et locales, présentée par l'auteur de ce chapitre, consiste à être flexible en ce qui concerne les valeurs locales régissant les relations interpersonnelles entre collègues, et entre cadres et subordonnés, tout en créant une culture globale qui permette la compétition, le changement et l'innovation.

Bibliographie

Berman, J.J. & Singh, P. (1985), Cross-cultural similarities and differences in perceptions of fairness. *Journal of Cross-Cultural Psychology*, 16, 55-67.

Berson, Y., Erez, M., Adler, S. (2004), Global values in MNC culture, and their manifestation in managerial roles. Best Paper Award, The Academy of Management.

Bhagat, R.S., Kedia, B.L., Harveston, P., and Triandis, H.C. (2002), « Cultural Variations in the Cross-Border Transfer of Organizational Knowledge : An Integrative Framework », *Academy of Management Review* **27**(2) : 204-221.

Cartwright, S. & Cooper, C.L. (1996), *Managing Mergers, Acquisitions, and Strategic Alliances : Integrating People and Cultures*. Oxford, Butterworth-Heinemann Ltd.

Chen, C. C. (1995), New trends in rewards allocation preferences : A Sino-U.S. comparison. *Academy of Management Journal*, 38, 408-428

Chiang, F.F.T and Birtch, T.A. (2005), A taxonomy of reward preference : Examining country differences. *Journal of International Management* 11, 357-375.

Drucker, P.F. (1995), *Managing in a Time of Great Change*, England : Penguin Books.

Earley, P.C. (1989), Social loafing and collectivism : A comparison of United States and the People's Republic of China. *Administrative Science Quarterly*, 39, 565-581.

Earley P.C., & Erez, M. (1997), *The Transplanted Executive*. New York : Oxford University Press.

Erez, M. & Earley, P.C. (1987), Comparative analysis of goal-setting strategies across cultures. *Journal of Applied Psychology*, 72, 658-665.

Erez, M. & Earley, P.C. (1993), *Culture, self-identity, and Work*. NY : Oxford University Press.

Erez, M., and Gati, E., (2004), A dynamic multi-level model of culture : From the micro-level of the individual to the macro level of a global culture. *Applied Psychology : An International Review*, 53, 583-598.

Erez, M. & Somech, A. (1996), Group Performance Loss : The rule of the exception. *Academy of Management Journal*.

Erez-Rein, N., Erez, M., & Maital, S. (2004), Mind the gap : Key success factors in cross-border acquisitions (pp.20-42). In : Hitt, M., Javidan, M., Pablo, A.(Eds.) *Mergers and acquisitions : Creating integrated knowledge*, Blackwell Publishers, Oxford

Fischer, R., and Smith, P.B. (2003), Reward allocation and culture : A meta-analysis. *Journal of Cross-Cultural Psychology*, 34, 251-268.

Gati, E., and Erez, M. (sous presse) Global Identity in Multicultural Teams. In B. Mannis ; M. Neale, and Ya-Ru Chen (Eds.) The 9th Annual Conference on Research on Managing Groups and Teams 2005, National Culture & Groups

Harzing A.W. and Hofstede, G. (1996), Planned change in organizations : The influence of national cultures. In : P.A. Bamberger, M., Erez, M., and S.B. Bacharach (Eds.). *Research in the Sociology and Organizations : Cross-Cultural Analysis of Organizations*, Vol 14. pp.297-340. Greenwich, Conn : JAI Press

Hofstede, G. (2001), *Culture's Consequences*, 2^e ed., Thousand Oaks, CA : Sage.

House, R.J., Hanges, P.J., Javidan, M., Dorfman, P.W., Gupta, V. (2004), *Culture, leadership, and organizations : The GLOBE study of 62 societies*. CA : Thousands Oaks : Sage Publications.

Leung, K., Bhagat, R., Buchan, N.R, Erez, M., and Gibson, C.B. (2005), Culture and International Business : Recent Advanced and Future Directions. *Journal of International Business Studies*, 36, 357-378

Murphy-Berman, V., Bernan, J., Singh, P., Pachuri, A., & Kumar, P. (1984), Factors affecting allocation to needy and meritorious recipients : A cross-cultural comparison. *Journal of Personality and Social Psychology*, 46, 1267-1272.

Nehavandi A. & Malekzadeh,A.R.(1988), Acculturation in mergers and acquisitions. *Academy of Management Review*, 13, 79-90.

Tornblom, K.Y,. Jonsson, D., & Foa, U.G. (1985), Nationality resource class, and preferences among three allocation rules : Sweden vs. USA. *International Journal of Intercultural Relations*, 9, 51-77.

Chapitre 2

Comment réussir l'introduction de changements : les apports de la justice organisationnelle

DIRK D. STEINER ET FLORENCE ROLLAND

Qui n'a pas de souvenirs de conflits sociaux suite à des discussions de réformes proposées par le gouvernement et qui visent à modifier le quotidien au travail de nombreux salariés ? La politique salariale, les pratiques d'évaluation, la durée de travail hebdomadaire ou encore le régime des retraites n'en sont que quelques exemples médiatisés récemment en France. Ces réformes ont parfois des implications pour les salariés du privé, qui eux sont confrontés également à des changements initiés par leur propre entreprise. Que l'on soit d'accord ou non avec le fond des changements proposés et quelle que soit la nature de ces changements, leur introduction est rarement réussie sans conflit et dans l'harmonie. Toutefois, aujourd'hui les recherches en psychologie du travail sont riches en principes et outils ayant fait leurs preuves pour faciliter l'introduction de changements. Ces principes, regroupés sous l'intitulé de la justice organisationnelle, sont efficaces car ils tiennent compte, certes, du fond du changement à introduire, mais ils apportent surtout des possibilités d'actions sur la forme de son introduction afin de favoriser son acceptation.

A travers la présentation des principes clés de la justice organisationnelle ainsi que d'illustrations issues de recherches et d'actions menées sur le terrain, nous essaierons de montrer comment l'application de la justice organisationnelle permet de faciliter la mise en place de changements organisationnels.

CHANGEMENT ORGANISATIONNEL ET RÉSISTANCE AU CHANGEMENT

S'adapter aux demandes de changement est un challenge permanent pour les entreprises aujourd'hui confrontées à des évolutions environnementales rapides. Quelle que soit l'origine du changement organisationnel envisagé (nouvelles lois, nouveaux concurrents, besoins d'innovation, nouvelles technologies…), l'entreprise doit développer en elle les capacités de réagir aux modifications externes par des changements internes afin de maintenir sa place sur le marché. Ainsi, les employeurs comptent sur la flexibilité de leurs employés afin d'anticiper ou de suivre les dynamiques de l'environnement. Cependant, si le changement est inévitable, le phénomène de « *résistance au changement* » ne l'est pas moins. En effet, chacun d'entre nous a une préférence générale pour la stabilité et tout processus de changement entraîne souvent une réaction de défense visant à maintenir l'état antérieur. Cette résistance ralentit, voire empêche, l'implantation du changement. Les gens ne résistent pas dans le seul but de protester ou de s'opposer au changement, mais pour d'autres raisons psychologiques comme la peur de l'inconnu, la crainte de perdre ce que l'on possède (statut, confort, rémunération), la remise en cause de ses compétences…Cependant, pour répondre au rythme des changements et s'adapter, l'entreprise ne doit pas uniquement vaincre les résistances individuelles mais plutôt susciter chez ses employés un soutien et un enthousiasme au niveau des changements proposés. En effet, sans une large acceptation de leur part, tout changement, même le plus raisonnable, est voué à l'échec (Greenberg et Lind, 2000).

Dès les années 1970, les premières approches du processus de changement organisationnel en sciences sociales ont mis en avant le rôle de la participation des employés. Cette perspective a notamment été intégrée dans une approche du changement nommée « *le développement organisationnel* ». En mettant l'axe participatif au centre de la conduite du changement et en favorisant la confrontation des points de vue, la coopération et la communication, ce processus favoriserait l'appropriation par l'ensemble de l'entreprise du projet d'évolution (Aubert et al., 1994). Plus récemment, la théorie de la *justice organisationnelle* intègre comme pierre angulaire ce principe de participation et se renforce avec d'autres principes, tous permettant de favoriser l'acceptation des éléments de changement par les employés et d'encourager les efforts nécessaires pour que le changement soit effectif. En effet, cette théorie a été appliquée dans différents domaines et a notamment montré sa pertinence pour la mise en place de nombreuses décisions et procédures liées aux ressources humaines (évaluation, recrutement, résolution des conflits, discipline…). Avant de montrer son intérêt pour la conduite du changement, nous allons exposer et illustrer les principes de base de la justice organisationnelle ainsi que ses conséquences pour l'entreprise et l'individu.

QU'EST-CE QUE LA JUSTICE ORGANISATIONNELLE ?

La notion de justice du point de vue des sciences sociales

Dans leur vie au travail, les salariés sont quotidiennement confrontés à des décisions les concernant. Que ces décisions soient liées à la réalisation de leurs missions et projets (évaluation des performances, distribution de primes, augmentation de salaires…) ou qu'elles résultent du contexte dans lequel ils travaillent (résolution des conflits, discipline, nouvelles méthodes de travail…), elles ont des conséquences économiques ou socio-émotionnelles pour les travailleurs. Ainsi, ils jugent ces décisions d'un œil critique et sont notamment sensibles à leur qualité juste ou injuste (Colquitt, 2001). Les salariés sont attentifs et évaluent non seulement la justice des décisions prises à leur égard (ex : évaluation de la performance) mais aussi la justice des procédures utilisées par les responsables pour prendre et mettre en place les décisions (ex : méthode d'évaluation de la performance). Pour évaluer s'ils sont traités de façon juste lors de la mise en place des décisions et procédures organisationnelles, les employés n'examinent pas forcément toutes les caractéristiques objectives de la situation ; ils agissent plutôt en fonction de leur jugement personnel de la situation. C'est donc cette notion de *perception* de justice qui intéresse les sciences sociales car elle guide les réactions et les conduites des salariés.

Les travaux réalisés dans le cadre de la *justice organisationnelle* permettent aujourd'hui de comprendre quels sont les éléments d'une situation de travail qui conduisent les employés à percevoir la situation comme étant juste ou injuste et de connaître les conséquences de ces jugements de justice (pour d'autres présentations de ces principes, voir Steiner, 1999, 2003).

Quels sont les principes clés de la justice organisationnelle ?

Les principes qui conduisent aux perceptions de justice ont été examinés à travers trois volets principaux. Le premier concerne l'évaluation par les employés des décisions, résultats et ressources diverses intervenant dans le cadre du travail (rémunération, augmentation, promotion, embauche…) et se rattache à la *justice distributive*. Le second se rapporte à la façon dont sont mises en place les décisions et concerne la *justice procédurale*. Le troisième se réfère à l'évaluation par les employés de la justice du traitement interpersonnel qu'ils reçoivent dans leurs échanges avec les décisionnaires et se rattache à la *justice interactionnelle*.

LES PERCEPTIONS DE JUSTICE CONCERNANT LA DISTRIBUTION DES RESSOURCES : LA JUSTICE DISTRIBUTIVE

Il semble évident que la première préoccupation en matière de justice est la justice de la décision prise à notre égard. En général, ces décisions concernent la répartition des ressources, qui sont forcément limitées, et se traduisent en salaires, primes, congés, licenciements et autres récompenses contrôlées par l'entreprise. De ces préoccupations a émergé un des premiers principes de justice, *le principe d'équité* (Adams, 1965), qui affirme que ce qu'un salarié reçoit de l'entreprise (rétributions) doit être proportionnel à ce qu'il apporte à l'entreprise (contributions). Ainsi, les employés évaluent la situation d'échange entre l'entreprise et eux-mêmes comme étant équitable lorsque leurs rétributions (augmentation, évaluation des performances...) sont distribuées proportionnellement à leurs contributions (performance, compétences, efforts effectués pour la réalisation de la mission...) et lorsque ceux qui méritent le plus reçoivent le plus. Mais pour juger correctement de la proportionnalité, un salarié a besoin de comparer sa situation à celle d'un référent – un de ses collègues, ce qu'il sait du fonctionnement d'autres entreprises, ou ce qu'il pense être la proportion idéale. Dans le cas où l'état de proportionnalité n'est pas atteint dans l'échange social, c'est-à-dire qu'il y a un déséquilibre perçu entre le rapport contributions/rétributions pour soi et celui d'autrui utilisé comme référent, les personnes réagissent et adoptent différentes stratégies afin de rétablir un état d'équité. Ces stratégies peuvent notamment conduire les employés qui s'estiment sous-récompensés (salaire trop bas, refus d'augmentation) à réduire leurs contributions envers l'entreprise (moindre performance, davantage d'absences).

Afin d'éviter les conséquences négatives d'une situation perçue comme inéquitable, les décisionnaires doivent donc être sensibles à la notion de proportionnalité dans la distribution des ressources de l'entreprise. Bien que le principe d'équité semble simple dans sa forme, son application en entreprise est plus délicate et nécessite une analyse de la situation d'échange et la connaissance d'informations pas toujours disponibles. En effet, avant de pouvoir distribuer les ressources de façon équitable, les décisionnaires auront à connaître certains éléments centraux de la situation d'échange tels que la nature des contributions et des rétributions prises en compte par les salariés et les référents dont les employés peuvent se servir pour comparer leur rapport contributions/rétributions. Autant d'informations dont on ne dispose pas forcément de façon claire et explicite, chaque salarié pouvant faire intervenir des facteurs différents dans son évaluation de la justice de l'échange social. De plus, comme cela a été montré de nombreuses fois, même si le principe d'équité est le plus pertinent à faire respecter dans l'entreprise pour qu'une situation de distribution des ressources soit perçue comme juste, il existe d'autres règles distributives qui, dans certains cas, peuvent sembler plus appropriées. Les deux autres règles principales de distribution des ressources concernent le *principe d'égalité* (distribuer la même part des ressources à tout le monde) et le *principe des besoins individuels* (distribuer les ressources en fonction des besoins de chacun). Ainsi, dans le cadre des entreprises, les principes d'égalité et des besoins individuels peuvent sembler plus adaptés aux yeux des employés lorsqu'il s'agit de ressources particulières telles que les avantages sociaux (une mutuelle proposée pour tous) ou encore la détermination des jours de récupération (en fonction des besoins de chaque personne).

Illustration : Rénovation de bureaux et justice distributive

L'application de la justice distributive dans un contexte organisationnel se situe très souvent au niveau des évaluations des performances, où les salariés souhaitent que l'évaluation soit le reflet exact de leurs performances ; au niveau des recrutements, où le meilleur candidat doit être retenu ; ou encore au niveau des augmentations de salaire, où les salariés souhaitent qu'elles soient proportionnelles à leur mérite. Une application novatrice réalisée par Greenberg (1988) illustre bien la diversité des applications possibles du principe d'équité. Greenberg est arrivé dans une grande société d'assurances au moment de la rénovation des bureaux, les travaux bousculant le fonctionnement normal des salariés. Greenberg en a profité pour affecter les salariés à des bureaux provisoires de façon à examiner de près l'impact de la justice distributive. Pour cela, il a supposé que le bureau que l'on occupe fait partie des rétributions de l'entreprise. Normalement, le bureau correspond au statut du salarié dans l'entreprise : les salariés ayant le plus faible statut se trouvent souvent dans des bureaux moins confortables (bureaux plus petits, occupés à plusieurs) que les salariés ayant un statut plus élevé (plus grands bureaux, mieux situés, avec fenêtres). Pendant la période des travaux, Greenberg s'est autorisé à affecter des souscripteurs représentant trois grades de postes différents à des bureaux qui soit correspondaient à leur grade, soit correspondaient à un niveau supérieur à leur grade, soit correspondaient à un niveau inférieur à leur grade. Ainsi, pendant cette période provisoire, certains salariés se trouvaient sous-récompensés car le bureau était inférieur à leurs contributions ; d'autres se trouvaient équitablement récompensés car le bureau correspondait à leurs contributions ; et un troisième groupe se trouvait sur-récompensé car le bureau était plus luxueux que leur statut ne le permet en temps normal. Greenberg s'est intéressé à la satisfaction éprouvée par les salariés se trouvant dans ces bureaux provisoires, ainsi qu'à leur rendement en termes de dossiers traités. Comme le principe de l'équité le prédit, les salariés sous-récompensés étaient moins satisfaits et moins productifs que ceux compensés équitablement, qui eux étaient moins satisfaits et moins performants que les salariés sur-récompensés. Le fait d'être sous – ou sur-récompensé a amené les salariés à se comporter différemment des salariés ayant une équitable, ou juste distribution des ressources, représentées ici par les bureaux provisoires. Alors que le fait de se trouver dans de meilleures conditions que son statut ne l'autorise normalement avait un impact positif, il importe de noter que cet effet positif sur les performances était d'assez brève durée. En revanche, la situation de sous-récompense a un impact qui perdure. Effectivement, quand il existe des problèmes d'équité dans une entreprise, c'est le plus souvent parce que les salariés s'estiment lésés dans les rétributions qui leur sont attribuées ; ils ne se plaignent généralement pas d'être trop rémunérés.

Nous venons de voir comment les employés évaluent la juste distribution des ressources de l'entreprise. Cependant, les salariés ne s'intéressent pas uniquement à évaluer la justice de ce qu'ils reçoivent de la part de l'entreprise en échange de leurs contributions. En effet, ils sont également concernés par la façon dont l'entreprise met en place les décisions qui les concernent. Ainsi, le sentiment d'être traité de façon juste se développe souvent à partir des procédures de prise de décision qu'ils rencontrent dans le cadre du travail. Nous allons donc maintenant examiner les éléments des procédures que les employés évaluent pour déterminer si celles-ci sont justes ou injustes.

LES PERCEPTIONS DE JUSTICE CONCERNANT LES PROCÉDURES : LA JUSTICE PROCÉDURALE

Un effet robuste dans les recherches en justice organisationnelle est celui appelé *l'effet de la voix* (Folger, 1977). Cet effet, qui souligne l'importance de la participation des employés au niveau des processus de prise de décision, se manifeste quand les employés concernés par la décision ont la possibilité de donner leurs opinion et points de vue. Ils trouvent alors que la procédure, et même la décision, sont plus justes que lorsqu'ils n'ont pas cette opportunité. En donnant la « voix » aux employés concernés par la décision, les responsables peuvent donc favoriser les perceptions de justice. Il est important de noter que la voix donne lieu à un sentiment de justice uniquement si les personnes sentent que leur opinion a été vraiment écoutée et que ce n'est pas seulement une façade. Cela ne veut pas dire que les employés doivent avoir un droit de veto sur toutes les décisions les concernant pour se sentir traités justement, ni même que l'on doit respecter à la lettre leurs souhaits, mais ils doivent sentir qu'ils sont écoutés et que l'on prend en compte leur opinion au cours du processus de prise de décision.

Donner la « voix » (Thibaut et Walker, 1975) n'est pas la seule façon de promouvoir les perceptions de justice procédurale. Leventhal et collègues (1976) ont proposé que l'évaluation de la justice d'une procédure viendrait de l'application de plusieurs principes, ou règles, de la justice procédurale par les responsables. Dans cette optique, les individus percevraient une procédure comme étant juste lorsque cette procédure adhère aux critères suivants :
- *la cohérence d'application* – les procédures sont appliquées de la même façon à travers les personnes et le temps,
- *la suppression des biais* – les décisionnaires sont neutres et les procédures ne renvoient pas à des préjugés ou biais personnels,
- *l'exactitude des informations* – les procédures sont fondées sur l'obtention d'informations exactes,
- *la possibilité de corriger* – la décision peut être corrigée ou modifiée en fonction de nouvelles informations,
- *la représentativité* – on tient compte de tous les critères considérés comme pertinents par les salariés pour prendre la décision,
- *l'éthique* – le processus de prise de décision est en accord avec l'éthique et la morale actuelles de la société.

Illustration : Evaluation des performances et justice procédurale
L'évaluation des performances est un sujet sensible qui suscite souvent des inquiétudes de la part des employés, notamment sur le bien-fondé et l'exactitude de ces évaluations. Ainsi, ils sont généralement préoccupés par la nature de la méthode sur laquelle reposent ces évaluations. L'application des principes de la justice procédurale à la mise en place d'évaluations peut éviter non seulement un rejet du système proposé mais également un rejet de l'évaluation elle-même. Confrontés à des mises en place de procédures d'appréciation des performances dans des entreprises, nous avons nous-mêmes appliqué ces différentes règles de justice procédurale afin d'amélio-

rer les chances d'acceptation de ces procédures, ce qui a permis dans au moins un cas d'éviter une action annoncée de grève de la part du personnel. En leur donnant la voix lors de réunions sur les procédures d'appréciation, les salariés ont pu faire valoir les critères d'évaluation qui leur semblaient pertinents ainsi que les procédures qui pour eux permettaient de réduire les biais d'évaluation et d'obtenir les informations les plus exactes sur leurs performances. Dans cet exemple, la voix permettait de respecter en même temps d'autres règles de justice procédurale.

Ainsi, en élaborant des procédures de prise de décision qui tiennent compte des différentes règles de la justice procédurale, les salariés ont effectivement le sentiment non seulement que ces procédures sont justes, mais bien souvent de surcroît que la décision prise est juste. Les nombreuses recherches qui ont suivi la définition de ces règles confirment les conséquences négatives de leur non-respect pour l'entreprise dans son ensemble et pour la relation employeur-employé (confiance en la direction, litiges, absentéisme, turnover). Inversement, leur respect dans toutes les interventions dans le domaine des ressources humaines a des effets bénéfiques sur le fonctionnement de l'entreprise. Ainsi, appliquer les principes de la justice en permettant par exemple aux employés une plus grande implication dans la détermination de leur procédure de travail, en acceptant de corriger certaines décisions, en appliquant les procédures pour tous de la même façon peut donc amener des bénéfices importants pour l'entreprise. Au-delà de la prise en compte des éléments de la justice procédurale, les salariés portent également une attention importante au traitement qu'ils reçoivent de la part des responsables pour déterminer si l'entreprise les traite de façon juste. C'est ce dernier volet de la justice que nous présentons maintenant.

LES PERCEPTIONS DE JUSTICE CONCERNANT LE TRAITEMENT INTERPERSONNEL : LA JUSTICE INTERACTIONNELLE

L'idée à la base de la justice interactionnelle est que les personnes sont concernées par la qualité du traitement interpersonnel qu'ils reçoivent de la part des décisionnaires (Bies et Moag, 1986). Deux éléments essentiels favorisent la justice perçue du traitement interpersonnel reçu :

- *la sensibilité sociale* qui prend en compte le rôle de la dignité et du respect de la personne dans la communication des décisions de la part du décisionnaire. Ainsi, traiter les individus avec respect et dignité rehausse leur perception de la justice et leur acceptation des décisions.

- *les informations données sur la décision*. Cet aspect prend en considération la notion de justification de la décision par des informations. Quelle que soit la décision prise à l'égard d'un salarié, il l'accepte plus facilement, la trouve plus juste, quand on lui explique le pourquoi et le comment de l'affaire (Cropanzano et Greenberg, 1997).

La sensibilité sociale et les informations données sur la décision composent donc la justice interactionnelle et concernent le côté humain des pratiques de l'entreprise, la façon dont les responsables ou ceux qui exécutent la procédure se comportent. La présence de ces facteurs dans l'échange social augmente les perceptions de justice des individus qui en retour influencent leurs comportements et attitudes envers l'entreprise. On peut ainsi imaginer comment les comportements des responsables peuvent conduire à d'importants bénéfices organisationnels (Greenberg et Lind, 2000).

Illustration : Réduction de salaire et justice interactionnelle

Parfois, une entreprise confrontée à des difficultés financières doit prendre des mesures exceptionnelles afin d'assurer sa survie (licenciements, réductions de salaire...). De par leur nature négative, ces décisions ne sont pas sans effet sur le climat social de l'entreprise et ne sont pas sans retombées sur les perceptions d'équité ou de justice distributive des salariés. Un employé qui voit son salaire réduit peut à juste titre se sentir sous-récompensé car ses contributions n'ont pas changé, et cela peut avoir des conséquences néfastes pour l'entreprise. En effet, pour retrouver une certaine équité et augmenter leurs rétributions, les salariés peuvent compenser leur sentiment de sous-rétribution en volant matériel, produits ou autres objets se trouvant sur le lieu du travail. Et si la justice pouvait limiter les dégâts ? C'était justement le propos de Greenberg (1990) qui a accompagné une réduction de salaire par la justice interactionnelle dans deux usines d'une entreprise confrontée à une perte importante de contrats et voulant éviter des licenciements. Dans les deux usines, tous les salariés ont vu réduire leurs salaires de 15 %. Ce changement était annoncé comme provisoire en attendant que de nouveaux contrats puissent être obtenus. Dans la première usine, les éléments de la justice interactionnelle étaient appliqués. La direction a expliqué aux salariés que la décision était regrettable mais qu'elle permettait d'éviter des licenciements. Les responsables ont insisté sur le fait que la réduction s'appliquait à tout le monde, y compris le personnel de la direction, et que ce n'était agréable pour personne. La situation comptable de l'entreprise était également présentée dans le détail, montrant comment la réduction de 15 % pendant une période de 10 semaines permettrait de faire face aux difficultés actuelles. Le ton pendant les échanges était toujours respectueux. La présentation était suivie d'une heure de questions-réponses. Dans la deuxième usine, la communication aux salariés était très succincte et sans doute plus représentative du cas typique de ce type d'intervention dans une entreprise. Seules les informations les plus rudimentaires étaient présentées aux salariés. Il a été expliqué que la réduction de 15 % durerait 10 semaines, que c'était dû à un problème de contrats, que normalement au bout de 10 semaines la situation serait meilleure. L'entreprise avait également une troisième usine qui n'était pas concernée par la perte de contrats et qui n'a donc pas mis en œuvre de réduction de salaire. Cette dernière usine servait de témoin afin de comparer l'incidence de la réduction des salaires sur les vols et sur le turnover du personnel dans les différentes usines. Les résultats sont instructifs. Alors que le pourcentage de perte d'inventaires inexpliquée (et donc attribuée au vol) était assez faible et identique dans les trois usines avant la réduction de salaire, il a augmenté de façon assez dramatique dans la deuxième usine où les salariés n'ont eu qu'une communication succincte sur le changement de salaire. La perte a également augmenté, mais faiblement, dans l'usine de réduction de salaire mais accompagnée d'une communication forte en justice interactionnelle. Ainsi, la justice interactionnelle a permis de pallier la création d'une situation inéquitable pour les salariés. Les salariés de l'usine ayant pratiqué une forte justice interactionnelle ont également montré une meilleure compréhension de leur salaire, alors que les salariés de l'usine avec une communication succincte ont décrit une faible équité salariale sur les questionnaires évaluant leurs attitudes. C'est également et uniquement dans cette dernière usine qu'un taux élevé de démissions a été constaté suite à la réduction des salaires.

Dans leur cadre de travail, les gens sont donc sensibles non seulement à la juste distribution des ressources de l'entreprise mais également à la façon dont les responsables mettent en place les décisions. L'évaluation de justice de la mise en place des décisions passe non seulement par une évaluation des caractéristiques des procédures utilisées mais aussi par la sensibilité sociale exprimée par le décisionnaire et les justifications qu'il donne des décisions prises. Ces trois volets de la justice organisationnelle ne sont pas spécifiques à un contexte, ils sont assez généraux et peuvent être appliqués dans de nombreux domaines de l'entreprise afin de favoriser les perceptions de justice et l'acceptation des décisions, procédures, politiques d'entreprise. Afin de mieux cerner l'impact de la justice et de l'injustice dans les cadres de travail, nous allons nous pencher sur quelques-unes de leurs conséquences que ce soit pour l'entreprise ou pour les individus.

Pourquoi s'intéresser aux perceptions de justice ?

Une des raisons pour lesquelles la justice organisationnelle a émergé comme un important centre d'intérêt est parce que le sentiment de justice des employés a des conséquences au niveau de leurs réactions et cela dans de nombreuses sphères du fonctionnement de l'entreprise. Les quelques exemples présentés au cours de ce chapitre illustrent certaines de ces conséquences. De façon générale, une situation perçue comme juste apporte des réactions positives, et inversement une situation évaluée comme étant injuste a des conséquences allant à l'encontre du bon fonctionnement de l'entreprise (Colquitt, Conlon, Wesson, Porter, et Ng, 2001). Ces réactions et conséquences concernent tout autant les attitudes des employés que leurs comportements au travail. Ainsi, un sentiment de justice favorisera l'*acception des décisions* mais également la *satisfaction* concernant les décisions et de façon plus générale la satisfaction au travail. Par ailleurs, les personnes qui s'estiment traitées de façon juste au travail montrent un *attachement* plus important à leur entreprise, et plus de *confiance en la direction*. Ce sentiment de justice est également souvent lié à l'augmentation de comportements positifs au travail tels que les *comportements de citoyenneté* (comportements d'entraide, de courtoisie...) et de meilleures *performances*. L'injustice perçue par les employés peut les conduire au contraire à moins accepter les décisions ou les changements, à être moins satisfaits mais également à s'engager dans un ensemble de comportements perturbateurs pour la bonne marche de l'entreprise tels que l'absentéisme, le turnover, les vols. Au-delà du rôle de la justice sur les réactions concernant le bon ou mauvais fonctionnement de l'entreprise, les questions de justice ont une importance pour le *bien-être des individus* et notamment au niveau des perceptions qu'ils ont d'eux-mêmes (estime de soi, sentiment d'auto-efficacité). En effet, les perceptions que nous avons de nous-mêmes sont influencées par le contexte social (attitudes, opinions des autres) mais également par les perceptions de justice car elles nous donnent des informations sur nous-mêmes. Un traitement juste de la part de l'entreprise et des responsables nous indique que ces derniers nous respectent, nous accordent de la valeur, ce qui favorise nos perceptions de nous-mêmes.

A travers cet aperçu des conséquences de la justice nous voyons comment une relation entre l'entreprise et ses membres fondée sur des principes justes et le respect mutuel peut amener des bénéfices autant pour l'entreprise que pour les employés. L'intérêt d'appliquer la théorie de la justice organisationnelle réside alors dans le fait de rendre les politiques et décisions de l'entreprise plus justes aux yeux du personnel en appliquant ses principes de base. C'est ce qu'ont réalisé Skarlicki et Latham (1996) en formant les leaders de syndicats à l'application de la justice procédurale. Ces auteurs ont proposé aux leaders des séances de formation permettant d'une part de leur présenter les règles de la justice procédurale et d'autre part d'imaginer comment ils pouvaient les appliquer dans le cadre de leur activité et les intégrer aux différentes procédures du syndicat. Trois mois après cette formation, les auteurs ont comparé les réactions des membres des syndicats dont les leaders avaient été formés à un groupe témoin dans lequel les leaders n'avaient pas suivi de formation. Ils ont constaté que les formations des leaders et donc l'application de la justice augmentaient les comportements de citoyenneté des membres du syndicat ; comportements essentiels à des activités faisant appel au volontariat.

Nous pouvons ainsi envisager de plus près comment les pratiques des responsables des ressources humaines peuvent être enrichies de certains principes de justice afin d'amener l'entreprise à des résultats positifs mais également préserver le bien-être des individus. C'est vers l'application de la justice organisationnelle pour la conduite du changement que nous nous tournons maintenant.

APPORT DE LA JUSTICE ORGANISATIONNELLE POUR LA CONDUITE DU CHANGEMENT

Van den Bos et Lind (2002) ont souligné, sur la base d'une revue de nombreuses recherches sur la justice procédurale et distributive, que les perceptions de justice ont un rôle particulièrement important dans un contexte où l'incertitude domine. Ils affirment que l'incertitude est menaçante pour l'individu et que la justice permet de rendre la situation moins incertaine ou encore de rendre l'incertitude plus tolérable. Or, la situation de changement implique un certain nombre d'incertitudes chez les employés pouvant les amener, comme nous l'avons évoqué précédemment, à résister au changement. Nous pouvons alors imaginer comment cette peur de l'inconnu pourrait être diminuée par la mise en place de procédures de changement perçues comme justes. La façon dont cela peut être accompli est donnée d'une part par les principes, maintenant bien établis, de la théorie de la justice organisationnelle qui nous offrent dans ce contexte différentes possibilités afin de rehausser l'acceptation du changement. D'autre part, les études conduites dans ce domaine nous donnent des implications pratiques. C'est à travers une illustration de ces études ainsi que des situations vécues en entreprise que nous pourrons le plus facilement souligner la contribution de la justice organisationnelle au niveau de l'organisation d'un changement dans l'entreprise.

Application de la justice à des situations de changements : quelques illustrations

Nous avons déjà pu voir, à travers nos illustrations précédentes, que l'introduction de changements tels qu'une modification des locaux ou des réductions de salaire pouvait être mieux acceptée lorsque sont pris en compte les principes de justice pour leur mise en place. Nous retrouvons le bénéfice apporté par un accompagnement du changement à l'aide de la justice organisationnelle à travers d'autres études. Par exemple, Greenberg (1994) a accompagné la mise en place d'une interdiction de fumer dans une société de service financier. Afin de favoriser l'acceptation de cette interdiction par les salariés, il a testé les principes de la justice interactionnelle concernant d'une part les *informations données sur la décision* et d'autre part la *sensibilité* avec laquelle la décision était annoncée. L'interdiction de fumer était annoncée à travers une vidéo du PDG de la société. Pour voir si les principes de la justice interactionnelle pouvaient aider à la mise en place de l'interdiction de fumer, Greenberg a réparti les 732 employés de la société en 4 groupes, chacun visionnant une vidéo différente. A travers cette vidéo, des informations sur les raisons de la décision et les méfaits du tabagisme étaient présentées soit de façon détaillées soit de façon sommaire. Concernant la sensibilité montrée par le PDG dans son annonce de la décision, soit il exprimait sa considération pour les fumeurs et sa compréhension de la difficulté d'arrêter de fumer en proposant des aides pour ceux qui voudraient s'arrêter, soit il annonçait la décision en proposant les programmes pour arrêter mais en insistant cette fois sur l'importance de cette interdiction pour la performance de l'entreprise. Après avoir visionné la vidéo, les salariés ont répondu à un questionnaire permettant de voir si les informations détaillées et la sensibilité montrée de la part du PDG était plus efficaces que les conditions où les salariés avaient des informations sommaires et données de façon peu sensible. Les réactions mesurées à travers le questionnaire concernaient les perceptions de justice de la décision de l'interdiction de fumer et de son acceptation ainsi que les intentions de démissionner de l'entreprise et de ne plus fumer sur le lieu de travail. Les résultats ? Lorsque les personnes ont eu des informations détaillées ou données de façon sensible, leurs réactions étaient positives. La combinaison des deux éléments, informations détaillées et données de façon sensible, produisait les réactions les plus favorables. Après la fin de l'étude, tous les salariés étaient mis au courant de son but et visionnaient la vidéo la plus complète et la plus sensible. En conclusion, quand confronté à l'introduction d'un changement tel l'interdiction de fumer, fournir une information importante, détaillée et adéquate sur sa nécessité et l'annoncer de façon sensible permettent d'améliorer son acceptation et d'éviter des réactions négatives comme le désir de démissionner ou de ne pas s'y conformer.

Que ce soit un changement de plus ou moins grande envergure et ayant de plus ou moins fortes conséquences pour les employés (de la modification des locaux et l'interdiction de fumer aux réductions de salaire) nous avons vu comment la prise en compte d'éléments issus de la justice organisationnelle peuvent aboutir à des réactions favorables des employés face aux changements. Nous pouvons retrouver ces aspects dans un autre exemple issu d'actions menées en entreprise.

Au niveau des applications en entreprise, nous avons eu l'occasion d'utiliser les principes de la justice pour accompagner certains changements. Notamment, nous avons recherché les moyens les plus accessibles pour qu'une entreprise de petite taille puisse mettre en place différentes procédures de ressources humaines (entretien d'évaluation, politique salariale, règlement intérieur) tout en évitant des réactions négatives concernant les changements qui en découlent. En effet, il n'est pas toujours facile de mettre en place une évaluation des compétences, des procédures disciplinaires, ou des règles de rémunération tout en respectant un sentiment de justice général. Qu'il s'agisse de l'une ou l'autre de ces procédures, nous avons notamment cherché à permettre aux salariés de s'exprimer sur leur mise en place et également de leur fournir des explications et informations concernant leur intérêt et/ou leur caractère obligatoire, deux principes de justice ayant des effets démontrés sur les réactions des salariés. Par exemple, mettre en place les règles de vie de l'entreprise à travers le règlement intérieur peut paraître anodin pour certaines grandes structures et se révéler plus délicat pour une entreprise n'ayant pas connu de grand formalisme sur des sujets sensibles comme les sanctions, les interdictions de fumer, la tenue vestimentaire... Le développement de l'entreprise et l'agrandissement de son équipe nous ont ainsi amenés à devoir définir des règles communes pour tous, pas assez formalisées jusque-là, pour éviter des confusions sur par exemple la gestion des congés, de l'absentéisme, des retards, des comportements perturbateurs, des sanctions envisageables... Afin que l'établissement de ces règles soit accepté plus facilement par les salariés, la mise en place du règlement intérieur a intégré des principes de la théorie de la justice organisationnelle tels que : la possibilité d'influencer et de participer à l'établissement de cette procédure ainsi que la justification par des informations. Ces principes se sont traduits par un questionnaire d'opinion adressé à chacun des salariés afin qu'ils participent à l'établissement du règlement intérieur en indiquant les points qu'ils souhaitaient ajouter, les points difficiles à accepter, les points à expliquer et des commentaires libres. A la suite de ce questionnaire, les réponses ont été analysées et prises en compte à travers des modifications du règlement intérieur initial, des explications sur les points non compris ou non modifiables étant donné le contexte légal de la procédure mise en place. Une fois l'analyse terminée, un retour sur les modifications apportées et des explications des points sensibles ou non compris a été effectué pour tous à travers des réunions et des supports écrits recensant toutes ces informations. Un questionnaire d'évaluation de la justice perçue de cette procédure a été administré à l'ensemble du personnel lors d'une enquête plus générale. Ces mesures nous ont permis de voir que la procédure de mise en place du règlement intérieur a été perçue de façon juste.

QUELQUES ÉLÉMENTS DE CONCLUSION

Il n'est certes pas toujours possible de faire participer l'ensemble des salariés à des décisions d'entreprise. Cependant, dans les cas où les décisions défavorables pour les salariés sont inévitables, nous venons de voir comment des explications et informations données de façon sensible sur la décision peuvent faire une différence au niveau des réactions des salariés et de leur acceptation de la décision. De plus, ce moyen nécessite peu de ressources pour l'entreprise comparée aux bénéfices qui peuvent en être retirés.

A travers ce chapitre, nous avons vu que les salariés s'intéressent de près à la justice des décisions qui les concernent et également à la façon dont elles sont mises en place par les responsables, notamment lorsque ces décisions ou événements sont défavorables et affectent leurs intérêts. Nous avons vu également l'importance de ces perceptions de justice pour la détermination des réactions des salariés. Lorsque des changements sont à mettre en place dans l'entreprise, ces préoccupations de justice peuvent devenir plus importantes car les personnes ont affaire à une situation caractérisée par l'incertitude. A travers nos illustrations de l'application des principes de justice, nous voyons de plus près comment la mise en place de changements organisationnels peut être enrichie de procédures incluant les principes de justice. Ainsi, des éléments comme favoriser la participation des salariés, leur donner la possibilité de modifier un aspect de la décision, utiliser les mêmes procédures pour tout le monde ou encore communiquer les changements en donnant des informations adéquates de façon sensible peuvent faciliter l'acceptation des décisions et éviter d'être confronté à des réactions négatives.

Le changement est devenu envahissant dans la vie des entreprises et souvent elles ont du mal à mettre en place des moyens favorisant l'acceptation et l'appropriation des changements par les employés. Nous avons essayé de montrer comment l'introduction de nouvelles pratiques et politiques organisationnelles peut être menée plus facilement et comment les efforts pour changer peuvent être mieux acceptés quand les changements sont mis en place en incorporant des éléments de justice (Cobb et al., 1995).

Bibliographie

Adams, J. S. (1965). Inequity in Social Exchange. in L. Berkowitz (Ed.), *Advances in Experimental Social Psychology*, 2, 267-299. NY : Academic Press.

Aubert, N., Jabes, K., Laroche, H., Michel, S., & Gruere, J.P. (1994). *Management : aspects humains et organisationnels*, Paris : Editions P.U.F., Collection P.U.F. Fondamental.

Cobb, A. T., Wooten, K. C., & Folger, R. (1995). Justice in the making : Toward understanding the theory and practice of justice in organizational change and development. *Research In Organizational Change And Development*, 8, 243-295.

Colquitt, J. A. (2001). On the dimensionality of organizational justice : A construct validation of a measure. *Journal of Applied Psychology*, 86, 386-400.

Colquitt, J. A., Conlon, D. E., Wesson, M. J., Porter, C. O., & Yee, N. K. (2001). Justice at the millennium : A meta-analytic review of 25 years of organizational justice research. *Journal of Applied Psychology*, 86, 425-445.

Cropanzano, R., & Greenberg, J. (1997). Progress in organizational justice : Tunneling through the maze. In C. L. Cooper & I. T. Robertson

(Eds.), *International review of industrial and organizational psychology* (pp. 317-372). New York : John Wiley & Sons.

Folger, R. (1977). Distributive and procedural justice : Combined impact of « voice » and improvement on experienced inequity. *Journal of Personality and Social Psychology*, 35, 108-119.

Greenberg, J. (1988). Equity and workplace status : A field experiment. *Journal of Applied Psychology*, 75, 606-613.

Greenberg, J. (1990). Employee theft as a reaction to underpayment inequity : The Hidden Cost of Pay Cuts. *Journal of Applied Psychology*, 75, 561-568.

Greenberg, J. (1994). Using socially fair treatment to promote acceptance of a work site smoking ban. *Journal of Applied Psychology*, 79, 288-297.

Greenberg, J., & Lind, E.A. (2000). The pursuit of organizational justice : From conceptualization to implication to application. In C.L. Cooper & E.A. Locke (Eds.), *Industrial and Organizational Psychology : Linking Theory to Practice*. Oxford : Blackwell.

Leventhal, G. S. (1976). The distribution of rewards and resources in groups and organizations. Dans AL. Berkowitz et E. Walter (Eds.) *Advances In Experimental Social Psychology*, 9, 91-131.

Skarlicki, D.P., & Latham, G.P. (1996). Increasing citizenship behavior within a labor union : A test of organizational justice. *Journal of Applied Psychology*, 81, 161-169.

Steiner, D. D. (1999). Qu'est-ce qui est juste ? Une introduction à la psychologie de la justice distributive et procédurale. Dans J.L Beauvois, N. Dubois, et W. Doise (Eds.), *La Psychologie Sociale, Volume 4 : La construction sociale de la personne* (pp. 87-102). Grenoble : Presses Universitaires de Grenoble.

Steiner, D. D. (2003). Equité et justice au travail. Dans J. Allouche (Ed.), *Encyclopédie des Ressources Humaines* (pp. 466-475). Paris : Vuibert.

Thibaut, J., & Walker, L. (1975). *Procedural justice : A psychological analysis*. Hillsdale, NJ : Lawrence Erlbaum Associates.

Van den Bos, K., & Lind, E. A. (2002). Uncertainty management by means of fairness judgments. In M. P. Zanna (Ed.). *Advances in experimental social psychology*, Vol. 34 (pp. 1-60). San Diego, CA : Academic Press, Inc.

Chapitre 3

Comment conduire
un changement organisationnel ?

YVES-FRÉDÉRIC LIVIAN

Si l'on en croit une étude réalisée en 1997, 70 % des projets de changement menés dans les entreprises françaises échouent (Étude *Réussir le
changement*, AT Kearney, 200 entreprises interrogées, mai 1997).

C'est beaucoup, surtout quand on écoute les promoteurs de ces changements, en majorité persuadés que leurs idées étaient bonnes. Mais (et
c'est là où le bât blesse) ils se seraient heurtés à l'immobilisme des services du siège, à l'opposition des conservateurs, aux habitudes des salariés
de la base, à l'opposition des syndicats, aux manœuvres des concurrents,
etc... Une notion commode permet de regrouper ces difficultés et de donner bonne conscience aux promoteurs déçus : la fameuse « résistance au
changement ».

Les choses sont un peu plus complexes et la psychologie du travail (ainsi
que les sciences humaines en général) peuvent aider à mieux comprendre
les ressorts de ces succès ou de ces échecs, ainsi que guider ceux qui ont
à concevoir et conduire des changements. Non que la psychologie du travail fournisse une théorie globale du changement, indisponible d'ailleurs
aussi en sociologie ou en anthropologie. En revanche, nombre de théories
partielles autour de concepts-clés depuis longtemps travaillés par la psychologie du travail (comme par exemple : les concepts de participation,
représentation, apprentissage, identité...) apportent des contributions
intéressantes à l'analyse des problèmes du changement organisationnel et
à l'orientation de l'action de ceux qui veulent l'impulser.

Cela dit, notre propos ne consistera pas à faire une revue théorique mais plutôt à partir des questions que l'acteur se pose, en essayant de voir quelles réponses ou quelles pistes la psychologie du travail permet d'apporter, en combinant des notions ou des approches puisées dans ses différents courants. Nous privilégierons deux grandes questions : comment faire l'analyse de la situation d'où part le changement ? Quels processus de changement adopter ?

L'ANALYSE DE LA SITUATION

Un changement organisationnel ne part pas de rien : il y a bien une situation de départ, d'où émergent des souhaits, des projets, des objectifs.
Il est donc tout d'abord souhaitable d'examiner les composantes du changement.

Les trois composantes du changement

Concevoir, préparer et conduire un changement amènent à travailler sur trois aspects : le contexte, le contenu et le processus (nous nous servons ici du « modèle contextualiste » proposé par Pettigrew, 1987).

- Le contexte du changement incorpore les éléments externes (environnement économique, technologique, institutionnel...) et internes (structure actuelle, répartition du pouvoir, cultures en présence...) ; le changement naît de ce contexte, dans ses possibilités comme dans ses contraintes.
- Le contenu du changement lui-même, ce sur quoi il va porter (modification d'organigramme, implantation de méthode ou d'outil, nouvelle organisation du travail...).
- Le processus de changement, les interactions qui vont avoir lieu à l'occasion de la conception et de la mise en place du changement envisagé.

Toute action réfléchie doit partir d'une claire vision des caractéristiques de ces trois aspects : par exemple, le contexte est-il celui d'une crise ? les contraintes ou opportunités externes imposent-elles un délai ? le contenu du changement est-il large ou limité, surtout technologique ou bien associe-t-il différents domaines du fonctionnement de l'organisation ? le processus déjà lancé associe-t-il les acteurs essentiels ? a-t-on prévu de le faire ?

Surtout, la réussite du changement dépendra largement de l'articulation existant entre les trois composantes : dans quelle mesure le contenu du changement envisagé répond-il réellement à certains éléments du contexte ? (il existe de nombreux projets trop ambitieux, ou au contraire trop étroits par rapport aux opportunités et contraintes de l'environnement). Dans quelle mesure le processus préparé est-il cohérent avec les acteurs présents dans le contexte, ou bien avec ceux directement concernés par son contenu ?

En d'autres termes, une première réflexion aboutit à constater que le changement est un ensemble, et qu'il ne saurait y avoir de réussite partielle de l'une des composantes. Il est peu probable qu'on juge excellent un processus par ailleurs bien mené, sur un projet techniquement inadapté. On connaît aussi de très nombreux cas de réformes *a priori* intelligentes (vues du point de vue de leur contenu) ayant échoué à cause du processus adopté pour les mettre en œuvre. Les entreprises abondent qui font une analyse pertinente du contexte, mais fondent sur elles des projets inadéquats et parfois de surcroît conduits de manière maladroite. C'est pour cette raison qu'en psychologie du travail comme en sciences humaines appliquées, la distinction entre « conception » et « mise en œuvre » d'un changement est largement critiquable. A l'aune de la réussite du changement (c'est-à-dire, comme on le verra plus bas, de son inscription dans la réalité), il ne peut y avoir de « beaux projets » malencontreusement inappliqués, pas plus qu'aucun des acteurs ne considérera comme satisfaisant un changement correctement mis en place et dont le contenu s'avérerait inefficace. C'est le résultat final, dans sa conception comme dans son application (les deux irrémédiablement liées) qui comptera, et il sera bien difficile, dans les cas de réussite comme d'échec (tel que les acteurs l'analysent) de dissocier les deux éléments.

Qui sont les promoteurs du changement ?

Le démarrage d'un projet met souvent en jeu des acteurs divers, dont il importe de bien voir les positions et les attentes. Les spécialistes de l'intervention psychosociologique nous ont appris depuis longtemps à distinguer la « demande » de la « commande » (Dubost, 1987). La « commande » est ce qui est explicitement demandé à l'intervenant (et sert de base à ce qui lui sera payé en tant que prestation). La « demande » est la véritable attente, en partie implicite, que le « client » adresse à l'intervenant, et qui repose sur des besoins pour partie inavoués. Le projet de changement peut par exemple se présenter comme « la mise en place d'une gestion des compétences » (contenu apparent) mais que recherche-t-on exactement par là ? qui le souhaite ? pourquoi ? à quels objectifs finals cette « commande » correspond-elle ? les ambiguïtés non levées au début, les accords apparents entre individus ayant en fait des positions différentes risqueront de peser lourd plus tard au cours du projet. Il n'y a pas de changement sans la production chez les sujets concernés de représentations concernant le projet, son utilité, ses effets. Aussi est-il essentiel de bien comprendre dès le début quels sont les objectifs réels de chaque acteur concerné, et de vérifier qu'une base commune minimum existe entre les principaux individus ou groupes devant être mobilisés par le projet.

Un autre questionnement pour les promoteurs du changement concerne leur légitimité. Le projet de changement ne peut puiser sa justification dans sa seule vertu technique intrinsèque. A partir du moment où des interactions nombreuses vont avoir lieu entre les différents acteurs (et ceci parfois pendant une longue période), la question des principes au nom desquels chacun prend telle ou telle position va se poser, ainsi que celle de la perception que chacun va avoir de ces principes. Celui qui propose tel projet a-t-il une légitimité suffisante aux yeux des autres pour pouvoir le porter durablement ? s'agit-il d'une légitimité technique/scientifique (c'est l'homme compétent en la matière), politique (c'est lui qui a le pouvoir), morale, historique (c'est l'un des fondateurs de l'entreprise) ? Plus le changement est complexe, plus les différentes natures de légitimité devront être vraisemblablement mobilisées. Insistons bien sur le fait qu'il s'agit de la légitimité reconnue aux promoteurs concrets du projet, et non la légitimité abstraite du projet lui-même (jamais suffisante). Des individus revêtus d'une légitimité personnelle forte peuvent faire adopter des projets qui ne suscitent pas en eux-mêmes une forte adhésion sur leur contenu. Un projet globalement satisfaisant peut avoir le plus grand mal à voir le jour s'il est porté par des individus ou groupes considérés comme peu légitimes...

Quels enjeux le changement a-t-il pour les acteurs ?

La psychologie du travail nous aide à comprendre que l'attitude des individus concernés va être fondée sur la perception qu'ils ont des enjeux concrets du changement. En d'autres termes, leur réaction va résulter de ce qu'ils perçoivent des avantages ou inconvénients que le changement peut comporter pour leur situation de travail.

Plusieurs remarques peuvent être faites sur ce point : il s'agit bien d'une perception, fondée sur les éléments directs ou indirects, factuels ou non, dont les individus disposent. La psychologie de la perception nous est ici utile pour comprendre par exemple que les doutes ou craintes présents préalablement à la situation de changement peuvent renforcer les réticences face au projet. Elle nous aide aussi à comprendre en quoi le niveau d'attente de l'individu peut avoir un effet sur la perception : on pourra citer comme illustration les résultats des enquêtes récentes sur les conditions de travail montrant une dégradation de la perception par les salariés de certains aspects (ex. : risque d'accident, manipulation de charges lourdes...) alors que les améliorations objectives sont indéniables. Les analyses comparées des résultats de l'enquête nationale sur les conditions de travail, 1984-1999 (DARES) sont claires à cet égard, à tel point que certaines réponses avaient surpris les statisticiens...

L'analyse des situations de travail, évoquée ailleurs dans le présent ouvrage, est également mobilisable pour faire un tour aussi complet que possible des différentes dimensions à prendre en compte pour étudier les effets concrets du changement : aspects physiques et psychosociologiques du poste, relations de l'individu avec les autres, conception qu'il a de sa tâche et valorisation sociale qu'il en tire, degré de liberté et d'initiative.

La perception du changement joue donc un rôle, mais aussi la perception des ressources du sujet face à lui. L'une des causes majeures des résistances et des difficultés éprouvées par les individus réside dans le sentiment (fondé ou non) de l'insuffisance des moyens dont ils disposent face au changement : moyens en termes matériels, en termes de temps, d'information, de compétences. Le changement peut créer une incertitude par rapport aux habitudes passées et à l'adéquation pour partie informelle que l'individu avait construite dans sa situation de travail entre les fins et les moyens.

Bien entendu, l'ampleur du changement peut expliquer la nature des enjeux perçus. Ici, la distinction classique entre adaptation et transformation, ou bien entre « simple boucle » et « double boucle » (pour reprendre la notion proposée par Argyris et Schön, 1978) peut être utile. Le changement envisagé peut consister à faire mieux ce que l'on sait déjà faire, en maintenant les objectifs de l'organisation et les modes opératoires essentiels des individus. Autre chose est de modifier les normes et objectifs mêmes de l'organisation, ce qui implique une rupture par rapport à l'état antérieur.

L'analyse des enjeux réels du changement pour les individus est donc une phase indispensable pour le fondement d'un projet réaliste. Elle permettra d'envisager des mesures pouvant augmenter les éléments positifs ou réduire les éléments négatifs, dans le cadre d'une concertation ou d'une négociation si elle est prévue. Elle aura surtout pour effet d'aboutir à décentrer la perspective du promoteur du projet, rarement assez ouvert à la perception des autres. Celui-ci sera ainsi amené à envisager le changement du point de vue de ceux sur lesquels il s'applique, et pas seulement du point de vue de ses concepteurs. La communication que les promoteurs du changement devront faire sur le changement tiendra compte ainsi des enjeux des salariés, et pas seulement des objectifs de la direction, travers fréquent de nombreux groupes-projets travaillant sur des changements et des campagnes de communication dont on s'étonne ensuite de l'inefficacité (voir le cas Kéramex dans Amblard, Bernoux, Herreros, Livian, 1997, p. 179-185).

LES PROCESSUS DE CHANGEMENT

Quels processus sont susceptibles de permettre une inscription réelle du projet de changement dans la réalité ?

Le dégel de la situation

La psychologie du travail s'est penchée sur le déblocage des situations, préalable à l'introduction d'un projet.

On connaît la théorie du « dégel » proposée par K. Lewin (1951). Pour lui, il faut d'abord amener à un déblocage de la situation, une remise en cause des attitudes existantes. Il faut localiser et utiliser le stress ou l'insatisfaction résultant de la situation actuelle. Le changement peut ainsi se produire, en étant orienté par des mesures pouvant être prises concernant la formation, les modes de contrôle, les styles de management. A partir de ce changement, il faudra ensuite restabiliser sur de nouvelles bases, consolider la situation nouvelle pour assurer sa pérennité (par exemple : recruter de nouveaux profils, adapter le système de rémunération...).

Argyris, quant à lui, analyse les « routines défensives », actions qui ont pour but de prévenir la crainte susceptible d'apparaître chez l'individu, et qui constituent des mécanismes de protection. Pour réduire ces routines défensives, Argyris fait un certain nombre de propositions : commencer « petit », ou par un ou deux problèmes clairement identifiés ; commencer au sommet de l'organisation ; aller lentement et progressivement (Argyris, 1990).

Ces approches du changement peuvent donner des orientations utiles, mais sont fondées sur une vision simplifiée du changement : le changement serait unidirectionnel, linéaire ; il y aurait la possibilité de « stabiliser » réellement la nouvelle situation... Les conceptions actuelles sont davantage centrées sur le caractère systémique du changement et sur l'existence de possibles aller et retour.

Les stratégies de changement du point de vue des styles d'autorité

La conduite du changement pose l'inévitable et traditionnelle question du degré de participation des individus concernés par le changement. Plus globalement, en reprenant les analyses désormais classiques des styles d'autorité (dans la lignée des travaux de Tannenbaum, Likert, Fiedler, Blake et Mouton...), on peut dégager quatre styles principaux d'autorité appliquée aux stratégies de changement :

- **la stratégie autoritaire :** le projet est décidé, le processus de mise en œuvre est unilatéral, l'information donnée est souvent parcimonieuse. Cette stratégie permet une grande rapidité, et a le mérite d'être claire. On peut s'attendre cependant soit à des réactions frontales (si l'opposition est forte), soit à un alignement d'acteurs passifs mais dont l'adhésion au changement est réduite. La pérennité du changement est donc douteuse.
- **la stratégie de persuasion :** le projet est présenté, ses mérites sont vantés à travers une communication forte. On joue sur la conviction (éventuellement après une phase de consultation) ou la séduction. Les individus concernés restent, là aussi, passifs ; on sollicite leur adhésion à un projet tout fait et l'on peut donc s'interroger sur l'intégration durable du changement.
- **la stratégie de négociation :** les acteurs recherchent ensemble un compromis entre d'un côté les intentions des promoteurs et de l'autre les points de vue des salariés concernés ensemble. Le processus peut être lent et tendu. S'il aboutit, il permet de parvenir à un résultat réaliste.
- **la stratégie participative :** une information large est donnée et l'expression de tous est sollicitée. Le processus peut être lent et nécessiter un fort engagement des promoteurs.

C'est cette dernière stratégie qui a les préférences des psychosociologues de l'école américaine, après les expériences fameuses de Lewin, Lippit et White et de Coch et French sur le leadership démocratique. Les acteurs y sont actifs et contribuent à construire la réalité. On sait que le coût psychique d'une adaptation à un changement est d'autant plus élevé qu'il est imposé de l'extérieur. On fait l'hypothèse que le changement sera ainsi, grâce à ce processus, durable et consensuel.

Le changement participatif a fait l'objet de nombreuses tentatives dans les entreprises, mais il importe de bien distinguer les intentions et les formes qu'il a pu prendre. L'idée d'associer les salariés à des aménagements de leur situation de travail, ou de les mettre à contribution pour recueillir leurs suggestions d'amélioration (du produit ou de l'organisation) est ancienne. Elle s'est développée sous l'influence de l'école des Relations Humaines et de l'approche Socio-Technique (années 70), puis s'est concrétisée par la vague des « cercles de qualité » (années 80). Mais il ne s'agit là que de changements limités, et la direction garde seule le pouvoir de décision sur les propositions émises souvent sur des sujets très concrets. Cette approche peut être très utile, mais les changements sont limités et le processus est surtout vertical.

Plus ambitieuse est l'approche du « changement concerté », ou « participatif », issu du courant nord-américain du « développement des organisations » (OD). Dans cette approche, il s'agit de mettre en œuvre une vision globale du changement (à partir d'un diagnostic de dysfonctionnements déjà largement participatif) et d'orchestrer, par le travail de nombreux groupes, une reconception concertée de l'organisation. Ce sont les groupes eux-mêmes (au sein desquels se trouvent les membres de l'encadrement), à partir du diagnostic et en général avec l'aide d'un intervenant extérieur, qui formulent les solutions qui seront ensuite mises en œuvre.

L'idée d'associer au projet tout ou partie du personnel concerné par un changement est aujourd'hui largement acceptée, comme condition même de l'efficacité de ce changement. En ce sens, on peut dire que les enseignements de la psychosociologie américaine ont été largement diffusés. Encore faut-il aller voir de près s'il s'agit d'une consultation totale ou partielle, sur un projet déjà conçu ou bien encore ouvert. Des stratégies présentées comme participations ne sont en fait parfois que des stratégies de persuasion ou de manipulation déguisées, ou, au mieux, de la négociation qui n'ose pas dire son nom (ce qui évite d'avoir à reconnaître ouvertement l'existence d'opinions ou d'intérêts divergents).

D'autres travaux concernant les modifications de comportement permettent de signaler un autre type de stratégie, à partir de la théorie de l'engagement (Joule et Beauvois, 1998). Il arrive en effet souvent que les individus persistent dans leurs choix, même si des informations nouvelles leur parviennent : ils « s'accrochent » à un cours d'action qui s'est parfois avéré infructueux par une « escalade de l'engagement » à laquelle il est difficile de résister. Pour « manipuler » dans le sens du changement, on peut utiliser cette technique. Dans ce cas, on ne cherche pas à convaincre, ni à imposer de l'extérieur : on joue sur l'engagement des individus par rapport à leurs actes antérieurs. L'individu se sent libre mais les conditions dans lesquelles il est placé et son souci d'être cohérent avec lui-même aboutissent à une « soumission librement consentie ».

On voit que ces différentes stratégies (bien entendu, rarement utilisées de manière pure, et tout au long du même projet) sont fondées sur des conceptions différentes de l'autorité (directivité, négociation, séduction, participation...). La personnalité du promoteur, ou du responsable hiérarchique principal, ainsi que son histoire personnelle peuvent jouer un rôle essentiel dans l'adoption de l'une ou l'autre de ces conceptions. Il va de soi également que les cultures professionnelles ou organisationnelles, liées aux conditions d'exercice de l'activité, influent grandement sur les préférences (le style participatif est rare dans la marine, le style autoritaire est difficile dans les activités « high tech »...). Dès les années 60, Fiedler avait bien montré de manière expérimentale l'adéquation des différents styles au contenu de la tâche à exécuter.

Certains auteurs, soucieux de montrer que les organisations peuvent aussi se comporter de manière pathologique et que des névroses collectives expliquent certains dérèglements de l'organisation, montrent les relations existant entre processus de changement et fantasmes des décideurs (Kets de Vries et Miller, 1985).

Par exemple, le syndrome paranoïaque (« il ne faut faire confiance à personne ») conduira à des processus froids et soupçonneux. Le syndrome compulsif (« je dois tout contrôler pour ne pas être à la merci des événements ») aboutira à des projets perfectionnistes, fortement programmés, peu ouverts au dialogue. Le style « théâtral » (« il faut attirer l'attention des autres et les impressionner ») comptera beaucoup sur la communication et l'expression des émotions, pour rallier les opposants au projet et les convaincre de la grandeur du dessein...

Ce que nous enseigne la psychologie du travail dans ce domaine est donc la relativité du style de stratégie par rapport aux facteurs contextuels : type d'activité, personnalité des décideurs, cultures ambiantes, modes de fonctionnement habituels... On aura compris qu'aucune stratégie ne peut être considérée comme plus efficace qu'une autre *a priori*. L'important est de considérer le type de changement auquel il faut aboutir : s'agit-il d'un changement très rapide, sur des objectifs relativement clairs ? (alors, l'usage de la directivité ou de l'engagement peuvent être des réponses adaptées). S'agit-il d'une opération complexe, impliquant de nombreux acteurs disposant chacun de ressources importantes dans la situation ? (alors les stratégies négociatrices ou participatives peuvent être plus adaptées).

S'il s'agit d'obtenir, sur le long terme, l'appropriation par des individus de nouvelles manières de penser ou de faire (changement en double boucle cité plus haut), des éléments puisés dans les théories de l'apprentissage seront utiles.

L'apprentissage du changement

Le changement organisationnel conduit le plus souvent à un apprentissage par des sujets, de nouvelles méthodes ou manières de faire (changement de fonction, nouvelle répartition du travail dans une équipe, formalisation de procédures, nouvelles relations entre groupes...). On peut donc tirer avec profit quelques enseignements de ce que la psychologie du travail nous apporte concernant l'apprentissage.

- **L'apprentissage contient un acte cognitif :** il s'agit de saisir des informations nouvelles et de savoir les traiter, de se représenter l'environnement de manière nouvelle, de maîtriser de nouvelles techniques ou d'appliquer de nouvelles procédures. Cette dimension cognitive est très présente dans la pratique : on sait bien qu'il faudra que les salariés concernés « apprennent » à faire, à agir en fonction du nouveau schéma. « Faire de la formation » est la réponse quasi automatique de la fonction Ressources Humaines.

  Pour indispensable qu'elle soit, la formation enregistre parfois des échecs suffisamment cuisants pour qu'il faille élargir l'analyse. L'apprentissage de nouvelles méthodes, à plus forte raison de nouvelles manières de faire (voire de penser) implique aussi des dimensions affectives et symboliques importantes. Plusieurs domaines de la GRH en sont témoins.

> *Citons comme premier exemple la formation donnée à ce groupe d'ouvrières de l'industrie pharmaceutique, destinée à leur faire acquérir une certaine polyvalence : en réalité, cette formation a été vue comme une « mise à l'écart » par rapport au reste du groupe et n'a jamais trouvé de réelle application. On peut citer encore les formations à la sécurité, dont les contenus peuvent être intellectuellement assimilés mais dont les comportements prescrits peuvent se heurter à des identités professionnelles fortes. L'apprentissage n'est réalisable que si l'ensemble des dimensions est pris en compte, et par conséquent doit susciter une gamme de mesures plus large que le seul montage d'un programme de formation.*

- **L'apprentissage passe d'abord par une phase d'acquisition, ensuite par une phase de renforcement.** Ceci nécessite d'une part une certaine durée (condition que les managers impatients tendent parfois à oublier), d'autre part des actions ayant pour but de faciliter l'inscription des nouveaux comportements dans la pratique. Tout n'est pas terminé quand la décision a été prise, la méthode mise en œuvre, ni même la formation réalisée. Un accompagnement du changement est nécessaire – si ce changement est complexe –, qui a pour but de faire le point régulièrement sur l'objectif à atteindre, les étapes de sa réalisation, la mesure du degré de convergence par rapport aux intentions initiales. Il a aussi pour but de soutenir la motivation des individus, et de les aider à résoudre les problèmes non prévus (il y en a toujours), surgis dans l'application. Il peut aussi avoir pour objectif de maintenir l'implication des promoteurs du changement et de leur permettre de garder le contact avec le « terrain », et ainsi, notamment, de continuer à leur permettre de communiquer sur les effets (qu'on espère positifs) du changement en cours de réalisation.

- **L'apprentissage comporte un aspect dynamique, qui lui fait adopter des chemins pas toujours conformes à ceux prévus au départ.** C'est que les individus concernés ont aussi une dynamique propre, un potentiel d'évolution dont on ne connaît pas toujours l'amplitude à l'avance. C'est pourquoi des réajustements sont nécessaires de la part de ceux qui conduisent le changement (réduction de certains objectifs, allongement ou raccourcissement du calendrier de mise en œuvre, soutien renforcé – ou allégé – auprès de certains individus...).
L'apprentissage sera considéré comme en bonne voie quand les individus se seront appropriés les nouvelles méthodes, ce qui passe – on le

sait bien – par une adaptation de celles-ci. C'est en modifiant le système, par rapport à leurs capacités réelles, que les individus le mettront à leur mesure. Même s'il s'agit seulement de savoirs, il est avéré que ceux-ci ne se transmettent pas par transfert, mais par reconstruction chez les « formés ». En matière d'organisation, les individus produiront des « règles autonomes » en réponse ou en complément aux règles qui leur sont prescrites (nous nous référons à la théorie de la régulation proposée par J.D. Reynaud et mise en œuvre dans les situations de travail par exemple par G. de Terssac). Ces règles peuvent bien sûr être dysfonctionnelles, mais elles sont aussi dans de nombreux cas indispensables pour que le changement soit applicable concrètement : l'opérateur « oubliera » certains détails inopérants, ou créera un « raccourci » qui n'avait pas été imaginé au départ, ou ajoutera un principe d'action qui s'est avéré, après certaines erreurs, nécessaire, etc... Le changement devient réel quand le système ou l'organisation sont « colonisés de l'intérieur » par les individus (nous reprenons l'expression utilisée par F. Pavé au sujet de la mise en œuvre des systèmes informatiques).

Bien entendu, apprendre (ou changer) impose une certaine motivation. Les changements entièrement imposés sont possibles mais on peut douter de leur durabilité et de leur degré d'application réelle. Cette motivation peut être réduite au départ et l'un des objectifs de la conduite du changement sera de la développer. Mais il est vrai, dans le changement comme dans l'apprentissage, que tout n'est pas possible et que certaines caractéristiques de base des salariés concernés peuvent être des éléments facilitateurs ou au contraire des obstacles (formation de base, expérience professionnelle et vécu antérieurs, âge, perspectives d'avenir...). On voit déjà des entreprises tenter de détecter une « aptitude au changement » des salariés qu'elles recrutent.

Le changement organisationnel est un phénomène complexe qui ne se satisfait pas de solutions simples et rapides. Il n'existe pas, contrairement à ce qu'affirment certains consultants, de « boîte à outils » du changement. Si le recours systématique à l'autorité hiérarchique n'est plus guère de mode (au moins dans les discours), la participation ou la négociation exigent aussi des conditions favorables et des efforts soutenus.

Associer étroitement la réflexion sur le contexte, le contenu et le processus ; veiller à la légitimité des promoteurs ; partir des enjeux perçus par les salariés concernés ; adopter une stratégie claire et adaptée, et, enfin, concevoir le changement comme un apprentissage peuvent être des pistes d'action utiles pour les spécialistes de la fonction Ressources Humaines. Ceux-ci sont de plus en plus sollicités pour contribuer à la conduite de changements : ils n'apporteront de réelle valeur ajoutée par rapport à leurs collègues opérationnels qu'en ayant une vision plus globale et plus riche de ces phénomènes. Ils pourront de cette manière aider à une prise de recul et à une méfiance vis-à-vis des modes et des « solutions toutes faites » qui envahissent régulièrement le « marché » du management. Ils pourront ainsi éviter l'inflation des projets mort-nés ou des ambitions déçues, et contribuer à la construction de changements réalistes fondés sur des équilibres sociaux qui sont, après tout, la justification de leur rôle.

Bibliographie

Allouche J. (2003), *Encyclopédie des ressources humaines*, Paris, Vuibert.

Amblard H., Bernoux Ph., Herreros G., Livian Y. (2005, 2ème ed.). *Les nouvelles approches sociologiques des organisations*. Paris, Seuil, p. 179-185 ; ce cas est repris avec une autre analyse dans J.P. Citeau, B. Engelhardt (1999). *Introduction à la psychosociologie*. Paris, A. Colin.

Argyris C. (1990). *Overcoming organizational defenses : facilitating organizational learning*. Boston, Allyn and Bacon.

Argyris C. et Schön D. (1978). *Organizational learning. A theory of action perspective*. Reading, Addison-Werley.

Bernoux Ph. (2004), *Sociologie du changement*, Paris, Seuil.

Brangier E., Lancry A., Louche C. (2004), *Les dimensions humaines du travail*, Nancy, Presses Universitaires.

de Terssac G. (1992). *Autonomie dans le travail*. Paris, PUF.

Dubost J. (1987). *L'intervention psychosociologique*. Paris, PUF.

Joule R.V., Beauvois J.L. (1998). *La soumission librement consentie*. Paris, PUF.

Kets de Vries M. et Miller D. (1985). *L'entreprise névrosée*. Paris, InterÉditions.

Lewin K. (1951). *Field theory and social change*. New York, Harper & Row.

Pavé F. (1989). *L'illusion informaticienne*. Paris, L'Harmattan.

Pettigrew A. (1987). Context and action in the transformation of the firm, *Journal of Management Studies* 24-6.

Reynaud J.D. (1997, 2e édition). *Les règles du jeu*. Paris, A. Colin.

Chapitre 4

Recruter ou non des travailleurs handicapés ?

NATHALIE BAYLE ET JACQUES CURIE

L'observation du fonctionnement des organisations montre aisément que les prescriptions qui sont censées encadrer certaines décisions rencontrent bien des difficultés à entrer complètement dans les faits. L'embauche des travailleurs handicapés dans un milieu ordinaire de travail n'échappe pas à ce constat. Mais plutôt que d'être l'objet de jugements plus ou moins sincèrement dépités, un tel constat appelle des explications. La réalité a besoin d'être comprise pour être transformée.

Ce bref chapitre décrit la procédure et les résultats d'une recherche dont l'ambition était de contribuer à cette explication. Elle s'efforce d'éclairer certains mécanismes psychologiques et psychosociaux qui interviennent dans le système de décision qui conduit à recruter ou non des travailleurs handicapés.

Des résultats de cette recherche seront tirés quelques enseignements sur les méthodes à mettre en œuvre pour que soient plus largement ouvertes aux personnes handicapées les portes des entreprises.

PRESCRIPTIONS ET LIMITES DES PRESCRIPTIONS

Une obligation d'employer des travailleurs handicapés

Dans le souci d'améliorer l'insertion professionnelle des personnes handicapées jugées difficilement employables, l'État cherche depuis longtemps à intervenir auprès des acteurs économiques. Par des dispositifs réglementaires et des mesures incitatives cette intervention vise en particulier à accroître l'embauche de travailleurs handicapés par les entreprises. Ainsi, depuis la fin de la Première Guerre mondiale, des mesures ont été adoptées pour favoriser l'insertion professionnelle des travailleurs handicapés en milieu ordinaire de travail. Mais, face à l'inadaptation et l'inefficacité relatives des législations successives (lois du 26 avril 1924, du 23 novembre 1957 et du 30 juin 1975), une nouvelle loi (loi du 10 juillet 1987) a modifié le processus législatif qui régit l'emploi des travailleurs handicapés en milieu ordinaire de travail. L'exposé des motifs de cette loi insiste sur la nécessité d'un effort de solidarité nationale envers les travailleurs handicapés et sur la volonté de transformer l'obligation de *procédure* de la législation antérieure en une *obligation de résultats*. La refonte législative a concerné principalement la norme d'emploi obligatoire d'handicapés pour les entreprises du milieu ordinaire de travail. Dans le dispositif précédent, les entreprises qui n'atteignaient pas le quota légal étaient tenues de déclarer à la Direction Départementale du Travail la liste des emplois réservés restés vacants. L'ANPE disposait alors de 15 jours pour présenter un candidat bénéficiant de la législation. A défaut, l'entreprise retrouvait la liberté d'embauche sur ces emplois. La nouvelle législation, quant à elle, institue pour tous les employeurs d'entreprises de plus de 20 salariés une obligation d'employer à temps plein ou à temps partiel un pourcentage de **6 % de travailleurs handicapés.**

Sont concernés par cette loi tous les employeurs du secteur privé assujettis au Code du Travail (industrie, commerce, associations, professions libérales, etc.) ainsi que les établissements publics industriels et commerciaux dès lors qu'ils emploient au moins 20 salariés. L'État, les collectivités territoriales, les établissements publics autres qu'industriels et commerciaux, y compris les établissements hospitaliers, sont soumis à la même obligation. Précisons que l'assiette d'assujettissement servant de base au calcul du pourcentage correspond à l'effectif de l'établissement déduction faite de certaines catégories d'emploi exclues de l'obligation car considérées comme exigeant des conditions d'aptitude particulière.

Les catégories de personnes qui bénéficient de cette loi sont principalement les travailleurs reconnus handicapés par la COTOREP[1], les victimes d'accidents du travail ou de maladies professionnelles, les titulaires d'une pension d'invalidité. Cependant, le mode de décompte des bénéficiaires dans l'entreprise ne s'effectue pas par individu handicapé employé. En fait, à chaque personne employée est affecté un nombre d'*unités bénéficiaires* qui tiennent compte notamment de l'importance du handicap, de l'âge de la personne, etc. Ce nombre d'unités bénéficiaires est ensuite proratisé, c'est-à-dire rapporté au temps de travail. L'embauche d'un bénéficiaire (en CDI, en CDD ou en contrat de travail temporaire) se traduit alors en nombre d'unités bénéficiaires, sachant qu'une même personne peut compter pour plusieurs unités.

Cette obligation d'emploi instituée par la loi du 10 juillet 1987 ne remet cependant pas en cause le principe de la liberté de travail puisque l'employeur reste libre d'embaucher qui il veut en fonction de critères professionnels et économiques. De plus, si l'obligation principale est d'employer à temps plein ou à temps partiel un pourcentage de 6 % de bénéficiaires, la loi offre aux entreprises trois solutions alternatives pour satisfaire partiellement ou totalement à leur obligation :
- la *conclusion de contrats de fournitures*, de *sous-traitances* ou de *prestations de service avec le secteur protégé* : Centre d'Aide par le Travail (CAT), Atelier Protégé (AP), Centre de Distribution de Travail à Domicile (CDTD) ;
- la *conclusion ou l'application d'un accord collectif de branche, d'entreprise* ou *d'établissement* qui prévoit la mise en œuvre d'un programme annuel ou pluri-annuel en faveur des travailleurs handicapés. Ces accords doivent prévoir deux au moins des quatre actions suivantes : un plan d'embauche, un plan d'insertion et de formation, un plan d'adaptation aux mutations technologiques ou un plan de maintien dans l'entreprise en cas de licenciement ;
- le *versement d'une contribution annuelle* à un fonds de développement pour l'insertion professionnelle des handicapés pour chacun des

© Groupe Eyrolles

1. La COTOREP (COmmission Technique d'Orientation et de REclassement Professionnel) a deux missions. Réunie en formation de première section, elle attribue la qualité de travailleur handicapé et prend les décisions d'orientation pour la réalisation de projets de réinsertion professionnelle. Elle permet, par ses décisions, les prises en charge nécessaires pour faciliter le reclassement des personnes handicapées. En formation de deuxième section, la COTOREP prend des décisions concernant les demandes d'aides matérielles et sociales et l'orientation vers des établissements médico-sociaux.

bénéficiaires que l'entreprise aurait dû employer. Cette contribution est versée à l'Association pour la GEstion du Fonds de développement pour l'Insertion Professionnelle des Handicapés (AGEFIPH[1]) créée par la loi du 10 juillet 1987.

Ce dispositif législatif remplit-il son objectif ? Évite-t-il aux travailleurs handicapés d'être touchés par le chômage ? Les entreprises respectent-elles leur obligation d'emploi ? Et de quelle manière : en embauchant des travailleurs handicapés ou en choisissant une autre alternative ?

Esquisse d'un bilan sur l'emploi des travailleurs handicapés

Le bilan que l'on peut dresser sur l'emploi des travailleurs handicapés dans les entreprises du milieu ordinaire de travail est plutôt mitigé non seulement parce que ces personnes sont encore fortement touchées par le chômage mais aussi parce que les entreprises assujetties à la loi restent réticentes à leur embauche.

En ce qui concerne le chômage des travailleurs handicapés, les chiffres sont éloquents : si on comptait 20 350 demandeurs d'emploi handicapés fin 1983, leur nombre passe à 180 546 en mars 1999[2]. Cette augmentation est beaucoup plus importante que celle de l'ensemble des demandeurs d'emploi. On assiste même actuellement à une augmentation du nombre de demandeurs d'emploi handicapés dans un contexte où le chômage global tend à diminuer. Un tel constat conduit à s'interroger sur les raisons qui peuvent expliquer pourquoi les travailleurs handicapés restent encore hors de l'entreprise.

Si l'on ne peut négliger que les travailleurs handicapés sont de plus en plus nombreux à rechercher un emploi (effet d'appel dû à la naissance du dispositif législatif), cette seule explication ne suffit pas. De nombreuses recherches ont apporté d'autres éléments de réponse mais elles ont porté, dans leur grande majorité, sur les caractéristiques des personnes handicapées susceptibles de favoriser ou gêner leur insertion professionnelle (une population âgée, majoritairement masculine, avec un faible niveau de qualification et de formation, etc.). Indispensables pour promouvoir des actions d'orientation, de « redynamisation », de formation des travailleurs handica-

---

1. AGir EFficacement pour l'Insertion Professionnelle des Personnes Handicapées.
2. Source : ANPE.

pés, ces recherches comportent néanmoins un point aveugle. Elles traitent de l'insertion essentiellement du point de vue de la demande d'insertion en négligeant quelque peu, et souvent beaucoup, le fait que cette insertion doit être également traitée du point de vue de l'offre, autrement dit du point de vue de ce qui détermine le comportement de ceux qui ont pouvoir d'inclure ou non des travailleurs handicapés dans leur entreprise, c'est-à-dire « les employeurs ».

Le chômage persistant des handicapés invite donc à examiner les comportements des employeurs vis-à-vis de leur obligation. La loi de 1987 n'avait-elle pas en effet pour objectif de favoriser l'intégration professionnelle des travailleurs handicapés ? N'avait-elle pas l'ambition de créer des effets contre-sélectifs sur le marché du travail ? Qu'en est-il aujourd'hui ?

Après 10 ans d'application de la loi de 1987, force est de constater que le taux d'emploi de travailleurs handicapés dans les entreprises assujetties est bien inférieur aux 6 % prévus. Si ce taux d'emploi a légèrement progressé de 1989 (début de l'application de la loi) à 1994, passant de 3,6 % à 4,11 % dans le secteur privé et semi-public[1], ce taux a diminué depuis 1994 pour se stabiliser aux environs de 4 % en 1996 et 1997. Le cadre juridique n'a donc pas entraîné tous les développements auxquels on aurait pu s'attendre puisque le quota d'emploi de travailleurs handicapés n'est pas atteint dans les entreprises assujetties à la loi. Une étude du Ministère de l'Emploi et de la Solidarité (DARES, 1999) réalisée en 1997 renseigne plus précisément sur les comportements des entreprises à l'égard des travailleurs handicapés. Elle montre qu'en 1996, les quelques 90 000 établissements assujettis à l'obligation employant près de 220 000 handicapés se répartissent de la façon suivante :

- 35 % des établissements atteignent ou dépassent le seuil légal par le seul emploi direct,
- 9 % combinent l'emploi et la sous-traitance avec le milieu protégé (Centres d'Aide par le Travail et Ateliers Protégés),
- **37 % n'ont aucun travailleur handicapé** et versent une contribution à l'AGEFIPH,
- 19 % emploient des travailleurs handicapés mais restent en deçà du seuil fixé par l'obligation.

---

1. Sources : Guergoat et Le Bozec (1993) et Ministère du travail.

Cette étude montre donc qu'environ 40 % des employeurs concernés par l'obligation n'ont jamais employé de personnes handicapées et n'ont aucun salarié handicapé dans leur effectif. En fait, le seuil de 6 % n'est atteint que dans une entreprise sur trois (35 %). Et, une majorité des entreprises préfère recourir à d'autres moyens pour s'acquitter de leur obligation plutôt que d'employer directement des travailleurs handicapés : un nombre important d'entre elles (48,5 % en 1996) optent en effet pour la contribution à l'AGE-FIPH à titre principal ou complémentaire.

Les petites entreprises, non soumises à l'obligation d'emploi, semblent être paradoxalement celles qui intègrent le plus de travailleurs handicapés. Elles emploient, en proportion, davantage de travailleurs handicapés que les établissements soumis à la législation. Il semble donc que le milieu le plus accueillant soit celui qui pourtant n'est pas soumis aux contraintes de la loi, c'est-à-dire les entreprises de moins de vingt salariés.

Cette diversité des comportements selon les entreprises invite à s'interroger sur les raisons qui incitent ou freinent les employeurs à embaucher ou non des travailleurs handicapés. Tous les employeurs ne manifestent pas une réticence à l'embauche de travailleurs handicapés. C'est la raison pour laquelle il convient de s'interroger sur ces comportements diversifiés et plus particulièrement sur ce qui détermine la décision d'inclure ou non des travailleurs handicapés et de mener à cet effet une analyse fine du processus décisionnel d'embauche. Que la décision d'embaucher des travailleurs handicapés soit facile ou difficile, fréquente ou rare, « rationnelle » ou « irrationnelle » (comme le disent les économistes), volontaire ou contrainte, c'est bien de cette décision que dépend en définitive le fait qu'un travailleur handicapé conserve son insertion professionnelle ou trouve son emploi. Il convient par conséquent d'aborder la question des facteurs qui concourent ou s'opposent à l'insertion professionnelle des travailleurs handicapés non pas du point de vue de ceux qui sont inclus ou exclus du milieu ordinaire de travail, mais du point de vue de ceux qui sont potentiellement et fonctionnellement producteurs d'inclusion ou d'exclusion, c'est-à-dire les **décideurs.** Quelle que soit la taille de l'entreprise, ce sont toujours des personnes qui portent le projet, qui prennent les décisions d'inclure. Cette notion de « portier » a été introduite par Lewin (1931, trad. fr., 1972) dans sa théorie dite de « l'écologie psychologique ». D'après Lewin, pour évaluer une situation sociale, il est nécessaire dans un premier temps de procéder à une analyse sociologique pour identifier les différents « canaux » ou passages qui constituent la situation. Cette analyse doit permettre, dans un second temps, de localiser les lieux, les « portes » où sont prises les décisions. L'analyse psychologique de la personne qui contrôle les « canaux », qui ouvre ou ferme les « portes » permet alors de comprendre comment les décisions sont prises. Ces personnes sont appelées « portiers » par Lewin.

> Mais quel est le rôle de ces « portiers » dans l'inclusion effective de travailleurs handicapés ? Quels sont les facteurs qui vont inciter certains à offrir du travail à ces personnes ? S'agit-il de motivations d'ordre personnel ou plutôt d'incitations organisationnelles ? Quant aux réticences, dans quelle mesure se fondent-elles sur des préjugés vis-à-vis de l'employabilité des travailleurs handicapés ou sur des craintes concernant les difficultés de faire correspondre l'emploi de travailleurs handicapés aux besoins de l'entreprise ?

Pour répondre à ces questions, nous avons engagé, avec le soutien de l'AGE-FIPH, une recherche auprès de décideurs d'entreprises. Cette recherche a permis de mettre en évidence que la détermination des comportements d'inclusion des décideurs à l'égard des travailleurs handicapés mobilisait une multiplicité de facteurs et que ceux-ci s'organisaient en structures intelligibles diversifiées.

UNE RECHERCHE SUR LES PROCESSUS DÉCISIONNELS

Le dispositif de recherche

La recherche a été effectuée auprès de 140 responsables d'entreprises de la Haute-Garonne (entreprises de toutes tailles et de tous secteurs d'activités). Les personnes qui ont accepté de participer ont été rencontrées individuellement sur leur lieu de travail au cours d'entrevues qui ont duré de 1 à 4 heures. Deux précautions étaient prises lors de la prise de rendez-vous :

- l'assurance que la personne contactée s'occupait elle-même du dossier « travailleurs handicapés » dans son entreprise et pouvait donc être considérée comme un « portier » au sens lewinien du terme ;
- le fait que l'entreprise avait recruté des salariés au cours des deux années précédentes. Cette précaution a permis d'éliminer une variable qui aurait pu « parasiter » notre modèle en écartant les entreprises qui auraient justifié un comportement d'inclusion faible à l'égard des personnes handicapées par une absence d'embauche en général.

Les individus constituant notre échantillon sont aussi bien des chefs d'établissements (36 %) que des responsables du personnel (19 %), des Directeurs des Ressources Humaines (16 %) ou leurs adjoints (11 %), des Directeurs Administratifs et Financiers (10 %), des comptables (6 %) ou des assistants de direction (2 %).

L'enjeu de cette recherche est d'identifier et de comprendre les incitations qui motivent ou freinent les « décideurs[1] » à avoir des comportements d'inclusion à l'égard des travailleurs handicapés. Nous désignons par le terme **« comportements d'inclusion »** l'ensemble des actes effectués par les décideurs qui tendent à favoriser l'intégration de travailleurs handicapés dans leur entreprise. Aussi notre objectif n'est-il pas seulement de distinguer les entreprises qui embauchent de celles qui n'embauchent pas, mais de montrer que les décideurs se distinguent par les comportements qu'ils effectuent pour rendre possible l'intégration de travailleurs handicapés dans leur entreprise. Ces comportements sont de différente nature :

- recherche d'information effectuée par les décideurs sur l'insertion professionnelle des travailleurs handicapés : informations générales sur l'insertion mais aussi prises de contacts avec des organismes spécialisés, recherche d'informations sur les aides à l'emploi, sur les contrats avec le milieu protégé, participation à des conférences sur le sujet ;
- recherche de candidats handicapés dans le but de les embaucher : mise en place de procédures de recherche de candidats handicapés et réception des candidats en entretien d'embauche ;
- intégration effective de travailleurs handicapés dans l'entreprise : présence de travailleurs handicapés dans l'entreprise et recrutement de personnes reconnues travailleurs handicapés avant l'embauche ;
- préparation de l'entreprise à l'accueil de travailleurs handicapés : aménagements de postes de travail, aménagements des locaux et des conditions de travail, mise en place d'une politique de recrutement et de reclassement de travailleurs handicapés, sensibilisation du personnel.

Une analyse factorielle des correspondances multiples (AFCM) sur l'ensemble de ces indicateurs a permis d'extraire un axe factoriel qui oppose à ses deux pôles d'une part les sujets qui manifestent tous les types de comportements traduisant un comportement d'inclusion fort (*recherche de candidats handicapés, recherche d'informations générales ou sur les aides, contacts avec des organismes extérieurs spécialisés, intégration de travailleurs handicapés, préparation de l'entreprise à*

---

1. Pour simplifier la présentation, toutes ces personnes seront appelées « décideurs » même si tous n'occupent pas des fonctions formelles de décision.

l'accueil de travailleurs handicapés, sensibilisation du personnel, aménagement de postes de travail, mise en place d'une politique de recrutement ou de reclassement de travailleurs handicapés) et d'autre part les sujets qui n'en présentent aucun. L'échelle ainsi construite traduit **l'intensité du comportement d'inclusion à l'égard des travailleurs handicapés** et oppose des comportements incluants **forts** (les décideurs réalisent des actes qui tendent à favoriser l'intégration de travailleurs handicapés dans leur entreprise) à des comportements incluants **faibles** (les décideurs ne réalisent pas ou peu d'actes qui tendent à favoriser cette intégration). La dispersion, sur cette échelle, des décideurs interrogés exprime la variabilité de leurs comportements vis-à-vis des travailleurs handicapés. L'objectif opérationnel de la recherche est alors d'expliquer cette variabilité en analysant les processus psychologiques et psychosociaux qui interviennent dans la production de ces comportements. Qu'est-ce qui peut expliquer que certains décideurs ont des comportements incluants forts et d'autres des comportements incluants faibles ?

La détermination des comportements d'inclusion des décideurs

Lorsqu'on cherche à expliquer les comportements des individus, on considère généralement qu'il suffit d'accéder aux opinions (en tant que celles-ci correspondent à la manifestation d'attitudes latentes, non directement observables) suivant en cela l'idée qu'il faut connaître les « mentalités » pour expliquer les comportements. Nombreux sont ceux qui, en effet, expliquent le comportement négatif des employeurs en invoquant un ensemble d'opinions négatives (*cf.* Wilgosh & Skaret, 1987). Cette idée couramment admise présuppose d'une part que ces stéréotypes véhiculent une image négative des personnes handicapées dont l'intégration professionnelle serait difficile voire impossible et d'autre part que les comportements des employeurs à l'égard des travailleurs handicapés traduisent ces idées reçues. Le comportement des décideurs à l'égard de ces personnes serait le simple reflet de ces images et de ces attitudes : les employeurs embaucheraient peu de travailleurs handicapés parce qu'ils ont une image négative de ces personnes et de leur employabilité.

Une telle approche du déterminisme des comportements a pour mérite de justifier un certain nombre d'interventions visant à redresser cette vision pessimiste de « l'employabilité » des personnes handicapées et *donc*, espère-t-on, de leur ouvrir plus largement les portes de l'entreprise. Ainsi sera, par exemple, développé le message selon lequel une personne handicapée a dû produire tellement d'efforts pour s'adapter dans ses différents milieux de vie qu'elle a, par là même, acquis une motivation et une capacité à s'adapter à une situation professionnelle, pour peu que la chance lui en soit donnée, bien supérieures à celle des personnes qui n'ont pas été contraintes à de tels efforts.

Cependant il convient de remarquer que, pour aussi dignes d'intérêt que soient un tel argument et d'autres du même type, dans la mesure où ils sont susceptibles de redonner courage aux demandeurs d'emploi handicapés qui finissent par en manquer, leur efficacité sur les comportements des décideurs est subordonnée au fait qu'un changement de l'attitude à l'égard des travailleurs handicapés constitue bien une condition suffisante pour qu'apparaissent réellement des comportements d'inclusion.

C'est cette hypothèse qu'il convient de tester.

RÔLE DE L'ATTITUDE « GÉNÉRALE » DANS LA DÉTERMINATION DES COMPORTEMENTS

Pour tester cette hypothèse, nous avons mesuré l'attitude des décideurs à l'égard de *l'employabilité des travailleurs handicapés dans une entreprise quelconque du milieu ordinaire de travail*. Cette attitude a été qualifiée de « générale » car elle est mesurée à l'aide des opinions des décideurs relatives aux capacités des travailleurs handicapés à intégrer une **entreprise quelconque** du milieu ordinaire et à celles ayant trait aux capacités d'une **entreprise quelconque** à accueillir des travailleurs handicapés.

Une AFCM effectuée sur ces opinions a permis de dégager une échelle d'attitude générale. Cette échelle oppose les décideurs qui ont une **attitude négative** à l'égard de l'employabilité des travailleurs handicapés en général (*un travailleur handicapé n'est pas un travailleur comme les autres, les travailleurs handicapés posent plus de difficultés à une entreprise que les autres salariés, ils sont une charge supplémentaire pour l'entreprise, ils présentent des risques pour l'entreprise, ils nécessitent des investissements humains et financiers, il y a un risque de baisse de la productivité de l'entreprise, etc.*) à ceux qui ont une **attitude positive** (les mêmes items évalués positivement).

Cette échelle traduit donc l'attitude plus ou moins favorable des décideurs à l'égard de l'employabilité des travailleurs handicapés dans une entreprise quelconque du milieu ordinaire. Mais quels sont les déterminants de cette attitude générale ? Qu'est-ce qui va provoquer une attitude négative ou positive ?

Détermination de l'attitude générale

Les résultats obtenus montrent que l'attitude générale est principalement déterminée par des facteurs qui relèvent de la **vie extra-professionnelle des décideurs.** Cette attitude générale est en effet liée aux attitudes que les décideurs ont construites et aux comportements qu'ils ont développés dans d'autres domaines de vie (familial, personnel et social) que leur domaine professionnel (cf. le modèle du système des activités ; par exemple Curie & Dupuy, 2000[1]). Une attitude générale positive des décideurs apparaît en effet principalement déterminée par :

- une forte intensité des activités extra-professionnelles (*activités associatives, sociales, culturelles, etc.*) réalisées par les décideurs ;
- une attitude positive vis-à-vis de la sociabilité des personnes handicapées et de leurs capacités à vivre en milieu ordinaire de vie.

Il apparaît que les décideurs qui pensent que les personnes handicapées sont « socialisables en milieu ordinaire de vie » sont aussi ceux qui pensent qu'ils sont « employables dans une entreprise ordinaire ». Mais cette attitude générale des décideurs est-elle liée à leurs comportements d'inclusion ?

Une attitude générale peut-elle prédire les comportements ?

On constate une **absence de lien** statistiquement significatif entre l'attitude « générale » des décideurs et leurs comportements d'inclusion à l'égard des travailleurs handicapés. Ce n'est pas parce qu'un décideur a une attitude positive à l'égard de l'employabilité des travailleurs handicapés en général qu'il réalise des comportements d'inclusion à leur égard. Ce résultat permet de dépasser l'idée que les employeurs qui n'emploient pas de travailleurs handicapés ne le font pas seulement parce qu'ils ont une image négative du handicap et de l'employabilité des travailleurs handicapés en général ou que ceux qui présentent de tels comportements ont nécessairement une attitude générale favorable. Ce résultat conduit alors à juger comme particulièrement inadaptée l'explication directe du comportement des décideurs en termes de « mentalité générale ». Nous verrons plus loin que cette absence de

---

1. Le modèle du système des activités considère que les activités accomplies par une personne dans ses divers domaines de vie (professionnel, familial, de sociabilité, etc.) forment un système, c'est-à-dire que le fonctionnement de chacun de ces sous-systèmes (ce que fait l'individu et ce pourquoi il le fait) dépend partiellement du fonctionnement des autres sous-systèmes.

lien ne signifie pas qu'il n'existe aucun rapport entre l'attitude générale et le comportement en entreprise. La réalité est un peu plus complexe. Mais pour l'analyser de plus près, un détour s'impose. Nous allons voir en effet que les liens entre attitudes et comportements sont tout autres que ceux qui viennent d'être décrits lorsque l'on prend en compte non pas l'attitude des décideurs à l'égard de l'employabilité en général des travailleurs handicapés (c'est-à-dire dans une entreprise quelconque du milieu ordinaire) mais *dans leur propre entreprise en particulier*, attitude que l'on qualifie de **« spécifique »** ou **« située »** pour l'opposer à la précédente.

LE RÔLE DE L'ATTITUDE DITE « SPÉCIFIQUE » OU « SITUÉE »

L'attitude spécifique des décideurs à l'égard de l'employabilité des travailleurs handicapés ***dans leur propre entreprise*** est relative aux opinions des décideurs :

- sur les capacités des travailleurs handicapés à intégrer **leur propre entreprise** (*perception de difficultés rencontrées par les travailleurs handicapés dans l'entreprise, difficultés d'adaptation, difficultés matérielles, problèmes de qualification, de polyvalence par rapport aux besoins de l'entreprise, etc.*) ;
- sur les capacités **de leur entreprise** à accueillir des travailleurs handicapés (*accessibilité et possibilité d'aménagements de postes de travail, problèmes d'encadrement perçus, préparation du personnel à l'accueil, possibilité d'intégration, etc.*).

Une AFCM sur ces opinions permet de dégager un axe factoriel qui correspond à l'attitude des décideurs vis-à-vis de « l'employabilité des travailleurs handicapés dans leur propre entreprise ». Cet axe oppose les décideurs qui ont :

- une attitude **négative** à l'égard de l'employabilité des travailleurs handicapés dans leur entreprise (faibles capacités de leur entreprise a accueillir des travailleurs handicapés et faibles capacités des travailleurs handicapés à s'intégrer dans l'entreprise) ;
- à ceux qui ont à une attitude **positive** (leur entreprise est capable d'accueillir des travailleurs handicapés et ces derniers ne rencontreront pas de difficultés particulières).

Nos résultats mettent en évidence que cette attitude spécifique est corrélée positivement et significativement au comportement d'inclusion des décideurs : ce sont les décideurs qui ont une attitude spécifique positive qui présentent le plus de comportements d'inclusion et ce quelle que soit leur attitude générale. Ce n'est pas parce les décideurs pensent que les travailleurs handicapés ne sont pas *employables dans une entreprise quelconque* qu'ils ne les incluent pas dans leur propre entreprise, mais bien plutôt parce qu'ils pensent que les travailleurs handicapés ne sont pas employables dans le contexte professionnel particulier de leur entreprise. Cette distinction entre attitude générale et attitude spécifique peut d'ailleurs être illustrée par l'affirmation d'un Directeur des Ressources Humaines (entreprise de 400 salariés) : « *oui, les travailleurs handicapés peuvent travailler en entreprise mais c'est sûrement plus facile dans d'autres entreprises que dans la mienne* ».

Les liens ainsi observés vont dans le sens d'une théorie qui reste une référence majeure dans les recherches en psychologie sociale sur les relations entre attitudes et comportements : la théorie de l'action raisonnée d'Ajzen et Fishbein (1977). Nos résultats sont, en particulier, conformes au « *principe de correspondance* » posé par cette théorie. Ajzen et Fishbein avancent en effet qu'une attitude ne permet de prévoir un comportement que si cette attitude et ce comportement sont mesurés à des niveaux correspondants de spécificité, autrement dit uniquement dans les cas où existe une correspondance attitude générale-comportement général ou attitude spécifique-comportement spécifique. Or, si nous avons mesuré le comportement d'inclusion sur un plan « spécifique » puisque la situation est celle de **l'entreprise du décideur en particulier** (comportement d'inclusion dans la propre entreprise du décideur), l'attitude générale a, en revanche, été mesurée à un niveau différent. En effet, la situation concernée par l'attitude générale est celle d'une inclusion « en milieu ordinaire de travail en général » et non « dans l'entreprise du décideur ». Ce non-respect du principe de correspondance explique l'absence constatée de relation significative entre l'attitude générale et le comportement. Cette interprétation conforme à la théorie d'Ajzen et Fishbein semble confirmée par les résultats que l'on obtient avec l'attitude spécifique. Le principe de correspondance est alors respecté puisque le comportement d'inclusion de travailleurs handicapés est celui du décideur **dans sa propre entreprise** et l'attitude à l'égard de l'employabilité des travailleurs handicapés est celle du décideur **dans cette même entreprise.** On observe alors une influence positive et significative de l'attitude spécifique des décideurs sur leur comportement d'inclusion à l'égard des travailleurs handicapés. L'attitude spécifique et le comportement sont influencés par les caractéristiques de la situation (d'où le rôle médiateur de l'attitude spécifique).

Mais cette confirmation théorique ne laisse pas spontanément entrevoir la portée pratique qui peut en découler. Est-on en effet mieux armé pour agir lorsque l'on a montré que les décideurs qui manifestent de nombreux comportements d'inclusion de travailleurs handicapés dans leur entreprise sont aussi ceux qui pensent que ces travailleurs ont leur place dans cette entreprise ? Le reproche d'assertion tautologique risque de fuser. Mais ce reproche peut être écarté si l'on se donne la peine d'examiner à quelles variables est liée cette attitude spécifique.

On a vu que l'attitude générale n'est liée qu'à des facteurs extra-professionnels. L'attitude spécifique quant à elle procède d'un déterminisme plus complexe. Il apparaît en effet que si l'attitude spécifique est liée à des facteurs **individuels extra-professionnels,** et plus particulièrement à la fréquence des relations extra-professionnelles avec des personnes handicapées, elle est aussi fortement déterminée par des facteurs **individuels professionnels :**

- degré de contrôle des décisions d'embauche (participation au processus décisionnel d'embauche et autonomie dans ce processus) ;
- importance de l'expérience professionnelle du décideur en matière d'insertion de travailleurs handicapés.

Intervient également dans la détermination de l'attitude spécifique la manière dont les sujets gèrent l'interdépendance relative de leurs différents domaines d'existence : les décideurs tendent à présenter une attitude spécifique d'autant plus positive qu'ils perçoivent l'existence d'**échanges** de contraintes, de ressources et de significations entre leur vie professionnelle et leurs autres domaines de vie : familial, de sociabilité, de loisirs, c'est-à-dire lorsqu'ils n'établissent pas de cloisons résolument étanches entre leurs domaines d'existence mais réussissent au contraire à donner à chacun un sens par les autres.

Ces résultats montrent que l'attitude spécifique résulte d'une part d'une confrontation chez les décideurs entre des incitations qui leur sont propres puisque liées à leur vie extra-professionnelle et des incitations qui dépendent de la place qu'ils occupent dans une entreprise donnée et d'autre part de la nature des liens qu'ils établissent entre leur vie professionnelle et extra-professionnelle. L'attitude spécifique peut dès lors être analysée comme l'expression d'un compromis cognitif entre des valeurs liées à des expériences extra-professionnelles faites avec des personnes handicapées et des valeurs professionnelles, compromis que chaque décideur doit élaborer et gérer en modulant les rapports d'échanges qu'il établit entre ses différents domaines de vie. On retrouve ici d'une certaine façon non seulement le modèle dit du Système des Activités déjà évoqué mais aussi le modèle de Scheier et Carver (1988) selon lequel dans la construction des comportements intervient une sorte de « comparateur » entre les exigences de la situation présente et les buts ou valeurs que l'acteur a dans sa mémoire. Comme le montrent ces auteurs, le compromis que le sujet établit entre ce qui est attendu de lui dans la situation et ce qui est conforme à ses valeurs dépend de l'activation (ou de l'inhibition) de ce « comparateur » ; leurs recherches portent donc sur les déterminants de ces processus d'activation ou d'inhibition.

Mutatis mutandis, notre propre interrogation se porte sur ce qui fait varier le niveau de compromis, que manifeste l'attitude spécifique, entre les incitations professionnelles et extra-professionnelles des décideurs et ce qui modifie leur capacité à intégrer dans leur pratique professionnelle à l'égard des travailleurs handicapés des préoccupations issues de leurs expériences extra-professionnelles de relations avec de telles personnes.

La prise en considération des caractéristiques organisationnelles dans lesquelles sont prises ces décisions ne peut-elle fournir un élément de réponse ?

Le rôle du contexte organisationnel

CARACTÉRISATION DU CONTEXTE ORGANISATIONNEL

Pour caractériser d'une manière synthétique les 140 entreprises auxquelles appartiennent les décideurs interrogés, la recherche a pris en considération le degré de formalisation de leur structure. Cette dimension est appréhendée à travers :

- le poids de la structure organisationnelle (*taille de l'entreprise, nombre de niveaux hiérarchiques, nombre de services*),
- le degré de formalisation de la planification des activités (*niveau de définition des fonctions, présence vs absence de règles et de procédures pour la gestion du travail, présence de règles et procédures écrites vs orales*),
- le degré de formalisation du système de contrôle des activités (*centralisation vs décentralisation du contrôle des performances, séparation ou non des fonctions de conception et de réalisation*),
- le degré de formalisation des processus de décision (*centralisation vs décentralisation des décisions de fonctionnement*).

Une AFCM réalisée sur l'ensemble de ces variables permet de dégager un indicateur du « degré de formalisation de la structure organisationnelle » qui oppose un **faible** degré de formalisation (entreprises de petite taille, faiblement hiérarchisées, système de planification et de contrôle des activités peu formalisé dans des règles explicites) à un **fort** degré de formalisation de la structure organisationnelle (entreprises de grande taille, fortement hiérarchisées, etc.).

Cette dimension a été trichotomisée de manière à isoler les entreprises faiblement ou fortement formalisées et les entreprises dont le positionnement proche du centre de gravité de cet axe montrent qu'elles sont mal différenciées par les indicateurs qui contribuent le plus à sa définition.

CONTEXTE ORGANISATIONNEL ET DÉTERMINATION DES COMPORTEMENTS D'INCLUSION

L'analyse de corrélations, et la confirmation de cette analyse par la méthode des équations structurales (modèle Amos : Arbuckle, 1995) qui ne peut être reprise dans les limites de cette contribution, met en évidence des différences importantes selon le degré de formalisation de l'entreprise. On observe notamment que :

- pour les entreprises **faiblement formalisées,** l'attitude spécifique des décideurs est liée positivement et significativement à leur attitude générale ainsi qu'à leur comportement d'inclusion ;
- pour les entreprises **fortement formalisées,** l'attitude spécifique reste significativement mais beaucoup plus faiblement liée à l'attitude générale et surtout n'entretient pas de lien statistiquement significatif avec le comportement.

Il ressort de ces chiffres que, dans les entreprises faiblement formalisées qui sont le plus souvent des entreprises de petite taille, les attitudes –générale et spécifique – des décideurs (principalement des chefs d'entreprise) à l'égard des travailleurs handicapés se traduit plus facilement en actes que dans des entreprises fortement formalisées (DRH ou adjoint au DRH d'entreprises de grande taille). Ces dernières présentent un moindre degré de perméabilité à l'influence des facteurs personnels. La prégnance de la règle dans de telles organisations constitue un obstacle à l'intégration, dans les décisions prises, d'éléments extérieurs à la rationalité organisationnelle. Comme l'ont montré Curie et Dupuy (*op. cit.*), l'exigence d'unité organisationnelle ne fait pas bon ménage avec la requête que peuvent présenter les acteurs organisationnels d'articuler les pratiques de leurs différents milieux de vie. Traduits dans les termes de Scheier et Carver (*op. cit.*), ces résultats montrent que le degré de formalisation d'une organisation constitue un inhibiteur assez puissant du « comparateur » intervenant dans l'auto-régulation des comportements.

De ce constat réaliste se déduisent certaines conséquences sur les stratégies à mettre en œuvre pour accroître la fréquence des décisions d'embauche des travailleurs handicapés et combler ainsi le fossé qui existe encore entre les prescriptions légales et leur mise en œuvre effective.

CONCLUSION : COMMENT PROVOQUER DAVANTAGE DE COMPORTEMENTS D'INCLUSION ?

Les résultats présentés ici s'appuient sur un nombre trop faible d'observations pour prétendre fonder à eux seuls une doctrine d'intervention. Ils ont cependant le mérite d'exister et de permettre d'une part d'aller au-delà de présupposés qui n'ont pour justification que d'être partagés et d'autre part de compléter des résultats statistiques qui portent souvent sur des données tellement agrégées et globales que les mécanismes dont ils sont une résultante demeurent si peu identifiables que leur interprétation doit être abandonnée aux bons soins de l'imagination.

La difficulté qu'il y a à atteindre l'objectif de 6 % de travailleurs handicapés dans les entreprises de plus de 20 salariés peut conduire à repenser la loi de 1987, comme le réclament les associations de personnes handicapées, dans le sens d'un renforcement de l'incitation (primes à l'embauche) et/ou de la contrainte (coût des alternatives à l'embauche). Cependant, dans le cadre de cette loi telle qu'elle est actuellement formulée, il est possible de développer et de réorienter certaines actions.

La recherche menée conduit en effet à suggérer que les actions de sensibilisation – auxquelles en définitive peu de moyens sont consacrés[1] – tiennent compte de deux exigences complémentaires : celle d'être « situées » et celle d'être différenciées selon les cibles visées.

© Groupe Eyrolles

---

1. Actuellement 6 % seulement des financements accordés par l'AGEFIPH vont à ce type d'action.

Des actions de sensibilisation « situées »

Les résultats, établis sur l'ensemble des décideurs interrogés ont montré l'effet sur les comportements d'inclusion de l'attitude dite spécifique des décideurs, c'est-à-dire de l'attitude construite en partie sur la base d'une attitude générale favorable à l'égard de l'employabilité des travailleurs handicapés mais aussi et quelquefois surtout en fonction de contingences propres à l'entreprise d'appartenance. Ce constat souligne les limites que l'on doit s'attendre à rencontrer quant à l'efficacité réelle des grandes campagnes par médias interposés visant à persuader les employeurs d'embaucher des travailleurs handicapés. De telles campagnes déclencheront trop souvent la réaction qui ne s'observe pas seulement en ce domaine « c'est bien, mais chez les autres », pour que des effets sérieux et durables puissent être raisonnablement espérés. La capacité persuasive du message sur l'employabilité des travailleurs handicapés suppose d'autres conditions plus patiemment réunies.

La crédibilité de l'émetteur est sans doute une question de langage. Elle renvoie en effet « à un ensemble de jugements complexes que l'on porte sur la source du message, concernant son apparente compétence, son objectivité » (*cf.* Bromberg et Dubois, 1996). L'attitude du décideur, employeur potentiel de travailleurs handicapés, sera d'autant plus susceptible d'évoluer que la personne qui l'incite à accomplir des comportements d'inclusion sera en mesure de parler le langage de l'entreprise. En revanche, un émetteur sera perçu comme peu crédible si, par exemple, il vante les avantages « standards » d'une mesure (par exemple, les primes à l'embauche de travailleurs handicapés) sans connaître le secteur de l'entreprise à laquelle il s'adresse.

Cependant au-delà de cette condition langagière qui n'est pas à négliger, cette crédibilité réside dans la capacité à démontrer que, dans la situation concrète de telle entreprise, des postes de travail peuvent être ou devenir réellement accessibles à des travailleurs handicapés. Cette démonstration ne peut se réduire à une pétition de principes. Elle suppose une analyse précise non seulement des tâches prescrites, ce à quoi habituellement excellent les bureaux des méthodes, mais des activités réelles de travail, c'est-à-dire de la manière dont les opérateurs s'y prennent réellement pour atteindre les objectifs assignés. De telles analyses (voir, par exemple, Guérin, 1991 ; Leplat, 2000) s'attacheront en particulier à saisir la diversité de ces modes opératoires de manière à repérer les marges de manœuvre dont disposent ou pourraient disposer les opérateurs pour atteindre le but fixé et permettre ainsi à chacun de mettre en œuvre les procédures les plus adaptées à son état. De telles analyses ont pour présupposé que l'organisation, à ces différents échelons, renonce à l'idée, au fond tout à fait taylorienne, selon laquelle il existe pour la réalisation performante d'une activité « *one best way* ». Il convient de remarquer que ces analyses sont relativement longues, complexes et coûteuses puisqu'elles supposent l'appel à des spécialistes compétents de l'analyse du travail. Mais ce sont de telles analyses qui sont, répétons-le, les plus susceptibles de faire évoluer favorablement ce que nous avons appelé l'attitude spécifique des décideurs. Elles contribueront aussi à démontrer que la notion de handicap est relative à une situation donnée et à la mise en relation d'une personne avec cette situation.

Pour ajouter une touche supplémentaire de réalisme à cette remarque, il convient de souligner que cette analyse ne doit pas nécessairement être confondue avec l'action elle-même d'aménagement ergonomique des postes de travail. Il s'agit d'abord de faire un bilan un peu complet, financé en tant que tel, de ce qui est transformable dans les dispositifs techniques et/ou dans leurs consignes d'utilisation pour faciliter l'insertion des travailleurs handicapés. On ne peut à cet égard se contenter de recenser indéfiniment les postes de standardistes téléphoniques pour les confier à des malvoyants. Une fois ce bilan effectué, un plan d'aménagements étalés dans le temps pourra être élaboré en tenant compte de la culture de l'entreprise (Sainsaulieu, 1987), de la sensibilité de chacun de ses acteurs et du coût que chacun de ces aménagements représente.

Des actions de sensibilisation différentielle

La deuxième recommandation que l'on peut tirer de cette recherche repose sur le constat que les rapports entre les attitudes et les comportements des décideurs subissent les effets du contexte organisationnel de l'entreprise. Il convient donc de tenir compte de la nature de ce contexte pour définir une sensibilisation adaptée à chaque type d'entreprises, faire du « sur mesure » en diversifiant les stratégies d'intervention selon les caractéristiques de l'entreprise.

Nos résultats invitent à distinguer les entreprises de petite taille, peu formalisées, avec un processus de décision centralisé, etc., des entreprises de plus grande taille, avec un degré de formalisation élevé, un processus décisionnel décentralisé, etc. Si, dans les premières, les facteurs individuels propres au décideur (en particulier son attitude spécifique et ses expériences extra-professionnelles) exercent un effet sur leur comportement, ces facteurs n'interviennent pas, ou beaucoup plus faiblement, dans la détermination des comportements d'inclusion des décideurs du second type d'entreprises. On constate une intervention forte de la personnalité du « portier » dans les entreprises faiblement formalisées alors que cette intervention est faible dans les entreprises fortement formalisées. Ce résultat suggère, au plan pratique, que si l'intervention sur les attitudes personnelles, notamment par activation de la référence aux expériences extra-professionnelles, peut être utile et pertinente pour les « portiers » des entreprises faiblement formalisées, elle l'est beaucoup moins pour ceux des entreprises fortement formalisées. Par ailleurs on a constaté que, dans ce dernier type d'entreprises, la décision relève de plusieurs personnes. Il est donc nécessaire de trouver les moyens de sensibiliser l'ensemble des personnes qui participent aux décisions de recrutement. La conclusion **d'accords de branche ou d'accords d'entreprises** (négociés aussi bien avec la direction générale qu'avec les représentants du personnel) peut constituer l'un de ces moyens. La négociation collective doit permettre la coordination des efforts de tous les partenaires pour faciliter l'inclusion de travailleurs handicapés dans l'entreprise et inscrire ses résultats dans les règles qui, dans ces entreprises, régissent les comportements. Une Directrice des Ressources Humaines (entreprise de 860 salariés) confirme cette idée : « *il faut une volonté politique de l'ensemble de l'entreprise. Dans la mienne, elle existe. L'entreprise s'engage à travers un accord et participe ainsi à la vie de la cité. C'est devenu une philosophie* ».

Bibliographie

Ajzen, I. et Fishbein, M. (1977). Attitudes-behavior relations : a theoretical analysis and review of empirical research. *Psychological Bulletin*, 84 (5), 888-918.

Arbuckle, J.L. (1995). AMOS *user's guide*. Chicago : Smallwaters Corporation.

Bayle, N. (2000). *Entre le penser et le faire. La production des comportements d'inclusion des travailleurs handicapés par les employeurs.* Thèse de doctorat de l'Université de Toulouse-Le Mirail.

Bromberg, M. et Dubois, M. (1996). L'étude de la persuasion. In J.C. Deschamps et J.L. Beauvois (Eds), *Des attitudes aux attributions : sur la construction de la réalité sociale*, Grenoble : PUG, pp. 67-90.

Curie, J. et Dupuy, R. (2000). L'organisation du travail contre l'unité du travailleur. In J. Curie (Ed.) *Travail, Personnalisation et Changements sociaux*, pp. 285-300. Octarès Éditions.

D.A.R.E.S. (1999). *Première synthèse*. Ministère de l'emploi et de la Solidarité, 40 (1).

Guergoat, J.C. et Le Bozec, D. (1993). Premier bilan d'application de la loi de 1987 en faveur de l'emploi des travailleurs handicapés en entreprise. *Dossiers Statistiques du Travail et de l'Emploi*, 100.

Guérin, F., Laville, A., Daniellou, F., Durafourg J. et Kerguelen, A. (1991). *Comprendre le travail pour le transformer*. Éditions de l'ANACT.

Leplat, J. (2000). *L'analyse psychologique de l'activité en ergonomie. Aperçu sur son évolution, ses modèles et ses méthodes*. Octarès Éditions.

Lewin, K. (1931, trad. fr., 1959). *La psychologie dynamique*. Paris, PUF.

Sainsaulieu, R. (1987). *Sociologie de l'organisation et de l'entreprise*, Paris, FNSP/Dalloz.

Scheier, M.F. et Carver, C.S. (1988). A model of behavioral self-regulation : Translating intention into action. In L. Berkowitz (Ed.), *Advances in Experimental Social Psychology*, 21, 303-346, San Diego : Academic Press.

Wilgosh, L.R. et Skaret, D. (1987). Employer attitudes toward hiring individuals disabilities : a review of recent litterature. *Revue Canadienne de Réadaptation*, 1 (2), 89-98.

Chapitre 5

Comment insérer les bas niveaux de qualification dans les entreprises ?

Denis Castra

Il est devenu banal d'observer que le niveau de qualification à la sortie du système de formation initiale est une variable assez fortement prédictive : du taux d'accès à l'emploi lors de l'entrée dans la vie active, du taux de chômage dans la population active en général, mais aussi du taux de rotation sur les emplois obtenus – ce dernier indice reflétant habituellement la précarité de ces emplois. Quelques données concernant les trajectoires professionnelles des niveaux V, V bis et VI (niveau inférieur ou égal au CAP dans la nomenclature de l'Éducation Nationale) peuvent être utilement rappelées ici à titre de préambule :

- le taux d'accès à l'emploi de ces sortants de bas niveau s'est effondré de 50 % environ depuis 1976, passant par exemple de 80 à 35 % pour les niveaux CAP et de 60 à 10 % pour les niveaux VI. Ce qui signifie donc que la moitié de ceux qui entraient « spontanément » en emploi à la sortie du système scolaire sont maintenant au chômage ou dans les dispositifs d'insertion. Parallèlement, on observe qu'à l'intérieur de cette catégorie, un diplôme de niveau V continue à « protéger », relativement, son titulaire ;
- en 1998, le taux de chômage des ouvriers non qualifiés est double de celui des ouvriers qualifiés, et cinq fois plus élevé que celui des cadres ;

© Groupe Eyrolles

- en 1990, dans les établissements de 50 salariés ou plus, près de 30 % des sorties concernent les ouvriers non qualifiés, contre 18 % pour les ouvriers qualifiés et 6,5 % pour les cadres (les données relatives aux entrées sont bien sûr quasi-identiques puisque la structure des emplois est stable sur une courte période). Ces chiffres traduisent donc un turnover plus élevé sur les postes non-qualifiés (qui restent nombreux) où la part des entrées sur Contrat à Durée Déterminée est en effet, et de loin, la plus élevée (de l'ordre de 80 %). Les bas niveaux de qualification sont donc non seulement plus souvent au chômage ou en dispositif d'insertion mais aussi plus souvent concernés par le recrutement. Ce dernier point n'a peut être pas retenu toute l'attention nécessaire, on y reviendra le moment venu.

Rappelons enfin que la formation professionnelle continue ne semble pas (ou plus) avoir pour rôle de réduire ces inégalités face à l'emploi : en 1992-93, les salariés en ayant bénéficié étaient des cadres pour 32 %, des ouvriers non-qualifiés pour 4,5 %.

Face au constat récurrent de la dégradation importante et rapide de la situation de ces catégories, les gouvernements successifs réagiront, dès 1975, par la mise en place de dispositifs de formation et d'insertion : comme on va le voir, l'échec de ces mesures paraît là encore tout aussi récurrent.

LES DISPOSITIFS DE FORMATION ET D'INSERTION : UN CONSTAT D'ÉCHEC

Ce n'est pas le lieu ici de faire un historique, encore moins un inventaire, des divers dispositifs et « mesures » d'insertion qui se sont succédés depuis 1975. En revanche, ils ont fait et font toujours l'objet d'évaluations nationales régulièrement publiées, lesquelles mettent au jour quelques tendances lourdes qui retiennent l'attention.

Les dispositifs « jeunes »

Le rapport de Gérard Malglaive (1985) est consacré au dispositif d'insertion des jeunes mis en place en 1982, qui couplait un ensemble de stages d'orientation, d'insertion et de qualification et un maillage du territoire par de nouvelles structures d'accueil, les Missions Locales pour l'Emploi et les Permanences d'Accueil, d'Information et d'Orientation.

© Groupe Eyrolles

La conclusion en est plutôt pessimiste : moins de 15 % des jeunes entrés dans le dispositif ont obtenu tout ou partie du CAP ; 21 % accèdent à un emploi, le plus souvent en contrat d'apprentissage. De plus, l'enquête révèle deux stratégies distinctes chez les jeunes : très peu de ceux qui ont un emploi (au début de l'enquête) le quittent pour la formation, alors que ceux qui entrent en formation choisissent à nouveau la formation 4 et 6 mois plus tard, très peu la quittent pour l'emploi... Un public « captif » en quelque sorte, qui a tendance à tourner dans le dispositif, lequel a accueilli jusqu'à 500 000 jeunes certaines années.

Initialement conçu pour les jeunes de 16 à 18 ans sans qualification, ce dispositif sera étendu à la population des 16-25 ans en 1985, et remplacé par le Crédit Formation Individualisé (CFI) en 1990. Ce dernier inaugurait un modèle d'intervention qui reste encore aujourd'hui un leitmotiv : la pratique du « parcours » personnalisé, individualisé, piloté par un référent ou conseiller, censé prendre le jeune à son niveau et « l'accompagner » progressivement à une formation qualifiante et à l'emploi. Pourtant, là encore, les résultats seront décevants :

- l'évaluation de Simon Wuhl (1991) concerne la période antérieure au CFI. Six mois après la sortie des stages, 16 % seulement des jeunes sont en emploi, dont la moitié sur des contrats en alternance (d'apprentissage ou de qualification). « Au total, le pourcentage d'accès à l'emploi classique n'atteint que 7,4 % de l'ensemble, en intégrant d'ailleurs dans ce chiffre les emplois en intérim (p. 59) ». Les stages débouchent sur le chômage pour près de la moitié des stagiaires, ou sur des situations intermédiaires comme les Travaux d'Utilité Collective ou les stages d'Initiation à la Vie Professionnelle (qui seront abandonnés respectivement en 1990 et 1992) pour la plupart des autres. Notons que cet auteur conclut son évaluation par une note optimiste sur l'arrivée du CFI, démarche « à la fois ambitieuse et cohérente, représentant à coup sûr une nouvelle étape dans la recherche de solutions à l'insertion professionnelle des jeunes menacés d'exclusion » (pp. 72-73). La notion, nouvelle, d'itinéraire d'insertion autoriserait cet espoir en introduisant l'individualisation des prestations, la responsabilité dans le suivi et des engagements de résultats ;
- pourtant, le « parcours personnalisé » du CFI (actuellement abandonné lui aussi) n'a pas non plus produit les résultats escomptés. Plus de la moitié des bénéficiaires n'obtiennent rien à l'issue de ce parcours, moins de 20 % obtiennent un CAP ou un BEP, et il semble d'ailleurs qu'il s'agisse de ceux qui en étaient déjà les plus proches... ou qui en possédaient déjà un.

Bref, il a toujours été bien difficile de mettre en évidence un effet propre de ces dispositifs, autre qu'une reproduction ou une amplification des différences et inégalités entre les bénéficiaires, et donc d'un renforcement de l'exclusion professionnelle pour les plus bas niveaux. Ce résultat préoccupant est nettement dissonant avec l'ampleur de ces mesures et la masse des publics concernés : plus de 10 % des 16-25 ans en 1988, soit 870 000 jeunes (Wuhl, 1991, p. 51). Les données récentes attestent d'une accentuation du phénomène, les « dispositifs jeunes » devenant un passage quasi obligé entre le système éducatif et la vie professionnelle, y compris à Bac + 2 : en ce sens, tout préoccupant qu'il soit, le constat ci-dessus ne concerne pas qu'une frange « d'exclus » du marché du travail mais bientôt la majorité d'une classe d'âge.

Le Revenu Minimum d'Insertion

On sait que ce dispositif, consacré aux publics de plus de 25 ans, comporte un important volet « insertion » dont l'accès à l'emploi constitue l'objectif affiché. Là encore, des évaluations régulières permettent d'apprécier les effets du RMI sur le plan de l'insertion professionnelle (voir par exemple « Problèmes politiques et sociaux », n° 807, La Documentation Française).

À première vue, les allocataires en insertion professionnelle représentent un peu plus de 30 % de l'ensemble. Toutefois, à l'intérieur de ce groupe, 25 % seulement sont concernés par des emplois de droit commun (emplois non aidés ou création d'entreprises), soit finalement 8 % de la population de départ... Au total, l'accès à l'emploi marchand à la sortie du RMI oscille autour de 13 % des bénéficiaires si l'on inclut les contrats en alternance et « l'insertion par l'économique » (entreprises d'insertion et associations intermédiaires). Une faible efficacité sur ce volet donc, et qu'il est là encore difficile d'attribuer au dispositif lui-même puisque ces sorties « par le haut » concernent pour l'essentiel ceux qui étaient déjà les plus proches de l'emploi (et notamment les plus diplômés), qui ont utilisé le dispositif le moins longtemps ... et qui n'ont pas, pour la plupart, signé de contrat d'insertion.

Et pourtant...

« L'insertion n'insère pas » disait un chargé de mission à la Délégation Interministérielle à l'Insertion des Jeunes : c'est effectivement ce que confirment ces évaluations. Pourtant, au fil de ces nombreux rapports émergent aussi des perspectives pour sortir de cette impasse :

- Wuhl (1991) observe que si les formations hors entreprise (stage d'orientation, d'insertion, de remise à niveau...) n'ont pas d'effet visible sur l'accès à l'emploi, voire « conduisent à maintenir les exclus dans le champ du social » (p. 207), les formations en alternance en revanche, où l'immersion en entreprise représente la part la plus importante, facilitent fortement l'insertion professionnelle ultérieure. Y compris pour les plus bas niveaux de qualification, lesquels ont en fait le plus intérêt à en bénéficier mais en sont plus souvent exclus que les autres ;

- dès 1987, Kokosowki (1987, p. 40) remarquait qu'une des particularités des jeunes évoluant dans ces dispositifs était la priorité accordée aux activités professionnelles rémunérées sur la formation. Cette dernière s'en trouve donc fréquemment remise en cause, notamment parce qu'elle renvoie très directement à un douloureux passé (récent) d'échec et de refus scolaires. Pour autant, ni le manque de formation ni la nécessité de la qualification ne sont ignorés, mais c'est l'apprentissage sur le lieu de travail qui est valorisé par opposition à l'aspect artificiel, théorique et d'une utilité perçue comme lointaine des formations classiques. On peut sans doute étendre et actualiser l'analyse de Kokosowski à l'ensemble des dispositifs d'insertion, où la demande d'un travail salarié « normal » est massivement première, et où il semble en revanche de plus en plus difficile de « remplir » les stages de formation ;

- Malglaive (1985) notait pour sa part qu'il faudrait d'abord « insérer l'insertion », c'est-à-dire articuler plus étroitement les dispositifs avec le bassin d'emploi local. Ce qui amène immanquablement à prendre en compte le fonctionnement même des entreprises, depuis les diverses formes de discrimination à l'embauche jusqu'aux modes d'intégration et de mobilité interne. « On ne peut espérer sortir de l'impasse sans transformation touchant au fonctionnement même des organisations productives, tout spécialement chez les petites et moyennes entreprises (S. Wuhl, in Problèmes politiques et sociaux, op. cit.).

On va voir que ces remarques, qui amorcent un changement de perspective par rapport aux logiques classiques de l'insertion, peuvent de plus s'appuyer sur des acquis solides en psychologie sociale, du travail ou de l'orientation.

PROPOSITIONS D'ANALYSE

Du projet aux conduites

On est frappé par l'omniprésence de la notion de projet dans toutes les méthodologies d'insertion : il est à la base du contrat d'insertion dans le RMI, du parcours personnalisé dans l'actuel programme TRACE, sans parler bien sur des Bilans de Compétences où cette notion est centrale.

> Pourtant, si on définit le projet comme un ensemble organisé d'attitudes, représentations, intentions, savoirs, croyances, ..., c'est-à-dire comme un ensemble de cognitions, on rencontre alors l'épineuse question du rapport entre cognitions et conduites. En 1947 déjà, Kurt Lewin notait que l'intention et la motivation n'étaient pas prédictives de la conduite, sauf à être « cristallisées » dans la décision collective succédant à une discussion de groupe. Près d'un demi-siècle de recherches sur les attitudes ont conduit les psychologues sociaux à la conclusion décevante qu'il y avait peu ou pas de rapports entre attitudes et conduites. La même question rebondit dans les recherches modernes sur les représentations sociales et aboutit à une conclusion du même ordre : les représentations ne seraient prédictives des conduites que dans quelques cas spécifiques, en particulier quand le sujet dispose d'une marge d'autonomie importante, ou quand le groupe auquel il appartient affirme ou défend une identité qu'il estime menacée. On admettra aisément qu'autonomie et revendication identitaire ne sont pas les premières caractéristiques des publics dont nous traitons ici pour qui le projet, quand il existe, loin d'être anticipation et pro-action, apparaît au contraire comme une rationalisation après coup de « choix » imposés par des contraintes diverses. Ce qui n'a pas échappé aux spécialistes de l'orientation, en particulier Guichard (1997) : « Celui dont la marge de liberté est très réduite... doit avoir un projet qui consiste à considérer comme un choix personnel l'orientation dans l'une des voies qu'on lui propose (les options étant d'autant plus rares qu'il est en difficulté) » (p. 11). Quant aux recherches sur les représentations, celles qui s'intéressent aux conditions dans lesquelles ces représentations changent, concluent le plus souvent que c'est consécutivement à de nouvelles conduites ou pratiques sociales, conformément au modèle de la rationalisation.

Ces remarques, assez largement convergentes, mettent donc en question non pas tellement l'existence même du projet mais la prédictivité des conduites qu'il autorise ; c'est donc sa valeur opératoire dans une stratégie d'insertion qui est questionnée. Nous proposons de rassembler nos réflexions sur ce point en un modèle qui peut être représenté par un système d'axes :

- le premier axe figure le degré d'autonomie des individus. Si l'on admet que celui-ci est fonction des ressources dont dispose le sujet (matérielles, relationnelles, ou encore en termes de diplômes, qualifications, expériences professionnelles, ...), il est alors possible de positionner ce sujet sur cette dimension ;

- le deuxième axe concerne les situations, ou contextes, dont on admettra à nouveau qu'ils peuvent être caractérisés par le degré de contrainte qu'ils exercent sur les conduites individuelles. Par exemple, les relations de travail dans une organisation hiérarchisée, ou encore la conduite automobile en contexte de circulation rapide et dense, sont en général plus contraignants que la gestion des loisirs. Bien entendu, la définition de ces contraintes inclura la pression normative et plus généralement le contrôle social.

Le croisement de ces deux dimensions aboutit à distinguer 4 quadrants :

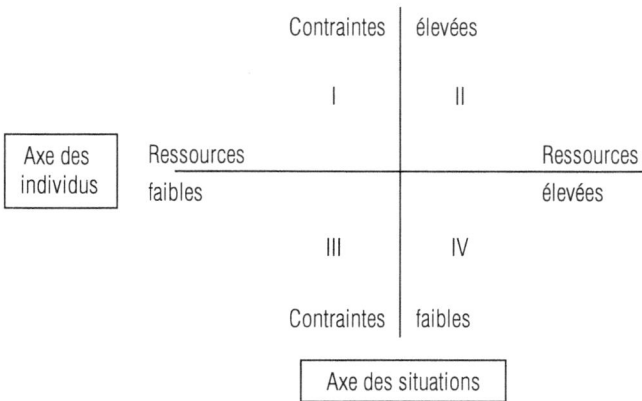

```
                    Contraintes │ élevées

                         I      │     II
 ┌──────────┐
 │ Axe des  │   Ressources              Ressources
 │ individus│   faibles                 élevées
 └──────────┘                    │
                        III      │     IV

                    Contraintes  │ faibles

                       ┌─────────────────────┐
                       │  Axe des situations │
                       └─────────────────────┘
```

Parce que la réalisation d'un projet suppose à la fois des ressources élevées et des contraintes faibles, cette notion prend tout son sens dans le quadrant IV (par exemple, je peux décider du lieu de mes vacances si je maîtrise mon emploi du temps, si j'ai de l'argent, si je parle plusieurs langues, ... Dans ce cas, le projet est quasi-totalement prédictif). En revanche, insérer des publics de faibles ressources dans des organisations de travail concerne plutôt le quadrant I, celui justement où la notion de projet est la moins pertinente. Une telle analyse aboutit à une conclusion paradoxale : plus la personne est contrainte et de faibles ressources, moins la pédagogie du projet lui est applicable. C'est pourtant à son sujet qu'on en parle le plus, du travail social aux dispositifs d'insertion, en passant par les sortants de prison ou les handicapés. Il y a sans doute là un contresens qui rend compte, pour partie au moins, de l'échec des méthodologies classiques d'insertion. Si en revanche on définit l'insertion professionnelle comme un ensemble cohérent de conduites finalisées, c'est-à-dire orientées vers un objectif opératoire (par exemple la stabilisation sur un poste de travail), alors il semble plus indiqué de s'appuyer sur des modèles qui concernent directement ces conduites et non plus leurs supposés pré-requis cognitifs. On verra au chapitre suivant que les théories de l'engagement sont une réponse possible à cette question.

De l'individu au contexte

On a défendu ailleurs (Castra, 1995a) l'idée que « l'erreur fondamentale d'attribution », bien connue des psychologues sociaux, semblait structurer bon nombre de pratiques d'insertion. Ce champ pourrait en effet être particulièrement propice à la production d'attributions dispositionnelles et à la centration sur le sujet qu'elles supposent et renforcent : orientation et bilan approfondis, parcours personnalisés, sessions de mobilisation, d'aide au projet, suivis individualisés... Certains auteurs ont montré comment « l'employabilité », au départ simple indicateur statistique traduisant les chances objectives d'un individu de retrouver un emploi (compte tenu de ses caractéristiques socio-démographiques et professionnelles) dans un contexte donné (les caractéristiques de l'offre) tendait à devenir un attribut de la personne, opérant ainsi une véritable « endogénéisation » des problèmes sociaux (Chopart, 1993). C'est oublier que l'employabilité est aussi un jugement porté par un évaluateur (recruteur, conseiller ANPE...) sur une personne, dans un contexte donné (notamment, de raréfaction de l'offre) comportant ses propres contraintes institutionnelles. On comprend mieux dès lors l'étonnante saillance, dans ce contexte, de notions comme celle de **motivation** ou d'**autonomie,** dont la fonction est sans doute d'aider au tri des chômeurs puisque ces notions fonctionnent comme des indices majeurs d'employabilité.

En bref, il semble bien que les choix actuels en matière de méthodologies de l'insertion « restent largement prisonniers d'une conception tronquée des causes de l'exclusion professionnelle, réduites à des caractéristiques spécifiques aux personnes concernées » (Wuhl, 1991, p. 203). Cette conception peut être qualifiée de tronquée parce qu'elle **naturalise** les difficultés d'insertion ou les chances d'accès à l'emploi, alors qu'il s'agit de construits sociaux. Inversement, centrer l'attention sur les contextes des conduites d'insertion amène (notamment) à prendre en compte :

- la construction sociale du jugement dans la situation de recrutement (processus de sélection, surqualification, discriminations diverses...) ;
- la phase postérieure au recrutement, c'est-à-dire l'intégration sur le poste de travail et les relations qui s'y nouent dans la durée.

De ce point de vue, l'agent d'insertion n'est plus essentiellement occupé à la « redynamisation » des chômeurs mais se positionne comme un intermédiaire du marché de l'emploi, intervenant sur la définition de l'offre et de la demande et sur les relations entre elles. Une telle perspective, de type systémique, postule que les caractéristiques d'un système d'action sont d'abord celles des relations entre ses acteurs (en particulier le demandeur d'emploi et l'entreprise) plus qu'elles ne dérivent des propriétés ou caractéristiques des acteurs eux-mêmes.

L'exclusion professionnelle n'est pas un état mais un processus ; l'insertion est donc autant une question de méthodes que de publics (il est paradoxal d'invoquer « les lourds handicaps » de ces publics pour expliquer l'échec de dispositifs justement construits pour eux). De plus, on admettra que ces difficultés d'insertion ne sont pas un problème seulement pour les demandeurs d'emploi concernés, mais aussi pour les entreprises et leurs services du personnel ou des ressources humaines, qui n'ont probablement aucun intérêt à des taux de turnover élevés sur ces postes de basse qualification. Reste donc, à partir des analyses et constats précédents, à mettre en forme un ensemble de propositions cohérentes avec l'expérience acquise.

POUR PLUS DE RATIONALITÉ DANS L'INTÉGRATION DES BAS NIVEAUX DE QUALIFICATION

La question du recrutement

Eymard-Duvernay (2000) remarque que l'évaluation d'un candidat à un emploi est entachée d'une très forte incertitude. Même si cette proposition à une validité générale, il est à craindre qu'elle soit particulièrement pertinente pour les candidats dont nous traitons ici :

© Groupe Eyrolles

- autant un curriculum-vitae peut aider à la mise en valeur du candidat, autant il peut participer à sa disqualification. Un CV « en pointillés », fait de parcours chaotiques, parsemé de périodes de chômage, est peu apte à éveiller des attentes positives chez le recruteur. Sans parler du potentiel stigmatisant de mentions comme « Allocataire du RMI », entre autres ;

- le recrutement de ces publics fait le plus souvent l'objet d'un entretien court, de l'ordre de 30 minutes en moyenne. Nous avons pu constater lors d'une recherche antérieure (Castra, 1995b) combien cette interaction sociale était codifiée par des normes implicites que le candidat maîtrise souvent mal du fait de « handicaps » sociaux, culturels ou ethniques divers : respect des normes conversationnelles, langagières, posturales, des temps de parole, des attentes normatives en matière d'apparence physique ou vestimentaire. Là encore, il y a fort à craindre que le risque de stigmatisation – déjà induit par l'appartenance fréquente aux divers dispositifs d'insertion – soit d'autant plus élevé que l'attention du recruteur se focalise sur les « compétences sociales », ce qui est le cas quand le poste à pourvoir n'exige pas de qualification particulière et que les « savoir-être » viennent au premier plan. Question d'autant plus cruciale ici que les personnes sans qualification, du fait de la précarité et du turnover qui caractérisent souvent le poste qu'ils occupent, sont plus souvent concernés que d'autres par la situation de recrutement : si l'on admet que cette situation leur est par essence peu favorable, alors on peut s'attendre à un effet mécanique d'aggravation de ce handicap.

Bref, la décision de recrutement est une construction sociale, structurée par des conventions et des attentes normatives dont on commence à réaliser qu'elles sont elles-mêmes excluantes. Pourtant tout individu a des compétences, des savoirs, des expériences : c'est dans la situation de travail qu'elles s'expriment, au-delà des habilités langagières ou d'auto-présentation. La conclusion logique de ces remarques est qu'il faut désormais s'attacher à évaluer le travail plus que le travailleur, le produit plus que le producteur. Et donc, paradoxalement, éviter les procédures de sélection habituelles au profit d'une mise en situation naturelle de travail, dans l'espace même de l'entreprise. On reviendra plus bas sur cette question.

Pourtant, si la situation de recrutement est un construit social, la situation de travail en est un autre : la question devient donc celle de l'intégration du salarié dans l'organisation.

Rationaliser les procédures d'intégration

Une organisation de travail est un système complexe, souvent opaque pour celui qui le découvre. Au-delà de ses prérequis instrumentaux, l'adaptation au poste de travail suppose une connaissance et une maîtrise minimales de contraintes le plus souvent informelles : interactions quotidiennes horizontales et hiérarchiques, interdépendance des personnes, normes et valeurs afférentes à la culture du lieu. Quelques principes simples peuvent faciliter l'appropriation de cet espace complexe par le nouveau venu :

- en premier lieu, penser, voire formaliser l'accueil. Présentation des collègues et des supérieurs directs, visite de l'entreprise, informations sur sa production, sa clientèle, son fonctionnement global, son histoire et ses perspectives. Pour banales qu'elles soient, ces procédures sont pourtant loin d'être la règle dans les PME ;
- lors des premiers jours et semaines, ménager des temps d'évaluation avec le supérieur direct. Une partie au moins de ces évaluations devraient être collectives (au niveau de l'atelier ou du service) pour prendre en compte l'interdépendance inhérente à tout poste de travail ;
- accorder une attention toute particulière aux conflits et « incidents critiques » divers, prémisses éventuelles de rupture de contrat. Une situation conflictuelle est un jeu à plusieurs acteurs, dont on observe le plus souvent qu'ils fournissent des versions peu compatibles du même incident. L'analyse de ces situations est une occasion utile de réflexion sur les postes de travail, d'explicitation des normes et attentes mutuelles.

Enfin, on notera que la demande d'emploi est aussi recherche de statut et de reconnaissance sociale. De ce point de vue, certains modes d'entrée dans l'entreprise, bien qu'abondamment utilisés (stages, contrats courts, ...) paraissent peu compatibles avec cet objectif. On voit mal d'ailleurs pourquoi l'intégration sur des postes de première qualification devrait nécessairement passer par ces périodes préparatoires au statut incertain ou précaire, peu gratifiantes et engageantes pour le sujet et sans doute peu fonctionnelles pour l'entreprise.

Les idées-force des deux paragraphes précédents peuvent être rassemblées en une proposition simple : on a sans doute beaucoup à gagner à reporter sur les procédures d'accueil et d'intégration du salarié le temps et les moyens habituellement investis en amont dans les procédures de sélection. Non seulement les diverses formes de discrimination à l'embauche s'en trouveraient contrariées, mais la question de la formation qualifiante pourrait alors être posée à sa juste place – à partir du constat des manques tels qu'ils apparaissent à l'analyse du travail et des performances – et être intégrée à la gestion prévisionnelle des emplois et des carrières.

Utopie ? Un tel modèle est-il praticable ? Oui, même s'il prend à contre-pied certaines habitudes et conceptions bien ancrées. On terminera cette contribution avec deux exemples illustrant la faisabilité de telles méthodes et les bénéfices qu'on peut en attendre.

DEUX EXPÉRIENCES D'ACCÈS DIRECT À L'EMPLOI

Retour sur l'alternance

Nous avons déjà relevé (cf. supra, § II, 3) l'observation de Wuhl (1991) qui notait une efficacité particulière, en matière d'insertion professionnelle, des formations par alternance, y compris pour les plus bas niveaux de qualification. En 1992, une expérience de grande ampleur (le programme PAQUE), explicitement ciblée sur les jeunes de 16 à 25 ans sans diplôme ni qualification et incluant la possibilité d'accès direct à l'emploi (avec ou sans contrat d'alternance) débouche sur les constats suivants (Jazé, 1998) :

- *l'absence totale de corrélation entre la fréquentation des stages de formation (de réinsertion, d'orientation, de remise à niveau...), même longs (jusqu'à 10 mois) et l'insertion ultérieure ;*
- *en revanche, le passage par un contrat en alternance,* **même interrompu,** *ou par une expérience de travail, même courte, sont les seules variables qui augmentent nettement les chances d'insertion ultérieure. Concernant l'alternance, il semble donc que ce soit la mise en situation qu'elle comporte qui améliore le pronostic, au-delà de l'alternance proprement dite.*

La conclusion de l'auteur est limpide : « L'analyse montre que les effets d'insertion les plus forts sont liés à l'expérience de travail, et que l'action de PAQUE est optimale quand elle contribue à cette expérience » (p. 149). L'expérience de PAQUE, comme quelques autres, permet de poser autrement la question de la formation : sans doute faut-il insérer pour former et non l'inverse. L'expérience en situation de travail peut permettre au sujet et à l'entreprise de repérer les manques et besoins de qualification, et donc de fonder des projets qui aient au moins une validité contextuelle, voire transférable dans bien des cas.

Cette perspective présente un double avantage : non seulement insertion et formation sont plus étroitement réunies (puisque la question n'est pas celle du choix entre ces deux objectifs, mais celle de leur articulation), mais de plus la formation continue des salariés retrouve là ses fonctions originelles, au service de l'intégration, de la qualification et de la mobilité intra ou inter entreprises.

Mais peu d'opérateurs de PAQUE étaient centrés sur l'accès direct à l'entreprise. La faible performance du dispositif (environ 12 % de sorties en emploi) conduisit à son abandon en 1994.

L'Intervention sur l'Offre et la Demande, ou la « méthode IOD »

On ne fera pas ici un exposé détaillé de cette méthodologie d'intervention, pilotée par une association bordelaise[1] et déjà présentée ailleurs (Castra, 1995a ; voir également l'analyse de F. Eymard-Duvernay, 2000, op. cit.). Elle concerne actuellement une centaine d'équipes en France et plus de 10 000 demandeurs d'emploi dits « prioritaires » (chômeurs de longue durée, allocataires du RMI, jeunes sans qualification). On en retiendra les points directement pertinents ici :

• une équipe de 3 agents (dont 2 au moins sont en contact permanent avec un réseau de 100 à 150 entreprises représentatives du bassin d'emploi local) obtient un accès durable à l'emploi (CDI avec période d'essai validée, CDD d'au moins 6 mois) pour 80 demandeurs d'emploi par an en moyenne. A lui seul, ce résultat questionne la réputation d'inemployabilité dont on affuble fréquemment ces publics « en grande difficulté » ;
• les équipes développent un suivi systématique dans l'entreprise, au moins jusqu'à la validation de la période d'essai. On observe qu'il s'agit tout autant d'interventions sur le contexte organisationnel que de « suivi » du salarié au sens que prend habituellement ce terme dans les dispositifs d'insertion (sens proche d'accompagnement et de soutien psychologique).

Plus généralement, il s'agit d'aide à la gestion des ressources humaines, volet important de la qualification des opérateurs IOD.

----
1. TRANSFER, 26 cours Xavier Arnozan, 33000 Bordeaux.

> • *ces dernières années, un accent tout particulier est mis sur deux innovations qui représentent en fait un infléchissement de la méthode :*
> - *évitement de l'entretien d'embauche : il est obtenu dans plus de 60 % des cas quand les équipes le posent comme objectif. Il semble évident que les chances d'atteindre cet objectif sont étroitement liées à la qualité de la relation (de confiance notamment) entre l'équipe et le responsable d'entreprise.*
>
> *Inversement, on peut s'interroger sur les pratiques de « mise en conformité » des demandeurs d'emploi (formation à l'entretien d'embauche, à la rédaction du CV…) qui représentent pourtant une bonne part de l'activité quotidienne des agents d'insertion. De fait, nos analyses montrent que l'absence d'entretien d'embauche n'a pas d'incidence sur la fréquence des ruptures de contrat.*
> - *recherche systématique du contrat à durée indéterminée et à plein temps. Plus généralement, l'accent est mis sur la stabilité de l'emploi et la « fidélisation » du personnel. Ce qui provoque l'examen des perspectives, tant de développement de l'entreprise que de carrière du salarié.*

On objectera à juste titre que tout demandeur d'emploi ne s'intégrera pas sur tout poste de travail, et que des mécanismes sélectifs sont toujours à l'œuvre. Sur la (trop) vaste question de la sélection, on s'en tiendra à deux remarques :

• il nous semble préférable que la sélection se fasse, non à partir du pronostic d'un évaluateur mais d'une décision du demandeur. Multiplier les offres précises et détaillées (ce qui suppose le plus souvent une visite de l'entreprise) maximise la liberté de choix et conditionne l'engagement futur. Il semble que ce choix s'opère le plus souvent à partir de ce que le sujet sait faire, veut faire ou essayer de faire. Qu'il corresponde par ailleurs à un projet personnel est une éventualité, mais c'est plutôt l'intention et la décision qui importent ici. De plus, qui dit essai dit aussi parfois erreur : le sujet sait qu'il pourra à nouveau utiliser les services de l'équipe en cas « d'échec », lequel n'est pas défini comme tel.

• L'idée même de contrat de travail suppose une relation équilibrée entre les contractants. Ce leitmotiv de l'économie classique est plutôt un mythe dans la situation actuelle, au moins pour le public dont il est question ici. L'évitement des méthodes de sélection classiques correspond donc à une démarche intrusive visant à rééquilibrer les relations entre l'offre et la demande, à charge pour la médiateur de garantir que tout sera mis en œuvre pour réussir l'intégration du salarié sur son nouveau poste de travail.

REMARQUES TERMINALES

Les thèses défendues ici laissent en suspens beaucoup de questions à peine effleurées dans l'espace imparti. Parmi elles, celle des causes de l'exclusion et celle de l'incidence de la rareté de l'emploi.

1) Sur la première question, nous affirmons que les causes de l'exclusion ne sont pas dans les caractéristiques des personnes. Ce postulat suggère que l'exclusion serait un processus aveugle, arbitraire , susceptible de toucher indistinctement tout individu. L'observation empirique, aussi bien que les hypothèses classiques tant du psychologue que du sociologue, semblent contredire cette illusion.

Rappelons d'abord une évidence triviale : autant le chômage résiduel des années 70 pouvait être (et était) abordé en termes de handicaps divers, et relevait donc d'une prise en charge (d'ailleurs éventuelle) par le travail social, autant son explosion quantitative ces dernières années délégitime ce point de vue. A notre sens, une méthodologie d'insertion professionnelle ne peut pas s'appuyer sur une telle « handicapologie », fût-elle savante. Concernant d'ailleurs les handicapés « vrais », c'est-à-dire ceux identifiés comme tels par diverses commissions du type COTOREP, il est loin d'être acquis que leur handicap lui-même soit le principal obstacle à leur insertion.

Tout aussi triviale est l'hypothèse selon laquelle les éventuelles caractéristiques des exclus de l'emploi sont autant des effets que des causes de leur exclusion. Il faudrait ici retracer les plus belles études des interactionnistes en matière de déviance : l'aboutissement final de la « carrière » déviante n'est pas prédictible à partir des caractéristiques initiales du sujet, puisque la causalité efficiente en début de carrière n'est pas la même que celle qui rend compte de l'étape ultérieure, et ainsi de suite. Pour Becker, Goffman et quelques autres, la causalité est autant actuelle et systémique qu'antérieure et individuelle. A nouveau ceci ne signifie pas que l'exclusion est un processus aveugle et aléatoire, mais plutôt que ses causes seraient à rechercher ailleurs que dans les caractéristiques de la personne. Le fait qu'une caractéristique devienne un stigmate ou un handicap dépend nécessairement du regard et de la réaction d'autrui.

Enfin, le postulat selon lequel l'exclusion n'est pas d'abord un état de la personne nous semble **une posture méthodologique indispensable** à toute démarche d'insertion. L'aide et l'assistance aux personnes, pour précieuses et légitimes qu'elles soient, ne peuvent être confondues avec une intervention sur les processus même de l'exclusion, intervention nécessairement plus intrusive sur les divers fonctionnements sociaux.

2) C'est bien la raréfaction de l'offre d'emploi qui a initié jusqu'au terme même d'insertion, ainsi bien sûr que les divers dispositifs correspondants. Dans un tel contexte, on peut craindre que toute méthodologie d'insertion ne puisse que promouvoir certaines catégories au détriment d'autres, et donc soit condamnée à réaliser – au mieux – des effets de substitution. Par exemple, la priorité aux chômeurs de longue durée peut avoir pour effet que d'autres le deviennent...

On remarquera qu'un tel raisonnement semble reposer sur un non-dit : l'état de l'économie est une donnée de nature, hors de portée des acteurs. Par exemple, le fait qu'une entreprise ait N salariés et pas un de plus est inexorablement contraint par l'état du marché, les équilibres budgétaires, et aujourd'hui la mondialisation. Pourtant, comme le montre bien Eymard-Duvernay (1997), les décisions micro-économiques procèdent rarement d'une telle rationalité. En particulier, les intermédiaires du marché de l'emploi peuvent avoir une influence y compris sur le volume global de l'emploi, puisque « la nature des liens entre l'entreprise et le marché du travail a des conséquences sur l'offre d'emploi » (p. 223). Si la rareté des emplois a bien des effets sur la façon d'évaluer le candidat (notamment en exacerbant la discrimination), ces modes d'évaluation influencent en retour le volume de l'offre (« on ne trouvera pas les candidats adéquats »). L'agent d'insertion a donc ici un importante marge de manœuvre, notamment en constituant un réseau d'entreprises où il bénéficie d'une certaine confiance.

Enfin, quand ils existent, les effets de substitution peuvent être positifs : la priorité aux non qualifiés sur les postes qui leur sont accessibles rend plus saillante la sous-utilisation des compétences des autres salariés. Elle peut donc aider au réexamen de l'ensemble du processus de production, pour peu que l'agent d'insertion fasse de ce réexamen l'un de ses objectifs professionnels.

Si l'on admet que l'exclusion désigne un processus plus qu'un état, il faut alors s'arrêter sur les divers mécanismes excluants, centrifuges, qu'ils aient pour cadre l'école, l'habitat, la vie quotidienne ou l'entreprise. Certains modes de sélection du personnel sont un de ces mécanismes, comme l'ont bien montré les recherches d'Eymard-Duvernay et Marchal (1997). Nous pensons que les modes d'intégration dans l'entreprise en sont un autre, en creux cette fois. Il est d'ailleurs probable que les bas niveaux de qualification ne soient pas seuls concernés, même s'ils sont de fait particulièrement exposés. Il y a sans doute là une importante marge de manœuvre, tant pour les agents d'insertion que pour les responsables d'entreprise ou des ressources humaines. A condition de se départir de l'hypothèse commode que les (in)compétences sont définitivement inscrites dans les personnes.

Bibliographie

Castra, D. (1995a). Théorie de l'engagement et insertion professionnelle. *Connexions*, 65, 159-176.

Castra, D. (1995b). Mécanismes implicites de prises de décision dans la situation de recrutement. *L'Orientation Scolaire et Professionnelle*, 24, 2, 115-133.

Chopart, J.N. (1993). L'employabilité : défi ou gageure ? *Connexions*, 62, 35-52.

Eymard-Duvernay, F. (2000). Le recrutement devient rationnel grâce aux acteurs de l'insertion. *Alternatives économiques – Travail*, n° 182, 8-9, Juin 2000.

Eymard-Duvernay, F. ; Marchal, E. (1997). *Façons de recruter. Le jugement des compétences sur le marché du travail*. Ed. Métailié.

Guichard, J. (1997). Quelles sont les finalités des méthodes du projet d'avenir ? *Carriérologie*, 6, 3-4, 7-23.

Jazé, A. (1998). Jeunes en échec : peut-on estimer l'effet d'un dispositif post-scolaire de formation ? In B. Charlot et D. Glasman, *Les jeunes, l'insertion, l'emploi, pp.* 139-149, PUF.

Kokosowsi, A. (1987). L'orientation dans les formations des jeunes sans qualification. *L'orientation Scolaire et Professionnelle*, 16, 1, 35-52.

Malglaive, G. (1985). *Observation et évaluation du dispositif de formation des jeunes de 16 à 18 ans. Tome 3 : fonctionnement du dispositif et stratégies des jeunes.* Éditions de l'ADEP, Noisy-Le-Grand.

Wuhl, S. (1991). *Du chômage à l'exclusion ? L'état des politiques, l'apport des expériences.* Syros, Paris.

Chapitre 6

Comment faciliter l'insertion des nouveaux recrutés dans les organisations de travail ?

BRIGITTE ALMUDEVER ET ALEXIS LE BLANC

La phase d'entrée dans une organisation est marquée, pour les nouveaux recrutés, par le sceau de nombreuses incertitudes (décalages entre attentes et réalités professionnelles, perception d'ambiguïté de rôle, sentiments de « surprise »), dont les travaux récents sur la socialisation organisationnelle ont montré l'impact possible sur l'engagement professionnel des sujets. Les décalages perçus entre attentes et réalité peuvent générer déception, perte de croyance de contrôle interne, remise en cause du sentiment d'efficacité personnelle et de l'estime de soi. Ils sont susceptibles par là d'induire une moindre implication organisationnelle, voire un retrait ou encore une sortie prématurée de l'organisation. Le risque de voir ainsi inhibées les conduites proactives et les capacités d'innovation que l'organisation attend de ses nouveaux recrutés, pose à celle-ci un véritable problème de gestion des ressources humaines.

POSITION DU PROBLÈME

Dans le champ des pratiques de gestion des ressources humaines, ce problème est repéré sous la rubrique « Recrutement », juste en amont des questions de gestion des carrières. Le recrutement et l'intégration du nouvel arrivant sont considérés comme une des étapes majeures de l'application des politiques d'emploi et de formation à la charge des organisations de travail (Peretti, 1994). Mais, dans les faits, force est de constater qu'en gestion des ressources humaines, une attention plus grande est consacrée à la description des postes à pourvoir ou au processus rationnel de recrutement qu'à la qualité de l'accueil et de l'intégration proprement dite des nouvelles recrues. La description de l'entrée dans l'organisation se réduit souvent au seul processus de sélection : multiplication d'entrevues et de tests d'aptitudes et de personnalité ; entretiens « réalistes » visant à tester les réactions du candidat face à des situations concrètes (Wanous, 1992) ; exercices de simulation (Sekiou et al., 1992).

Si les problématiques d'accueil et d'intégration sont parfois abordées, c'est pour rendre compte des seules pratiques d'information et de communication que certaines entreprises mettent en œuvre afin de faciliter l'intégration des nouveaux (surtout les cadres) en leur apprenant « le métier » et les spécificités de la « maison ». Les procédures d'accueil et de suivi de l'intégration, telles qu'on peut les voir développées dans les bilans sociaux de ces entreprises, relèvent plus généralement selon Pichault et Nizet (2000) d'une approche universelle de la GRH où l'information est considérée comme un puissant levier de planification et d'optimisation : « *elle permet au décideur d'adopter une démarche séquentielle, entièrement raisonnée, où les différentes étapes à suivre ont pu être décomposées, analysées et, dans la mesure du possible, quantifiées* » (Pichault & Nizet, p. 270). Pour exemple, le tableau de la page 361 récapitule les principales pratiques d'accueil et d'intégration mises en œuvre dans les organisations (Extrait d'une enquête réalisée par l'École Supérieure de Commerce de Marseille).

Trop souvent attachée à une visée instrumentale et à une conception taylorienne de l'intégration qui se traduisent dans l'élaboration d'un ensemble de mesures techniques plus ou moins formelles, la question de l'insertion des nouvelles recrues est lourde d'enjeux, tant pour les organisations de travail que pour les individus eux-mêmes. Du côté des organisations, on se préoccupe du coût de cette intégration (appelé « coût d'adaptation », pouvant aller jusqu'à 8 fois le coût du recrutement (cf. Peretti, 1994) ; on s'attache

© Groupe Eyrolles

**Principales pratiques d'accueil et d'intégration
(des plus fréquentes aux moins fréquentes)**

Accueil formel par le responsable

Information orale sur l'entreprise

Visite du site

Remise du livret d'accueil

Information sécurité

Présentation aux cadres de l'établissement

Informations sociales

Echo dans le journal d'entreprise

Rencontre avec la direction générale

Formation spécifique

Entretien régulier et suivi

Séminaire d'accueil

Information audiovisuelle

Désignation d'un responsable intégration

Parrainage par un plus ancien

---

aussi à en faire un outil privilégié (« une arme stratégique ») pour impulser les innovations nécessaires au développement de l'entreprise. Du côté des individus, cette phase d'entrée dans l'organisation implique une prise en compte de leurs attentes professionnelles (de développement de carrière) et personnelles (centralité du travail et équilibre vie de travail/vie hors travail). Deviennent alors légitimes les questions relatives à l'évaluation des effets psychologiques de cette insertion (incertitudes liées à l'ambiguïté ou aux conflits de rôles, stress professionnel, motivation, satisfaction et engagement au travail, implication organisationnelle) et à l'amélioration conséquente des conditions de travail (notamment l'aménagement du temps de travail).

À cet endroit, la psychologie peut apporter un éclairage autre que celui des sciences dites du « management » pour comprendre les dynamiques d'insertion et en faciliter la mise en œuvre, pour appréhender non seulement les processus d'ajustement au nouveau milieu de travail mais aussi les processus d'appropriation et de transformation, par les entrants, de ce nouvel environnement organisationnel. Cette compréhension suppose en effet de saisir, à l'interface du sujet et de l'organisation : d'un côté, comment le nouvel entrant s'ajuste à une situation, à un milieu donné et comment il devient apte à s'y développer pour mieux en assurer la relative stabilité ; mais aussi, d'un autre côté, comment il se les approprie à des fins d'autonomie et participe ainsi à leur nécessaire évolution.

Nombre de travaux récents – anglo-saxons pour la plupart et inscrits dans le cadre des recherches sur la socialisation organisationnelle – ont étudié les conduites activées par les « newcomers » (les entrants) pour s'insérer dans leur nouveau milieu de travail. En rupture avec les conceptions classiques et adaptatives de la socialisation réduite au seul processus de conformisation du sujet-entrant aux attentes de rôles, aux valeurs et aux normes de comportements en vigueur dans le nouvel environnement (Van Maanen, 1976), ces travaux se sont attachés à étudier les conditions de mise en œuvre, par les nouveaux recrutés, de conduites « proactives » qui font d'eux des acteurs à part entière de leur socialisation et du devenir de l'organisation : conduites de recherche d'informations (Miller et Jablin, 1991 ; Morrison, 1993) ; construction de relations interpersonnelles au sein de l'organisation (Reichers, 1987) ; attribution de signification et interprétation des situations nouvelles (« sense making », cf. Louis, 1980) ; mise en œuvre d'une « orientation de rôle » innovante (Jones, 1986). Ce type d'implication des sujets dans leur nouveau milieu de travail est souvent valorisé, recherché par les organisations qui y voient un gage de dynamisme accru. On s'interrogera ici sur les pratiques de GRH et sur les dispositifs de formation ou d'accueil qui en favorisent le développement.

Pour apporter des éléments de réponse à ce questionnement, étayés à la fois sur des travaux de recherche et sur l'analyse de pratiques, nous examinerons successivement trois dimensions de l'insertion importantes lorsque l'on veut appréhender la dynamique d'intégration des nouveaux recrutés. Nous aborderons et illustrerons ainsi :

- le rôle de l'incertitude dans le processus d'insertion ;
- la question de l'articulation entre vie de travail et vie « hors travail » à l'épreuve de l'entrée dans l'organisation ;
- la dynamique des relations interpersonnelles dans le processus de socialisation organisationnelle.

PRATIQUES DE GRH ET PROBLÉMATIQUES DE RECHERCHE DANS LE CHAMP DE LA SOCIALISATION ORGANISATIONNELLE

Le rôle de l'incertitude dans le processus d'insertion

Qu'elles relèvent de dispositifs mis en place juste avant l'insertion – par exemple pendant la phase de recrutement – ou de dispositifs mis en place en aval de l'insertion – pendant la phase d'intégration proprement dite –, la plupart des pratiques de formation, d'accueil et de suivi des nouveaux recrutés ont pour objectif de réduire l'incertitude que les « entrants » peuvent ressentir au moment de leur arrivée dans l'organisation.

LES « REALISTIC JOB PREVIEWS »

Avant l'entrée dans l'organisation, on peut évoquer l'exemple de ce que les Anglo-Saxons appellent les « *Realistic Job Previews* » (RJP's). Il s'agit de pratiques de socialisation anticipatrice mises en place avant la prise de fonction effective et dont l'objectif principal est celui d'une « réduction » des attentes des futurs recrutés à l'égard de leur prochain emploi. Les travaux de Wanous (1992) ont montré que la plupart des difficultés d'insertion sont liées, pour les nouveaux, au fait de voir leurs attentes insatisfaites et qu'il importe donc de rendre ces attentes plus réalistes. « La phase de recrutement doit offrir au sujet des opportunités d'échanges interpersonnels vecteurs d'indicateurs plus ou moins précis de ce que sera la vie au sein de l'organisation » (Croity, p. 15). On peut même dire que, par des démarches d'information appropriées, la visée de telles pratiques est de remplacer les « attentes » (nécessairement subjectives et idéalisées) par des « prévisions » beaucoup plus rationnelles et proches de la réalité. Autrement dit, l'objectif avoué est d'éliminer l'incertitude par une réduction anticipée des décalages entre attentes et réalité professionnelles. On peut alors se demander si de telles démarches de socialisation ne risquent pas d'éliminer, avec l'incertitude, les sources motivationnelles (les mobiles) et les forces motrices (les leviers) en jeu dans l'implication et le projet professionnels comme dans les dynamiques d'innovation.

LES « TACTIQUES » DE SOCIALISATION ORGANISATIONNELLE

Les « tactiques » de socialisation organisationnelle mises en place après l'entrée dans l'organisation, ont été modélisées par Van Maanen et Schein (1979). Pour ces auteurs, les stratégies d'aide à l'insertion des nouveaux recrutés se différencient selon qu'elles reposent sur :

- une transmission *collective* versus *individuelle* des informations ;
- une socialisation *formelle* versus *informelle* (soit les entrants sont isolés du collectif de travail pendant une période de formation, soit ils sont directement intégrés à ce collectif) ;
- une organisation de la formation *séquentielle et fixe* versus *irrégulière et variable*, selon que les tâches à réaliser par les nouveaux recrutés sont cadrées et programmées ou non ;
- la proposition ou non d'un « *modèle de rôle* » formel en la personne d'un mentor (un collègue expérimenté) chargé d'initier le nouveau ;
- une dynamique de *valorisation* ou, au contraire, de *remise en question* des compétences du nouveau.

A partir de la description de ces différentes tactiques organisationnelles, l'opposition entre une « socialisation institutionnalisée » et une « socialisation individualisée » (Jones, 1986) a contribué à mettre en débat les incidences d'une stratégie de réduction maximale de l'incertitude (telle que mise en œuvre dans le cadre d'une « socialisation institutionnalisée ») comparées à celles d'une stratégie de maintien, voire de « culture » de l'incertitude (telle que mise en œuvre dans le cadre d'une « socialisation individualisée » ou encore « sur le tas »). D'après Jones, le recours au premier type de stratégie favoriserait le développement de conduites conformistes et, partant, l'ajustement des nouvelles recrues à leur travail, alors que le recours au second serait propice à la mise en œuvre de conduites innovantes.

C'est le rôle de la recherche fondamentale que de formuler ce type d'hypothèses, de les problématiser, de les mettre à l'épreuve des faits et, par là même, d'interroger les pratiques qu'elles sous-tendent. Dans le champ des recherches conduites sur la question des déterminants de la proactivité (quels sont les facteurs susceptibles de favoriser la participation active du nouveau recruté à sa socialisation organisationnelle ?), le débat est largement ouvert quant aux effets de l'incertitude et du « choc de la réalité » sur les conduites et modalités d'insertion des sujets.

Certains résultats appuient l'idée que les décalages perçus par les nouveaux recrutés entre leurs attentes et la réalité tout comme l'incertitude liée à l'ambiguïté de rôle, constituent des obstacles au processus d'insertion. Ces décalages apparaissent en effet associés à une moindre satisfaction professionnelle, à un moindre engagement à l'égard de l'organisation, comme à un absentéisme plus élevé et à des intentions de démission plus nombreuses (Porter et Steers, 1973 ; Wanous et al., 1992 ; Major et al., 1995).

Les tenants de la proactivité montrent cependant que l'incertitude peut aussi fonctionner comme un levier de la mise en œuvre de conduites actives d'insertion. Elle incite le sujet à être actif dans sa recherche d'information (Berger & Calabrese, 1975) et donc dans l'établissement de relations inter-personnelles qui le conduisent à davantage s'impliquer dans le collectif de travail. Le « choc de la réalité » (Wanous, 1992) peut être un choc bénéfique quand l'effet de surprise stimule les démarches de « sense making », c'est-à-dire le travail d'attribution de sens à la nouvelle situation ; l'incertitude de rôle peut, par ailleurs, pousser les nouveaux à innover, à inventer et à per-sonnaliser leur rôle (Jones, 1986 ; Allen et Meyer, 1990).

Ces résultats et positions contradictoires ne permettent pas de conclure en termes d'efficacité plus grande (ou plus faible) des stratégies de socialisation centrées sur la réduction de l'incertitude. Ils invitent toutefois à un question-nement plus large sur la socialisation anticipatrice. A cet effet, nous présen-terons de manière synthétique (sous forme d'exemples) quelques résultats particulièrement significatifs, extraits de deux recherches récentes que nous avons conduites sur le thème de la socialisation anticipatrice et de l'entrée au travail dans un milieu spécifique, celui de l'enseignement supérieur.

Exemple 1 : Socialisation anticipatrice et réduction de l'incertitude lors de l'entrée au travail dans l'enseignement supérieur

La première recherche (Almudever & al., 1999) concerne une popula-tion de titulaires d'un doctorat de l'enseignement supérieur relevant de différentes disciplines littéraires et scientifiques, récemment recrutés à l'université (maîtres de conférences) ou dans des organismes de recherche ou de formation (chargés d'études ou de recherche dans des laboratoires publics ou privés ; enseignants ou formateurs dans des structures de formation).

Certains ont bénéficié d'une socialisation anticipatrice dans le cadre d'une équipe de recherche (anciens allocataires de recherche et/ou allocataires-moniteurs) et d'autres pas (anciens doctorants « tout-venant »). La comparaison de ces deux groupes permet d'examiner quel est l'impact de l'expérience antérieure (familiarisation plus ou moins grande avec l'exercice du futur métier) sur le vécu de l'inser-tion effective. Sous quelles modalités la socialisation anticipatrice prépare-t-elle les nouveaux entrants au « choc de la réalité » ?

Les résultats obtenus montrent que les anciens allocataires/alloca-taires-moniteurs font l'expérience d'un niveau d'incertitude qui ne diffère pas de celui vécu par les non-allocataires. Autrement dit, leur expérience de socialisation anticipatrice au sein d'une équipe de recherche ne les a pas prémunis contre l'incertitude, et ce, qu'il s'agisse de l'incertitude liée aux décalages perçus entre attentes et réalités professionnelles ou qu'il s'agisse de l'incertitude liée à la perception de l'ambiguïté de rôle.

Ce premier résultat met en question directement l'efficacité de dispo-sitifs qui se donneraient pour objectif principal la réduction de l'incertitude. N'est-ce pas là un objectif illusoire ? L'incertitude n'est-elle pas partie intégrante de la « transition » ? N'est-elle pas, au-delà, une dimension constitutive du futur métier (la recherche) tout comme, à l'heure actuelle, elle est une caractéristique commune des trajectoires professionnelles et des parcours biographiques ?

Il est intéressant de constater que si, pour l'ensemble de l'échan-tillon (anciens allocataires et non-allocataires réunis), un fort niveau d'incertitude est associé à un faible niveau de contrôle pro-fessionnel interne (plus les sujets sont incertains, moins ils ont le sentiment d'avoir prise sur les résultats de leurs conduites de tra-vail), il n'en demeure pas moins que cet effet de l'incertitude est net-tement atténué chez les anciens allocataires.

Tout se passe comme si l'expérience socialisatrice antérieure, sans impact sur le niveau d'incertitude en tant que tel, avait cependant un effet atténuateur des incidences négatives de l'incertitude sur le sentiment de contrôle interne. Plutôt que d'agir en termes de réduc-tion de l'incertitude, la formation aurait doté les sujets d'une plus grande capacité à faire face à l'incertitude, à en maîtriser les effets.

Exemple 2 : Socialisation anticipatrice et restructuration des représentations du métier dans un dispositif de formation à l'enseignement supérieur

La seconde recherche (Le Blanc & al., 2000) concerne une popula-tion de doctorants, allocataires-moniteurs en formation dans le cadre des Centres d'Initiation à l'Enseignement Supérieur (CIES).

Le contrat de monitorat d'une durée maximale de trois ans a été créé en 1989 et mis en place au niveau régional pour offrir aux jeunes chercheurs inscrits en thèse et intégrés dans un laboratoire de recherche une expérience du métier d'enseignant-chercheur dans les universités et une initiation à la pratique pédagogique, assurée sous la direction d'un enseignant-chercheur titulaire (tuteur).

Cette expérience est soutenue par des journées de stages collectifs organisés dans les CIES et rassemblant des doctorants de différentes disciplines et universités.

Cette recherche a permis d'établir que la formation avait bien un effet « d'enrichissement de rôle » dans la représentation du métier. On observe ainsi, au cours de la formation, l'apparition de nouveaux rôles professionnels qui n'étaient pas au départ considérés comme importants. Ainsi, la représentation du métier, très polarisée en début de formation sur les rôles scientifique, décisionnel ou politique, fait place dès la 2e année de formation à de nouveaux rôles professionnels, d'enseignement et de gestion collective au détriment des rôles dits « scientifiques ».

Ce processus est confirmé et amplifié en dernière année de formation, juste avant la sortie du dispositif.

Mais il est à noter que cette transformation identitaire (située dans le registre de l'identité professionnelle) déborde largement le cadre de la formation et de l'emploi dans la mesure où elle s'accompagne, chez les formés, de nouveaux arbitrages de valeurs entre leurs différents domaines de vie. En effet, la sphère professionnelle, très fortement valorisée en début de formation, est dévalorisée par la suite au profit des autres sphères d'activités (surtout familiale en 2e année et personnelle en 3e année). Ces processus de valorisation des différentes sphères de vie ont un impact significatif sur l'évolution des représentations du métier au cours de la formation. On observe par exemple que ceux qui valorisent le moins leur « écosystème personnel » sont fortement polarisés sur les rôles de production scientifique (liés à l'activité de recherche) en début de formation pour ensuite leur accorder une place secondaire dès la 2e année, alors que ceux qui le valorisent le plus sont en revanche peu centrés sur la dimension recherche en début de formation mais lui accordent une place de plus en plus importante au cours de la formation.

> *Autrement dit, la transformation des représentations du métier en cours de formation ne traduit pas un simple effet d'ajustement à la réalité de l'exercice professionnel reconnu dans tous ses « genres d'activités ». Le sujet opère une véritable démarche de signification et de re-signification de son activité de travail dans ses liens avec d'autres sphères d'engagements. Sont ainsi à l'œuvre des processus d'intersignification par lesquels le sujet, en phase de transition, est conduit à réviser, réévaluer, re-hiérarchiser, ré-organiser les activités qu'il développe dans sa sphère professionnelle comme dans ses autres domaines de vie.*

C'est cette dimension importante de l'articulation, par le nouveau recruté, des exigences inhérentes à la nouvelle situation professionnelle avec les contraintes et projets afférents à ses autres domaines de vie (familial, social, personnel) que nous allons examiner à présent.

Les modalités de l'articulation vie au travail/vie hors travail à l'épreuve de l'entrée dans l'organisation

Le développement de problématiques aussi centrales en GRH que celles de l'implication organisationnelle, de l'engagement, de la satisfaction et de la motivation dans le travail, ne peut faire l'économie d'une réflexion sur le sens du travail pour les sujets (Morin, 1996). Et si, effectivement, « les premières expériences modèlent les conduites ultérieures et orientent l'implication au travail » (Louart, 1991), il importe de saisir par quels processus psychologiques et psychosociaux se construisent les différentes formes d'implication dans la phase d'entrée dans l'organisation. La question est donc bien de comprendre comment les sujets signifient leur insertion au travail à partir de l'analyse des rapports qu'ils instaurent entre leur vie de travail et leur vie hors travail. Si cette question constitue le point aveugle sur lequel achoppent la plupart des travaux consacrés à la socialisation organisationnelle, en cela qu'ils restent centrés sur la seule sphère professionnelle, elle est néanmoins largement débattue, à l'heure actuelle, dans le champ de la psychologie du travail. Elle oriente ainsi la réflexion sur des thèmes aussi divers que le stress au travail et les conflits travail/hors travail, la construction des compétences et les transferts possibles de capacités d'un domaine de vie à un autre, la gestion du temps de travail et la définition de nouveaux modes de vie et d'investissement professionnel... L'actualité de tels questionnements se traduit, dans les organisations, par des initiatives visant à intégrer la problématique de l'articulation vie de travail/vie hors travail là où, longtemps, la clôture du champ organisationnel sur la sphère professionnelle était de rigueur. Par exemple, dans les entretiens de recrutement ou de suivi de l'insertion comme dans les entretiens de bilan de carrière, les acteurs en charge de la gestion des ressources humaines manifestent une attention et un intérêt nouveaux pour les incidences et influences réciproques du travail et du hors travail dans les expériences et projets professionnels des personnels. De même, la mise en place de mesures concrètes telles que l'organisation de garderies sur le lieu de travail, l'instauration d'horaires flexibles, de compléments de congés et de salaire lors de la naissance d'un enfant, témoignent d'un souci similaire. Toutefois, ces initiatives gardent souvent un caractère expérimental et leurs effets – tant en termes de réduction du conflit famille/travail qu'en termes d'engagement organisationnel – restent encore à évaluer. En fait, il semblerait que, plus que les mesures elles-mêmes, c'est la sensibilité et la disponibilité perçues de la hiérarchie à l'égard des questions d'articulation vie de travail/vie hors travail qui favorisent l'engagement des sujets dans l'organisation.

À cet endroit, certaines questions méritent d'être reformulées tant sont essentiels les enjeux liés à une intégration des rapports vie de travail/vie hors travail dans les pratiques de Gestion des Ressources Humaines. Pour le nouveau recruté, les incidences de sa nouvelle expérience de travail sur ses engagements dans d'autres domaines de vie, de même que, réciproquement, la contribution facilitatrice ou contraignante de ces divers engagements à la dynamique d'insertion dans le nouvel environnement professionnel, sont des préoccupations importantes. A-t-il anticipé ces incidences réciproques ? Perçoit-il des conflits, sinon des incompataibilités dans les rapports entre ses nombreux engagements ? Estime-t-il être en mesure de les gérer ou pense-t-il qu'ils sont susceptibles de compromettre tant son insertion professionnelle que son équilibre personnel ? Les enquêtes récentes sur l'entrée au travail des jeunes (*cf.* la revue *Autrement*, 2000, N° 192) montrent bien que l'aspiration à un équilibre entre vie de travail et vie hors travail est l'une des priorités les plus fortement affirmées par les sujets. Trouver sur son lieu de travail un écho et une attention à ce type de préoccupation peut alors apparaître au sujet à la fois comme une reconnaissance de sa personne derrière son rôle de travailleur et comme un soutien social facilitateur au moment de l'insertion. Mais cela peut aussi être perçu comme une intrusion dans le domaine de sa vie privée, voire comme une « manipulation » pour le capter tout entier dans la logique organisationnelle. La frontière peut être ténue entre, d'une part, la *reconnaissance de la sub-*

jectivité comme gage d'une prise en compte de la personne elle-même, de ses besoins et aspirations et, d'autre part, la *convocation de la subjectivité*, c'est-à-dire l'injonction plus ou moins explicite qui est adressée au sujet de s'investir « tout entier » dans son travail.

Au-delà des questions de déontologie que ne manque pas de susciter cette prise en considération des rapports entre vie de travail et vie hors travail dans les pratiques de management, se pose aussi la question du caractère normatif que de telles pratiques peuvent véhiculer selon qu'elles valorisent chez les futurs et/ou nouveaux recrutés la capacité à activer ou, au contraire, à inhiber les échanges et les intersections entre vie de travail et vie hors travail. « *Dans certaines entreprises, les individus jugés les plus performants (et préférés dans le cadre de la sélection du personnel) sont ceux qui disent avoir un fort désengagement psychologique vis-à-vis de la sphère professionnelle en dehors des situations de travail, qui déclarent "oublier leurs préoccupations professionnelles à la porte de l'entreprise" et "savoir se rendre disponibles mentalement pour leurs autres activités"* » (Vonthron, 2000).

C'est donc un fait établi que ces modalités d'articulation entre vie de travail et vie hors travail tombent sous le coup d'une certaine désirabilité/indésirabilité sociale, selon les contextes managériaux. Pour cette raison, il peut sembler difficile de faire de leur analyse un véritable levier de l'aide à l'insertion, au développement de carrière ou à l'amélioration de la qualité de vie au travail. C'est pourtant à cet endroit que s'élaborent les significations que les sujets donnent à leur travail et aux rapports qu'ils entretiennent avec lui. Car c'est aussi dans la dynamique globale de leurs différents sous-systèmes d'activités (Curie & Hajjar, 1987) que les nouveaux recrutés trouvent des ressources – ou sont confrontés à des obstacles – pour mener à bien leurs « tâches d'insertion », pour faire face aux perturbations et incertitudes susceptibles d'être engendrées par la nouvelle situation, pour s'approprier leur rôle professionnel.

Dès lors que l'on souhaite comprendre – pour mieux les soutenir et les dynamiser – les conduites d'insertion professionnelle des nouveaux recrutés, il importe donc de se doter d'« outils » qui permettent de saisir ces conduites dans leurs liens avec les autres registres de conduites développées par les sujets. C'est cet aspect méthodologique que nous souhaitons illustrer en reprenant l'exemple d'une recherche évoquée dans l'encadré précédent.

Exemple 3 : L'*Inventaire du Système des Activités* (ISA) *Caractérisation et mesure des échanges entre domaines de vie*

Élaboré à des fins de recherche, l'Inventaire du Système des Activités (ISA) constitue une opérationnalisation du modèle d'une socialisation active et plurielle développé dans notre équipe de recherche du Laboratoire « Personnalisation et Changements Sociaux » (cf. ouvrage sous la direction d'A. Baubion-Broye, 1998). S'il constitue avant tout un instrument de recueil de données au service de l'élaboration de connaissances scientifiques sur les processus de socialisation et de personnalisation particulièrement mobilisés dans les situations de transition, il peut aussi, sous certaines conditions, être utilisé dans des pratiques de formation et d'orientation, de bilan de compétences, d'aide au projet et au développement de carrière. Son originalité et son intérêt résident dans le fait qu'il met à jour les liens que les sujets établissent entre leurs différents domaines de vie.

Ce protocole permet de décrire :

a) la structure et le fonctionnement de chaque sous-système d'activités (familial, professionnel, de loisirs et de sociabilités) : le contenu des aspirations du sujet dans chacun de ces sous-systèmes et l'importance accordée aux buts qu'il y poursuit ; la nature et la fréquence des activités qu'il y accomplit ; les attributions causales internes ou/et externes (cela dépend de moi ou/ et cela dépend des circonstances) formulées à l'égard de ces activités et à l'égard de la réalisation des buts (locus of control) ;

b) l'articulation, par le sujet, de ces différents sous-systèmes au sein de son système global d'activités : échanges de ressources et de contraintes entre les différents domaines ; hiérarchisation des objectifs poursuivis dans ces différents domaines (définition des « priorités ») et valorisation relative de ces domaines.

Dans sa dernière version, le protocole ISA se présente comme un questionnaire qui peut être rempli soit en présence de l'enquêteur, soit en auto-passation.

Pour chacun des domaines de vie distingués, une série de 10 activités-buts est proposée au sujet. Sur cette base, il est amené à réaliser une série d'« exercices » qui s'enchaînent selon un ordre déterminé :

- *dans le premier exercice, « Aspirations », le sujet indique les objectifs qu'il juge « très importants », « moyennement importants » ou « peu importants » d'atteindre dans chacun des domaines de vie ; il indique de même ceux pour lesquels il n'est pas – ou plus – concerné, et dégage, pour chaque domaine, l'objectif retenu comme prioritaire ;*
- *dans le deuxième exercice, « Interclassement », il classe les uns par rapport aux autres (au niveau du système global et non plus à l'intérieur d'un même domaine) les objectifs précédemment jugés comme « très importants » ou « moyennement importants » ;*
- *dans le troisième exercice, « Échanges », le sujet doit indiquer, par rapport à chacun des quatre objectifs prioritaires définis au premier exercice, si les différentes activités proposées constituent, chacune, une « aide » ou un « obstacle » à la réalisation de ces objectifs (ou est « sans rapport » avec eux) ;*
- *dans le quatrième exercice, « Niveau d'activités », le sujet indique, dans chaque domaine, les activités qu'il « fait habituellement » et celles qu'il ne « fait jamais » ou qu'« exceptionnellement » ;*
- *dans le dernier exercice, « Auto-attributions causales », le sujet précise sur une échelle d'internalité, puis sur une échelle d'externalité, dans quelle mesure il impute l'accomplissement (ou le non-accomplissement) de chaque activité à des facteurs internes (cela dépend de moi) ou/et externes (cela dépend des circonstances).*

Exemple 4 : La mobilisation de ressources extra-professionnelles comme stratégie de faire face (coping). Un exemple d'application d'ISA

Dans la recherche précédemment évoquée, relative à l'insertion des titulaires d'un doctorat de l'enseignement supérieur récemment recrutés (cf. exemple 1), l'utilisation d'ISA a permis de montrer notamment que, dans les cas de perception d'une forte ambiguïté de rôle, les anciens allocataires activent plus que les non-allocataires les échanges de ressources de l'ensemble de leurs domaines de vie hors travail vers la sphère professionnelle (cf. le calcul, pour chaque sujet, d'un indice global des aides fournies par les domaines familial, personnel et social au domaine professionnel).

> *Si l'on se souvient que, comparativement aux non-allocataires, les anciens allocataires apparaissent comme protégés par rapport aux effets négatifs de l'incertitude sur le sentiment de contrôle interne, on peut attribuer ce résultat aux conduites de faire face qu'ils ont mises en œuvre : plus que les autres, ils apparaissent à même de mobiliser des ressources externes à la sphère professionnelle pour faire face à une « perturbation » professionnelle, l'ambiguïté de rôle en l'occurrence. Ce peut être là l'un des apports importants de la socialisation anticipatrice dont ils ont bénéficié. Ce résultat parmi d'autres invite à réfléchir sur l'intérêt d'une intégration, dans les pratiques de formation et d'accueil en amont et en aval de l'insertion, d'un véritable « travail » sur les liens que les sujets établissent – ou n'établissent pas – entre leur expérience professionnelle et leurs autres registres d'expériences. Un enjeu important de la formation devient alors la prise de conscience et l'activation des transferts de ressources et de compétences possibles d'un domaine de vie à un autre, à même de faciliter le processus d'insertion.*

Qu'il s'agisse des modalités de gestion de l'incertitude ou des modalités d'articulation entre vie de travail et vie hors travail au moment de l'entrée dans l'organisation, nous avons jusqu'ici mis l'accent sur la dimension intra-individuelle du processus d'insertion. Nous nous proposons maintenant d'en aborder la dimension interpersonnelle.

La dynamique des relations interpersonnelles dans le processus de socialisation organisationnelle

Dans la phase d'entrée dans l'organisation, les relations interpersonnelles que le nouveau recruté est amené à établir avec ses collègues, ses supérieurs hiérarchiques, voire ses subordonnés, peuvent jouer comme des stresseurs potentiels. C'est le cas lorsque ces relations sont marquées par l'incertitude et l'absence de feed-back, lorsqu'elles sont le support d'évaluations négatives, de pressions trop fortes à se conformer, de remises en question de soi déstabilisantes. De ce point de vue, elles ont fait l'objet de nombreuses recherches qui s'étayent sur les modèles théoriques du stress professionnel (Lazarus et Folkman, 1984) ou renvoient à la problématique de la souffrance au travail (Dejours, 1993), voire, plus récemment, à celle du harcèlement moral au travail (mobbing).

Mais les relations interpersonnelles constituent aussi des resssources importantes pour le nouvel entrant. C'est auprès de ses collègues qu'il va pouvoir trouver l'information nécessaire aussi bien à la réalisation de sa tâche qu'à la connaissance du nouveau milieu (valeurs, normes, histoire du collectif...). Les travaux anglo-saxons que nous avons évoqués plus haut mettent l'accent sur les conduites de recherche d'information comme l'un des indicateurs essentiels des stratégies interpersonnelles mises en œuvre par les nouveaux recrutés. Les recherches de Miller et Jablin (1991) comme celles de Morrison (1993) permettent de distinguer différents types de conduites de recherche d'information (demande directe, observation d'autrui) et différents types d'informations recherchées par le nouveau recruté lors de son insertion.

Les résultats de ces travaux sont de nature à éclairer et questionner les pratiques et dispositifs d'information en direction des nouveaux recrutés : ils permettent, par exemple, de repérer quelles sont les informations les plus recherchées, quelles sont les sources privilégiées pour l'obtention de tel ou tel type d'information. En outre, ils mettent en relief les obstacles à la recherche d'information liés aux coûts psychosociaux de la demande d'information : risque de paraître incompétent, de poser des questions non pertinentes et de « perdre la face ».

Cependant, centrés sur une conception « rationaliste » selon laquelle l'objectif de la recherche d'information serait tout entier défini dans une visée de réduction de l'incertitude, ces travaux font l'impasse sur la signification des relations interpersonnelles et des enjeux qui se nouent autour de l'information, tant du côté des « demandeurs » que du côté des « pourvoyeurs ». Du côté des demandeurs, la recherche d'information peut servir d'autres fins que la réduction de l'incertitude. Elle peut être une façon détournée de manifester ses compétences ou de montrer qu'il reconnaît les compétences et le rôle d'« expertise » de l'interlocuteur, ou bien encore de laisser entendre un avis critique sur l'organisation... De leur côté, les pourvoyeurs potentiels d'information ne sont pas forcément disponibles, ni même motivés pour transmettre l'information (l'arrivée d'un nouveau pouvant être perçue comme une menace).

La complexité de ces dynamiques interpersonnelles ne peut être négligée dans la mise en place de dispositifs d'accueil où la transmission d'information est loin d'être un processus entièrement rationalisable. Ce qui vaut pour le soutien informatif vaut pour les autres natures de soutien –

émotionnel et pratique – susceptible d'être apporté aux entrants. Les modèles théoriques du soutien social (House, 1981) et les recherches qu'ils ont orientées ont souligné la variabilité des effets du soutien auprès des « bénéficiaires ». Certains résultats, *a priori* paradoxaux, ont même attiré l'attention sur les effets potentiellement négatifs du soutien : recevoir (se voir imposer ?) trop de soutien peut nuire à l'estime de soi, aux sentiments de contrôle interne et d'autonomie. Sont ici particulièrement questionnées les pratiques de tutorat, de « mentorat » ou de « parrainage ». Dans les relations entre le nouvel arrivant et le « tuteur », les enjeux d'une reconnaissance réciproque, d'un équilibre entre identification et affirmation de soi, d'une dynamique d'apports « à double foyer », constituent autant de points critiques où se jouent la réussite de l'insertion et les chances de l'innovation. C'est ce que nous nous proposons d'illustrer par une étude (exemple 5) réalisée en milieu hospitalier et centrée sur les pratiques d'accueil et d'aide à l'insertion des infirmiers(ères) récemment recrutés(ées).

Exemple 5 : Dispositifs d'accueil des nouveaux entrants et socialisation organisationnelle : l'exemple de l'accueil des Infirmiers Diplômés d'État (IDE)

L'étude présentée s'inscrit dans le cadre d'un mémoire de DESS (Bousquié & Planté, 1998) réalisé dans deux services d'un des hôpitaux de Toulouse avec l'objectif d'apporter des recommandations utiles au projet de mise en place d'un dispositif d'accueil institutionnalisé.

La dynamique de l'intégration a été appréhendée en termes de perception et de négociation d'attentes réciproques, plus ou moins ajustées, entre les « entrants » d'une part, et les personnes constituant le collectif de travail – les « accueillants » – (à savoir la hiérarchie, les cadres infirmiers, les collègues IDE, les aides-soignants (AS) et les assistants de service hospitalier (ASH)) d'autre part. Ont ainsi été successivement croisées : les attentes perçues par les nouveaux chez les accueillants et celles que ces derniers ont effectivement exprimées à leur égard ; l'expression, par les nouveaux arrivants, des difficultés d'insertion qu'ils rencontrent ou ont rencontrées et les représentations que les accueillants se font de ces difficultés.

Les pratiques d'accueil

S'il n'existe pas de dispositif d'accueil structuré en tant que tel, l'analyse des réponses des uns et des autres et, conjointement, l'analyse des pratiques informelles existantes, font cependant apparaître une répartition des rôles bien marquée. Ainsi, lorsque sont examinées les actions « d'insertion » menées par les différents accueillants et sont retenues celles qui sont spécifiques à chaque catégorie de personnel, il ressort très nettement que :

- les collègues IDE mettent l'accent sur les aspects professionnels dans leur rôle d'aide à l'insertion des nouveaux (« améliorer leur façon de travailler », « intégrer l'agent dans la planification des soins », « montrer comment on adapte les prescriptions », « expliquer les protocoles de surveillance et de soins »...).

L'attention portée aux processus d'apprentissage professionnel les conduit, selon leurs propres dires, à considérer tous les nouveaux comme des élèves infirmiers alors même que certains ont déjà une expérience professionnelle dans d'autres services.

- les AS et ASH qui estiment n'avoir qu'un rôle secondaire, voire aucun rôle à jouer dans l'insertion des nouveaux, s'avèrent intervenir très directement dans la dimension relationnelle de cette insertion (« aider », « mettre à l'aise, en confiance », « discuter, faire connaissance », « être disponible », « ne pas laisser à l'écart », « tutoyer », « ne pas juger trop vite »...).

Les attentes formulées par les « accueillants » à l'égard des nouveaux recrutés et la perception que ces derniers ont de ces attentes

Nous ne présenterons pas ici l'ensemble de ces attentes, mais dégagerons seulement celles sur lesquelles on observe un décalage entre « accueillants » et « entrants ».

Attentes perçues par les nouveaux entrants mais non formulées par les accueillants.

Il est intéressant de noter que les nouveaux perçoivent beaucoup plus d'attentes de leur entourage en termes de prise d'initiative et d'innovation qu'il n'en est effectivement formulé par les accueillants. Parmi les attentes perçues qui ne rencontrent pas leur *expression dans l'entourage professionnel, on trouve* : « dynamiser l'équipe », « anticiper le travail », « anticiper sur les examens, sur les résultats », « être quelqu'un en qui on peut avoir confiance, sur qui on peut compter », « être polyvalent ». *Notons, à l'inverse, une parfaite adéquation des attentes perçues par les entrants et des attentes exprimées par les accueillants en ce qui concerne les capacités adaptatives d'intégration des normes et habitudes du service.*

Certains nouveaux formulent ces attentes de manière très claire et très lucide : « être discret », « ne pas s'imposer », « ne pas montrer le retard des techniques du nouveau service », « ne pas juger ».

Attentes exprimées par les accueillants mais non perçues par les nouveaux entrants.

Ce que l'on peut résumer sous l'étiquette de « savoir-être » caractérise la plus grande part des attentes de l'entourage professionnel à l'égard du nouveau. La liste en est longue et significative : être franc, à l'écoute, bienveillant, compréhensif, respectueux ; être motivé, dynamique, impliqué personnellement dans la vie du service ; être curieux, vif d'esprit, critique vis-à-vis de soi-même et de son travail, poser un maximum de questions, ne pas dire « moi je sais », ne pas avoir peur, verbaliser les problèmes ; connaître et respecter les règles, avoir le sens de l'organisation, savoir gérer son environnement...

De telles attentes qui recouvrent aussi bien des compétences sociales (relations à autrui) et organisationnelles que des qualités d'implication et d'engagement alliées à une certaine ouverture intellectuelle, donnent matière à conforter le sentiment qu'ont certains nouveaux recrutés qu'il s'agit pour eux « d'atteindre l'impossible, d'être parfait, d'avoir 20 ans d'expérience ».

Les difficultés d'insertion vécues par les nouveaux entrants / perçues par les accueillants

Si certaines des difficultés rencontrées relèvent d'un déficit d'information, source d'incertitude – « ne pas savoir qui est qui », « être confronté à des pathologies encore jamais vues »,

« ne pas connaître le fonctionnement des hôpitaux de Toulouse » – *et sont bien identifiées comme telles par l'entourage professionnel, on relève l'accent mis par les nouveaux entrants sur des problèmes de reconnaissance sociale.*

Ces problèmes sont exprimés de diverses manières : « être jeune et catalogué comme tel », « être pris pour un stagiaire, ne pas être reconnu en tant que professionnel », « être doublé (par le tuteur) trop longtemps », faire face au « ton de commandement du tuteur » ou à la « difficulté à retrouver le statut d'infirmière hospitalière »...

Ce manque de reconnaissance, central et récurrent dans les difficultés exprimées par les nouveaux, n'est absolument pas perçu par l'entourage professionnel (à l'exception toutefois des AS) qui focalise son analyse sur des difficultés liées à l'accomplissement de la tâche et à l'organisation du travail.

De cette étude nous retiendrons qu'il convient de distinguer « accueil » *et* « insertion ». *Les nouveaux recrutés rangent sous la catégorie de l'accueil tous les contacts institutionnels qui ont pour fonction majeure de communiquer les informations – orales et écrites – nécessaires à l'orientation dans le nouveau milieu de travail. Mais il ne s'agit là que d'une facette du processus d'intégration. C'est au niveau des relations vécues au quotidien dans l'équipe de travail que se joue ce qui, à leurs yeux, relève de l'insertion proprement dite. A cet endroit, c'est moins la réduction de l'incertitude que l'accès à une reconnaissance sociale en tant que professionnel à part entière qui constitue l'enjeu principal de la dynamique d'insertion. L'étude succinctement présentée a ainsi permis de mettre en lumière combien cette dimension pouvait être scotomisée et comment les pratiques* « traditionnelles » *d'aide à l'insertion – telles que, par exemple, le tutorat, la* « doublure » *– pouvaient entraver l'accès à la reconnaissance. D'abord par le cantonnement, parfois prolongé, du nouveau dans un statut d'* « élève-infirmier » *qui rend problématiques la construction et l'affirmation de l'identité professionnelle. Ensuite, par l'absence d'attente au niveau des initiatives dont le nouveau pourrait faire bénéficier l'organisation : la centration sur des attentes d'ajustement et de conformité peut être perçue comme un déni du potentiel d'innovation des néophytes et par là même peut compromettre leur implication organisationnelle.*

> *Il semblerait donc opportun que les dispositifs d'accompagnement de l'insertion prévoient d'activer des relations à double sens ; qu'ils ménagent des espaces pour de véritables échanges où la transmission de savoir-faire, de normes et de valeurs en direction des nouveaux puisse s'enrichir du regard « neuf » que ceux-ci portent sur l'organisation et des propositions de transformation dont ils peuvent être les promoteurs.* ■

CONCLUSION

La perspective que nous avons adoptée dans les recherches évoquées ici met en avant l'activité du sujet – plus ou moins reconnue et valorisée par l'organisation – dans la dynamique de son insertion. Cette activité oriente le passage d'un investissement anticipé dans des rôles professionnels à la prise de fonctions effective :

- au plan individuel, par la restructuration des représentations du futur métier et la re-hiérarchisation des objectifs professionnels et extra-professionnels ;
- au plan interpersonnel, par l'interprétation des attentes d'autrui et la formulation d'attentes personnelles en termes de reconnaissance, d'autonomie et de participation active à l'évolution du milieu de travail.

La mise en évidence de ce rôle actif du sujet dans son entrée dans l'organisation conduit à repenser les dispositifs d'aide à l'insertion dans le sens d'une « individualisation » des pratiques de formation et d'accueil. Cette évolution est néanmoins porteuse de paradoxes. Paradoxe quand il s'agit de reconnaître les sujets dans leur individualité tout en assurant la construction d'une identité collective et la référence à une culture d'entreprise. Paradoxe aussi à articuler logique organisationnelle et projets de vie lorsque s'affrontent, dans les relations entre sujets et organisations, des attentes contradictoires (par exemple, autour de perspectives de carrières « classiques » fondées sur une stabilité dans l'organisation ou de carrières « nomades » fortes d'expériences de mobilité et de situations de changement).

Par ailleurs, si les dispositifs d'accueil et d'insertion visent à orienter l'investissement futur des nouveaux recrutés dans l'organisation, ils sont aussi le lieu où s'opèrent de façon plus ou moins explicite des transactions relatives à la place accordée au changement dans la dynamique organisationnelle et au rôle des nouveaux entrants dans ce changement. A travers ces dispositifs s'exprime la manière dont l'organisation interprète les conduites mises en œuvre par les néophytes pour s'insérer. A cet endroit, on observe une tendance à la « psychologisation » dont la dernière étude que nous avons évoquée est particulièrement illustrative. La façon dont les accueillants réfèrent la réussite ou l'échec du processus d'insertion aux caractéristiques psychologiques des recrutés (leurs savoir-être) peut être considérée comme un indicateur de la tendance plus générale, observée dans les organisations, à la « responsabilisation » de l'individu dans la gestion de sa carrière, souvent associée à un désengagement concomitant de l'organisation à cet égard. Cette « psychologisation » peut constituer un frein à la dynamique de changement au sein de l'organisation : elle peut masquer l'ancrage organisationnel de certaines des difficultés des entrants de même qu'elle peut contribuer à singulariser – voire marginaliser – certaines de leurs tentatives d'innovation.

Enjeux personnels, enjeux organisationnels…, la phase d'entrée dans l'organisation est cruciale pour le devenir des individus et des collectifs de travail. Les recherches en psychologie sociale du travail et des organisations sont à même d'offrir des supports consistants pour l'élaboration de propositions visant à aménager la nécessaire interaction entre arrivants et accueillants afin de travailler plus efficacement à la construction des identités professionnelles et à l'évolution de la structure organisationnelle. Mais, à travers les débats qu'elles suscitent et les questions qu'elles posent, ces recherches apportent souvent des arguments pour récuser une conception universaliste de la Gestion des Ressources Humaines qui s'attacherait à cibler les « bonnes » pratiques, indépendamment des contextes organisationnels où elles sont appelées à être appliquées et des normes et objectifs particuliers que ceux-ci peuvent privilégier. C'est certainement une contribution importante de la psychologie des organisations que de mettre en relief la diversité des dynamiques et profils organisationnels pour en proposer une modélisation (Pichault & Nizet, 2000) à même d'éclairer le sens que prend telle ou telle pratique dans tel ou tel contexte. Peut-on évaluer de la même façon des pratiques d'accueil et d'insertion centrées, par exemple, sur la transmission des valeurs et de la culture de l'organisation, selon qu'il s'agit d'une organisation « traditionnelle » au sein de laquelle les nouveaux sont appelés à « faire carrière » ou d'une organisation qui, dans un profil plus « moderne », valorise la flexibilité de ses structures et la mobilité de ses personnels ? Nous ne pouvons que souligner une fois de plus combien les pratiques de GRH, en dernier ressort, ne prennent sens et ne peuvent se révéler « efficaces » qu'en référence à des contextes et objectifs organisationnels dont il importe de reconnaître l'hétérogénéité.

Bibliographie

Allen, N.J. et Meyer, J.P. (1990). Organizational socialization tactics : A longitudinal analysis of links to newcomers'commitment and role orientation. *Academy of Management Journal*, 33(4), 847-858.

Almudever, B., Croity-Belz, S. et Hajjar, V. (1999). Sujet proactif et sujet actif : deux conceptions de la socialisation organisationnelle. *L'orientation scolaire et professionnelle*, 28, 3, 421-446.

Baubion-Broye, A. (1998, sous la dir.). *Evénements de vie, transitions et construction de la personne*. Toulouse : Erès.

Berger, C.R., et Calabrese, R.J. (1975). Some explorations in initial interaction and beyond : Toward a developmental theory of interpersonal communication. *Human communication research*, 1, 99-112.

Bousquié, L. et Planté, S. (1998). *Dynamiques de socialisation organisationnelle : l'accueil et l'insertion des infirmiers nouvellement recrutés au sein de l'hôpital*. Mémoire de DESS de psychologie du travail et psychologie sociale sous la direction de B. Almudever, Université de Toulouse le Mirail, sept. 1998, 105 p.

Croity-Belz (2000). *Approche psychosociale des processus de socialisation organisationnelle. L'exemple de l'insertion professionnelle de professeurs des écoles récemment recrutés*. Thèse de Doctorat Nouveau Régime, Université de Toulouse-Le Mirail.

Curie, J. et Hajjar, V. (1987). Vie de travail – vie hors travail. La vie en temps partagé. In Lévy-Leboyer, C. et Spérandio, J.C. (Eds). *Traité de Psychologie du Travail*. Paris : PUF, pp. 37-55.

Dejours, C. (1993). *Travail. Usure mentale*. Paris : Bayard Éditions.

House, J.S. (1981). *Work Stress and Social Support*. Reading : MA, Addison-Wesley.

Jones, G.R. (1986). Socialization tactics, self-efficacy, and newcomers'adjustments to organizations. *Academy of Management Journal*, 29(2), 262-279.

Lazarus, R.S., et Folkman, S. (1984). *Stress, Appraisal and Coping*. New York : Springer.

Le Blanc, A., Dupuy, R. et Rossi, P. Socialisation plurielle : représentations du métier chez les diplômés de haut niveau de qualification et valorisation des domaines de vie. *Psychologie du Travail et des Organisations*, à paraître.

Louis, M.R. (1980). Surprise and sense making : what newcomers experience in entering unfamiliar organizational settings. *Administrative Science Quarterly*, 25, 226-251.

Major, D.A., Kozlowski, S.W.J., Chao, G.T. et Gardner, P.H. (1995). A longitudinal investigation of newcomer expectations, early socialization outcomes, and the moderating effects of the role development factors. *Journal of Applied Psychology*, 80 (3), 418-431.

Miller, V.D. et Jablin, F.D. (1991). Information seeking during organizational entry : influences, tactics, and a model of the process. *Academy of Management Review*, 16(1), 92-120.

Morin, E.M. (1996). *Psychologies au travail*. Montréal : Gaëtan Morin.

Morrison, E.W. (1993). Longitudinal study of the effects of information seeking on newcomer socialization. *Journal of Applied Psychology*, 78, 2, 173-183.

Pichault, F. et Nizet, J. (2000). *Les pratiques de gestion des ressources humaines. Approches contingente et politique*. Éditions du Seuil.

Porter, L.W. et Steers, R.M. (1973). Organizational, work, and personal factors in employee turnover and absenteism. *Psychological Bulletin*, 80, 151-176.

Reichers, A.E. (1987). An interactionnist perspective on newcomer socialization rates. *Academy of Management Review*, 2, 278-287.

Van Maanen, J. (1976). Breaking in : Socialization to work. In R. Dubin (Ed.). *Handbook of Work, Organization and Society* (pp. 67-130). Chicago, Rand McNally.

Van Maanen, J. et Schein, E.H. (1979). Towards a theory of organizational socialization. In B.M. Staw (Ed), *Research in Organizational Behavior*, 1, pp. 209-264). Greenwich, Conn. : JAI Press.

Vonthron, A.M. (2000). *Approche de la normativité concernant la prégnance psychologique de la sphère professionnelle dans la vie selon le mode de direction de l'entreprise*. Communication au 11e Congrès de l'AIPTLF, Rouen, 28-31 août 2000.

Wanous, J.P., Poland, T.D., Premack, S.L., et Davis, K.S. (1992). The effects of work expectations on newcomer attitudes and behaviors : A review of meta-analysis. *Journal of Applied Psychology*, 77(3), 288-297.

Wanous, J.P. (1992). *Organizational Entry. Recruitment, Selection, Orientation and Socialization of Newcomers*. Reading (MA), Addison-Wesley.

Deuxième partie

Gérer le contexte social et les relations inter-personnelles

Chapitre 7

Comment gérer les carrières aujourd'hui ?

NATHALIE DELOBBE

En 1996, E. Hall publiait un ouvrage intitulé « The career is dead-long live the career », résumant en une formule toute l'ampleur des mutations que subissent aujourd'hui les modèles de carrière. Ce titre soulignait en particulier la fragilité croissante de normes qui ont pendant des décennies constitué des fondements de la relation d'emploi, à savoir la sécurité d'emploi et la loyauté à un même employeur tout au long de sa carrière professionnelle. L'évolution du langage et des pratiques courantes atteste largement de ces évolutions : l'employabilité remplace l'emploi, la validation des acquis de l'expérience fait sa place à côte de la qualification, la gestion des compétences devient avant tout une question de navigation professionnelle individuelle plutôt que de gestion prévisionnelle et collective des emplois.

L'objectif de ce chapitre est de faire le point quant aux évolutions majeures qui affectent les carrières, en vue d'identifier quelques principes d'action dont disposent les responsables de gestion des ressources humaines pour attirer, fidéliser ou tout au moins mobiliser leur personnel dans l'univers mouvant d'aujourd'hui. Dans une première section, nous aborderons la perspective de l'employeur en soulignant quelques éléments saillants du paysage dans lequel se construisent les relations d'emploi contemporaines, en développant le modèle des *carrières nomades*, jugé aujourd'hui emblématique des évolutions futures, et en situant les orientations de carrière dans le contexte des divers modes de gestion du capital humain. Dans une seconde section, nous adopterons la perspective des travailleurs eux-mêmes, en nous appuyant sur quelques théories développées en psychologie pour rendre compte du vécu subjectif de la carrière. En particulier, nous présenterons le modèle des ancres de carrières de Schein ainsi que les éléments essentiels de la théorie récente du contrat psychologique. Enfin, dans une troisième partie, nous identifierons quelques implications pratiques de ces mutations des modèles de carrière, tant pour les employés que pour les responsables de ressources humaines.

LES MODÈLES DE CARRIÈRE CONTEMPORAINS

La mondialisation de l'économie et le développement technologique constituent probablement les deux phénomènes les plus spectaculaires de notre paysage socio-économique. Ils vont de pair avec une exacerbation de la concurrence internationale et un ralentissement de la croissance de nos économies occidentales, contraignant tant le secteur privé que le secteur public à un contrôle toujours plus serré des coûts et à la mise en avant de nouveaux critères de compétitivité dont les maîtres mots sont capacité d'innovation, réactivité, haute valeur ajoutée et personnalisation du service rendu au client. L'automatisation sans cesse accrue ainsi que la puissance des systèmes d'information et de communication font figure d'atouts irremplaçables dans ce jeu concurrentiel. Les répercussions de ces phénomènes sur les modes d'organisation du travail, sur les formes de relation d'emploi et sur les pratiques de gestion du personnel sont particulièrement lourdes. Examinons-les de plus près.

Les mutations des organisations du travail et les nouvelles formes d'emploi

Sans tomber dans le piège d'une généralisation à outrance, nombreux sont les observateurs qui notent aujourd'hui un dépassement du modèle taylorien d'organisation du travail jugé trop rigide et peu adaptatif, et une évolution vers des modes d'organisation plus flexibles et adhocratiques. Ces derniers se caractérisent essentiellement par une recomposition du travail tant dans sa dimension horizontale que verticale, un raccourcissement des lignes hiérarchiques et une responsabilisation accrue des employés, un accent sur le travail en équipes polyvalentes et pluridisciplinaires, une reconnaissance du mérite individuel via le salaire individualisé et une gestion du personnel par les compétences. Ce modèle d'organisation réduit de fait les possibilités de progression hiérarchique, avec salaire évoluant en fonction du grade ou de la fonction, qui constituaient traditionnellement l'épine dorsale de la gestion des carrières.

Une seconde tendance majeure du paysage actuel a trait à l'instabilité des entités organisationnelles et à la précarisation des statuts d'emploi. Au vu de l'accélération des vagues de fusions, acquisitions et restructurations, l'entreprise constitue une entité de moins en moins clairement identifiable pour l'employé. Par ailleurs, les réductions d'effectifs et l'externalisation des activités non stratégiques constituent les voies presque inévitables de la viabilité pour les entreprises les plus exposées à la concurrence. Ces tendances ont elles aussi plusieurs conséquences directes en matière de gestion des carrières.

Elles correspondent d'abord à une progression lente mais constante des formes d'emploi précaires (intérim, contrats à durée déterminée et temps partiels) dans tous les pays européens. Même si le CDI reste la norme, il n'est plus perçu comme un rempart absolu contre la perte d'emploi. Autant que l'insécurité objective, c'est ce sentiment de précarité qui modifie le rapport que les employés entretiennent à leur employeur, en particulier en terme de confiance. Elles contribuent en outre à un affadissement de l'organisation comme lieu d'identification professionnelle. L'entreprise en tant que telle perd de sa valeur comme source de fierté, d'appartenance et de gratification au profit de sources plus proximales (les collègues, le supérieur direct, voire les clients) ou plus transversales (le métier ou la profession, la valeur salariale sur le marché du travail). Enfin, elles conduisent à une segmentation plus marquée de la main-d'œuvre en fonction de sa valeur ajoutée pour la stratégie de l'entreprise et de sa rareté sur le marché du travail. On semble assister à une dualisation de la main-d'œuvre allant de pair avec des trajectoires professionnelles à deux vitesses. Autour d'un noyau central d'employés engagés durablement et prenant en charge le « core business » de l'entreprise graviteraient des travailleurs périphériques, engagés sous des contrats à durée déterminée, à horaires flexibles, d'intérim ou de sous-traitance. Les premiers bénéficieraient des pratiques classiques de gestion des carrières et de rétention du personnel (avancement salarial, plan de formation et de développement professionnel, individualisation des rétributions,...) tandis que les seconds, plus directement exposés aux aléas du marché du travail, en seraient remis à eux-mêmes et aux initiatives des pouvoirs publics (bilans de compétences, validation des acquis de l'expérience, droit à la formation,...) pour maintenir leur employabilité.

Le modèle des carrières nomades

L'érosion de la norme de sécurité d'emploi, la multiplication des restructura-tions et la recherche de la flexibilité, notamment, vont de pair avec un accroissement des ruptures et réorientations, volontaires ou contraintes, dans les trajectoires professionnelles, à tel point que plusieurs auteurs[1] y voient l'émergence d'un modèle de « carrière nomade » ou « *boundaryless career* » qui viendrait supplanter le modèle de carrière traditionnel. Enchaî-nant les expériences professionnelles au gré des opportunités et naviguant d'une entreprise à l'autre, le travailleur nomade se caractériserait par des aptitudes, connaissances et compétences transférables d'un contexte orga-nisationnel à un autre ; par l'identification personnelle à un travail ayant intrinsèquement du sens ; par un apprentissage continu dans l'action, par l'expérience ; par le développement de multiples réseaux relationnels, vec-teurs d'identité, d'apprentissage, de soutien et d'opportunités profession-nelles et par le sens de sa responsabilité propre dans la gestion de sa carrière. Comme l'indique le tableau 1, ce modèle se démarque nettement du modèle de carrière traditionnel sur de nombreux points.

Tableau 1 : Comparaison des carrières nomades et traditionnelles

	Carrière traditionnelle	Carrière nomade
Nature de la relation d'emploi :	Sécurité d'emploi contre loyauté	Employabilité contre performance et flexibilité
Frontières de la carrière :	Une ou deux organisations	De multiples organisations
Aptitudes et compétences professionnelles :	Spécifiques à l'entreprise	Transférables d'une entreprise à l'autre
Critères de succès professionnel :	Salaire, promotion, statut	Sens intrinsèque du travail
Responsabilité de la gestion de carrière :	L'organisation	L'individu
Formation :	Programmes formels	Sur le tas, par l'expérience
Critères d'avancement :	Liés à l'âge	Liés à l'apprentissage

1. Arthur, M.B., & Rousseau, D.M. (1996) ; Hall, D.T. (1996) ; Cadin, L., Bender, A.-F., & de Saint Giniez, V. (2003) ; Sullivan, S. (1999)..

Très managérial, ce modèle des carrières nomades repose sur le postulat que la vitalité de l'économie implique aujourd'hui une plus grande fluidité du marché de l'emploi. Détachés des liens durables à une organisation particulière, les travailleurs se comporteraient sur ce marché comme des agents libres et opportunistes, négociant leurs relations d'emploi dans le cadre strict de la loi de l'offre et de la demande. En ce sens, il tend à négliger certains facteurs pourtant décisifs dans les choix de carrière tels que le besoin d'appartenance à une communauté professionnelle ou organisationnelle, la recherche de continuité dans son parcours ou encore la latitude de choix dont dispose l'individu compte tenu de son positionnement sur le marché de l'emploi. A cet égard la typologie récemment proposée par des auteurs autrichiens[1] nous paraît plus subtile pour rendre compte de la diversité actuelle des types de carrière.

Diversification des types de carrières

Selon Mayrhofer et ses collègues (2004), deux dimensions sont critiques pour caractériser les modèles de carrières.

- une première dimension a trait au **degré d'intégration de l'individu dans l'entreprise**. Est-il essentiel d'intégrer ce travailleur parmi les membres du personnel afin de faciliter les interactions avec les autres membres du personnel ? Ou au contraire peut-on se satisfaire de relations lâches et de collaborations ponctuelles et limitées avec ce travailleur, comme celles qui sous-tendent les relations strictement commerciales, les contrats de sous-traitance ou d'intérim ?

- une seconde dimension prend en compte le **caractère continu ou discontinu de la trajectoire professionnelle**. Le statut professionnel (forme d'emploi, type de contrat, employeur éventuel) est-il constant tout au long de la trajectoire ou change-t-il fréquemment, au gré des opportunités d'emploi, comme dans la carrière nomade ?

---

1. Mayrhofer, W., Meyer, M ., Iellatchitch, A., & Shiffinger, M. (2004).

Continuité de la trajectoire

	Forte	Faible
Fort	Carrière traditionnelle mondialisée	Professionnalisme nomade
Degré d'intégration		
Faible	Carrière indépendante ou entrepreneuriale	Flexibilité chronique

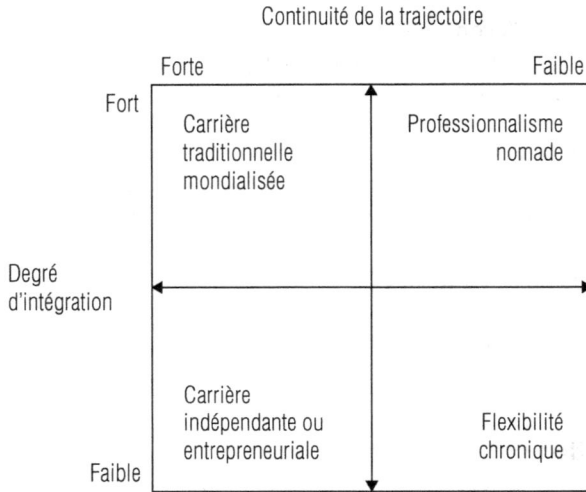

Figure 1 : **Typologie des modèles de carrière**

En croisant ces deux dimensions, quatre profils de carrière apparaissent, représentés dans la figure 1. Notons si nécessaire que, comme dans toute typologie, il s'agit là de quatre profils « purs » et en soi irréels, chaque carrière hybridant à des degrés divers ces types purs, voire oscillant d'un modèle à l'autre en fonction des réorientations majeures.

- **La carrière traditionnelle mondialisée**

  Dans ce modèle de carrière, l'individu entre dans l'entreprise dès la sortie des études et grimpe patiemment les échelons hiérarchiques et barémiques en fonction de son mérite mais surtout de son ancienneté. Au fil de cette ascension, il gagne en pouvoir d'influence et devient un élément de plus en plus central et indispensable au fonctionnement de l'entreprise. Séniorité et centralité sont ici gages de sécurité d'emploi. La réussite professionnelle s'évalue principalement en terme de rémunération et de niveau hiérarchique atteints. Dans ce modèle, l'organisation demeure un lieu d'identification majeur, auquel l'individu vouera l'essentiel de sa vie professionnelle. Ce sont surtout les grands groupes d'échelle internationale qui sont encore capables d'offrir cette carrière traditionnelle, supposant bien souvent une politique d'expatriation et des investissement soutenus en formation/socialisation de leur personnel (p.ex. universités d'entreprise).

- **Le professionnalisme nomade**

  Ce modèle fait référence à ces profils d'experts hautement spécialisés qui au fil de leur parcours naviguent d'un employeur à l'autre dans des relations de court ou moyen terme. Le fil conducteur de leur carrière n'est plus la fidélité à un employeur mais bien le développement continu de leur expertise, la reconnaissance de celle-ci dans leur milieu professionnel et sa valorisation sur le marché du travail. Le succès professionnel est ici fonction de critères plus subjectifs, tels que la passion pour son métier et l'importance de l'expertise accumulée. Engagés par les entreprises via des contrats de travail ou des contrats commerciaux, ces experts constituent un capital stratégique et pourtant volatil puisqu'ils s'identifient davantage à leur profession qu'à l'entreprise dans laquelle ils l'exercent. Pour eux, la relation d'emploi est le fruit d'un calcul d'intérêt individuel et d'une négociation permanente. Fort sensibles au cours de leur valeur sur le marché du travail, ces experts posent de nouveaux défis aux employeurs en termes d'attraction et de rétention.

- **La carrière indépendante ou entrepreneuriale**

  C'est le choix de carrière de ceux qui « lancent leur business » et construisent leur propre emploi, comme indépendant ou patron de leur entreprise. Leur projet professionnel constitue un choix de vie à long terme et mobilise toute leur énergie. C'est à ce projet qu'ils s'identifient, très soucieux de préserver leur indépendance et leur autonomie et bannissant les liens d'appartenance à une organisation quelconque. Par leur esprit d'entreprise, ils jouent un rôle central pour assurer la vitalité et le renouvellement du tissu socio-économique. Dans ce modèle, le succès de la carrière se mesure directement à l'aune du succès de l'entreprise.

- **La flexibilité chronique**

  Ce type de carrière se définit par des trajectoires particulièrement instables, marquées par de fréquents changements d'employeur, de statut et de secteur d'activité. Ces parcours semblent se dessiner au gré des aléas des vies professionnelles, voire personnelles, sans pouvoir y déceler un projet clair et mobilisateur dans la durée. Le risque de ces parcours souvent composés de statuts précaires et d'engagements brutalement interrompus est une marginalisation progressive du marché central du travail. Pour ces travailleurs périphériques, on peut supposer qu'une capacité de prise de distance par rapport à la vie professionnelle ainsi que l'investissement affectif de sphères extraprofessionnelles constituent des gages d'équilibre. En ce sens, ils tendront à valoriser des critères plus larges de satisfaction et de succès dans la vie, tels que la possibilité d'équilibrer vie professionnelle et vie privée.

Il est important de souligner que ces orientations de carrière correspondent à des choix stratégiques des entreprises en matière de gestion du capital humain[1]. Ces choix sont guidés à la fois par la valeur stratégique de ce capital dans la recherche d'un avantage concurrentiel et par son caractère unique, c'est-à-dire rare sur le marché de l'emploi et spécifique à l'entreprise.

Plus les compétences et aptitudes des employés sont stratégiques pour le bon fonctionnement et la compétitivité de l'entreprise, plus cette dernière cherchera à intégrer fortement ces ressources parmi les membres de son personnel. Deux options sont alors possibles. Si les compétences recherchées sont rares et spécifiques à l'entreprise, cette dernière les développera en interne et cherchera à fidéliser ses collaborateurs en leur offrant des carrières traditionnelles. Par contre, si l'expertise recherchée est facilement transférable d'une entreprise à l'autre et est disponible sur le marché du travail, l'entreprise s'attachera les services de ces experts dans des relations propres au professionnalisme nomade.

Lorsque la valeur stratégique du capital humain est faible, l'entreprise préférera recourir, en fonction de ses besoins ponctuels, à des formes d'emploi flexibles et temporaires typiques des trajectoires qualifiées de « flexibilité chronique ». Si ces ressources sont rares et difficiles à acquérir sur le marché de l'emploi, elle tendra alors à conclure des accords de partenariat ou de sous-traitance avec des indépendants free-lance ou d'autres entreprises dirigées par des patrons poursuivant une carrière de type entrepreneurial.

Autrement dit, les opportunités de carrière qui s'ouvrent aux travailleurs sont contingentes à une série de facteurs extérieurs, tels que la valeur de leurs compétences par rapport aux orientations stratégiques des entreprises et leur rareté sur le marché de l'emploi. Ces deux dimensions structurent nettement le rapport de forces qui prévaut dans la négociation des orientations de carrière et plus largement, des relations employeur-employé.

Si ces quatre orientations de carrière répondent à des besoins particuliers des employeurs et sont fonction de la structure du marché de l'emploi, elles n'en sont pas moins aussi le fruit de choix et d'engagements individuels

---

1. Lepak, D.P., & Snell, S.A. (2002). .

plus ou moins délibérés. Elles sont toujours vécues subjectivement, correspondent à des modes d'implication au travail distincts et sont appréciées selon des critères de succès eux aussi très variables, comme nous l'avons vu. Dans le but de comprendre et de gérer ces trajectoires professionnelles, il est dès lors nécessaire de prendre en considération les motivations et attentes qui guident un individu dans ses choix professionnels. Dans la seconde partie de ce chapitre, nous nous attacherons à présenter quelques approches utiles à l'appréhension du vécu subjectif de la carrière.

LE VÉCU SUBJECTIF DE LA CARRIÈRE

Les théories développées pour comprendre le vécu subjectif de la carrière sont clairement empreintes des modèles de carrières dominants à une époque donnée. Lorsque la carrière était conçue comme une ascension progressive des échelons hiérarchiques d'une même entreprise, deux préoccupations essentielles traversaient les études sur la question :

- Comment assurer l'adéquation entre les besoins et motivations individuels et les choix de carrière ? Le « matching model » développé par J. Wanous (1980) se situe clairement dans cette perspective, de même que les typologies développées par Holland (1985) et Schein (1978) pour rendre compte des préférences professionnelles des individus.

- Comment l'individu se positionne-t-il par rapport à l'univers professionnel au fil des différents stades de sa carrière ? Comment gérer au mieux ces différents stades ? Cette perspective développementale est au cœur des théories des stades de carrière de Super (1957) et de Levinson (1978).

Dans l'univers stable de l'époque, la perspective était relativement déterministe. Aujourd'hui, alors que les trajectoires professionnelles sont beaucoup plus chaotiques et que la main-d'œuvre est plus diversifiée, les parcours et relations d'emploi paraissent être davantage le fruit de négociations au cas par cas. Ils semblent se déconstruire et se reconstruire de façon beaucoup moins prévisible, sans que des logiques aussi claires ne s'en dégagent, probablement parce que l'individu y joue plus nettement le rôle d'acteur premier. Dans la littérature, une théorie s'impose aujourd'hui pour rendre compte de cette dynamique de négociation qui préside à la construction des carrières contemporaines : la théorie du contrat psychologique. Dans la section qui suit, nous présentons les éléments essentiels de ces cadres théoriques.

Les approches classiques de la carrière

LE MODÈLE ADÉQUATIONNISTE

L'hypothèse de base de ce modèle est qu'une personne dont les valeurs, motivations et traits de personnalité sont congruents avec les caractéristiques de son environnement de travail tirera davantage de satisfaction et réussira mieux dans sa carrière. Une orientation professionnelle appropriée ainsi qu'une soigneuse sélection des profils adéquats à l'embauche constituent dès lors les clés de voûte de cette approche.

La théorie des ancres de carrières proposée par Schein (1978, 1996) est particulièrement illustrative de cette approche. Selon cette théorie, le concept de soi que la personne développe au fil de ses expériences professionnelles peut s'articuler autour de huit ancres distinctes (cf. encadré 1) et constitue le fil conducteur de ses choix de carrière. Dans la construction de ce concept de soi, la personne intègre trois éléments : (1) ses talents et habiletés, (2) ses valeurs, (3) sa motivation et ses besoins. Selon Schein, une seule ancre tend à émerger dans la confrontation progressive de la personne à la réalité professionnelle. Cette ancre a valeur de dominante dans l'identité de la personne au travail. Cette hypothèse d'une ancre dominante tend cependant à être battue en brèche par des travaux plus récents qui considèrent que les individus peuvent changer d'ancre dominante au cours de leur vie professionnelle et, surtout, peuvent présenter un profil d'ancres multiples. Bien qu'ayant reçu des appuis psychométriques mitigés, ce modèle des huit ancres de carrière est particulièrement populaire et reste un outil utile à l'analyse des préférences professionnelles, en particulier lors de bilans et de réorientations de carrière.

Encadré 1 : Les ancres de carrière de Schein

1. Sécurité et stabilité
Les personnes orientées vers la stabilité et la sécurité évitent le risque et la nouveauté. Il est important pour elles de travailler dans un univers offrant des repères clairs et prévisibles. Elles sont très attachées à la sécurité d'emploi et sont plus à l'aise dans des modèles de carrière traditionnels.

2. Autonomie et indépendance
Ces personnes ont besoin de travailler selon leurs propres envies et règles et s'accommodent mal d'une autorité extérieure et de procédures pré-établies. Elles évitent les standards et conventions, préfèrent travailler seules et être leur propre chef. Elles s'orientent davantage vers des carrières d'indépendant.

3. Compétences fonctionnelles et techniques
C'est le goût de la maîtrise et de la perfection technique qui anime ces personnes. Elles cherchent à développer continuellement leur expertise afin de relever de nouveaux défis et à se surpasser. Elles s'orientent vers des carrières de spécialistes fonctionnels.

4. Compétences en gestion
Ces profils de manager aiment résoudre des problèmes et gérer des personnes. Dotées d'une grande habileté relationnelle, ils aiment exercer le leadership et prendre des responsabilités.

5. Créativité entrepreneuriale
Très créatives, ces personnes aiment inventer de nouvelles choses et lancer leur propre affaire. Elles diffèrent des profils autonomes en ce sens qu'elles sont prêtent à travailler en collaboration et à déléguer. Elles accordent beaucoup d'importance à la propriété et considèrent la richesse comme un signe de succès.

6. Service et dévouement à une cause
Le fil conducteur de ces carrières est le service aux autres. Ces personnes sont en effet plus soucieuses d'apporter de l'aide aux autres que d'utiliser leurs talents.

7. Défi pur
Ces personnes cherchent constamment de nouvelles stimulations et aiment s'attaquer à des problèmes difficiles. Ces personnes changent de travail dès qu'elles commencent à s'ennuyer et peuvent avoir des carrières extrêmement variées.

8. Style de vie
Davantage que le succès professionnel, ces personnes cherchent à atteindre une satisfaction globale dans leur vie et à intégrer de façon harmonieuse vie professionnelle et vie privée. Elles peuvent prendre de longs congés professionnels pour se consacrer à leur passion.

LES ÉTAPES DE LA CARRIÈRE

Les approches développementales se sont intéressées à la façon dont le concept de soi évoluait au fil des différentes étapes de la carrière. Super, en 1957, identifiait quatre phases successives dans le cours d'une vie professionnelle :

- la **phase d'exploration**, pendant laquelle l'individu apprend à se connaître, développe ses compétences par la formation et découvre les différentes options de carrière qui s'ouvrent à lui,
- la **phase d'établissement**, qui correspond à la période d'entrée dans l'univers professionnel et de développement de son créneau d'activités,
- la **phase de maintenance**, pendant laquelle la personne se stabilise dans une orientation de carrière et met à jour ses aptitudes professionnelles,
- la **phase de désengagement**, pendant laquelle la personne se retire psychologiquement du monde professionnel et se prépare à la retraite.

Selon cette approche, le défi pour les professionnels des ressources humaines est de gérer adéquatement chacune de ces phases. Il s'agit d'abord de guider les choix de carrière par des pratiques appropriées d'orientation professionnelle. Il s'agit ensuite d'accompagner les premiers pas dans l'entreprise pendant la période sensible de socialisation organisationnelle. Vient alors le temps des plans de carrière et de développement et la délicate gestion du fameux plateau de carrière qui marque la transition entre cette phase d'ascension et la phase ultérieure de désengagement. La gestion des fins de carrière doit quant à elle relever le défi de maintenir la mobilisation professionnelle malgré la réduction des perspectives de développement et d'assurer la transition entre générations.

Ce modèle séquentiel, adapté aux carrières traditionnelles, pose problème dans le contexte actuel. Levinson (1978) a cherché à dépasser la linéarité de ce modèle en y introduisant une dimension cyclique : la personne alternerait au fil de sa trajectoire plusieurs périodes de questionnement et de choix professionnels suivies de périodes de stabilisation. Ce modèle séquentiel s'est avéré également peu pertinent pour rendre compte de la dynamique des carrières féminines. Et que dire des carrières nomades ! Alternant périodes d'activité et périodes de développement des compétences professionnelles, elles s'inscrivent bien davantage dans une société du « life-long learning ».

La contractualisation psychologique

Les approches classiques s'avèrent aujourd'hui fort statiques et déterministes pour rendre compte de la dynamique et de la diversité des carrières modernes. En particulier, elles appréhendent mal les phénomènes de ruptures et de réorientations profondes qui marquent de plus en plus de trajectoires. Les théories actuelles, en un sens plus modestes, tendent à analyser plus finement les processus qui sous-tendent la relation d'engagement réciproque entre un employeur et un employé à travers un concept-phare : celui de contrat psychologique.

Popularisé par Rousseau en 1995, le contrat psychologique se définit comme un ensemble de croyances et de perceptions individuelles concernant les termes et les conditions de la relation d'échange entre un employé et son organisation. Le contrat psychologique est donc un schéma mental qui permet de compléter les termes du contrat formel d'emploi et spécifie, aux yeux de l'employé, les obligations réciproques, les rétributions et contributions qui le lient à son employeur.

Il importe à ce stade de souligner plusieurs caractéristiques majeures de ce contrat psychologique. D'abord, le contrat psychologique est **composé d'éléments tangibles et intangibles** : ce qui est en jeu dans cet échange, ce sont autant des conditions relativement objectives de travail (politique salariale, horaires de travail, plan de formation, …) que des éléments d'ordre socio-émotionnel tels que l'implication affective dans son travail, un sentiment de reconnaissance et de soutien de la part de l'organisation, des relations de travail fructueuses, …. Ensuite, le contrat psychologique est une représentation mentale qui est **subjective et spécifique à chaque individu**. Elle agit comme un prisme personnel, ce qui explique que chaque individu est sensible à des éléments différents de la politique de rétribution et de reconnaissance de son employeur et a une conception propre de ses obligations personnelles. Enfin, le contrat psychologique est régi par un **principe de réciprocité**. La relation d'emploi y est conçue comme une relation d'échange tendant vers un équilibre dynamique. Toute promesse tenue par l'une des parties a pour effet d'inciter l'autre partie à accroître son niveau d'engagement. A l'inverse, une obligation non remplie conduira à un réajustement à la baisse des obligations perçues de l'autre partenaire. La logique qui sous-tend ici la relation d'emploi est bien celle du don et du contre-don et non celle de la contrainte.

Dans une perspective de gestion des carrières, le concept de contrat psychologique est utile à double titre : d'abord, parce qu'il fournit des repères pour saisir quels sont les termes de l'échange propres aux modèles de carrières qui émergent aujourd'hui ; ensuite, parce qu'il permet de comprendre comment se construisent et se déconstruisent ces relations d'emploi toujours particulières.

LES TERMES DU CONTRAT PSYCHOLOGIQUE

Au début des années 90, les travaux sur le sujet suggéraient l'existence de deux formes génériques de contrat psychologique :

- le **contrat psychologique transactionnel** qui caractérise une relation essentiellement économique, ne requiert qu'un engagement limité de la part des parties contractantes et est composé d'obligations spécifiques orientées vers le court terme.
- le **contrat psychologique relationnel** qui traduit une relation d'emploi dans laquelle chacune des parties s'investit lourdement et à long terme, inclut des composantes socio-émotionnelles marquées et génère une forte interdépendance des parties.

Tableau 2 : Contrats psychologiques transactionnels et relationnels

Contrat transactionnel	Contrat relationnel
• échange économique	• échange socio-émotionnel
• facettes extrinsèques du travail	• facettes intrinsèques du travail
• investissement personnel dans le travail limité	• investissement mutuel élevé de l'employeur et de l'employé
• horizon temporel court et spécifié	• horizon temporel non défini et orienté vers le long terme
• contenu étroit et explicite de la relation d'emploi	• contenu large et implicite de la relation d'emploi

Cette typologie reflète assez bien une segmentation de la main-d'œuvre en deux catégories déjà évoquées : des travailleurs périphériques engagés dans des contrats transactionnels sans réelle perspective de carrière et des travailleurs centraux, développant au fil d'une carrière traditionnelle un lien socio-affectif intense avec leur entreprise. Dans le contexte actuel, ce schéma dichotomique paraît cependant fort réducteur. Aucune étude scien-

© Groupe Eyrolles

tifique n'a d'ailleurs pu en démontrer le caractère généralisable. A l'instar de la diversification des modèles de carrières, on assisterait aujourd'hui à un éclatement des formes de contrat psychologique, et cela à deux niveaux.

- **une multiplication des termes de l'échange**.
  Faute de pouvoir encore échanger la sécurité d'emploi et la carrière à vie, contre le dévouement et la fidélité à l'entreprise, d'autres termes émergent comme base à un échange salarial équilibré et satisfaisant pour les parties prenantes. Du côté de l'employeur, des composantes telles que l'équité, le développement personnel, la possibilité de concilier travail et famille ou plus largement l'employabilité prendraient le pas sur les promesses de progression hiérarchique et d'avancement salarial. Du côté de l'employé, les obligations d'adaptabilité au changement, d'apprentissage et de performance in-rôle et extra-rôle se combinent avec l'acceptation d'une moindre fidélité à l'employeur.

- **une instabilité des formes d'échange salarial**.
  Au vu de la diversité des termes de l'échange salarial, l'identification de nouveaux types génériques de contrats psychologiques, susceptibles de fonder des modèles de carrière clairs, est à ce jour un entreprise périlleuse. Hormis une responsabilisation accrue de l'individu dans la conduite de son parcours professionnel et une déliquescence de la norme de l'emploi à vie, les obligations réciproques susceptibles de fonder une relation d'échange équilibrée restent largement à inventer, au cas par cas.

LA DYNAMIQUE DU CONTRAT PSYCHOLOGIQUE

Plus que le contenu ou le type du contrat psychologique, c'est le processus même de contractualisation qui s'avère être explicatif des attitudes et comportements au travail. En particulier, il a été démontré que la perception de brèches dans le contrat psychologique a des conséquences désastreuses en termes d'implication affective, de performance, de comportements de citoyenneté organisationnelle et d'intention de rester dans l'entreprise, notamment. Quelles que soient les promesses implicites ou explicites faites par l'employeur, lorsque l'employé a l'impression que ces engagements n'ont pas été respectés, il tend à le percevoir comme une violation du contrat et y réagit, par un principe de réciprocité, en réduisant considérablement ses obligations personnelles à l'égard de l'entreprise. Des effets délétères peuvent se manifester aussi sur la santé psychique et physique des employés et sur leur confiance à plus long terme dans leur employeur actuel

© Groupe Eyrolles

ou futur. Lorsque l'on sait que de façon convergente, les études[1] rapportent une proportion importante, de l'ordre de 55 %, d'employés jugeant que leur employeur n'a pas rempli ses obligations à leur égard, on mesure toute l'importance de ce processus de violation pour les gestionnaires des ressources humaines.

Ces brèches perçues du contrat psychologique s'expliquent essentiellement par deux facteurs[2]. D'abord, des contraintes externes non anticipées, liées à la complexité de l'environnement économique et à l'accroissement de la pression concurrentielle, peuvent empêcher l'employeur de tenir ses promesses. Ce cas de figure paraît toutefois secondaire par rapport à un autre facteur, largement plus répandu : l'inadéquation du contrat psychologique développé par l'employé. Des attentes trop élevées ou inappropriées de l'employé à l'égard de son organisation, parfois elles-mêmes générées en réponse à un haut degré d'exigence de l'employeur à l'égard de son personnel, conduisent plus que probablement à des déceptions. Ce second facteur renvoie directement au processus de construction du contrat psychologique.

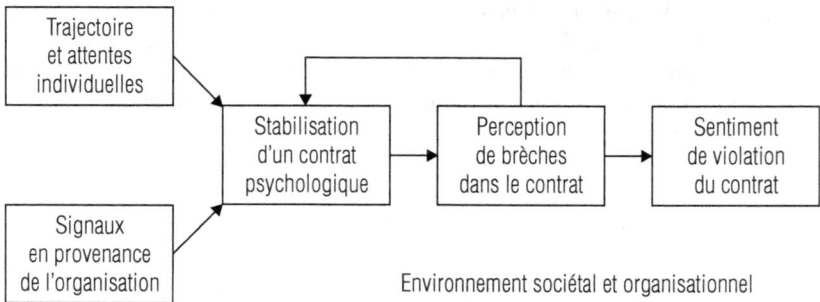

Figure 2 : **Processus de contractualisation psychologique**

Comme l'illustre la figure 1, le contrat psychologique est le fruit d'un processus de construction de sens qui s'active dès avant l'entrée dans l'organisation[3]. Il est d'abord forgé par l'histoire personnelle de chaque employé, par

---

1. Robinson, S. L., & Rousseau, D. M. (1994) ; Turnley, W. H., & Feldman, D. C. (2000).
2. Morrison, E. W., & Robinson, S. L. (1997).
3. Dulac, T. (2005).

ses valorisations et anticipations. En particulier, les expériences professionnelles antérieures, parmi lesquelles les ruptures de contrat, restructurations et périodes de chômage, vont influencer la perception actuelle de ce contrat.

Par ailleurs, l'individu puise aussi dans son environnement social les informations, explicites ou plus souvent implicites, utiles à la construction de son contrat psychologique. En particulier, les signaux et promesses émis par les représentants de l'organisation (recruteurs, supérieur hiérarchique) lors de la procédure de recrutement, de sélection et d'entrée dans l'organisation sont décisifs dans ce processus. A cet égard, les procédures de recrutement et de sélection qui veillent à fournir au candidat une information aussi complète et réaliste que possible sur les avantages et inconvénients du futur emploi diminuent sensiblement les perceptions de brèches ultérieures. A contrario, exalter une image trop flatteuse de l'entreprise pour attirer un maximum de candidats est une stratégie dangereuse à long terme. Plus largement, une politique de communication cohérente et réciproque est essentielle pour que le personnel se forge une idée claire des objectifs et attentes de l'employeur à son égard et des modalités de rétribution au sens large qu'il met en place. C'est a fortiori vrai en période de changement organisationnel, lorsque le contrat psychologique de chacun est sujet à renégociation.

En dépit de ces précautions, des brèches peuvent survenir parce que les politiques et pratiques organisationnelles évoluent nécessairement, sous la pression notamment des contraintes externes. Pour éviter que ces brèches ne génèrent un sentiment de violation avec tout son cortège de réactions émotionnelles et attitudinales fortes, il importe d'encourager un processus régulier d'explicitation et de négociation des termes de l'échange pour reconstruire un contrat jugé équilibré et pertinent aux yeux de chacune des parties. Les entretiens annuels de fonctionnement ou d'évaluation peuvent être un lieu propice à ce processus. Plus largement, la qualité des relations de travail immédiates avec le supérieur hiérarchique et les collègues facilitent cet échange et ce réajustement continu du contrat psychologique.

Enfin, le contrat psychologique est ancré dans un contexte social et organisationnel : les normes sociales propres à un contexte socio-économique, une entreprise, voire un groupe de travail limitent le champ des contrats psychologiques possibles et acceptables. Or, au vu de l'éclatement actuel des modèles régissant la relation d'emploi, ces repères sociaux paraissent lacunaires, instables ou, pire, contradictoires. Entre les perceptions, promesses et attentes des employés et celles de leur employeur, l'écart risque de se creuser, faute de cadre de référence clair et partagé. Là aussi, des espaces réguliers d'explicitation et de négociation des termes de l'échange sont indispensables pour limiter les risques de malentendus et la perception de brèches.

COMMENT GÉRER LES CARRIÈRES AUJOURD'HUI ?

Les mutations des modèles de carrière analysées ci-dessus sont souvent associées à une responsabilisation accrue des individus dans la conduite de leur parcours professionnel au détriment du rôle joué par les responsables des ressources humaines dans la gestion des carrières (cf. tableau 1). Les plans de développement et de rémunération, les ordinogrammes de succession et autres pratiques de gestion prévisionnelle semblent de plus en plus vains face à la mobilité et à la flexibilité croissantes de la force de travail. Si une partie des cartes sont bien dans les mains des travailleurs, les modèles de carrière émergeants n'en comportent pas moins de nouvelles responsabilités sociales et des possibilités d'action pour les employeurs. Dans cette section, nous allons nous attacher à examiner les implications pratiques de ces modèles pour les employés, d'abord, pour les responsables RH, ensuite.

Gérer sa carrière : la perspective de l'employé

Charge aux individus de maintenir leur employabilité ! Et aux organismes publics ou privés de (ré-)orientation professionnelle de les y aider, par des pratiques telles que le bilan de compétences ! Derrière ces nouvelles injonctions, encore faut-il s'entendre sur ce concept vague qu'est l'employabilité. A cet égard, les travaux[1] sur les carrières nomades identifient trois catégories de « compétences » essentielles à un positionnement favorable dans ce type de carrière.

- Le « **knowing why** », d'abord, fait référence aux motivations professionnelles, aux valeurs et sources d'investissement et d'identification qui donnent sens et cohérence au parcours professionnel de chacun. Il s'agit pour la personne, et pour les professionnels qui l'accompagnent, de se forger un projet professionnel qui soit à la fois autonome, dissocié de l'appartenance exclusive à une entreprise, et réaliste compte tenu des possibilités du marché de l'emploi et des forces et faiblesses

---

1. DeFillippi, R.J., & Arthur, M.B. (1994) ; Eby, L.T., Butts, M. & Lockwood, A. (2003).

de la personne. Les capacités à adapter constamment ce projet profes-sionnel aux évolutions de l'environnement et à faire preuve de proacti-vité dans sa mise en œuvre constituent deux facettes importantes de ce « knowing why ».

- Le « **knowing whom** », constitué des réseaux et contacts profession-nels développés par la personne à l'intérieur et à l'extérieur de son organisation, s'avère être une seconde ressource essentielle à la conduite de sa trajectoire professionnelle. Ce capital social intervient directement en multipliant les opportunités d'emploi de la personne et indirectement en contribuant au développement de son expertise et de sa réputation professionnelles. Des pratiques telles que le mentoring et la construction de communautés professionnelles sont propices à cette composante de l'employabilité.

- Le « **knowing how** », enfin, fait référence aux aptitudes et connaissan-ces professionnelles accumulées au fil du parcours professionnel. Cette ressource est valorisable dans la mesure où elle transférable au-delà des frontières de l'organisation et se distingue dès lors nettement des aptitudes requises par l'exercice d'une fonction particulière dans une entreprise donnée. De même, elle est beaucoup plus large que le capital éducatif attesté par une qualification ou un diplôme. Les opportunités formelles mais aussi informelles de formation continue ainsi que les pratiques de validation des acquis de l'expérience déjà mises en œuvre en France sont essentielles au développement de cette troisième compétence.

Ces trois composantes de l'employabilité constituent autant d'axes de tra-vail pour les professionnels de l'orientation et du conseil de carrière, soute-nus dans cette mission par l'outillage classique des psychologues : inventaires de motivations et valeurs professionnelles, nomenclatures de compétences, tests d'aptitude, etc. Quelles que soient les techniques utili-sées, le contexte actuel incite plus que jamais ces professionnels à se démarquer d'une logique d'appariement homme-travail (modèle adéqua-tionniste) dans laquelle la personne reste passive, pour mettre en place des démarches plus dynamiques facilitant la prise de conscience de soi, l'activa-tion de comportements de recherche d'informations sur le marché du travail et de développement de ses compétences ainsi que le positionnement comme acteur dans la négociation de la relation d'emploi (approche de la contractualisation psychologique).

Gérer les carrières : la perspective de l'employeur

La plus grande perméabilité des marchés interne et externe du travail et la diversification des modèles de carrière influencent également les pratiques de gestion des ressources humaines internes aux organisations, et cela à plusieurs niveaux.

D'abord, au niveau des pratiques de gestion des personnes, il importe de prendre en compte la plus grande subjectivité des critères de succès dans la carrière. En l'absence de modèle dominant de référence, les employés tendent à valoriser leurs propres indicateurs de réussite : accomplissement et notoriété professionnels pour les uns, conciliation des vies privée et professionnelle pour d'autres, possibilités d'apprentissage et nouveaux challenges pour d'autres encore,... La progression hiérarchique et salariale ne semble plus cristalliser toutes les ambitions professionnelles. Plus largement, les termes du contrat psychologique employé-employeur se diversifient et justifient une vision large des rétributions et contributions échangées en vue de fidéliser ou, tout ou moins, de mobiliser les employés, dépassant largement les classiques équations « temps de travail contre salaire » ou « fidélité contre sécurité d'emploi ». La prise en compte de cette diversité incite à une certaine individualisation de la gestion des carrières, fondée sur une segmentation appropriée du personnel en fonction de leurs aspirations et des temporalités de leur trajectoire. Très concrètement, cela signifie des rythmes de carrières moins linéaires et plus ouverts au recrutement des moins jeunes, aux pauses propices au lancement d'autres projets professionnels ou aux engagement parentaux, à l'aménagement des conditions de travail pour les seniors. Cela signifie aussi une diversification des formes de rétributions, à l'image de la rémunération cafétéria permettant d'opter entre des primes salariales et d'autres avantages extra-légaux (congés supplémentaires, assurances groupe, voitures de société, places de crèches, etc.).

Plus encore, une conception de la carrière comme contractualisation psychologique souligne la nécessité de gérer, non seulement les termes de l'échange, mais aussi le processus même de négociation pour limiter les risques de malentendus et de rupture du contrat psychologique. Deux principes sont à cet égard essentiels : (1) assurer l'accès des employés à une information large, claire et cohérente quant aux attentes de l'entreprise à leur égard et quant aux contreparties offertes, en particulier lors de la phase d'embauche et en cas de changements organisationnels ; (2) ouvrir des espaces d'explicitation et de négociation des termes du contrat psychologique sous-tendant la relation d'emploi, l'entretien de sélection ainsi que les entretiens annuels de fonctionnement constituant des lieux privilégiés à cet effet.

A un second niveau, plus stratégique, il est indispensable d'inscrire la politique de gestion du personnel dans une vision plus globale du rôle du capital humain dans la construction de l'avantage concurrentiel de l'entreprise. L'importance, la spécificité et la rareté, aux yeux de l'employeur, des aptitudes et compétences propres aux diverses catégories de personnel sont déterminantes dans les options d'emploi et de carrière qui leur seront proposées et, in fine, dans leurs attitudes à l'égard de l'employeur et dans leurs modes d'investissement au travail. A l'heure où simultanément le marché de l'emploi se fluidifie et où les capacités strictement humaines sont les seules à faire la différence dans certains secteurs d'activités, la question de la rétention des talents ou celle de la mobilisation des salariés sous statut précaire font figure de défis ! Elles soulignent les limites du modèle des carrières nomades pour les employeurs aussi et tendent à réhabiliter une conception de l'organisation comme lieu d'appartenance durable, de construction d'identités professionnelles et de développement de connaissances implicites et partagées, sources potentielles d'avantage concurrentiel.

Enfin, à un troisième niveau, le modèle des carrières nomades soulève la question de la responsabilité des employeurs dans le maintien d'une force de travail compétente et motivée, non plus à l'échelle de leur entreprise mais à l'échelle d'un bassin d'emploi ou d'un secteur d'activité. Tous ayant intérêt à pouvoir disposer sur le marché externe d'un personnel suffisant et qualifié, tous ont indirectement intérêt aussi à contribuer au maintien et au développement des compétences circulant sur ce marché. Dans cette perspective, des dispositifs coopératifs facilitant une gestion du personnel transversale à plusieurs entreprises (clients-fournisseurs, réseaux, voire concurrents) peuvent utilement contribuer à éviter des interruptions professionnelles trop longues et à assurer aux salariés des parcours d'emploi qualifiants.

CONCLUSION

Au fil de ce chapitre, nous avons développé tant la perspective de l'employeur que celle de l'employé sur cette délicate question de la gestion des carrières aujourd'hui. Dans un contexte d'érosion de la norme de sécurité d'emploi, de mise en place de structures organisationnelles plus flexibles et d'éclatement de l'entreprise comme lieu d'identification, nous

assistons à une multiplication des ruptures dans les trajectoires professionnelles et à une diversification des modèles de carrière. Ces tendances profondes incitent à un dépassement des approches adéquationnistes et
déterministes qui sous-tendaient la gestion des carrières traditionnelles
pour aller vers une vision beaucoup plus contractuelle de la relation
d'emploi, conçue comme la négociation permanente d'une relation
d'échange équilibrée entre employeur et employé. C'est la nature mais plus
encore la dynamique de ce contrat psychologique propre à chacun qui déter-
minera ses modes d'engagement au travail et donnera sens à ses orientations professionnelles. A chacun employeurs et employés de mettre en place
les conditions propices à une négociation équilibrée et profitable aux deux
parties.

Bibliographie

Arthur, M.B., & Rousseau, D.M. (1996). *The boundaryless career.* New York : Oxford University Press.

Cadin, L., Bender, A.-F., & de Saint Giniez, V. (2003). *Carrières nomades : les enseignements d'une comparaison internationale.* Paris : Vuibert.

DeFillippi, R.J., & Arthur, M.B. (1994). The boundaryless career : a com-pentency-based perspective. *Journal of Organizational Behavior,* 15, 325-344.

Dulac, T. (2005) De la formation à l'évaluation du contrat psychologique : revue de littérature et perspectives de recherche. In : Delobbe, N., Herr-bach, O., Mignonac, K. & Lacaze, D. (Eds.) *Comportement organisationnel : contrat psychologique, intelligence émotionnelle et socialisation organisationnelle* (Volume 1). Bruxelles : De Boeck.

Eby, L.T., Butts, M. & Lockwood, A. (2003) Predictors of success in the era of the boundaryless career. *Journal of Organizational Behavior,* 24, 689-708.

Hall, D.T. (1996). *The career is dead-long live the career.* San Francisco : Jossey Bass.

Holland, J.L. (1985). *Making vocational choices :* A *theory of vocational personalities and work environment.* Odessa : Psychological Assessment Resources, Inc.

Lepak, D.P., & Snell, S.A. (2002). Examining the human resource architecture : The relationships among human capital, employment, and human resource configurations. *Journal of Management,* 28, 517-543.

Levinson, D . (1978) *The seasons of a man's life*. New York : Knopf.

Mayrhofer, W., Meyer, M ., Iellatchitch, A., & Shiffinger, M. (2004). Careers and human resource management – a European perspective. *Human Resource Management Review*, 14, 473-498.

Millward, L.J., & Brewerton, P.M. (2000). Psychological contracts : Employee relations for the twenty-first century ? In : C.L. Cooper,& I.T. Robertson (Eds.) *International Review of Industrial and Organizational Psychology*. John Wiley & Sons.

Morrison, E. W., & Robinson, S. L. (1997). When employees feel betrayed : A model of how psychological contract violation develops. *Academy of Management Review*, 22, 226-256.

Robinson, S. L., & Rousseau, D. M. (1994). Violating the psychological contract : Not the exception but the norm. *Journal of Organizational Behavior*, 15, 245-259.

Rousseau, D.M. (1995). *Psychological contracts in organizations : Understanding written and unwritten agreements*. London & New York : Sage.

Schein, E.H. (1978). *Career dynamics : matching individual and organizational needs*. Addison-Wesley.

Schein, E.H. (1996). Career anchors revisited : Implications for career development in the 21st century. *Academy of Management Executive*, 10, 4, 80-88.

Sullivan, S. (1999). The changing nature of careers : A review and research agenda. *Journal of Management*, 25, 3, 457-484.

Super, D. (1957). *Psychology of careers*. New York : Harper & Brothers.

Turnley, W. H., & Feldman, D. C. (2000). Re-examining the effects of psychological contract violations : Unmet expectations and job dissatisfaction as mediators. *Journal of Organizational Behavior*, 21, 25-42.

Wanous, J.P. (1980) *Organizational entry*. Reading, MA : Addison-Wesley.

Chapitre 8

L'engagement organisationnel peut-il favoriser le bien-être des salariés ?

CHRISTIAN VANDENBERGHE

L'engagement organisationnel est aujourd'hui considéré comme un concept central de toute politique de gestion destinée à fidéliser les salariés. Les travaux empiriques ont en effet montré de façon consistante que les employés engagés envers leur entreprise cherchent moins que les autres à la quitter. Les recherches ont aussi montré que le niveau d'engagement organisationnel parmi les employés est un bon indicateur de leur rendement professionnel. Au-delà de ces effets favorables du point de vue de l'organisation, il faut néanmoins se poser la question de savoir si l'engagement présente un intérêt particulier pour les salariés eux-mêmes. En effet, la plupart des travaux ont apporté des réponses favorables aux préoccupations des employeurs, mais ont rarement considéré le point de vue de l'employé, à travers des aspects comme sa santé ou son bien-être. L'objectif de ce chapitre est d'examiner sous quelles conditions l'engagement organisationnel peut augmenter le bien-être des salariés.

Ce chapitre sera divisé en plusieurs sections. Dans une première section, nous ferons le point sur les formes établies par lesquelles un salarié peut s'engager envers son organisation. Ensuite, nous aborderons les liens existants entre l'engagement organisationnel et l'équilibre travail-famille, soit un aspect essentiel de la qualité de vie des salariés aujourd'hui. Dans une troisième section, nous envisagerons les impacts connus des formes d'engagement organisationnel sur la santé psychologique et le bien-être. La quatrième section fera état des zones de conflit pouvant exister entre les cibles de travail vers lesquelles les salariés dirigent leur engagement. Ces zones de conflit peuvent en effet être à l'origine d'une dégradation du bien-être psychologique. Pour terminer, les implications de gestion relatives aux points traités dans ce chapitre seront résumées dans une conclusion générale.

L'ENGAGEMENT ORGANISATIONNEL : PLUSIEURS FORMES, UN ÉTAT PSYCHOLOGIQUE GLOBAL

Depuis les travaux de Meyer et Allen (1991), nous savons que l'engagement organisationnel présente trois formes possibles. L'engagement *affectif* correspond à une implication envers l'entreprise basée sur l'identification à ses valeurs et objectifs. Les employés engagés affectivement désirent à la fois rester membres de leur organisation et contribuer à son efficacité. L'engagement *normatif* est quant à lui de nature morale en ce sens qu'il implique un sentiment de loyauté basé sur un sens d'obligation envers l'entreprise. Les salariés qui éprouvent cette forme d'engagement cherchent à maintenir leur appartenance et travailler en faveur de l'entreprise car ils ressentent une dette morale à son égard. Enfin, la dernière forme est appelée engagement de *continuité*. Elle repose sur le coût d'appartenance à l'organisation, les employés engagés sur cette base restant membres de leur organisation parce que le coût d'un départ éventuel serait trop élevé à leurs yeux. Cette forme d'engagement doit cependant être vue à travers deux sous-dimensions distinctes correspondant à des mobiles différents. La première correspond au sacrifice psychologique, matériel, ou relationnel, qu'occasionnerait le départ (p. ex. perte de tous les efforts investis dans l'emploi occupé, perte de salaire ou d'avantages sociaux, ou encore perte de collègues appréciés). Dans ce cas, l'employé resterait parce qu'il perdrait trop d'avantages en cas de départ. D'autre part, l'engagement de continuité peut aussi provenir d'une sorte de coût externe lié au départ, l'employé restant en raison de l'absence d'alternative d'emploi à l'extérieur.

Les recherches ont montré que les trois formes d'engagement ne présentent pas des effets homogènes sur les conduites au travail. Ainsi, l'engagement affectif présente le plus d'effets favorables, du point de vue de l'employeur, car il réduit considérablement le risque de départ volontaire et l'absentéisme, et améliore sensiblement la performance dans les tâches prescrites et dans les aspects discrétionnaires du travail (p. ex. entraide) (cf. Meyer, Stanley, Herscovitch, & Topolnytsky, 2002). L'engagement normatif présente des effets analogues mais moins spectaculaires. Ceci s'explique par le fait que lorsqu'un employé produit un travail par obligation morale envers son employeur, il l'accomplit avec moins d'enthousiasme que lorsqu'il le fait par désir (engagement affectif). Enfin, les travaux montrent que l'engagement de continuité présente peu d'effets favorables à l'organisation, car les salariés engagés sur cette base ont tendance à ne faire que le minimum nécessaire pour conserver leur emploi.

Comme le soulignent Meyer et Allen (1991), le point commun de ces trois formes d'engagement organisationnel est qu'elles contribuent à créer « un état psychologique [global] qui (a) caractérise la relation de l'employé à son organisation, et (b) a des effets sur la décision de rester ou de ne plus rester membre de l'organisation » (p. 67). Ceci a des conséquences importantes sur le comportement réel de l'employé. En effet, si l'on examine de près la nature des effets associés à chaque forme d'engagement, on se rend compte qu'il est souhaitable que les salariés présentent un niveau élevé d'engagement affectif et/ou normatif mais qu'ils éprouvent parallèlement un faible niveau d'engagement de continuité. En d'autres termes, l'engagement doit présenter un dosage optimal de chacune des dimensions pour avoir des effets bénéfiques. On notera à cet égard que plus l'ancienneté augmente, plus il y a de risques que l'engagement de continuité atteigne des niveaux élevés. En effet, dans ce cas, on se retrouve avec des individus pouvant combiner un engagement affectif élevé en raison des renforcements positifs accumulés dans la carrière, et un engagement de continuité élevé en raison, entre autres, du manque de possibilités de mobilité professionnelle. L'enthousiasme au travail est alors inéluctablement à la baisse.

Nous reviendrons sur la question des interactions entre composantes d'engagement lorsqu'il s'agira d'explorer leurs effets sur la santé et le bien-être. Avant d'aborder ce point, nous allons examiner les effets des formes d'engagement organisationnel sur l'équilibre travail-famille.

L'IMPACT DE L'ENGAGEMENT ORGANISATIONNEL
SUR L'ÉQUILIBRE TRAVAIL-FAMILLE

Une des présomptions sous-tendant la méfiance de certains auteurs vis-à-vis du concept d'engagement organisationnel serait qu'il contribuerait à maximiser les bénéfices de l'entreprise, et ce au détriment des employés. Tout se passe comme si l'on faisait l'hypothèse que lorsqu'un employé se sent engagé envers son entreprise, il passe dès lors un temps plus que raisonnable à travailler pour elle. Indirectement, cela supposerait que l'employé verrait sa qualité de vie se réduire, et parallèlement disposerait de moins de temps pour sa vie personnelle et familiale, puisque moins d'heures pourrait être consacré à cette sphère de l'existence.

Cette position est cependant loin d'être réaliste, et ce pour deux raisons. Tout d'abord, s'investir dans une organisation par désir (engagement affectif), par obligation morale (engagement normatif), ou en raison du coût qu'occasionnerait un départ (engagement de continuité) n'a pas la même signification psychologique. En d'autres termes, la raison qui sous-tend l'engagement est sans doute déterminante lorsque nous avons à examiner les conflits potentiels entre le temps passé au travail et le temps qu'il nous reste pour d'autres activités. On peut en effet penser que lorsque nous passons une journée à travailler pour une entreprise que nous aimons, le temps passé n'a pas la même valeur que lorsque nous travaillons dans une entreprise pour des raisons plus instrumentales (p. ex. le coût associé au départ). Nous allons revenir sur ce point. Deuxièmement, il semble bien qu'il n'existe dans les faits qu'une corrélation très faible entre le niveau d'engagement organisationnel, quelle que soit la forme, et le nombre d'heures réellement prestées par les salariés. Nous avons en effet trouvé ce résultat dans une étude menée auprès de plus de 700 cadres supérieurs dans le secteur de la santé (Vandenberghe & Morin, 2004).

La relation entre l'engagement et le conflit travail-famille doit donc être considérée sous un autre angle. Seules quelques études ont abordé cette question. De façon tout à fait intéressante, les résultats montrent que l'engagement affectif est négativement associé au conflit travail-famille (Meyer et al., 2002). Cela signifie que lorsque l'individu travaille pour une entreprise dont il épouse les valeurs et objectifs, il ressent moins de conflit entre son travail et sa vie familiale. Tout se passe donc comme si s'investir dans l'organisation en pareille circonstance rendait le fardeau du temps passé au travail moins lourd eu égard au temps restant pour la famille. Il n'est d'ailleurs pas impossible que lorsque l'employé est affectivement engagé envers son orga-nisation, il ressente un sentiment d'harmonie intérieure plus prononcé, qui l'amènerait à exporter moins de soucis vers sa vie familiale. Cette hypothèse est cohérente avec les recherches ayant montré que l'engagement organisa-tionnel affectif est négativement associé au stress professionnel (Meyer et al., 2002). En d'autres termes, les employés affectivement engagés envers leur entreprise déclarent moins souffrir de stress.

L'inverse se produit avec l'engagement de continuité. En effet, les recherches montrent que lorsque le salarié vit sa relation à l'entreprise sous le mode de l'engagement continu, il déclare ressentir significativement plus de conflit entre sa vie professionnelle et sa vie familiale (Meyer et al., 2002). De nou-veau, la relation entre temps passé au travail et temps disponible pour la vie familiale semble dépendre de la qualité de l'engagement envers l'entreprise. Lorsque l'employé a pour seule perspective un engagement instrumental, le coût d'appartenance étant le mobile premier de sa présence, on peut com-prendre que le temps passé dans l'entreprise soit perçu comme du temps perdu pour des activités a priori plus enrichissantes, en l'occurrence ici la vie de famille. Les résultats des recherches montrent aussi que l'engagement de continuité est positivement associé au stress professionnel. Il est ainsi vrai-semblable que des individus expérimentant un niveau élevé d'engagement de continuité soient plus perméables aux soucis professionnels, qu'ils auraient sans doute tendance à ramener à la maison. Ceci rendrait l'interfé-rence entre le travail et la vie familiale plus évidente à leurs yeux.

On le voit bien, c'est au niveau de l'engagement de continuité que se situent les risques les plus élevés de conflit entre le travail et la vie personnelle/familiale. Les employeurs auraient donc tout intérêt à limiter l'expansion de cette forme d'engagement s'ils souhaitent aider leurs employés. Une étude récente (Mellor, Mathieu, Barnes-Farrell, & Rogelberg, 2001) apporte des enseignements intéressants à cet égard. Elle montre en effet que certaines obligations liées à la vie privée contribuent à augmenter l'engagement de continuité, alors qu'elles n'affectent pratiquement pas le lien affectif envers l'entreprise. Ainsi, c'est essentiellement le fait d'avoir des enfants qui fait augmenter, tant pour les hommes que pour les femmes, l'engagement de continuité, que ce soit en limitant la mobilité perçue sur le marché du travail ou en augmentant le coût direct de l'appartenance à l'organisation. Par contre, le fait d'avoir des parents dans un rayon proche de son domicile réduit l'impact du nombre d'enfants sur l'engagement de continuité envers l'entreprise, car ils constituent une ressource pour l'individu.

© Groupe Eyrolles

En d'autres termes, comme le soulignent Mellor et al. (2001), la situation familiale agit directement sur le coût d'appartenance à l'organisation, et influence donc indirectement le bien-être des salariés. En conséquence, il est souhaitable que les employeurs aident leurs employés à faire face à leurs obligations privées. Ainsi, plutôt que d'investir à l'excès dans des systèmes de rémunération attractifs, lesquels ne peuvent que faire augmenter le coût d'appartenance à l'organisation, les employeurs devraient investir davantage dans des horaires de travail flexibles et des formes de travail alternatifs (p. ex. télétravail, équipes virtuelles) ou offrir des services de garde d'enfants. En effet, ces formules auront non seulement un effet positif sur l'engagement affectif envers l'organisation (Kossek & Ozeki, 1999) mais permettront aussi de réduire l'engagement de continuité. Cette combinaison est susceptible d'avoir un effet optimal sur le bien-être des salariés.

LES EFFETS DE L'ENGAGEMENT ORGANISATIONNEL SUR LA SANTÉ ET LE BIEN-ÊTRE PSYCHOLOGIQUE

Très peu d'études ont examiné l'impact de l'engagement organisationnel sur la santé des salariés. On sait cependant que son effet varie suivant la dimension d'engagement considérée. Comme souligné dans la section précédente, l'engagement affectif est associé à des niveaux de stress plus bas. D'une certaine manière, travailler pour une entreprise dont on épouse les valeurs et les objectifs est préférable pour la santé personnelle de l'individu. Ceci peut s'expliquer par le fait que le travail accompli répond beaucoup plus dans ce cas aux valeurs personnelles de l'individu. En revanche, l'engagement de continuité est positivement associé au stress. Dans ce cas de figure, l'individu est préoccupé par le coût qu'occasionnerait pour lui un départ éventuel ou par le manque d'opportunités d'emploi à l'extérieur. Ces préoccupations sont naturellement porteuses de stress professionnel. Ces éléments sont corroborés par le fait que les individus affectivement engagés se sentent aussi mieux soutenus sur le plan émotionnel par leur entreprise que les individus dont l'engagement de continuité est élevé. Ces derniers se sentent en général peu soutenus par leur entreprise. Leur bien-être personnel n'est donc pas optimal.

Quelques données nous permettent de mieux comprendre comment l'engagement organisationnel peut contribuer à la santé et au bien-être psychologique. Nous tirons les conclusions présentées dans les lignes qui suivent d'une étude menée auprès de plus de 700 cadres supérieurs du secteur de la santé et des services sociaux au Québec (Vandenberghe & Morin, 2004). Nous avons mesuré le niveau d'engagement de ces cadres pour chacune des formes décrites plus haut (affective, normative, et de continuité). Sept mois plus tard, les mêmes répondants ont complété des échelles de bien-être psychologique ainsi que des mesures de troubles psychologiques comprenant l'anxiété, l'état dépressif, l'irritabilité, et les troubles cognitifs. Les résultats se classent en deux catégories, ceux qui se rapportent aux effets directs des dimensions d'engagement organisationnel sur les variables de santé et de bien-être, et ceux relatifs aux interactions entre les dimensions d'engagement sur ces mêmes critères. En voici les grandes lignes.

Tout d'abord, les données montrent que l'engagement affectif des cadres envers leur organisation augmente leur bien-être psychologique ultérieur mais est non relié aux troubles psychologiques. Autrement dit, il y a donc bien un intérêt, non seulement pour l'organisation, mais aussi pour l'individu de voir naître un engagement affectif élevé envers l'organisation. Le portrait est nettement moins favorable du côté des autres formes d'engagement. L'engagement normatif, émanant d'une obligation morale envers l'employeur, réduit le bien-être psychologique et augmente la probabilité d'apparition subséquente d'anxiété, de symptômes dépressifs, et d'irritabilité. En d'autres termes, lorsque l'individu agit par obligation morale, cela semble engendrer un coût psychologique non négligeable sur le plan du bien-être. Lorsqu'on examine les effets de l'engagement de continuité, un portrait différent apparaît suivant que l'on considère la sous-dimension « sacrifice associé au départ » ou la sous-dimension « manque perçu d'alternative d'emploi ». Rappelons que le sacrifice associé à un départ éventuel peut être de nature variable (perte d'avantages financiers, perte de tous les efforts investis dans l'entreprise, perte de collègues appréciés, etc.). De façon tout à fait intéressante, le sacrifice perçu ne semble avoir qu'un seul effet négatif : il augmente le niveau d'anxiété de l'individu. Néanmoins, le sacrifice qui résulterait du fait de quitter l'entreprise ne présente pas des effets aussi dévastateurs que l'autre sous-dimension de l'engagement de continuité, à savoir le manque d'alternative d'emploi. Cette dernière variable a un impact négatif très prononcé sur le bien-être psychologique, et provoque par ailleurs une augmentation sensible de l'anxiété, des symptômes dépressifs, de l'irritabilité, et des troubles cognitifs. Au vu de ces quelques résultats, on peut déjà constater que ce sont les dimensions normative et de manque d'alternative d'emploi qui engendrent les effets les plus négatifs sur le bien-être alors que l'engagement affectif est le plus favorable.

Les résultats montrent aussi des effets d'interaction entre les composantes d'engagement sur le bien-être et la santé. Il apparaît en effet que lorsque le manque de mobilité professionnelle est élevé, l'impact de l'engagement normatif sur la santé devient unilatéralement négatif. En effet, dans ces conditions, le bien-être psychologique se dégrade alors que les symptômes de troubles psychologiques se multiplient : plus d'anxiété, plus de symptômes dépressifs, plus d'irritabilité et même plus de troubles cognitifs. Ces effets peuvent s'expliquer par le fait que le poids de l'obligation morale envers l'organisation (engagement normatif) est d'autant plus inconfortable psychologiquement que parallèlement les individus voient leurs perspectives de mobilité se réduire. Dans l'étude décrite dans ces lignes, les individus étaient à un stade avancé de leur carrière (âge moyen = 48,.36 ans), et leur secteur d'activité ne connaissait pas un taux de mobilité élevé parmi les cadres. Par conséquent, le manque d'opportunités extérieures ne représentait pas une vue de l'esprit pour ces derniers.

Comme on peut le constater, ce sont bien les dimensions d'engagement normatif et de manque d'alternative qui, lorsqu'elles atteignent concurremment des niveaux élevés, engendrent les effets les plus néfastes sur le bien-être des salariés. Il y a donc deux voies que les employeurs peuvent emprunter pour éviter à leurs employés de connaître les désagréments de cet état psychologique. Une première voie consiste à multiplier les possibilités de mobilité professionnelle pour les employés quel que soit leur niveau. On peut y arriver en veillant à mettre à jour de façon régulière leurs compétences pour qu'elles soient ajustées à l'évolution du marché du travail. De même, il est possible de mettre en place, lorsque l'organisation est suffisamment grande, un véritable programme de mobilité interne permettant à chacun de rester mobile en permanence et d'éviter donc la *prison psychologique* liée à sa fonction. Enfin, on peut aussi recommander aux gestionnaires de transmettre de façon régulière les opportunités d'emploi qui s'offrent à leurs salariés, que ce soit des offres internes ou des offres externes. Certes, cela risque de provoquer certains départs non souhaités au sein du personnel mais d'un autre côté, une telle pratique permet de s'assurer que ceux qui restent présentent un état de mobilisation psychologique optimal.

Une autre voie consiste à éviter de développer de manière excessive l'engagement normatif parmi son personnel. Rappelons que l'engagement normatif représente une dette morale ressentie envers l'employeur, laquelle représente un fardeau psychologique tant qu'elle n'est pas acquittée. Ce sentiment d'obligation morale semble provenir du principe de réciprocité, qui sous-tend les échanges entre individus dans toute société humaine : lorsque nous recevons un service ou une aide, nous nous sentons obligés envers le donateur, ce sentiment ne prenant fin que lorsque nous avons pu lui rendre la pareille (Gouldner, 1960). Il semble cependant que lorsque le poids de la dette morale augmente (en raison de l'ampleur du don notamment), l'individu puisse ressentir un inconfort psychologique, ou se sentir contraint au point de voir son autonomie d'action se réduire considérablement (Emerson, 1981). En d'autres termes, éprouver un engagement normatif trop élevé envers son organisation peut représenter un fardeau très lourd, qui peut devenir d'autant plus difficile à supporter que l'individu perçoit peu d'opportunités d'emploi à l'extérieur.

Les facteurs qui peuvent développer l'engagement normatif à l'excès se retrouvent souvent dans des cultures de travail paternalistes qui encouragent la loyauté excessive et exercent des pressions morales trop fortes sur les employés. C'est ainsi souvent le cas dans des organisations de services où toutes les demandes du client sont considérées comme légitimes et *doivent* donc être satisfaites, au nom du sacro-saint principe selon lequel le client est roi. Nous avons d'ailleurs constaté dans nos propres travaux que l'engagement normatif est ressenti de manière beaucoup plus forte envers le client qu'envers tout autre interlocuteur (entreprise, équipe de travail, collègues, supérieur immédiat, etc.) (Stinglhamber, Bentein, & Vandenberghe, 2002). De plus, ce phénomène se produit quel que soit le secteur d'activité (secteur privé, secteur public, hôpitaux, etc.). Les pressions *normatives* du client dans les organisations contemporaines sont sans doute les plus difficiles à gérer pour les salariés. Elles s'imposent généralement aux employés qui doivent les subir tant elles paraissent légitimes et incontournables. En effet, quelle est aujourd'hui l'organisation qui placerait le service au client au rang des valeurs secondaires de sa culture ? Probablement aucune. On comprend donc que satisfaire les demandes du client soit devenu une *obligation morale* pour les employés dans la plupart de nos organisations.

Ce dernier point nous amène à aborder un autre aspect des impacts de l'engagement sur le bien-être des salariés, à savoir les conflits potentiels entre les cibles d'engagement. Les chercheurs s'intéressent en effet de plus en plus aux conflits pouvant émerger entre des cibles d'engagement dont les objectifs ne seraient pas compatibles. Cette question est centrale car les conflits de rôle sont connus pour représenter une des sources les plus importantes de stress professionnel dans les organisations.

L'IMPACT DES CONFLITS ENTRE LES CIBLES D'ENGAGEMENT SUR LE BIEN-ÊTRE DES SALARIÉS

Les recherches ont largement établi que les employés dirigent leur engagement vers une variété de cibles au sein de leur environnement de travail. Parmi ces cibles, il faut distinguer celles qui sont extérieures à l'organisation de celles qui sont internes. Au rang des premières, la plus importante est le client. Les chercheurs ont commencé à explorer la compatibilité entre l'engagement envers l'organisation et l'engagement envers le client. Notons cependant que l'attention s'est essentiellement portée sur la forme *affective* de l'engagement envers ces deux entités. Nous centrerons donc notre propos sur cette composante.

Comme le soulignent Chung et Schneider (2002), les employés des entreprises de services sont particulièrement exposés aux conflits de rôle entre d'une part les exigences de leur employeur auxquelles ils doivent se plier et celles des clients qu'ils essaient de satisfaire. Leur environnement de travail est particulièrement complexe car ils agissent en tant que représentants de l'entreprise auprès du client mais occupent bien souvent une position basse dans la hiérarchie, ce qui les contraint à devoir suivre les directives de l'organisation, lesquelles ne sont pas toujours compatibles avec les exigences du client. Ainsi, un employé d'une agence de banque est souvent évalué par sa hiérarchie sur son volume de vente dans certaines catégories de produits financiers, alors que les caractéristiques de ces produits sont parfois incompatibles avec les besoins du client. Dans les dernières années, se sont ainsi multipliées les situations de litige dans lesquelles il est apparu que les banques, via leurs employés, avaient vendu des produits financiers très volatils à des clients âgés ou peu informés des marchés financiers, ce qui a engendré de leur part des réactions inappropriées lors de revers boursiers. Bien sûr, les clients s'en plaignaient auprès des employés qui leur avaient vendu ces produits. Les problèmes de stress psychologique engendrés par cette double allégeance, à l'organisation et au client, étaient parfois plus prononcés encore lorsque les employés devaient réduire les services offerts à des clients peu rentables, mais vis-à-vis desquels ils se sentaient *affectivement* engagés depuis de nombreuses années.

Entretenir un engagement affectif envers son entreprise et envers les clients de cette entreprise n'aura pas d'effet négatif sur le bien-être de l'employé à la condition que les objectifs de ces deux entités soient compatibles. Dans une étude récente menée au sein d'une chaîne de restauration rapide (Vandenberghe, Bentein, Chebat, Tremblay, & Fils, 2005), les données de recherche montrent que plus les employés en contact avec la clientèle éprouvent un engagement affectif envers leur organisation, moins les clients sont satisfaits de la qualité du service. En d'autres termes, dans ce contexte particulier, l'attachement de l'employé à l'entreprise réduit la satisfaction des clients. Par contre, la même étude montre que le niveau d'engagement affectif de l'employé envers les clients – exprimant le degré d'attachement aux clients – est positivement lié au niveau de satisfaction des clients par rapport au service offert. On peut donc conseiller aux entreprises qui souhaitent augmenter la satisfaction de leur clientèle de revoir les pratiques de reconnaissance qu'elles utilisent pour motiver leur personnel et d'intégrer des critères en provenance directe des clients. En effet, on sait que les pratiques de reconnaissance des mérites représentent un levier important pour stimuler l'engagement affectif envers l'organisation. Si ces pratiques sont davantage alignées avec les critères utilisés par les clients pour définir ce que constitue à leurs yeux un service de qualité, elles auront pour effet à la fois de rendre plus compatible l'engagement affectif des employés envers l'organisation avec leur attachement à la clientèle et, en rendant les objectifs de ces entités compatibles, elles réduiront par la même occasion les conflits de rôle, contribuant ainsi à améliorer le bien-être des employés.

Les conflits de rôle relatifs à des cibles d'engagement dont les objectifs sont contradictoires peuvent aussi se rencontrer à l'intérieur de l'organisation elle-même. Ainsi, les recherches montrent que les employés éprouvent un engagement affectif généralement plus élevé envers leur groupe de travail qu'envers leur organisation (cf. Mueller & Lawler, 1999). Cette situation est susceptible de créer une tension psychologique entre l'investissement placé dans le groupe de travail et celui plus large destiné à servir les objectifs généraux de l'entreprise. Bien que cette situation varie fortement d'une entreprise à l'autre, suivant son niveau de décentralisation, sa complexité, sa taille, ou sa culture, il semble que les individus trouvent en général plus de bénéfices psychologiques à l'appartenance à leur équipe de travail que vis-à-vis de leur organisation. Selon Mueller et Lawler (1999), l'engagement affectif envers le groupe de travail est renforcé par le fait que celui-ci offre plus d'opportunités de contrôle sur l'environnement de travail et qu'il génère plus d'occasions d'éprouver des émotions positives. L'organisation serait une entité plus abstraite et lointaine qui dès lors engendrerait un sentiment de contrôle plus diffus et avec laquelle il serait plus difficile d'entretenir un lien personnalisé.

Au-delà de cette réalité, lorsque le groupe de travail représente un véritable îlot culturel dans l'organisation, et qu'il véhicule des normes ou des valeurs pouvant être contraires à celles édictées par l'organisation, les employés ressentent un conflit inévitable entre l'engagement affectif qu'ils vouent à l'organisation et l'attachement affectif envers leur groupe de travail. Une fois de plus, il faut mettre en cause le manque d'articulation entre les objectifs du groupe et ceux de l'organisation. C'est bien souvent par un travail de communication constant que les entreprises peuvent décliner au niveau de chaque groupe de travail le sens même des objectifs organisationnels.

Une variante de ce hiatus entre l'organisation et la base est parfois observée dans les conflits d'intérêt entre l'organisation et certains supérieurs immédiats. Les employés y sont en général très sensibles. On sait en effet aujourd'hui que l'engagement affectif envers le supérieur direct est parfois plus prédictif du risque de démission que le niveau d'engagement affectif envers l'organisation (Stinglhamber & Vandenberghe, 2003). La relation avec le supérieur est donc décisive. Lorsque ce dernier n'est pas en accord avec la politique de l'organisation, cela engendre parfois des situations difficiles à vivre pour le personnel. Ainsi, il n'est pas rare de constater qu'à la suite d'une restructuration d'entreprise, certains supérieurs voient leur légitimité remise en question par les dirigeants. On peut alors voir des employés profondément attachés à leur supérieur décider, bien malgré eux, de quitter l'organisation en raison de deux éléments qui se combinent : (a) leur engagement organisationnel diminue sensiblement, et (b) ils perçoivent que leur supérieur n'est plus soutenu par l'organisation, ce qui diminue leur pouvoir. Le déchirement que provoquent ces décisions s'explique donc parce qu'elles interviennent alors que l'engagement affectif envers le supérieur est élevé.

Pour permettre aux employés de vivre leurs engagements multiples envers les cibles internes à l'organisation de façon harmonieuse, une clé importante semble être le degré de soutien émotionnel apporté aux supérieurs directs. Ceux-ci étant de véritables ambassadeurs de l'organisation auprès des employés, leur rôle est essentiel et mérite d'être mis en valeur. A cet égard, nous avions nous-mêmes été surpris de constater que dans un hôpital où nous menions une recherche, le personnel déclarait bénéficier d'autant moins de soutien de la part de leur chef que ce dernier était perçu comme représentatif de l'organisation. En fait, cet hôpital connaissait des tensions très fortes entre les responsables d'unités et la direction. Ceci illustre bien à quel point il est nécessaire de renforcer le lien entre la direction et le personnel de supervision afin de rendre les engagements envers ces deux niveaux, mutuellement compatibles.

CONCLUSION

L'objectif de ce chapitre était de mettre en évidence les conditions dans lesquelles l'engagement organisationnel peut contribuer à améliorer le bien-être des salariés. Les données de recherche accumulées suggèrent que l'engagement affectif est en tant que telle la forme la plus bénéfique tant pour les organisations que pour les salariés eux-mêmes. En effet, ceux qui éprouvent cette forme d'engagement rapportent en général un bien-être psychologique plus élevé, moins de stress au travail, et moins de conflits entre leur vie professionnelle et leur vie privée. On peut donc encourager les entreprises à développer cette forme d'engagement parmi leur personnel, que ce soit via des conditions de travail intrinsèquement stimulantes, en donnant un soutien émotionnel à leurs employés en période difficile, ou en appliquant des procédures de gestion équitables (p. ex. évaluation, promotion). Les données de recherche montrent en effet que ces dispositifs permettent d'augmenter l'engagement affectif.

L'engagement de continuité représente une deuxième dimension qui contribue à façonner l'état psychologique d'engagement de tout employé. Cette forme d'engagement est moins favorable au bien-être des employés. Par exemple, il est maintenu établi que les salariés qui vivent leur relation à l'entreprise sous le mode du coût d'appartenance (engagement de continuité), ressentent davantage de conflits entre leur vie professionnelle et leur vie privée. Probablement le temps passé dans l'entreprise est-il perçu subjectivement comme étant moins signifiant pour les individus dans ce cas de figure. Qui plus est, l'engagement de continuité est associé à des niveaux de stress au travail plus élevés. Les employeurs ont donc tout intérêt à réduire cette forme d'engagement en aidant leurs employés à maintenir leurs compétences à jour au fil de leur carrière et en leur offrant des possibilités d'horaire ou de travail flexible qui les aident à prendre en charge leurs obligations privées.

L'engagement normatif constitue la dernière dimension de l'état psychologique d'engagement. Son rôle dans le bien-être au travail est potentiellement problématique car une dette morale excessive envers l'entreprise est susceptible de dégrader la santé au travail. Lorsque l'engagement normatif se combine avec une absence marquée d'opportunités d'emploi à l'extérieur, ses effets négatifs sont accentués. En effet, c'est dans ces conditions que l'anxiété, les symptômes dépressifs, l'irritabilité, et les troubles cognitifs augmentent considérablement. Pour réduire ces effets néfastes, les organisations peuvent choisir d'augmenter la mobilité professionnelle de leurs effectifs ou tempérer le développement de l'engagement normatif, via par exemple une diminution des pressions morales qui pèsent sur le travail.

Enfin, on notera que l'engagement peut s'orienter vers une variété de cibles. Lorsque les employés éprouvent un sentiment d'engagement affectif à la fois vis-à-vis de l'organisation et vis-à-vis de la clientèle ou vis-à-vis de certaines entités internes (p. ex. le supérieur ou le groupe de travail), il est essentiel pour les organisations de veiller à rendre les objectifs de ces entités compatibles. Dans le cas inverse, les conflits entre ces engagements peuvent pénaliser le bien-être au travail. Or, on sait aujourd'hui que le bien-être des employés contribue à la santé des organisations.

Bibliographie

Chung, B.G., & Schneider, B. (2002). Serving multiple masters : Role conflict experienced by service employees. *The Journal of Services Marketing*, 16, 70-88.

Emerson, R.M. (1981). Social exchange theory. In M. Rosenberg & R. Turner (Eds.), *Social psychology : Sociological perspectives*. New York : Basic Books.

Gouldner, A.W. (1960). The norm of reciprocity : A preliminary statement. *American Sociological Review*, 25, 161-178.

Kossek, E.E., & Ozeki, C. (1999). Bridging the work-family policy and productivity gap : A literature review. *Community, Work, and Family*, 2, 7-32.

Mellor, S., Mathieu, J.E., Barnes-Farrell, J.L., & Rogelberg, S.G. (2001). Employees' nonwork obligations and organizational commitments : A new way to look at the relationships. *Human Resource Management*, 40, 171-184.

Meyer, J.P., & Allen, N.J. (1991). A three-component conceptualization of organizational commitment. *Human Resource Management Review*, 1, 61-89.

Meyer, J.P., Stanley, D.J., Herscovitch, L., & Topolnytsky, L. (2002). Affective, continuance and normative commitment to the organization : A meta-analysis of antecedents, correlates, and consequences. *Journal of Vocational Behavior*, 61, 20-52.

Mueller, C.W., & Lawler, E.J. (1999). Commitment to nested organizational units : Some basic principles and preliminary findings. *Social Psychology Quarterly*, 62, 325-346.

Stinglhamber, F., Bentein, K., & Vandenberghe, C. (2002). Extension of the three-component model of commitment to five foci : Development of measures and substantive test. *European Journal of Psychological Assessment*, 18, 123-138.

Stinglhamber, F., & Vandenberghe, C. (2003). Organizations and supervisors as sources of support and targets of commitment : A longitudinal investigation. *Journal of Organizational Behavior*, 24, 251-270.

Vandenberghe, C., Bentein, K., Chebat, J.C., Tremblay, M., & Fils, J.F. (2005). *Perceived support, employee commitment, and customer satisfaction : An examination of relationships at the individual level.* Manuscrit non publié. HEC Montréal.

 Vandenberghe, C., & Morin, E. (2004, Août). *Engagement organisationnel et bien-être psychologique : Une étude parmi les cadres supérieurs du réseau de la santé.* Communication présentée au Treizième Congrès de l'Association Internationale de Psychologie du Travail de Langue Française, Bologne, Italie.

Chapitre 9

Pourquoi met-on en place une équipe de travail ?

ALAIN TROGNON ET LARA DESSAGNE

Le recours aux équipes de travail dans les organisations s'est largement répandu au cours des 20 dernières années. Déjà en 1992 par exemple, on estime que 80 % des entreprises américaines de 100 employés ou plus utilisent une forme ou une autre d'équipe de travail, que 80 % de la moitié des plus grandes entreprises américaines ou des entreprises leaders dans leurs domaines d'activités ont des équipes semi-autonomes et plus de 60 % des cercles de qualité. Des courbes croissantes existent d'ailleurs qui montrent la pénétration progressive des équipes de travail et son accélération dans les organisations, cette tendance s'observant dans de très nombreux pays développés.

Parallèlement, la recherche sur les groupes de travail se réoriente. Premièrement, elle tend à abandonner la psychologie sociale, où elle était presque exclusivement concentrée des années 50 à 70, pour se disperser dans de nombreuses disciplines : sociologie, gestion, communication, etc. Deuxièmement, elle change d'objet et passe de l'étude des groupes expérimentaux à l'étude des groupes dans leurs cadres naturels. Ainsi alors qu'au cours des années 60, seulement 5 % des recherches consacrées aux groupes portaient sur des groupes naturels, cette proportion monte à 80 % des rapports de recherche répertoriés en 1995. Troisièmement, elle change de méthode : l'expérimentation cède le pas à l'observation ; la dissociation des variables à des analyses « multivariées » et le calcul à la description clinique. Quatrièmement, enfin, l'intérêt des chercheurs passe de la dynamique interne des groupes (normes, pouvoir, différenciation, etc.) et de l'influence de cette dynamique sur leurs membres individuels (conformité, cohésion, etc.) à leur efficacité, notamment dans le domaine de leurs résultats ; ce qui n'a rien d'étonnant dans la mesure où les groupes naturels qui sont le plus souvent étudiés sont des équipes de travail appartenant à des entreprises.

En 20 ans les progrès dans la connaissance des équipes de travail ont été considérables. Leur dynamique interne est moins mystérieuse et des modèles précis ont été élaborés pour l'appréhender. On sait mieux aussi les facteurs qui influencent leur réussite (*cf.* chapitre 10 dans le présent ouvrage). En revanche, on ne sait encore pas très bien pourquoi on met en place des équipes de travail. Ce chapitre est une tentative pour répondre pratiquement à cette question.

QU'EST-CE QU'UNE ÉQUIPE DE TRAVAIL ?

Définition

Une équipe de travail est un groupe formel permanent ou temporaire de deux ou plusieurs personnes réalisant collectivement une tâche plus ou moins complexe dont ils assument ensemble la responsabilité envers l'organisation qui la leur a assignée. Détaillons un peu cette définition qui tente d'intégrer celles qui ont été proposées dans la littérature.

Deux traits, et qui sont étroitement reliés, sont au cœur de cette définition : la tâche accomplie par l'équipe et son appartenance à une organisation.

Tout d'abord toute équipe de travail accomplit une tâche (produire un objet physique, une performance, un service, un objet de pensée – un conseil, une décision, un projet –) : en ce sens, la tâche constitue une fin dont la réalisation aura l'équipe pour moyen. Le fait qu'une équipe soit associée à une tâche collective implique que celle-ci régit l'activité de chacun des membres de l'équipe. La tâche collective impose un échange dynamique d'information et de ressources entre les membres, une coordination de leurs activités, de constants ajustements et une certaine structuration de l'équipe. Plus généralement, cela signifie qu'une relation d'interdépendance fonctionnelle ou opératoire existe entre les membres de l'équipe. Dans une équipe de travail, donc, les membres dépendent les uns des autres pour la réalisation de la tâche. Cette propriété, qui s'exprime tantôt explicitement (au travers des échanges communicationnels entre les membres) tantôt implicitement (quand par exemple des membres anticipent ou corrigent l'action d'autres membres) est fondamentale car elle distingue une équipe d'un simple agrégat de personnes réalisant séparément leurs tâches respectives qui constitue une forme primitive de groupe. Par opposition à un agrégat, une équipe se présentera alors sous une forme primitive ou sous une forme évoluée. Une équipe évoluée est une équipe dont les membres conçoivent leurs activités comme des parts de l'activité commune propre à l'équipe : c'est donc une équipe à laquelle les membres ont conscience d'appartenir opératoirement. Une équipe primitive est au contraire une équipe dont les membres n'ont pas cette représentation. Les interventions sur les équipes ont souvent pour objectif de transformer une équipe implicite en équipe explicite.

Ensuite, second trait, toute équipe de travail appartient à une organisation. Cela signifie non seulement que l'équipe de travail est incluse dans une organisation, mais que cette dernière gouverne le fonctionnement de l'équipe : premièrement en lui assignant ses tâches, la tâche d'une équipe de travail relève de sa mission organisationnelle, à cet égard un groupe de gens appartenant à une même entreprise et qui se sont assemblés pour pratiquer un sport ne constituent pas une équipe de travail ; et en évaluant leur réalisation au travers des résultats qu'obtient l'équipe, ses performances par exemple ont en effet des conséquences, certes à l'extérieur de l'organisation (par exemple sur les fournisseurs, sur les clients), mais aussi sur l'organisation elle-même.

Les deux traits précédents en surdéterminent d'autres qui sont également propres aux groupes, de sorte que si toute équipe de travail constitue un groupe, la réciproque n'est pas vraie. Une équipe de travail constitue donc un système social complet, d'ailleurs perçu comme tel par ses membres et par des observateurs extérieurs. De ce fait, premièrement, l'équipe se distingue de son environnement : elle est munie de frontières. Ces frontières sont très diverses. Elles peuvent être de nature physique, comme quand une équipe est fixée sur un et un seul espace de travail. Elles peuvent être de nature temporelle, comme quand l'activité de l'équipe n'est maintenue que pour un certain laps de temps. Elles peuvent être de nature psycho-sociologique, comme quand des stéréotypes créent des différenciations « idéologiques » entre une équipe et les autres groupes de son environnement. Elles peuvent même être de nature totalement immatérielle, comme les frontières d'une équipe dont les membres sont uniquement reliés par Internet. En fait, toute différence de situation, de technologie, de compétence, de responsabilité, d'obligation, etc. est susceptible de constituer une frontière d'un groupe et par conséquent d'une équipe de travail. Mais, quelle que soit sa nature, une frontière a une fonction double. Elle démarque le groupe et donc l'équipe de son environnement interne (les autres équipes de l'organisation ou d'autres composants de celle-ci) et externe (les fournisseurs, les consommateurs) tout en constituant une zone d'échange avec lui. Aussi peut-on toujours distinguer les membres de l'équipe des personnes qui ne lui appartiennent pas, même s'ils changent fréquemment. Deuxièmement, un groupe, donc une équipe de travail sont dotés d'une structure interne qui condense en fait différentes sous-structures : socio-émotionnelle (qui aime qui ?), d'influence (qui influence qui ?), de récompenses (qui reçoit quoi ?), de communication (qui communique avec qui ? A propos de quoi ?), de tâche (en quoi consiste-t-elle ? comment les membres du groupe se la représentent-ils ?), de rôles (qui fait quoi de façon à ce que le groupe accomplisse sa tâche ?), etc. Cette structure, qui, nous l'avons déjà dit, dépend énormément de la tâche qu'accomplit le groupe, est pour partie émergente et pour partie dépendante de l'organisation qui gouverne l'équipe de travail.

La grande diversité des équipes de travail

La définition précédente s'applique à des équipes extrêmement diverses, qui fabriquent des objets, qui vendent des services au sein d'une organisation ou à des consommateurs extérieurs, qui prennent des décisions, etc. Elles rassemblent des dirigeants, des cadres intermédiaires, des personnels d'exécution, ou encore qui mélangent ces différentes catégories d'agents. Les équipes de travail sont tellement nombreuses qu'il n'existe pas (et qu'on ne peut guère espérer dans l'avenir) une typologie qui en organiserait la diversité. Une dimension apparaît cependant fondamentale dans la pratique. Elle oppose les équipes permanentes aux équipes temporaires.

Une équipe temporaire ou *ad hoc* est une équipe spécialement installée pour réaliser une activité spécifique. Souvent positionnée « hors hiérarchie », elle dure le temps de cette activité. Dans ce genre d'équipe les gens sont recrutés à l'extérieur ou sélectionnés au sein de l'organisation et on leur assigne un projet pour lequel ils sont formés et dotés d'un ensemble de ressources physiques et procédurales. Les *groupes de projet* (par exemple un groupe de recherche et développement imaginant un prototype), les *groupes interfonctionnels* où des représentants des différentes instances fonctionnelles d'une organisation (fabrication, marketing, vente, recherche et développement) travaillent ensemble, les *groupes multidisciplinaires* (par exemple quand un médecin, une infirmière et un conseiller travaillent ensemble pour planifier le traitement des accidentés de la route dans un service d'urgence) et les *cercles de qualité* illustrent la notion d'équipe temporaire.

Une équipe permanente est une équipe dont les membres interagissent jour après jour les uns avec les autres le plus souvent sous la direction d'un responsable ; une équipe para-médicale dans un hôpital, son équipe chirurgicale, l'équipage d'un avion, les opérateurs d'une chaîne de production. Les *groupes autonomes* (ou *auto-dirigés*, *auto-gouvernés*, *auto-régulés*, *semi-autonomes*) constituent un exemple particulièrement populaire ces dernières années d'équipe permanente.

TROIS RAISONS POUR METTRE EN PLACE UNE ÉQUIPE DE TRAVAIL DANS UNE ORGANISATION

A consulter la littérature spécialisée, on s'aperçoit vite que la décision *concrète* d'installer une équipe de travail dans une organisation est toujours fortement dépendante du contexte organisationnel dans lequel elle a été prise. Aussi cette décision, tout comme les raisons qui l'ont motivée, ne sont-elles généralement pas transposables à d'autres situations. Cependant, vues de beaucoup plus loin, il semble que toutes ces décisions puissent se ranger sous trois rubriques : l'organisation comme entité globale, l'unité de production et les personnes.

L'équipe de travail améliore l'efficacité individuelle des membres de l'équipe

Cet effet, qui est connu depuis longtemps dans les *groupes de résolution de problème*, n'apparaît qu'avec certains types de problème et encore dans des conditions bien spécifiques.

Si 45 % seulement des étudiants de collège auxquels Maier et Solem ont posé en 1952 un problème d'arithmétique comptable simple ont été capables de le résoudre quand ils étaient seuls, ils ont été beaucoup plus, jusqu'à 84 %, à trouver la bonne solution quand ils ont travaillé dans des groupes de

4 à 5. Par conséquent, en matière de résolution de problème, *les individus* sont plus performants quand ils travaillent dans des groupes que quand ils travaillent seuls. A quoi cela tient-il ? L'expérience de Maier et Solem permet également de se faire des idées assez précises des processus qui contribuent à la meilleure performance des individus travaillant dans des groupes.

Premièrement, il est clair que le leadership joue un rôle important. Si les étudiants de Maier et Solem répondent correctement dans 72 % des cas quand ils sont dirigés par un leader inactif qui se contente d'observer simplement la conversation, le pourcentage s'élève à 84 % avec un leader permissif qui encourage tous les membres du groupe à exprimer leurs opinions. L'action d'un leader qui encourage tous les membres d'un groupe à exprimer leurs points de vue accroît leur performance. Deuxièmement, il semble que le rôle du leader soit fondamentalement un rôle d'orchestration. En effet, les bénéfices du leadership permissif sont encore plus apparents quand le groupe débute son travail avec seulement un membre qui dispose de la réponse correcte. Dans cette situation 76 % des étudiants participant à un groupe permissif donnent une réponse correcte alors qu'ils sont seulement 36 % à le faire avec un leader inactif. Comme les membres du groupe qui commencent avec la réponse correcte changent rarement à la suite de la discussion mais que ce sont les autres qui adoptent la réponse correcte à l'issue de la discussion, le leader permissif joue un double rôle consistant d'une part à faire émerger la réponse correcte et d'autre part à faire qu'elle se distribue sur les membres du groupe.

Si les individus sont plus nombreux à résoudre correctement les problèmes qui ont une solution objective quand ils sont dans des groupes que quand ils sont seuls, c'est certainement que, toutes conditions de pouvoir, de taille, d'organisation, de communication, étant égales, les groupes sont des lieux favorisant la révision des jugements individuels. L'hypothèse est d'ailleurs classique et Shaw la faisait déjà en 1932. Mais tous les membres des groupes de Maier et Solem ne résolvaient pas le problème. Même si 63 des 67 groupes contenaient au moins un membre connaissant la réponse correcte dès le début, dans chacun des groupes il y eut toujours en gros une personne sur cinq pour se tromper à la fin de la discussion. Un résultat corroboré dix ans plus tard avec le même problème. Dans cette réplication en effet, bien que 29 des 44 groupes qu'ils ont utilisés comprenaient au moins un membre connaissant la solution juste avant la discussion, seulement 15 groupes ont donné après coup une réponse unanimement juste. De sorte que si les gens qui travaillent en groupe font généralement mieux que les gens qui travaillent seuls, cela n'assure pas que *tous* les membres du groupe répondront correctement. Favorisant dans certains cas la révision des jugements individuels, le groupe est certainement une structure propice aux apprentissages individuels.

Les organisations qui ont des équipes de travail montrent une meilleure efficacité globale

On peut faire appel à des équipes de travail pour améliorer l'efficacité globale d'une organisation, l'exemple japonais pouvant ici servir de justification, puisqu'on a souvent attribué le succès des firmes japonaises dans la production de biens de haute qualité à des pratiques de management mettant l'accent sur la création de groupes responsables de la détection des erreurs et de la création d'innovations dans le procès de travail.

De façon plus réaliste, plusieurs recherches depuis une dizaine d'années montrent que les organisations qui réussissent (par exemple les organisations qui sont considérées comme les plus performantes ou les organisations qui ont amélioré notablement la qualité de leurs produits ou leurs résultats financiers) sont souvent des organisations qui comportent des équipes de travail. Ainsi, les auteurs d'une étude comparant diverses interventions sur des organisations, ont pu montrer que c'étaient celles qui étaient associées à des équipes qui avaient les plus grandes incidences financières positives et qui agissaient le plus fortement sur le turnover et l'absentéisme. Cependant, ce ne sont là que des indices à prendre avec beaucoup de précautions, par exemple l'introduction des équipes de travail dans les organisations s'accompagnent aussi de changements multiples dans le recrutement, les rémunérations, la technologie, etc., de sorte qu'il serait abusif de mettre en cause les seules équipes de travail. Les pratiques liées à des équipes de travail ont donc probablement des effets positifs globaux sur les organisations, mais ce sont des effets diffus et relativement difficiles à circonscrire.

Les unités de production sont plus efficaces quand elles sont constituées en équipes de travail

Qu'est-ce que l'efficacité d'une équipe de travail ?

L'efficacité d'une équipe de travail est une notion extrêmement floue et complexe. A un niveau très général, cependant, on lui accorde deux dimensions. La première dimension, d'ordre matériel, porte sur les résultats de l'équipe ; résultats qu'on peut d'ailleurs évaluer de façon très diverse, en termes de production (par exemple tonnages de minerai extrait), de productivité, de délais, de défauts, de revenus engendrés par la commercialisation de la production, etc. La seconde dimension est d'ordre psychologique. Il s'agit de la satisfaction. On distinguera à cet égard la satisfaction externe et la satisfaction interne. La satisfaction externe de l'équipe de travail est la satisfaction des instances avec lesquelles l'équipe a affaire : sa hiérarchie, les autres unités de l'organisation, les clients. La satisfaction interne, elle, renvoie à ce qu'on a également appelé le « climat » de l'équipe, c'est-à-dire le vécu des relations opératoires et affectives que les membres de l'équipe entretiennent entre eux et avec leur supérieur immédiat, la satisfaction au travail des membres de l'équipe (et leurs indicateurs habituels : turnover, absentéisme ; plus généralement désir de poursuivre la collaboration avec l'équipe ; conditions de travail, rénumération, etc.) et les bénéfices que les membres retirent de leur participation à l'équipe (connaissances, compétences, qualifications).

Etant donné ce qui vient d'être dit, on ne s'étonnera pas que l'efficacité d'une équipe de travail soit extrêmement difficile à mesurer : parce qu'un même effet peut toujours résulter de conditions initiales très différentes ; parce que, les conditions initiales étant fixées, l'efficacité est un phénomène global issu d'une interaction de facteurs multiples, non indépendants, redondants, et qui ne montrent pas leurs rôles quand ils sont examinés séparément ; enfin parce que l'efficacité, n'étant jamais directement observable, il faut se donner des critères. Les deux principales questions qui se posent alors portent sur la généralité et sur l'objectivité de ces critères. En réponse à la première question, les auteurs conseillent généralement de combiner plusieurs critères, mais certains préfèrent des critères spécifiques applicables à certaines équipes et uniquement à elles (une équipe de vente ne devant pas, par exemple, être évaluée de la même manière qu'une équipe de bûcherons), d'autres des critères généraux, d'autres enfin militant pour un mélange des deux. Mais, quels que soient ces critères, ils seront de toutes les façons relatifs aux groupes qui les énoncent : l'équipe de travail elle-même, et à cet égard, le mieux serait d'articuler une approche individuelle et une approche groupale, cette dernière ne devant pas nécessairement être conçue comme une agrégation des approches individuelles ; et-ou le groupe qui dirige l'équipe de travail, sa hiérarchie dans l'organisation ; et-ou les différents groupes qui, à l'intérieur ou à l'extérieur de l'organisation, interagissent avec l'équipe de travail, fournisseurs, clients, etc. Les clients d'une équipe de soins, les membres de cette équipe et ses responsables directs, enfin sa direction ont ainsi des conceptions différentes de son efficacité. Ce qui intéresse les premiers, c'est la mission de l'équipe et la qualité du service rendu. Les membres de l'équipe et ses responsables directs privilégient, eux, le bien-être des employés et la résolution collective et équitable des problèmes. Enfin, pour la direction, une équipe efficace est une équipe qui utilise au mieux les ressources qui lui sont disponibles.

On ne mettrait pas en place une équipe de travail en vue d'améliorer l'efficacité d'une unité de production si l'on ne supposait pas que le fonctionnement de l'équipe, ce qu'on appelle quelquefois sa performance, dans ses dimensions motivationnelles (les efforts consentis par les membres de l'équipe), cognitive (les connaissances et les compétences que les membres de l'équipe apportent à la réalisation de la tâche) et communicationnelle (les procédures de coordination que les membres de l'équipe mettent en œuvre pour travailler ensemble), est responsable de son efficacité. Or ce n'est le cas que dans des conditions tout à fait exceptionnelles. Il faut déjà que l'équipe contrôle totalement toutes les ressources dont elle a besoin pour atteindre les résultats qui sont pris en compte pour déterminer son efficacité. Plus une équipe contrôle son environnement, ce qui n'est généralement pas le cas, et plus son efficacité est attribuable à son fonctionnement. Et même si l'équipe contrôlait totalement son environnement, il faudrait encore qu'elle puisse agir. En d'autres termes, la relation performance-efficacité dépend aussi de l'autonomie dont l'équipe dispose quant à la structuration de sa tâche et l'organisation de sa communication.

Or ce lien entre fonctionnement et efficacité a parfois été mis en cause. N'a-t-on pas montré, par exemple, en examinant près de 100 équipes de vendeurs que leurs résultats étaient mieux prédits par la croissance du marché que par n'importe quelle variable de fonctionnement du groupe ?

POURQUOI UNE UNITÉ DE PRODUCTION DEVRAIT-ELLE ÊTRE PLUS EFFICACE QUAND ELLE EST CONSTITUÉE EN ÉQUIPE ?

En tant que systèmes socio-techniques, les équipes de travail, qui combinent naturellement ces deux dimensions de l'organisation, les optimisent conjointement.

Sur le plan technique, parce que ce sont des systèmes interactifs ou synergiques réglés par une intentionnalité collective, les équipes de travail constituent des dispositifs de production robustes et flexibles capables d'assurer les mêmes fonctions malgré des modifications parfois profondes de leur structure interne. Aussi, dans une équipe de travail, le départ d'une per-

© Groupe Eyrolles

sonne n'entraîne-t-il pas nécessairement une perte d'information et il en va généralement ainsi de la majeure partie des fonctions opérationnelles de l'équipe, perception, mémoire, raisonnement, décision, etc., du moins jusqu'à une certaine limite. De plus, parce qu'elles rassemblent et articulent des connaissances et des compétences étendues et diversifiées, les équipes de travail, dont la performance devrait être globalement supérieure à la somme des performances individuelles de leurs membres, devraient s'adapter aisément aux modifications de l'environnement, voire les anticiper. Par exemple, les compétences des administrateurs, des médecins et des infirmiers d'une antenne médicale devraient mieux s'accorder aux besoins d'un quartier si elles sont intégrées et combinées dans une équipe de travail plutôt que distribuées ou en compétition. La croissance des organisations, qui sont devenues de plus en plus complexes, donc de plus en plus difficiles à appréhender globalement, a renforcé le besoin de structures transversales gouvernées par les buts généraux de l'organisation. A cet égard, les équipes de travail sont une réponse à la complexité des organisations modernes. Bref, de par leurs propriétés, les équipes de travail seraient mieux à même d'atteindre les objectifs qu'une organisation assigne à ses composantes que de simples rassemblements de personnes.

Sur le plan humain, les équipes de travail constituent une solution à l'aliénation des travailleurs dans les organisations modernes : elles améliorent les conditions de travail et elles permettent de redéfinir les tâches des travailleurs de façon moins aliénante. Plus fonctionnellement maintenant, les équipes de travail apportent aux agents qui en sont membres un environnement leur permettant : de déployer au mieux une large gamme de connaissances et de savoir-faire tout en les enrichissant, donc d'augmenter leur niveau d'information et d'expertise disponible pour résoudre les problèmes opérationnels qui se posent ; de contrôler leur travail ; d'accroître la confiance qu'ils ont les uns dans les autres ; toutes choses qui contribuent à améliorer leur satisfaction au travail et, par conséquent, du moins le croit-on, leurs performances en tant qu'individus et en tant que collectif.

MAIS QU'EN EST-IL EN RÉALITÉ ?

En réalité, les gains d'efficacité obtenus en transformant une unité de production en équipe de travail sont relativement limités. C'est en tout cas la conclusion à laquelle semblent conduire les travaux qui ont été consacrés aux cercles de qualité et aux équipes autonomes, c'est-à-dire aux formes les plus célèbres d'équipe *ad hoc* et d'équipe permanente.

Les cercles de qualité sont des petits groupes d'employés volontaires se réunissant régulièrement pour identifier des problèmes qu'ils rencontrent dans leur travail et leur trouver des solutions. Inventés au Japon et rendus plus ou moins responsables de la croissance qu'a connu ce pays autour des années 60, ils se sont ensuite rapidement étendus aux États-Unis. On a mis dans les cercles de qualité beaucoup d'espoir : d'amélioration du climat organisationnel et de la confiance donc de la coopération entre les membres du groupe de travail ; partant, d'amélioration de la motivation des agents et de leur implication organisationnelle ; le tout conduisant à une meilleure performance des agents et par conséquent de l'organisation entière. Mais comparés aux attentes, les résultats sont plutôt décevants. Les études « objectives », car de très nombreux travaux consacrés aux cercles de qualité sont des monographies, révèlent en général que les cercles de qualité ont peu d'effet sur la satisfaction et un effet relativement modeste sur la performance, qui, de plus, n'est guère durable ; d'où, d'ailleurs, son appellation d'effet « lune de miel des cercles de qualité ». La médiocrité de ces résultats s'expliquent sans doute par les « conditions de vie » des cercles de qualité. Le contexte dans lequel fonctionne le cercle de qualité n'est pas toujours favorable avec un climat « idéologique » global relativement hostile, un encadrement supérieur indifférent, un encadrement de proximité plus ou moins coopérant. L'organisation interne du cercle pose elle-même des problèmes, par exemple : les membres du cercle, qui doivent en effet être formés à des techniques de décision et de management pour être efficaces, peuvent ne pas avoir toutes les connaissances qui sont nécessaires au bon fonctionnement de leur cercle ; le domaine de compétence attribué au cercle par l'organisation et qui dissocie notamment la réflexion et l'action (la décision d'implémenter des solutions trouvées par les cercles de qualité ne relève pas de leur compétence) est aussi source de démotivation.

Les *groupes autonomes* (ou *auto-dirigés, auto-gouvernés, auto-régulés, semi-autonomes*) sont des équipes permanentes d'agents qui interagissent directement pour réaliser des ensembles relativement complets de tâches interdépendantes, comme, par exemple assembler une voiture. L'usine Volvo de Kalmar en Suède, où la traditionnelle chaîne de montage fut remplacée par des équipes de travailleurs interdépendants rassemblant des compétences diversifiées et prenant en charge toute la fonction d'assemblage, reste l'exemple le plus fameux. Deux traits pouvant varier à des degrés divers caractérisent les groupes autonomes. Le premier trait est la multi-compétence, dans la mesure où les groupes autonomes mettent en œuvre des compétences multiples variant selon le degré de spécialisation de la tâche assurée par l'équipe. Un répertoire de compétences aussi étendu dote le groupe auto-nome d'une grande flexibilité aux fluctuations de l'environnement tout en constituant un contexte d'enrichissement des compétences individuelles des agents, qui s'élargissent à des compétences verticales et horizontales. Le second trait est l'autonomie. C'est l'étendue de la délégation d'autorité que l'équipe reçoit de la part de la direction pour accomplir sa tâche. Elle peut porter sur la structure du groupe (le recrutement des nouveaux mem-bres, la formation des membres, l'organisation des départs, l'évaluation de la performance et sa sanction, la discipline du groupe, la désignation du lea-der), l'organisation de la production (la désignation des standards, l'évalua-tion de la qualité, le contrôle des erreurs, la modification et le développement du produit ; le planning des flux de production ; les besoins en équipement ; le budget ; l'entretien et la maintenance) et les relations avec l'environnement (les fournisseurs, les clients). De la même façon que pour les cercles de qualité, les travaux qui ont été consacrés aux groupes autonomes, qui sont pourtant des structures beaucoup plus ambitieuses et complètes que les cercles de qualité, révèlent seulement des améliorations modestes. Les groupes autonomes accroissent relativement peu la perfor-mance, bien que les propriétés des groupes autonomes (auto-direction, par-ticipation, etc.) soient parmi les meilleurs prédicteurs de la productivité. De même, si la satisfaction au travail des employés progresse quelque peu, ils manifestent plus d'attitudes positives au travail et sont plus motivés tandis que l'absentéisme et le turnover décroissent et que la sécurité s'améliore, mais ces observations sont labiles et l'appartenance à un groupe autonome ne se traduit pas par une accentuation de l'engagement organisationnel des membres. Mais cette notion d'engagement organisationnel est notoirement difficile à définir et à opérationnaliser. De plus, il se pourrait qu'en partici-pant à un groupe autonome les agents aient tendance à transférer au groupe lui-même leur engagement envers l'organisation, cela tandis que le groupe mettrait en place des procédures de contrôle de ses membres.

CONCLUSION

Les équipes de travail obtiennent des résultats. Ils ne sont pas extraordinai-res. Mais pourquoi devraient-ils l'être ? Indépendamment des difficultés de la mesure de ces résultats, comment définir l'efficacité d'une *équipe de coordi-nation inter-services* ? d'un dispositif d'*ingénierie concourante* ? Les équipes de tra-vail subissent l'influence de leur environnement. Or leur environnement

© Groupe Eyrolles

global est plutôt défavorable. Notamment les équipes de travail exigent toutes d'une manière ou d'une autre des conduites coopérantes qui sont plus ou moins contradictoires avec les conduites que l'organisation traditionnelle (et l'idéologie dominante dans l'industrie) impose. Leur environnement local est également plus ou moins adapté à « l'économie » d'une équipe de travail. Par exemple, quand la technologie est simple, stable et prévisible, quand l'activité varie peu, quand le marché présente peu de fluctuations et pas d'incertitude, il n'y a aucune raison d'espérer des changements importants en mettant en place une équipe autonome. Une équipe de travail aura d'autant plus d'effet qu'elle opérera dans un environnement qui est susceptible de révéler ses qualités.

Bibliographie

N.R.F Maier, A.R. Solem, (1952). The contribution of a discussion leader to the quality of group thinking. Hum. Relat, 5, 277-288.

M.E. Shaw, (1932). A comparison of individuals and small groups in the rational solution of complex problems. Amer J. Psychol, 44, 491-504.

Chapitre 10

Quels sont les facteurs qui influencent la réussite d'une équipe de travail ?

ALAIN TROGNON ET LARA DESSAGNE

La constitution d'une équipe de travail nécessite de larges précautions pour espérer une réussite optimale. Si l'équipe est déjà formée, l'objectif est d'obtenir un groupe qui réalise au mieux la tâche pour laquelle il a été constitué. Si l'équipe n'est pas encore constituée (et c'est le cas qui nous intéressera), c'est l'occasion de procéder dans l'ordre en se posant les bonnes questions.

QU'EST-CE QUE LA RÉUSSITE D'UNE ÉQUIPE DE TRAVAIL ?

La réussite ou l'efficacité d'une équipe de travail se définit par une production de groupe adéquate mais également par le niveau de satisfaction interpersonnelle que le groupe apporte aux membres.

La production de l'équipe doit correspondre à des normes ou des standards de quantité et de qualité qui permettent de fixer un objectif. Ces normes, définies par l'organisation (ou mieux, en collaboration avec l'équipe), sont quasiment indispensables à son bon fonctionnement car elles lui permettent d'avoir un objectif de production et de connaître ses limites. Mais cette dimension de la réussite doit être complétée par une dimension sociale et personnelle, en ce sens qu'une équipe doit satisfaire les besoins et les objectifs sociaux et individuels de ses membres et que c'est une des conditions de sa durabilité. Cette satisfaction peut se traduire par la tendance des membres de l'équipe à faire des heures supplémentaires volontairement, à travailler ensemble de façon coopérative...

L'IMPORTANCE DE LA TÂCHE

L'analyse de la tâche

Pour constituer une équipe de travail potentiellement optimale, il faut déjà connaître la raison d'être de cette équipe, c'est-à-dire connaître de façon précise la tâche qu'elle effectuera. Commencer par une analyse de la tâche permet de définir les exigences du travail de l'équipe.

Une telle analyse, qui s'impose par le fait que la nature et les exigences de la tâche affectent ou surdéterminent tout ou partie des composantes de la réussite, doit intégrer la description de l'activité des individus constituant l'équipe, les besoins de synchronisation de ces activités et l'identification des facteurs organisationnels et situationnels. Si la performance est une fonction des exigences de la tâche, des ressources et des processus (qui correspondent à toutes les actions collectives et individuelles des personnes assignées à cette tâche), ce sont les caractéristiques et les exigences de la tâche qui surdéterminent les activités synchronisées et individuelles nécessaires à une performance efficace de l'équipe. De plus, la façon dont les ressources du groupe (informations, expérience et compétences des membres, outils) devraient être combinées est également fonction de la nature de la tâche.

Les types de tâches

Plusieurs modèles et classifications de tâches existent qui spécifient les distinctions entre les tâches des équipes et les différentes exigences que ces tâches posent pour une performance réussie. Le plus connu est celui de Steiner qui distribue les tâches de groupe selon la combinaison des contributions de ses membres.

© Groupe Eyrolles

Tâche	Productivité du groupe	Description
Additive	Meilleur que le meilleur	Le groupe surpasse le meilleur membre individuel
Compensatoire	Meilleur que la plupart	Le groupe surpasse un nombre important de membres
Disjonctive (eurêka)	Égal au meilleur	La performance de groupe est égale à la performance du meilleur membre
Disjonctive (non eurêka)	Moins bien que le meilleur	La performance de groupe peut égaler celle du meilleur membre, mais souvent ne l'atteint pas
Conjonctive (unitaire)	Égal au moins bon	La performance de groupe égale la performance la plus basse d'un membre
Conjonctive (divisible)	Meilleur que le moins bon	Si les sous-tâches sont correctement réparties par rapport aux compétences des membres, la performance du groupe peut atteindre de hauts niveaux

Steiner distingue quatre grands types de tâches : additives, compensatoires, disjonctives et conjonctives.

Les tâches *additives* sont caractérisées par l'addition des contributions individuelles. La recette pour le succès de telles tâches est très simple : chaque membre doit faire aussi bien qu'il peut tout en maintenant la coordination nécessaire avec les autres membres. Si nous prenons l'exemple des vendanges, l'addition de la production de chaque membre de l'équipe de vendangeurs correspond à la production totale du groupe qui sera élevée si chacun récolte autant qu'il peut tout en s'entendant sur les zones de récolte.

Le produit du groupe dans le cas des tâches *compensatoires* est égal à la moyenne des contributions ou jugements individuels. Par exemple, l'évaluation de la température d'une pièce a comme résultat la moyenne des propositions de chaque membre qui est généralement plus juste que les contributions individuelles.

Dans les tâches *disjonctives*, le résultat du groupe provient d'un choix dans l'ensemble des contributions individuelles. Ce type de tâche se retrouve notamment dans les prises de décision en groupe quand la décision finale est choisie parmi l'ensemble des propositions et dans la résolution de problèmes quand le groupe choisit une des solutions proposées. Théoriquement, le groupe devrait être plus performant que les individus le composant car il offre plus d'opportunités pour critiquer les erreurs et rejeter les solutions incorrectes. A ce sujet, la résolution de deux sortes de problèmes s'oppose : un type de problèmes à solution « eurêka », pour lequel il n'existe qu'une seule solution et un autre type de problèmes à solution « non eurêka » dont la solution doit être soutenue et défendue car elle ne saute pas aux yeux quand elle est formulée.

Tâche	« Eurêka »	« Non eurêka »
Définition	Si un individu a la solution correcte, les autres adhèrent plus ou moins automatiquement à cette solution	Il peut facilement se produire qu'une solution correcte venant d'un membre ne soit pas soutenue par les autres ou qu'un membre avec une mauvaise solution domine le développement de la solution
Règle	La vérité gagne	La vérité soutenue gagne

Quand un groupe est confronté à une tâche *conjonctive*, il est nécessaire que tous les membres du groupe contribuent à la tâche. Quand la tâche est unitaire, chaque membre doit contribuer sinon le groupe échoue c'est-à-dire que le résultat du groupe dépend de la compétence du membre le moins compétent. Quand la tâche est divisible, les sous-tâches sont allouées aux membres individuels. La performance du groupe peut être supérieure à la productivité potentielle du membre le moins compétent si les compétences des membres coïncident avec la difficulté des sous-tâches qui leur sont allouées.

QUELLE EST L'INFLUENCE DE LA STRUCTURE DE LA TÂCHE SUR...

Le mode de coordination entre les membres de l'équipe

Les relations d'interdépendance sont descriptibles sur le plan du pouvoir, de l'amitié, de la communication, des personnalités... Mais c'est comme si elles étaient créées par l'organisation même de la tâche qui surdétermine le système de coordination ou d'interdépendance qui se met en place dans le groupe qui accomplit cette tâche.

Quand l'interdépendance est élevée, les membres doivent étroitement coordonner leurs actions et partager les ressources pour accomplir la tâche. Dans cette tâche dite coopérative, tous les membres du groupe prennent part de façon égale aux succès et échecs du groupe et il est dans l'intérêt des membres de poursuivre un but collectif. Pour instaurer un esprit coopératif, il ne faut que l'un gagne quand les autres perdent.

Quand la tâche implique un faible degré d'interdépendance, les membres du groupe peuvent remplir leur rôle de façon relativement indépendante les uns des autres. Dans cette tâche dite compétitive, les membres du groupe ont intérêt à s'arranger pour obtenir plus de résultats que les autres membres. Les membres sont engagés dans une lutte pour les résultats, telle que statuts ou récompenses seront obtenus quand le groupe aura atteint son but.

Mais les tâches strictement coopératives ou strictement compétitives sont assez rares car même dans une organisation où l'esprit compétitif est imposé, le groupe s'organise pour lutter contre.

Tâche	Productivité du groupe	Description
Coopérative	Facilite la performance de groupe	Dépend des règles cognitives de la tâche
Compétitive	Aggrave la performance de groupe	La performance de groupe est gênée par la compétition individuelle entre les membres du groupe
Mixte	Performance de groupe moindre que l'optimal	Meilleur que dans le cas d'une pure compétition mais moins bon que dans le cas d'une pure coopération

Les réseaux de communication dans une équipe de travail

Pour les tâches simples qui requièrent simplement un recueil d'informations, les réseaux de communication en X plus centralisés permettent une meilleure efficacité de l'équipe que les cercles (moins centralisés). Pour les tâches complexes, les réseaux en cercle semblent plus efficaces que les réseaux en X. Mais après quelques temps, ce sont également les réseaux les plus centralisés qui sont les plus performants sur les tâches complexes.

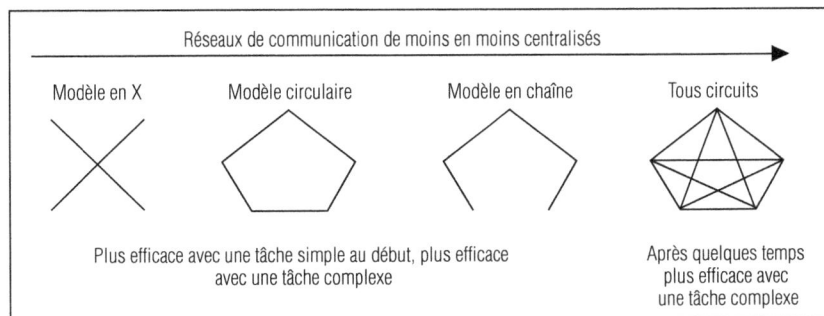

Réseaux de communication de moins en moins centralisés

Modèle en X — Modèle circulaire — Modèle en chaîne — Tous circuits

Plus efficace avec une tâche simple au début, plus efficace avec une tâche complexe

Après quelques temps plus efficace avec une tâche complexe

Les tâches simples comme les tâches complexes requièrent de la coordination et les réseaux centralisés facilitent la coordination. Mais, pour les tâches complexes, être confronté, dans un premier temps, à la double tâche de résoudre un problème et d'organiser le groupe est trop pesant pour l'équipe. Cependant dès que le groupe a découvert les opérations nécessaires à l'exécution de la tâche, il peut aussi profiter des avantages qu'offre un réseau centralisé.

A propos des réseaux centralisés, il est bon de savoir que si le réseau centralisé permet de réduire les pertes de coordination, simultanément, le danger d'une perte de motivation survient. En effet, la personne en position centrale a plus de pouvoir et donc plus de satisfaction que les sujets en périphérie. Dans les réseaux décentralisés, les sujets ont un pouvoir égal donc leur satisfaction est plus élevée que celle des membres périphériques des réseaux centralisés. Par conséquent, la satisfaction totale du groupe dans les réseaux centralisés est plus faible que dans les réseaux décentralisés.

La motivation des membres de l'équipe

Certaines tâches de groupe augmentent la motivation des membres de l'équipe. Les tâches de groupe motivant les membres de l'équipe requièrent une variété de compétences des membres, présentent un produit complet et identifiable, présentent des résultats significatifs qui sont compréhensibles pour les gens et le groupe, fournissent une autonomie importante pour les membres quand ils exécutent le travail et enfin, fournissent un feed-back direct de la performance

LA CONSTITUTION DE L'ÉQUIPE DE TRAVAIL

Les systèmes traditionnels de sélection commencent par définir les exigences de l'emploi en termes de compétences et de comportements du travailleur et/ou la nature et les objectifs du travail lui-même. Ils ne s'intéressent pas aux exigences du travail de l'équipe qui sont pourtant primordiales puisque le travail se fera justement en équipe.

La sélection des membres

Chaque individu apporte à l'équipe certaines caractéristiques qui peuvent influencer l'efficacité des interactions entre les membres et l'efficacité avec laquelle l'équipe accomplit ses buts. Par conséquent, il est important de

© Groupe Eyrolles

sélectionner les individus qui peuvent contribuer aux ressources et à la coordination nécessaires à l'équipe pour accomplir ses missions efficacement.

Cette sélection requiert l'identification des caractéristiques de différences au niveau individuel qui sont prédictives de la performance globale de l'équipe ou qui sont connues comme influençant les processus d'interaction en équipe. Les différences biographiques (âge, genre, back-ground socioculturel, différences raciales...) et les différences de personnalité n'ont pas un impact bien défini car celui-ci dépend également du type de tâche et de l'environnement. En revanche les différences dans les compétences relevant de la tâche et dans les compétences générales (interaction et coordination) sont à prendre en compte sérieusement. Les scores de compétence les plus communément utilisés sont la compétence du membre le moins capable, celui du plus capable et la compétence moyenne.

La relation entre les compétences relevant de la tâche des membres de l'équipe et la performance d'équipe n'est pas constante car elle dépend de la nature des tâches exécutées par les équipes. Par exemple pour des tâches de créativité, la compétence du membre le plus capable et / ou la somme des compétences des membres semble prédire la meilleure performance.

Les compétences générales des membres du groupe peuvent produire un de ces trois effets sur la performance de groupe :

1) une combinaison additive des compétences qui se traduit par une performance proportionnelle au niveau de la somme des compétences des membres,

2) une combinaison des compétences qui résulte en une perte globale dans l'efficacité d'équipe,

3) une combinaison synergique se traduisant par une performance d'équipe plus élevée que le niveau prédit sur la base de la simple additivité. Les effets de la compétence générale sur la performance d'équipe sont modérés par les caractéristiques de la tâche effectuée par l'équipe. Par exemple, pour les tâches simples et structurées, les compétences générales sont quasiment inutiles. A l'inverse, pour les tâches de créativité où tous les membres doivent travailler ensemble de façon interactive, les compétences générales sont déterminantes.

La sélection d'un individu sur ses compétences générales doit tenir compte du niveau de compétence générale des autres individus qui composeront l'équipe. Dans une équipe de trois personnes, la compétence générale d'un membre donné influence la performance de l'équipe différemment selon les niveaux de compétence des deux autres membres. Dans les tâches interactives complexes, les combinaisons d'individus ayant des niveaux uniformément faibles de compétence générale devraient être évitées. Une performance maximale peut être espérée quand tous les membres sont sélectionnés pour avoir des niveaux élevés de compétence générale.

Comment rassemble-t-on les membres de l'équipe de travail ?

COMBIEN ?

L'augmentation de la taille a un effet négatif sur la performance quand l'équipe est confrontée à une tâche conjonctive car la probabilité de présence d'un membre incompétent est accrue. Pour les tâches disjonctives et additives, cet effet est positif mais au-delà d'une taille optimale qui reste à définir la diminution du taux de participation de chaque individu entraîne un impact négatif. Malheureusement, il n'existe pas de façon simple de déterminer la meilleure taille pour un groupe.

Les grands groupes jouissent de plusieurs avantages comme l'accès à des ressources plus importantes (temps, énergie, argent, expertise) et une plus grande variété d'informations, qui permettent d'atteindre des niveaux plus élevés de compétences. Les grandes équipes tendent à une plus grande diversité qui peut entraîner une différenciation des rôles, de la tolérance, une synergie. Elles peuvent également paraître plus légitimes, peut-être par leur connexion aux réseaux sociaux environnants. Mais ces grands groupes souffrent aussi de désavantages tels que des problèmes de coordination qui peuvent interférer avec leur performance et qui se traduisent par une confusion dans l'assignation des tâches ou par une mauvaise communication due à l'augmentation du nombre d'interactions potentielles. Les grands groupes souffrent également d'un taux d'absentéisme plus élevé et de pertes de motivation visibles notamment par des niveaux de participation plus faibles et plus variables. Les conflits sont plus fréquents entre les membres qui sont moins susceptibles de coopérer les uns avec les autres et de s'aider mutuellement. Enfin, le membership, c'est-à-dire la sensation d'appartenir au groupe, est moins satisfaisant.

L'augmentation de la taille du groupe a également pour effet une augmentation de la conformité entre les membres qui peut aboutir à des performances plus élevées pour des tâches simples et structurées (une réduction générale de la participation avec quelques membres contrôlant l'activité pourrait être bénéfique) et en des performances plus faibles pour des tâches impliquant de la créativité.

Plutôt que de s'inquiéter de la meilleure taille, il serait plus judicieux de travailler à maximiser les avantages et à minimiser les désavantages. Par exemple, il est possible de renforcer les avantages d'une grande équipe par des programmes de formation qui améliorent les compétences des membres du groupe. Il est également possible de diminuer les problèmes de coordination et les conflits interpersonnels par une restructuration, ou de diminuer les pertes de motivation par la constitution de l'équipe ou la reconception de la tâche. Cependant, ces tactiques ne sont pas toujours adaptées à la situation et peuvent être mal utilisées ou avoir des conséquences inattendues. Par exemple, la restructuration d'un grand groupe peut diminuer les problèmes de coordination et les conflits interpersonnels tout en limitant la liberté des membres et ainsi, renforcer leur sentiment d'insatisfaction.

AVEC QUELLES CARACTÉRISTIQUES ?

Le rôle de la diversité dans la réussite des équipes de travail

Les individus constituant une équipe diffèrent par leurs caractéristiques démographiques, leurs compétences, leurs opinions et leur personnalité. La question est de savoir comment cette diversité influence la réussite d'un groupe et si les groupes hétérogènes sont meilleurs que les groupes homogènes.

La diversité devrait être un avantage car elle favorise la flexibilité nécessaire pour accomplir des tâches de plus en plus complexes qui évoluent rapidement. Un mélange de backgrounds, intérêts et compétences variés facilite la performance sur certaines tâches (notamment les tâches créatives) et améliore les relations externes avec un environnement tout aussi diversifié.

Parallèlement, l'augmentation de l'hétérogénéité entraîne une moindre cohésion du groupe (définie comme le degré avec lequel les membres de l'équipe sont motivés pour demeurer dans l'équipe). La baisse de la cohésion est associée à la baisse de la productivité et de la satisfaction des membres du groupe et à un taux élevé d'absentéisme et de turnover dû à une intégration sociale plus difficile.

La diversité peut être source de conflits entre les membres de l'équipe, mais ces conflits peuvent avoir un impact positif ou négatif sur la performance de l'équipe. Un niveau moyen de conflits, source de compétition, peut motiver les membres de l'équipe à fournir plus d'efforts individuels ou plus d'arguments pouvant mener à la résolution d'un problème. Cet impact positif se produit surtout avec des conflits de contenu (focalisés sur la tâche du groupe) et peu avec des conflits émotionnels (focalisés sur les relations intragroupes). En revanche, un niveau élevé de conflits entraîne une perte de temps et d'énergie.

Les effets de la diversité sur le conflit entre les membres de l'équipe peuvent être modérés par plusieurs facteurs comme la forme de la diversité (par exemple, la diversité esthétique créerait moins de conflit que la diversité religieuse ou politique) ou le processus par lequel l'équipe devient hétérogène (le conflit est moins probable quand l'équipe choisit d'admettre une importante variété de membres que quand cela lui est imposé).

Les effets positifs ou négatifs de la diversité sur la performance de l'équipe dépendent en partie du type de tâche accomplie par l'équipe.

Type de tâche	Effet de la diversité sur la performance de groupe
Tâche simple requérant une compétence	Positif ou négatif selon le niveau de cette compétence chez les membres : un groupe homogène avec des membres de compétence élevée serait plus performant qu'un groupe homogène avec des membres de faible compétence
Tâche complexe requérant beaucoup de compétences	Un groupe hétérogène serait plus performant qu'un groupe homogène dont les membres pourraient ne pas détenir toutes les compétences nécessaires
Tâche divisible avec des activités pouvant être effectuées indépendamment	Positif car les conflits entre les membres sont moins susceptibles de se produire quand il n'est pas nécessaire de travailler ensemble
Tâche exigeant une convergence ou une capacité à se focaliser sur les aspects importants de la tâche sans être distrait	Un groupe homogène serait plus performant
Tâche exigeant une divergence ou une capacité à considérer beaucoup d'aspects de la tâche	Un groupe hétérogène serait plus performant

Mais, c'est la compatibilité entre les membres qui est importante, au-delà des compétences et talents combinés de ses membres. Une équipe de compétence élevée avec des membres incompatibles aura du mal à atteindre ses buts et maintenir des communications adéquates.

Les rôles : une diversité émergente

Toute tâche engendre une structure organisationnelle de statuts prescrits par l'environnement de l'équipe et assignés à ses membres. Mais en interne des rôles émergent plus ou moins selon la dynamique du groupe et fournissent l'occasion aux individus de mettre en avant certaines caractéristiques ou certains traits de personnalité.

Parce que le groupe espère exécuter sa tâche avec succès, les membres du groupe prennent conscience que certains d'entre eux possèdent des compétences et habiletés supérieures aux autres qui peuvent favoriser l'atteinte du but. En l'absence de ces caractéristiques, les membres du groupe peuvent considérer des caractéristiques diffuses qui s'apparentent à des qualités que les membres pensent pertinentes par rapport à l'atteinte du but (sexe, âge, richesse, statut dans d'autres groupes...). Il peut être utile d'identifier ces individus qui seront plus souvent sollicités et qui seront encouragés à prendre plus d'initiatives.

Les rôles d'équipe : un équilibre interne à trouver

Les individus remplissent des rôles en relation avec leur fonction et leur statut dans l'organisation et sont souvent choisis sur cette base selon la tâche que l'équipe doit exécuter. Pourtant, ils n'apportent pas seulement les caractéristiques de ce rôle fonctionnel mais aussi, de façon naturelle, un ou plusieurs rôles d'équipe.

Par exemple, une personne peut être naturellement imaginative et une autre avoir tendance à coordonner les contributions des autres membres de l'équipe.

Belbin a identifié neuf types de rôles d'équipe nécessaires à la dynamique de l'équipe. Les individus qui tiennent ces rôles apportent une contribution à la fois fonctionnelle et dysfonctionnelle, en ce sens que chaque rôle, bénéfique pour la réussite du groupe, peut évoluer vers une façon de penser et de faire qui freine sa dynamique. Selon Belbin, il est possible de prédire que l'équipe sera très performante si elle est équilibrée, c'est-à-dire, si tous les rôles sont fortement représentés à travers les traits de personnalité des membres de l'équipe.

Cependant, une équipe peut être considérée équilibrée si un ou plusieurs rôles, qui ne sont pas présents naturellement dans l'équipe, sont joués par des membres capables de les assumer. Il se peut également que certains rôles ne soient pas vraiment indispensables au bon fonctionnement d'une équipe. Par exemple, une équipe effectuant une tâche routinière dans un environnement complètement fermé ne nécessitera pas forcément la présence d'une tête pensante ou d'un prospecteur.

Belbin a établi un lien entre les différents stades clés dans les activités ou les projets d'équipe et l'importance de certains rôles. Avant tout, pour identifier les besoins de l'activité ou du projet de l'équipe, les individus clés seront ceux qui sont bien au courant des buts comme le meneur et le coordinateur. Une fois l'objectif fixé, la tête pensante et le prospecteur seront les plus enclins à trouver des idées. Ensuite, afin de faciliter l'élaboration du projet, le contrôleur et le spécialiste seront les plus aptes à peser les différentes options et à faire un bon usage de toutes les expériences et connaissances de l'équipe pour prendre de bonnes décisions. Puis, le prospecteur pourra se charger de la prise de contact dans le but de trouver les individus les plus adaptés au projet ainsi que les leaders susceptibles d'entraîner toute l'équipe. A ce stade, le conciliateur sera également requis pour calmer les groupes agités. Ensuite, c'est surtout l'implémenteur qui se chargera de chercher des procédures, des méthodes et des pratiques de travail pour que le projet ou l'activité de l'équipe puisse devenir un travail routinier et le coordinateur permettra d'obtenir l'adaptation des personnes au système. Enfin, le perfectionniste veillera au suivi de l'activité ou du projet jusqu'à son terme. A ce stade, l'implémenteur aussi pourra être utile s'il met sa fierté à être efficace dans tout ce qu'il entreprend.

La théorie de Belbin sur les rôles dans les équipes a été évaluée sur le terrain avec 11 équipes de direction du secteur public et privé dont la majorité ne travaillaient pas ensemble tout le temps mais seulement à l'occasion de réunions. Dans cette étude, la comparaison entre les prédictions issues de la théorie de Belbin et la performance réelle (mesurée par les jugements collectifs des membres des équipes) permet d'appuyer cette théorie.

© Groupe Eyrolles

Rôle d'équipe	Contributions fonctionnelles	Contributions dysfonctionnelles
La tête pensante ou le cerveau « plant »	Il résout les problèmes difficiles par sa créativité, son imagination et son non-conformisme	Il peut ignorer les dépenses imprévues et être trop absorbé pour communiquer efficacement
Le prospecteur « ressource investigator »	Il explore les possibilités (notamment les ressources humaines et matérielles) les plus susceptibles d'accroître l'efficacité de l'équipe et il développe des contacts grâce à un enthousiasme extraverti et une bonne communicativité	Il est trop optimiste et se désintéresse facilement une fois l'enthousiasme initial passé
Le coordinateur « coordinator »	Il clarifie les buts, favorise les prises de décision et délègue facilement. C'est un bon président, mature et confiant	Il peut être perçu comme un manipulateur et tenter de se décharger de son travail personnel
Le meneur « shaper »	Il encourage et conduit à surmonter les obstacles par son dynamisme et son esprit de provocation	Il est enclin à la provocation et il peut froisser la sensibilité des gens
Le contrôleur « monitor evaluator »	Il voit toutes les options et évalue correctement grâce à son calme, son discernement et son côté stratégique	Il manque d'énergie et d'habileté pour inspirer les autres
Le conciliateur « teamworker »	Coopératif, conciliateur, diplomate et sensible, il aide à la collaboration. Il écoute, construit, et prévient les désaccords	Il risque d'être indécis dans les situations critiques
L'implémenteur « implementer »	Discipliné, fiable, prudent et efficace, il transforme les idées en actions pratiques	Il peut être inflexible et lent à réagir à de nouvelles possibilités
Le perfectionniste « completer-finisher »	Soigneux, consciencieux et anxieux, il cherche très attentivement les erreurs et les omissions et il remplit les engagements dans les temps	Il a une tendance excessive à se tracasser et il est peu disposé à déléguer
Le spécialiste « specialist »	Constant dans la poursuite de son but, il apporte les connaissances et les compétences rares et nécessaires	Il peut ne contribuer qu'à un domaine ciblé et il risque d'insister sur les détails techniques

AVEC QUELLES RELATIONS ?

La communication

Pendant l'analyse de la tâche, il peut être très utile d'identifier les exigences de communication entre les individus pour chaque tâche spécifique de l'équipe dans le but de spécifier la direction (de qui, pour qui), la fréquence, les conditions et la durée (ce qui est trop, ce qui n'est pas assez) de toutes ces communications. Il faudrait également développer un format (verbal ou écrit) préféré pour chaque communication et s'assurer que les langages (ou les répliques non verbales) utilisés dans toutes les communications peuvent être compris par tous... et bien sûr ne jamais oublier que les communications entraînant la critique doivent être constructives. Une fois l'équipe mise en place, cette préparation permettra d'identifier les manques de communication et l'à-propos du contenu des messages.

La coopération *versus* la compétition

En théorie, les groupes coopératifs sont plus productifs que les groupes compétitifs car ils montrent plus de coordination et une plus grande attraction mutuelle entre les membres du groupe. Mais en pratique, cette comparaison dépend du type de stratégie organisationnelle et de la nature de la tâche.

Si nous sommes dans une situation où la coordination et la coopération optimise la performance d'équipe, il est important de tenter de les développer dans les équipes de travail. Une façon d'encourager la coopération consiste à effectuer une rotation des individus constituant l'équipe dans les différentes phases de travail de leur équipe. S'ils ne savent pas comment accomplir la tâche, l'entraide peut être utilisée pour expliquer le processus de cette phase de travail au novice avant d'exécuter la tâche.

Le pouvoir

L'exercice exagéré du pouvoir peut entraîner certaines attitudes qui sont préjudiciables au bon fonctionnement de l'équipe. Le pouvoir peut être accaparé par n'importe quel membre de l'équipe mais cette tendance risque surtout de se manifester chez le leader formel ou informel. La personne qui exerce un tel pouvoir arrête les discussions si elle voit ses intérêts menacés et cache ou manipule l'information en sa faveur. Les membres du groupe qui ont des opinions différentes tombent sous la pression à la conformité ou sont chassés et les individus les moins puissants sont souvent réticents à exprimer librement leurs opinions. Cette tendance peut entraîner une diminution du regard critique de l'équipe et à plus long terme une distorsion du jugement qu'elle porte sur l'attitude et les idées de la personne qui détient le pouvoir. Dans ce contexte, le libre-échange d'informations et d'opinions, nécessaire à un bon développement des connaissances, est gêné ou empêché.

Déperditions lors du processus de groupe

Les prédictions de Steiner pour les différents types de tâches concernent la productivité potentielle du groupe, qui équivaut au niveau maximal de compétence qu'atteint ce groupe pour une tâche quand il possède et peut appliquer les ressources nécessaires à la tâche. Pourtant, dans la vie de tous les jours, la productivité réelle du groupe est rarement égale à sa productivité potentielle mais plutôt à sa productivité potentielle moins les pertes de productivité dues à des processus défaillants de groupe entraînant une mauvaise utilisation des ressources.

Ces pertes de productivité sont des pertes de motivation et/ou des pertes de coordination. Les pertes de motivation se traduisent par la tendance à laisser les autres faire le travail en tirant avantage du fait que les contributions individuelles ne sont pas identifiables et que chacun participe au produit total du groupe. Les pertes de coordination peuvent être dues au fait que les efforts individuels ne vont pas dans la même direction ou ne sont pas fournis en même temps.

Par exemple, dans le cas de tâches disjonctives, la performance potentielle sera atteinte si les membres du groupe possèdent les ressources nécessaires pour résoudre le problème. Mais est-ce que les membres du groupe, possédant la solution correcte, proposent réellement cette solution ? et est-ce que les solutions correctes obtiennent plus souvent un soutien que les solutions incorrectes ?

La prédiction de la productivité d'une équipe effectuant une tâche compensatoire est rarement la productivité réelle car ces groupes « statistisés » se produisent très rarement dans la vie quotidienne et ils pourraient ne pas être reconnus comme tels quand ils se produisent. Quand des jugements individuels ont plus d'influence que d'autres ou si quelques membres s'abstiennent d'exprimer leur jugement, le jugement moyen est susceptible d'être incorrect.

Pour les tâches additives, les pertes de productivité par sujet augmentent avec la taille du groupe. Cette relation inverse entre le nombre de personnes dans le groupe et la performance individuelle est due aux pertes de motivation et de coordination. Lorsque les participants ont l'idée que leurs contributions peuvent être évaluées à travers la comparaison avec les contributions des autres, la déperdition diminue.

Risques de paresse sociale et de comportements « cavalier seul » et « bonne poire »

Si des individus sont regroupés dans une salle et que la consigne qui leur est donnée est d'applaudir aussi fort qu'ils peuvent, individuellement puis en groupe, la productivité du groupe est plus basse que la productivité potentielle calculée sur la somme des applaudissements donnés individuellement. Cette diminution peut être considérée comme représentant la déperdition due aux pertes de motivation et aux pertes de coordination. Cet effet, appelé la paresse sociale, s'élimine quand la tâche est difficile, quand les membres ont une forte implication personnelle, quand l'orientation du groupe vers la tâche est élevée et/ou quand les réponses des membres sont identifiables.

Le comportement « cavalier seul » ressort dans la situation des dilemmes sociaux. Si chaque individu est face à un dilemme social, c'est dans l'intérêt des personnes de ne pas contribuer au bien public ; mais si personne ne contribue, tout le monde est plus gêné que si tous avaient contribué. Par exemple, en simplifiant, chacun a intérêt à se faire largement rembourser par la Sécurité Sociale mais si tout le monde réagit ainsi, elle ne pourra plus rembourser personne.

Si nous donnons des informations aux nouveaux membres d'une équipe concernant la grande taille de leur groupe, en précisant que chaque groupe comporte un membre avec une prétendue forte compétence et un membre avec une prétendue faible compétence et que les équipes travaillent sur des tâches conjonctives ou disjonctives, le comportement de « cavalier seul » se produit.

Disjonctive	Conjonctive
Les individus les moins capables deviendraient cavalier seul parce que leurs efforts ne seraient pas indispensables	Les membres dotés d'une haute compétence deviendraient cavalier seul en réduisant leurs efforts
Quand seul le meilleur score individuel compte, l'individu peu compétent travaille moins bien	Quand le score du groupe est défini par le plus mauvais score individuel, l'individu très compétent travaille moins dur
Cavalier seul : efforts réduits des sujets de faible compétence	Cavalier seul : efforts réduits des sujets de compétence élevée

La « bonne poire », dans une situation de dilemme social, peut être décrite comme la personne qui contribue au but du groupe et qui, par la suite, se rend compte que les autres membres du groupe n'ont pas apporté leur contribution mais ont profité de la sienne. La peur de passer pour la « bonne poire » pousse les membres d'un groupe comportant un individu très compétent mais « cavalier seul », à réduire leurs efforts afin d'échapper à ce rôle.

Les membres d'une équipe prennent en compte les résultats comportementaux à venir. Comme une conséquence, ils réduisent leurs efforts si la taille du groupe est plus grande (fainéantise sociale), si leur propres efforts ne sont pas considérés indispensables (comportement cavalier seul) et s'ils ont peur de devenir la « bonne poire » (avoir un ou des partenaires qui tirent avantage de sa propre bonne volonté à travailler pour le groupe) ; trois motifs pour réduire leur contribution individuelle aux tâches en groupe.

La sélection du leader

NÉCESSITÉ D'UN LEADER FORMEL

La présence d'un leader peut être imposée par l'organisation alors qu'elle n'est pas toujours indispensable. A l'inverse, un groupe sans leader formel peut ressentir le besoin de cette présence ce qui se traduit par l'émergence d'un leader informel. La nécessité et l'efficacité du leadership dépendent de la situation, des caractéristiques du groupe et des individus le composant.

L'augmentation de la taille du groupe rend nécessaire la présence d'un leader explicite pour établir des règles claires, tenir les individus informés, prendre les décisions de groupe et surtout favoriser la coordination des efforts individuels. Cependant, la perte de liberté de l'équipe, notamment dans la prise de décision, peut entraîner une diminution des efforts individuels et une certaine indifférence par rapport au devenir du groupe.

Deux autres circonstances semblent conduire à l'introduction d'un leader : l'échec de l'objectif de la tâche et l'allocation inéquitable des récompenses parmi les membres de l'équipe. Par implication, la nécessité d'un leader est peu probable quand un groupe sans leader accomplit ses tâches avec succès et quand les résultats du groupe sont alloués de façon équitable. En revanche, lorsque le leader est imposé, les membres du groupe font attention au succès du groupe et à l'allocation équitable des récompenses.

D'autres facteurs facilitent l'émergence des leaders explicites dans les groupes, comme la disponibilité d'un membre du groupe qui a de l'expérience dans le rôle de leadership ou la stratégie de management.

Le besoin du groupe pour un leadership orienté tâche ou orienté relationnel dépend des caractéristiques des membres du groupe, de la tâche et de l'organisation du groupe. Un leader plutôt orienté vers la tâche attache surtout de l'importance à la productivité qui passe par une bonne productivité individuelle grâce à la compétence des membres qu'il faut mobiliser et exploiter efficacement. Parallèlement ou à l'inverse, un leader orienté vers le relationnel s'intéresse aux rapports que les individus entretiennent entre eux et au climat de l'équipe, ce qui permet une bonne coordination et une motivation qui passe par la satisfaction des membres à être intégrés à l'équipe.

Si une équipe est composée de membres compétents qui ont un grand besoin d'indépendance et une forte identité professionnelle, alors le leadership orienté tâche n'est pas nécessaire car le groupe sera capable de mobiliser une productivité potentielle suffisante pour coordonner ses efforts et motiver ses membres.

De la même façon, si le comportement des membres est contrôlé automatiquement par la tâche (par exemple dans une chaîne d'assemblage), un leader orienté tâche n'est pas nécessaire, alors qu'un leadership orienté relationnel permet de maintenir la motivation des membres à un niveau satisfaisant.

Le type d'organisation dicte également le style de leadership nécessaire. Si l'organisation est hautement formalisée, alors le leadership orienté tâche n'est pas nécessaire car le leadership a été construit sur des règles formelles. Dans ce cas il y a un plus grand besoin pour un leadership orienté relationnel qui humanise un environnement organisationnel rigide.

Enfin, si les membres du groupe sont indifférents envers les récompenses organisationnelle et si le groupe est très cohésif et si le leader n'a ni les moyens ni les compétences pour motiver les membres de son équipe, les leaders orienté tâche et orienté relationnel semblent tous les deux inadéquats.

QUELLES QUALITÉS POUR LE LEADER D'UNE ÉQUIPE ?[1]

Les compétences exigées dépendent de la situation, comme le besoin de certaines compétences techniques pour diriger efficacement une équipe scientifique, sauf pour trois qualités essentielles : le courage, la maturité émotionnelle et la valeur personnelle. Ces qualités ne se développent probablement pas à court terme car elles proviennent des traits de personnalité.

---

1. Voir également dans ce volume le chapitre 11 de C. Lévy-Leboyer : « Comment choisir et former des leaders ? ».

Un leader peut être confronté à des situations dont l'issue va lui demander un certain courage. Pour aider une équipe à aborder et modifier des dynamiques dysfonctionnelles de groupe, un leader pourrait avoir besoin de défier les normes de groupe et d'interrompre les routines établies, et ainsi pourrait risquer d'encourir la colère des membres du groupe. De même, pour améliorer les supports contextuels d'une équipe ou pour augmenter la disponibilité des ressources, le leader peut être obligé de secouer le système organisationnel et ainsi perdre l'estime de ses pairs et de ses supérieurs. De plus, le leader pourrait avoir besoin de faire les deux en même temps, en courant le risque de subir le mécontentement de presque tout le monde, son équipe, ses pairs et ses supérieurs.

Un leader efficace doit également avoir comme qualité intrinsèque un bon niveau de maturité émotionnelle. Il doit être capable d'aller vers des situations provoquant de l'anxiété dans le but d'apprendre des choses au sujet de ces situations.

Un bon leader est aussi un individu qui possède des valeurs personnelles utiles pour l'organisation mais également pour les membres de son équipe. Ce sens des valeurs aide le leader à choisir parmi les options permettant la meilleure action possible. Dans ce sens, les valeurs servent de critère pour évaluer le mérite relatif des différents comportements de l'équipe. En général, la plupart des valeurs servent cette fonction mais des valeurs spécifiques (efficacité économique et satisfaction des membres) sont requises pour un leadership efficace d'équipes. Les groupes sont jugés efficaces sur la base à la fois de leur performance par rapport à la tâche et de leur impact sur le bien-être et la satisfaction individuels. Les leaders qui s'intéressent sincèrement à ces deux résultats devraient être plus aptes à détecter et anticiper les insuffisances sur n'importe quelle dimension et à inventer des actions promouvant simultanément ces deux valeurs. Les individus qui ont des niveaux élevés sur ces deux points sont considérés comme les meilleurs leaders.

En plus de ces qualités indispensables, le leader doit également posséder ou acquérir certaines connaissances et compétences fonctionnelles utiles pour diriger une équipe et la mener vers une réelle efficacité. Dans les faits, les connaissances et compétences requises dépendent étroitement de l'organisation et de la tâche, cependant tous les leaders devraient posséder les fonctions de contrôle et de mise en œuvre d'actions.

Pour diagnostiquer efficacement l'état d'un groupe et pronostiquer les futurs problèmes et les opportunités qui pourraient survenir, un leader a, par-dessus tout, besoin de connaissances sur les conditions clés de l'efficacité d'une équipe. Il doit être capable d'apprendre et d'intégrer de nouvelles informations sur le leadership et le management et d'appliquer ce qu'il a appris. Un leader a également besoin de certaines compétences spécifiques pour établir des diagnostics valides et relativement complets sur l'état d'un groupe et sa performance. Il doit être capable de faire des hypothèses, de collecter des données valides pour tester ces hypothèses et de tirer des conclusions.

Un leader doit également être capable de mettre en œuvre des actions de façon efficace, ce qui requiert des compétences interactionnelles comme négocier, prendre des décisions, aider les autres à apprendre, communiquer, écouter et, de façon plus générale, travailler de façon constructive avec les membres de son équipe, ses pairs et ses supérieurs. De plus, il doit être capable d'imaginer les états finals désirés et les articuler entre eux mais aussi d'inventer d'autres façons de mener ces actions.

La meilleure stratégie pour concevoir le rôle du leader dans une situation donnée dérive d'une approche fonctionnelle. Les responsables de la définition de ce rôle devraient fournir plusieurs possibilités qui seraient comparées. Les considérations entrant en ligne de compte devraient inclure les caractéristiques du leadership, les contraintes de l'organisation, les processus de groupe, les relations intergroupes mais également les caractéristiques de la tâche que l'équipe doit effectuer. Une fois ces considérations passées en revue, il est probable que l'une des possibilités envisagées ressorte comme dominante ou qu'une nouvelle solution surgisse.

COMMENT L'ENVIRONNEMENT D'UNE ÉQUIPE DE TRAVAIL INFLUENCE SA RÉUSSITE ?

Les conditions externes imposées à l'équipe sont les décisions organisationnelles fondamentales qui contraignent les équipes de travail (distribution du pouvoir et de l'autorité, procédures d'exécution du travail, limites temporelles, nombre d'équipes, horaires de travail, taille du groupe, schémas de rotation, machines utilisées, affectation aux zones de travail, dispositifs d'interdépendance au travail...).

Les ressources humaines disponibles pour l'action de groupe sont généralement un produit des processus de choix et de sélection à l'intérieur du système intégrant l'équipe. Les ressources matérielles (outils, espace de concertation...) ainsi que les formations, informations et soutiens divers, proviennent également de l'organisation. Le feed-back sur la performance est l'une des informations les plus importantes pour les membres d'une équipe qui peuvent ainsi évaluer la contribution de leur performance par rapport à la performance des autres membres et par rapport à la performance globale de l'équipe.

Mission et objectifs de l'équipe

L'organisation établit la mission de chaque équipe et les tâches devant être accomplies pour satisfaire à cette mission. Une mission clairement définie et l'accès à certaines informations (comme la connaissance des objectifs de l'entreprise, de sa situation commerciale, des évolutions et des contraintes du marché et la connaissance des circuits de fabrication) facilite la compréhension des objectifs et de la mission de l'équipe ainsi que la croyance dans ces objectifs et cette mission.

Tout ceci permet à l'équipe de se sentir partie prenante d'un ensemble et d'évaluer sa place et l'utilité de son travail mais aussi de connaître ses limites car c'est sur l'accomplissement de sa mission et sur l'atteinte de ses objectifs que l'équipe est évaluée et sanctionnée.

Stratégies de management de l'organisation

Il serait délicat de s'aventurer dans la constitution d'un groupe sans connaître le style de stratégie de management en vigueur dans l'environnement direct de la future équipe. Deux types de stratégies de management se rencontrent dans les organisations : les stratégies de contrôle et les stratégies d'implication.

Dans les organisations à stratégie de contrôle, la spécialisation des activités minimise la dépendance de l'organisation par rapport à l'individu. Les symboles de statut sont distribués pour légitimer et renforcer les différences hiérarchiques ce qui minimise l'influence exercée de bas en haut. Les employés sont soumis à de nombreuses règles et des sanctions et des récompenses individuelles sont prévues pour s'assurer qu'ils les suivent. Le fait que l'individu réponde de sa performance entraîne une pression maximale à répondre aux attentes standards et une compétition de rendement entre les employés. Ces derniers travaillent en fonction d'un intérêt individuel à court terme, servant en ceci l'intérêt à long terme de l'organisation (en produisant des rendements plus élevés, les employés fournissent une base pour rehausser les standards et entraînent une diminution de la main-d'œuvre requise).

Les groupes peuvent déjouer la stratégie de contrôle reposant sur la responsabilité individuelle par une aide informelle et réciproque entre les membres et par un aplanissement des différences individuelles de rendement contrecarrant l'effort de la direction pour stimuler la compétition entre les travailleurs par des primes individuelles.

Les organisations à stratégie d'implication sont structurées et dirigées de façon à augmenter la communauté d'intérêt entre les employeurs et les employés. Les profits et les gains provenant de l'amélioration de la production sont partagés. Tous les membres de l'équipe ont les moyens d'influencer les décisions relatives au travail et l'information est relativement ouverte. Les différences hiérarchiques sont minimisées (l'autorité vient plus des compétences et de l'expérience que de statuts formels) de façon à encourager chez chacun le sentiment d'être un membre à part entière travaillant en vue d'objectifs partagés.

Le sens de la mission commune influence les types de normes qui se développent. En effet, les équipes tendent à développer des normes qui encouragent une forte productivité et qui favorisent le bien-être de l'entreprise en tant que tout. Les équipes doivent se diriger elles-mêmes à l'intérieur de limites dépendant des compétences dont elles ont fait preuve antérieurement. Les organisations veillent au développement de ces compétences par des consultations et des formations.

L'évolution de la technologie de pointe renforcera certainement une stratégie de contrôle (en routinisant, dirigeant et dépersonnalisant le travail) mais elle renforcera également une stratégie d'implication (en augmentant les capacités des employés, en leur évitant les travaux répétitifs et en permettant des décisions décentralisées). Ce sont les organisations à stratégie mixte qui sont les plus répandues, la plupart étant dans une période de transition entre une stratégie de contrôle et une stratégie d'implication.

Mais ceci ne signifie pas que le second type de stratégie soit intrinsèquement plus efficace que le premier. Une organisation orientée contrôle bien managée sera facilement plus performante qu'une organisation orientée implication mal managée.

Quel est l'impact du système de distribution des récompenses ?

L'existence et le système de distribution de récompenses (argent, reconnaissance, congés...) peuvent avoir une influence à la fois sur l'effort individuel et groupal et sur la coordination de l'équipe. L'effort, bien sûr, est affecté par la valeur stimulante des récompenses, et la coordination est affectée par la manière dont les récompenses sont distribuées. Si une organisation se sert d'un système de récompenses pour mobiliser et guider les efforts des individus et pour améliorer la coordination au sein de l'équipe, elle doit être attentive aux autres conséquences possibles de l'utilisation de récompenses.

En effet, plus l'adéquation, réelle ou perçue, entre l'effort de l'individu et la récompense est élevée, plus les individus sont satisfaits notamment parce que cette situation est considérée comme juste puisqu'elle récompense ceux qui se sont les plus investis.

En revanche, des liens explicites entre la performance du groupe et les récompenses étouffent les initiatives et le développement des responsabilités. Les structures de récompenses explicites y sont vues comme interférant avec le développement du sens de la responsabilité individuelle. Les membres d'une équipe seront tentés de faire des efforts pour améliorer les résultats de l'équipe et donc la récompense qui en dépend, mais ils n'auront aucune raison d'essayer de se démarquer du groupe puisqu'il n'ont rien à espérer de plus que les autres.

La relation entre le système de récompense et l'interdépendance entre les membres exigée par la tâche a un impact sur l'efficacité de l'équipe et il est possible de faire certaines prédictions.

Premièrement, l'efficacité est faible quand l'interdépendance par rapport à la tâche étant élevée, les résultats obtenus par un groupe sont redistribués de façon compétitive aux membres du groupe, ce qui peut avoir comme conséquence d'entraver la coopération vitale à l'accomplissement de la tâche.

Deuxièmement, l'efficacité est élevée quand, l'interdépendance par rapport à la tâche étant élevée, les résultats sont redistribués de façon non compétitive aux membres.

Enfin, troisièmement, quand l'interdépendance par rapport à la tâche est faible, les résultats redistribués de façon soit compétitive soit coopérative devraient améliorer l'efficacité.

Par conséquent, avant d'opter pour une forme de distribution de récompenses, il est nécessaire de savoir quel type de tâche l'équipe doit réaliser et quelle est son exigence en termes d'interdépendance entre les individus.

Quel est l'impact de l'autonomie consentie par l'organisation ?

L'autonomie peut être définie comme la possibilité accordée à l'équipe d'agir de façon relativement indépendante par rapport :

- à la hiérarchie

  L'autonomie consiste souvent à participer à l'élaboration des buts, décider ensemble des objectifs de production ou trouver un accord entre les attentes individuelles et les buts collectifs. Les organisations à stratégie d'implication donnent la possibilité d'atteindre un haut niveau d'autonomie qui peut se traduire par des équipes qui s'autodirigent et maîtrisent l'organisation et l'exécution de leur travail. Cette forme d'organisation de l'équipe ne peut être bénéfique que sous certaines conditions dont les principales sont décidées en dehors de l'équipe (sélection de membres susceptibles de travailler ensemble, transmission d'informations, prise en compte de l'avis des membres permettant la participation et la mise en place de décision, confiance et délégation permettant une auto-organisation, possibilité matérielle de se concerter au sein de l'équipe).

  L'autonomie stimule l'effort et permet l'utilisation des compétences individuelles et l'adoption d'une stratégie adéquate de performance par rapport à la tâche. Cette autonomie est également à mettre en relation avec la notion de responsabilité de groupe et ne devrait pas poser le problème de la paresse sociale puisqu'une telle organisation nécessite une auto-organisation permettant d'exploiter les compétences de chaque membre par l'équipe elle-même. Elle permet de contrôler sa propre performance et ses opérations internes. Cependant, comme cet auto-contrôle permet une autogestion des conflits, des processus mais également des résultats, le risque pour l'équipe dite autonome est de devoir assumer pleinement ses résultats sans avoir toutes les conditions requises pour une efficacité élevée.

- aux autres équipes

  L'environnement d'une équipe de travail est également constitué par les autres équipes. Des liens entre équipes distinctes sont souvent nécessaires car une équipe peut avoir besoin de ressources (matérielles, financières, humaines, d'expertise, technologiques) provenant d'une autre équipe pour réaliser sa propre tâche. Cette relation inter-équipes est une relation de pouvoir-dépendance car lorsque la relation de dépendance entre les groupes est asymétrique, elle implique une différence de pouvoir. Un groupe est puissant quand les ressources qu'il fournit sont importantes pour l'autre groupe et qu'elles sont rares et une équipe qui dépend d'une autre n'a pas beaucoup d'autonomie.

L'IMPORTANCE DE L'AMBIANCE DE L'ÉQUIPE

Une équipe adéquate à son activité, parfaitement constituée, utilement dirigée et opérant dans un environnement organisationnel qui la soutient ne trouvera cependant sa pleine mesure que si elle baigne dans un ambiance ou un climat favorable.

Définition de l'ambiance d'une équipe de travail

Cette notion d'ambiance d'une équipe de travail est difficile à expliciter formellement, bien que d'un point de vue opératoire des méthodes existent qui permettent de l'approcher. Par analogie, on peut néanmoins dire qu'il en va de l'ambiance d'une équipe de travail comme de la personnalité d'une personne. Tout comme la personnalité d'une personne est l'ensemble des traits qui forment son individualité, l'ambiance d'une équipe est un composé plus ou moins harmonieux qui unifie l'équipe tout en la singularisant, bref qui lui donne « sa personnalité ». Mais si la personnalité d'une personne est aussi ce qu'elle ressent, éprouve ou expérimente, l'ambiance d'une équipe n'est pas un sentiment qu'elle pourrait ressentir : c'est au travers de l'expérience subjective de ses membres que s'exprime l'ambiance d'une équipe de travail. L'ambiance d'une équipe de travail est donc l'expérience et la représentation partagée que les membres ont du « petit monde » que constitue l'équipe et qui comprend notamment son cadre, ses relations avec l'extérieur, son organisation interne et son fonctionnement formel et informel ainsi que les règles, normes et valeurs sur lesquelles il repose.

Les principaux composants de l'ambiance d'une équipe de travail

Selon Anderson et West, qui se sont livrés à une méta-analyse d'une littérature très étendue, quatre traits principaux dans l'ambiance d'une équipe de travail influencent son efficacité et sa créativité, expliquant ainsi sa capacité d'innovation.

RH, LES APPORTS DE LA PSYCHOLOGIE DU TRAVAIL

Il est tout d'abord nécessaire que l'équipe de travail dispose d'une *vision* d'elle-même. La vision de l'équipe n'est pas une perception objective. C'est plutôt une image dynamique (qui doit évoluer avec l'histoire de l'équipe, faute de quoi elle constitue un frein à son devenir) et valorisée des résultats vers la réalisation desquels elle est tendue. Définis ainsi, ces résultats ne peuvent évidemment pas se réduire aux missions qui sont confiées à l'équipe par l'organisation à laquelle elle appartient, mais s'appliquent aussi aux membres (leur bien-être, leurs compétences, etc.) voire à l'équipe elle-même. La vision de l'équipe n'a pas besoin d'être explicite pour être effective mais elle doit être réellement assumée et partagée par les membres. Cela suppose qu'elle soit claire et atteignable. Cela suppose aussi qu'elle soit négociée : entre les membres, qui ainsi dépassent constructivement leurs différences ; et entre l'équipe et sa hiérarchie, car une vision imposée par elle directement ou au moyen d'une manipulation n'engagera pas autant que si elle a été élaborée avec l'équipe.

Le second trait de l'ambiance d'une équipe qui influence son efficacité et sa créativité est la *participation*. Une équipe qui baigne dans une ambiance participative se reconnaît à plusieurs caractéristiques. Premièrement, ses membres interagissent fréquemment et disposent de réelles occasions de rencontres. Deuxièmement, ils communiquent ouvertement et généreusement les informations qu'ils détiennent aux autres membres de l'équipe. Dans une ambiance participative l'information n'est pas un moyen de contrôle ou de pouvoir ; et les membres communiquent cette information dans des médiums qui n'en limitent pas l'appropriation ou qui l'appauvrissent, la communication de face-à-face étant à cet égard celle qui convient le mieux à l'information riche ou complexe. Troisièmement, ils prennent une part active à toutes les décisions qui concernent l'équipe de travail. Les membres de l'équipe influencent donc ses objectifs, son organisation et ses actions, notamment en élaborant collaborativement des protocoles qui « délèguent » la décision à une personne quand les circonstances l'exigent, la « collectivisation » de la décision n'entraînant dans ce cas aucune paralysie. Quatrièmement, une équipe ne peut fonctionner comme il vient d'être dit que si ses membres se sentent en sécurité au sein de l'équipe : une ambiance participative est nécessairement une ambiance sécurisante.

Mais une ambiance hautement participative peut paradoxalement conduire une équipe de travail à préférer la sécurité de ses membres, et plus profondément la cohésion de l'équipe, à la mise en œuvre de sa vision. Certains des fiascos organisationnels étudiés par Janis illustrent le genre de proces-

© Groupe Eyrolles

sus qui se met en place alors, dont l'antidote réside dans le troisième trait identifié par Anderson et West. Ce troisième trait est la *pensée critique*. Une équipe de travail qui use de ce mode de pensée prend déjà le temps de l'exercer, utilise les controverses constructivement et conçoit donc les débats comme des événements sains et utiles et enfin évalue ses objectifs, ses résultats, ses stratégies et leur adéquation afin de les améliorer et accroître ainsi sa réussite.

Le dernier trait déterminant l'efficacité et la créativité d'une équipe de travail est enfin *l'appui à l'innovation*, dont de nombreux travaux ont montré qu'il était le meilleur prédicteur de celle-ci au sein des équipes de travail. Naturellement, l'appui à l'innovation renvoie, non pas à l'expression purement verbale d'un soutien, mais à des pratiques effectives qui ne se restreignent d'ailleurs pas aux résultats de l'équipe mais s'étendent jusqu'à ses objectifs et ses stratégies.

L'examen de l'ambiance des équipes de travail

Le modèle précédent à quatre facteurs est à la base d'un instrument, le *Team Climate Inventory* (Anderson et West, 1994)[1] qui a été validé dans plusieurs pays et sur des équipes diverses, notamment 27 équipes de direction d'hôpitaux anglais.

Permettant de bien saisir l'ambiance des équipes de travail dans la mesure où les profils qu'il livre correspondent souvent aux données issues de l'observation systématique des réunions de ces équipes, le TCI constitue un excellent outil de diagnostic et donc d'identification (et de contrôle) des actions qui doivent être mises en œuvre pour remédier aux insuffisances de telle ou telle composante de l'ambiance d'une équipe de travail.

CONCLUSION

Ce chapitre concerne la mise en place d'une équipe de travail mais si l'équipe est déjà en place, il peut servir de base pour la conception et le développement d'un programme de formation.

---

1. Adaptation Française (Éditions du Centre de Psychologie Appliquée, 1998).

A cette fin, il est important que le formateur soit bien informé et expérimenté par rapport aux fonctions, aux tâches et aux processus de toutes les phases du travail en équipe. De plus, il peut lui être utile de connaître l'équipe en formation c'est-à-dire le niveau de compétences de l'équipe et de ses membres et la pléthore de tâches et de fonctions dans lesquelles elle est engagée.

Pour une formation efficace, tous les membres de l'équipe devraient, autant que possible, être impliqués dans toutes les activités et les phases de la formation. Des scénarios devraient être créés en tenant compte de l'environnement opérationnel réel des équipes. De plus, la formation ne devrait pas se focaliser sur l'apprentissage commun de compétences relatives à la tâche en ignorant le développement des compétences générales. Enfin, pour s'assurer que le programme de formation est efficace il est conseillé de procéder à une évaluation globale du programme de formation et de ses méthodes qui peut fournir un retour inestimable sur ses forces et ses limites.

Bibliographie

Anderson N.R., West M.A. (1994). *Measuring climate for work innovation : development and validation of the team climate inventory*, Windsor, NFR Nelson. Trad. française C. Lévy-Leboyer. Paris, ECPA.

Belbin M. (1993). *Team roles at work*. Oxford, Butterworth-Heineman.

Goodman et al. *Designing effective work groups* (1990). San Francisco : Jossey-Bass.

Steiner I. *Group process and productivity* (1972). Orlando, Fla. : Academic Press.

Swezey W. et Salas E. *Teams : their training and performance* (1992). Ablex publishing corporation, Norwood, New Jersey.

Worchel S., Wendy W. et Simpson J. *Group process and productivity* (1992). Sage publications, Newbury Park, London, New Delhi,.

Chapitre 11

Comment choisir et former des leaders ?

CLAUDE LÉVY-LEBOYER

Les qualités de leader de ses cadres et de ses dirigeants constituent un des facteurs les plus importants de la réussite ou de l'échec d'une entreprise, quelle qu'elle soit, particulièrement à une époque de compétition accrue, de progrès technologique rapide, de réglementation publique complexe et de problèmes sociaux. Rien d'étonnant, donc, à ce que le leadership soit un des thèmes les plus étudiés dans les recherches en sciences humaines des cinquante dernières années. Mais c'est précisément la multiplicité et la diversité des recherches et des résultats obtenus qui rendent difficile pour le gestionnaire de ressources humaines le choix de méthodes et d'instruments adaptés aux problèmes posés par le recrutement et la formation des personnes ayant des fonctions de leadership. D'autant que la plupart des différentes méthodes, qu'il s'agisse de repérer des leaders potentiels ou de contribuer à leur formation, sont accompagnées d'une analyse conceptuelle du leadership qui parle à l'intuition et semble fondée, même si elle n'est pas soutenue par des preuves tangibles.

LE LEADERSHIP, C'EST QUOI ?

La signification donnée au terme même de « leadership », aussi bien dans les textes en anglais que dans l'adoption du mot anglais par les Français, n'est pas toujours la même. Notamment, il faut bien différencier d'une part le fait de diriger des personnes et de mobiliser leur énergie vers un objectif précis, et d'autre part, l'ensemble des tâches de direction d'entreprise mieux désigné sous le terme, également emprunté à l'anglais, de management. Le management comporte bien d'autres responsabilités, la prise de décisions stratégiques, l'organisation du travail et la répartition des tâches, le contrôle de leur exécution et la communication, pour n'en donner qu'une liste brève. Alors que le leadership consiste essentiellement à développer une vision, la communiquer à ceux qui vont la mettre en œuvre, les motiver et faire en sorte qu'ils accomplissent une tâche en commun (Kotter).

Le présent chapitre ne concerne que le leadership. Ce n'est pas un mince sujet. Identifier les compétences des leaders et mettre en œuvre des actions destinées à les développer représentent une préoccupation centrale de la gestion des ressources humaines. Et pas une préoccupation récente. Les recherches sur le leadership ont une histoire, caractérisée par des progrès notables aussi bien dans la clarification des qualités essentielles aux leaders que dans l'analyse des styles de leadership. Il est donc important de fonder les pratiques sur les conclusions les mieux établies et de donner aux gestionnaires des ressources humaines des éléments qui leur permettent de savoir si les méthodes qu'on leur propose ne sont justifiées que par les conclusions périmées de travaux anciens. Ajoutons que le leadership est un thème de réflexion qui ne concerne pas que le monde du travail. Ce qui explique probablement le grand nombre de préjugés, d'idées préconçues et d'affirmations *a priori* utilisées pour présenter les pratiques disponibles sur le marché et destinées à répondre aux questions que le leadership pose dans la vie quotidienne des entreprises.

De quelles questions s'agit-il ?

La première concerne les caractéristiques personnelles des leaders. Si les recherches arrivent à montrer qu'il existe un profil de personnalité, voire d'aptitudes, qui caractérise les leaders, si elles précisent la nature de ces caractéristiques, il devient possible de prévoir, grâce à des épreuves adaptées dans quelle mesure un individu donné va avoir sur le terrain le comportement et l'efficacité qu'on attend d'un leader. Dans ce cas, la gestion du leadership devient un problème de sélection, relativement simple, et d'attribution des responsabilités d'autorité aux plus aptes.

La seconde concerne le style de comportement qui, dans la réalité quotidienne, permet à la personne qui a des fonctions d'autorité de les exercer correctement. Si on arrive à décrire ces comportements de manière claire, et à montrer leur efficacité, le problème devient une question de formation et consiste à chercher des réponses à la double question suivante : quel style les leaders doivent-ils adopter pour être efficaces ? Qui a le potentiel nécessaire pour apprendre et mettre en œuvre les bons styles de leadership ?

La troisième question est liée à l'hypothèse précédente. Elle consiste à se demander s'il est raisonnable de penser qu'un style de leadership peut être efficace dans tous les environnements, dans toutes les situations, et pour toutes les personnes à encadrer et s'il ne faut pas plutôt préciser les indications situationnelles de différents styles de comportement. De ce point de vue, les deux problèmes précédents soulèvent, en fait, plusieurs questions pratiques. Qu'il s'agisse d'un seul bon style, ou de plusieurs bons styles de leadership, peut-on les enseigner ? Faut-il seulement enseigner un style ? Ou également la manière de choisir le style adéquat ? Et aussi des informations sur les méthodes d'analyse de la situation qui permettent de savoir quel style choisir ?

Y A-T-IL DES CARACTÉRISTIQUES INDIVIDUELLES DU « BON » LEADER ?

Chercher à définir les caractéristiques individuelles qui font un leader efficace représente la plus ancienne approche du leadership. Avec une idée de départ, c'est qu'il existerait des personnes qui, de manière innée, possèdent ces qualités, donc qui sont de bons leaders de manière naturelle et quasi-instinctive. Le schéma des différentes recherches qui ont tenté de définir ces caractéristiques est assez voisin et suit les mêmes étapes : identifier des leaders efficaces et, d'autres qui sont moins efficaces, ou qui ne le sont pas du tout. Comparer leurs caractéristiques démographiques (sexe, âge, formation scolaire, statut social...), leurs aptitudes (intelligence, aptitudes verbales notamment), leurs traits de personnalité, les connaissances acquises et même leurs caractéristiques physiques (poids, taille). Il existe de très nombreuses études de ce type, et des synthèses régulières de leurs conclusions. La plus ancienne date de 1948 (Stodgill) ; la plus récente de 1990 (Bass). Entre 1948 et 1990, les conclusions ont beaucoup évolué. En 1948, et même si la synthèse des recherches existantes met en évidence l'importance probable de certains traits de personnalité, notamment l'extraversion, la dominance, la stabilité émotionnelle, la confiance en soi, et l'empathie, les conclusions sont loin d'être unanimes ; ce qui introduit l'idée que les caractéristiques des leaders efficaces sont différentes selon les situations. En outre, même quand elle identifie des différences significatives, cette méthode de recherche, uniquement fondée sur la comparaison entre différents leaders, ne permet pas de comprendre comment et pourquoi tel trait ou telle caractéristique est lié à la qualité du leadership. Et comme on se borne à décrire des personnes ayant déjà des fonctions de leader, il est impossible de dire si les traits décrits sont innés, ou si ils ont été acquis au fur et à mesure de la vie professionnelle.

Pourtant le « mythe » du leader-né a persisté et on dit encore facilement de quelqu'un qu'il est (ou qu'il n'est pas) né pour être un patron. Ce qui explique probablement que les recherches se soient poursuivies avec des moyens nouveaux de traitement de données. Elles ont à la fois donné plus d'importance aux traits de personnalité et à l'intelligence des leaders et souligné le rôle différenciateur des situations. D'une manière générale, les leaders efficaces sont intelligents, extravertis, dominants, masculins, conservateurs et bien équilibrés ; ils recherchent les responsabilités, vont jusqu'au bout des tâches à accomplir, prennent des risques et des initiatives, en particulier dans les situations sociales, résistent bien aux stress et aux frustrations, et sont capables de structurer les interactions sociales. Bass propose en 1990 un tableau synthétique de ces résultats sous la forme de trois rubriques. Les leaders sont très *actifs*, c'est-à-dire qu'ils sont énergiques, et savent s'imposer, alors que « la majorité silencieuse n'influence pas le cours des événements ». Pour rester efficace, ils doivent aussi faire preuve d'*intelligence* et de *compétence*. Ils ont de bonnes intuitions parce qu'ils possèdent les bonnes informations et ils savent tirer parti de leurs expériences, sans se précipiter mais en sachant redéfinir les problèmes si c'est nécessaire et également faire preuve de spontanéité. Enfin, la *compétence sociale* est essentielle, c'est-à-dire l'aptitude à communiquer, à développer les relations avec les autres, à avoir de l'empathie, à gérer les conflits, à répondre de manière adéquate à des situations qui changent, à bien comprendre les besoins des groupes, et à y répondre correctement. L'autoritarisme strict a des effets plus complexes et est vraisemblablement surtout efficace dans les organisations formelles.

Au total, l'idée du leadership comme un ensemble de traits est justifié. Il existe bien des caractéristiques individuelles qui sont responsables de l'efficacité en tant que leader. Mais les recherches de cette seconde période ont montré que les qualités de leader ne sont pas innées, qu'elles sont aussi tributaires de l'expérience, et qu'elles bénéficient d'actions spécifiques de formation et de développement. D'autre part, l'analyse des contradictions entre certains résultats a montré que ce ne sont pas les mêmes traits qui sont efficaces dans des situations différentes. Comme le dit très bien Bass en conclusion de la partie de son ouvrage sur les traits des leaders, certains individus ne seront jamais des leaders, d'autres ne le seront que dans certaines situations, d'autres encore le seront toujours, et indépendamment de la situation.

Ces conclusions ont eu trois conséquences. La première concerne l'application pratique du fait que le leader efficace possède un ensemble de caractéristiques particulières et qu'il est bon de savoir les évaluer. La seconde et la troisième ouvrent la voie vers de nouveaux progrès, à savoir la prise en compte des comportements qui composent un « bon style » de leadership et l'intérêt, très actuel, pour le développement des qualités de leadership.

Le fait qu'on ait identifié des aptitudes et des traits de personnalité propres aux leaders a justifié la multiplication des « assessment centers », où un ensemble cohérent de tests d'aptitude et de personnalité, d'entretiens, d'évaluations professionnelles, et d'observations en situation, comme les tests « in basket » et les discussions de groupe sans leader désigné, servent notamment à évaluer et à recruter des leaders, et à déceler à l'avance ceux qui en ont le potentiel[1].

Y A-T-IL UN BON « STYLE » DE LEADERSHIP ?

Le fait de réaliser que les qualités personnelles sont une composante non négligeable du succès comme leader, mais que ce n'est pas là le seul facteur du leadership a entraîné un intérêt nouveau pour les comportements et leurs effets. Peut-on définir un style de comportement efficace ? Plusieurs réponses ont été apportées à cette question, qui seront examinées ci-après. Mais, même si l'imagination des chercheurs est aussi riche que la réalité est diverse, les conclusions des études sur le style ne sont pas aussi faciles à appliquer que celles qui concernent les traits des leaders. Pourtant il existe des programmes de formation qui proposent un style « idéal » et surtout des suggestions concernant la manière de déterminer quel style convient à quelle situation.

Les applications des premières recherches ont, en effet, pris un caractère normatif, ceci sous plusieurs influences qu'il est bon de rappeler rapidement parce qu'elles sont encore proposées comme des modèles infaillibles. Les recherches initiées par Lewin et montrant la supériorité d'un leadership

1. Voir le chapitre d'Y-M. Beaujouan dans le volume 1.

démocratique, par oppposition à un leadership autocratique ou de « laissez-faire », n'ont pas concerné le monde du travail, et leurs conditions expéri-mentales peuvent prêter à critique. Mais elles ont été les premières à mon-trer combien il est intéressant de décrire les comportements des leaders et de chercher leurs conséquences sur le climat social et sur les performances. A la même époque, les recherches conduites à l'usine Hawthorne de la Wes-tern Electric ont fait conclure à la supériorité d'un leadership amical, indul-gent et pas tatillon, et ont décrit ses effets sur le moral et la productivité. Là aussi un réexamen des conditions expérimentales et des résultats met en doute les conclusions. Mais ces travaux sont très importants parce qu'ils ont introduit l'idée que la nature des comportements d'encadrement affecte les attitudes et les performances des personnes encadrées.

La voie était ouverte pour ce qu'on nomme les « études de l'Ohio » sur le leadership, du nom de l'université où elles ont été effectuées. L'approche de cette équipe de chercheurs a été très systématique. Ils ont assemblé des descriptions de comportement de leader, et ont ainsi constitué un questionnaire qui a servi à faire décrire les leaders, notamment par des équipes de l'Armée de l'air. L'analyse factorielle de ces réponses a permis de définir quatre dimensions, les deux premières, nommées Considération et Structure, représen-tant une part majeure de la variance. La « Considération » corres-pond à une attitude et des comportements amicaux, respectueux des subalternes, et la « Structure », au fait d'organiser le travail de manière stricte, de bien définir les responsabilités de chacun, et d'en contrôler l'exécution. Un des résultats les plus intéressants des recherches du groupe de l'Ohio c'est d'avoir contribué à détruire une autre idée reçue, qui conduit à opposer deux types de leaders, ceux dont le comportement est essentiellement marqué par la considération qu'ils manifestent à l'égard de leurs collègues et de leurs collaborateurs et ceux dont l'objectif principal est de structurer le travail pour le mener à terme. Ce qui signifiait que les leaders pouvaient être placés sur un seul continuum allant de « forte considération » à « très générateurs de structure ». Alors que les recherches effectuées sur différents groupes professionnels montrent que ces deux caractéristiques ne s'opposent pas, et, mieux encore, que les meilleurs leaders sont ceux dont les compor-tements sont à la fois marqués par une forte considération et par d'efficaces activités de structure.

En fait, la synthèse des nombreux travaux qui ont suivi la présentation du modèle « Considération et Structure » ont conduit à formuler plusieurs critiques. Les corrélations observées entre ces dimensions du leadership et des variables externes comme la satisfaction du personnel et la performance sont très variables et souvent faibles malgré une tendance, logique, à voir associées la « structure » à la performance et la « considération » à la satisfaction des subordonnés. On peut retenir que les avantages d'un style de leadership qu'il soit caractérisé par l'intérêt primordial pour la tâche ou par l'intérêt primordial pour les individus, ou encore par les deux à la fois ne sont donc pas clairement justifiés, et surtout ne sont pas observés dans toutes les situations. C'est ainsi qu'on a pu constater que la pression exercée sur le groupe, le fait que la situation soit, ou pas, stressante, la difficulté de la tâche, la personnalité des subordonnés, affectent les relations entre ces dimensions du leadership et les variables de satisfaction et de performance. Par ailleurs, le lien de causalité pose problème. Rien ne prouve, en effet, que ce soient les comportements du leader qui déterminent la satisfaction et l'efficacité des subordonnés. L'inverse est tout aussi vraisemblable, les comportements des subordonnés appelant, en réponse, des comportements adaptés de la part des leaders. Enfin, même si elles se réfèrent aux comportements de leadership, les recherches qui ont tenté de valider expérimentalement ce modèle n'ont pas utilisé de réelles observations de comportement, mais seulement les réponses des subordonnés à un questionnaire destiné à décrire le comportement de leurs supérieurs, réponses qui ne sont pas forcément objectives.

Malgré ces critiques, l'application de ce modèle s'est traduit par des formations ayant pour objectif de faire prendre conscience de leur style habituel à des leaders en fonction, et de leur faire réaliser qu'il est possible de concilier considération et structure. C'est le cas du programme de Blake et Mouton, développé dans les années 60 qui utilise une grille offrant plusieurs combinaisons de deux dimensions du management, proches de « Considération » et « Structure », qu'ils nomment « Intérêt pour les autres » et « Intérêt pour la performance ». Selon Blake et Mouton, les cadres d'entreprise oscillent entre beaucoup de considération et peu de structure, ou l'inverse. Il serait donc possible, et profitable, de leur enseigner à avoir les deux « intérêts » en même temps. Ce qui se fait en plusieurs temps : d'abord leur faire prendre conscience de leur style actuel de leadership ; ensuite, sur le terrain, accroître la communication entre niveaux hiérarchiques, et créer des occasions de participation. Les applications de cette méthode ont été nombreuses, mais les résultats sont inégaux, et, dans le meilleur des cas, difficiles à interpréter ; ce qui renforce les critiques concernant la non prise en compte des facteurs situationnels, et les réserves sur l'idée qu'il y a une bonne façon, et une seule, d'être un leader efficace.

Pourtant les idées nouvelles amenées par le groupe de chercheurs de l'Ohio ont eu un fort impact, et l'intérêt pour la recherche des comportements les plus efficaces en a été stimulé. En outre, l'idée que la « considération » n'est nullement incompatible avec la « structure », donc que le fait d'être orienté vers l'organisation du travail n'implique pas forcément le mépris des problèmes humains, répond à la fois à l'intuition et à l'éthique. Ce qui n'empêche pas de reconnaître les difficultés rencontrées pour valider un modèle normatif simple. Pour progresser à la fois sur les schémas théoriques et sur leurs applications pratiques, deux possibilités ont retenu l'attention. D'abord l'idée que les dimensions de considération et structure seraient trop générales et ne refléteraient pas bien la variété des stratégies employées sur le terrain par les leaders. Dans cette perspective, le style de leadership le plus étudié est certainement la participation aux décisions. Et l'examen des effets de la participation aux décisions a conforté la seconde possibilité qui consiste à reconnaître la diversité des situations et à chercher à préciser quels comportements conviennent à quelles situations. Après l'étude des traits associés au leadership, puis des comportements qui en assurent l'efficacité, on reconnaît l'importance des variables de situation, donc le fait que les styles de leadership sont contingents aux paramètres situationnels.

CONTINGENCE ET LEADERSHIP : DES STYLES DIFFÉRENTS POUR DES SITUATIONS DIFFÉRENTES ?

Les trois exemples de modèles de contingence qui suivent sont ceux qui ont suscité le plus de recherches ou ont eu le plus d'applications pratiques. Il s'agit des modèles de Vroom et Jago, de Fiedler, et de Hersey et Blanchard (décrits dans Bass, 1990). Le modèle de Vroom concerne surtout les indications de la participation dans les décisions ; celui de Fiedler est centré sur l'adéquation entre le style du leader et la situation et celui de Hersey et Blanchard prend en compte la maturité sociale et professionnelle des subordonnés.

Le choix d'un leadership autoritaire ou participatif est un problème quotidien pour toute personne ayant des responsabilités d'autorité. Quel degré d'initiative donner à ses collaborateurs ? Dans quelle mesure ceux-ci peuvent-ils prendre des décisions sur la manière d'exécuter leur travail ? Quel contrôle le leader doit-il exercer ? Quelle importance accorder à leurs suggestions ? Convient-il de solliciter ces suggestions ? De nombreux programmes, expérimentaux ou développés pour répondre aux besoins du terrain, ont encouragé l'introduction d'un leadership participatif, par opposition à un comportement autoritaire. Malheureusement, et malgré l'évidente générosité du propos, les résultats sont, encore une fois, divergents. Ceci pour plusieurs raisons. D'abord la notion de participation correspond à plusieurs comportements, le fait de déléguer, le partage des décisions avec ses subordonnés, l'implication des subordonnés dans le processus de décision et dans les discussions qui précèdent la décision, l'autonomie accrue des subordonnés, le partage d'information, et même le fait de communiquer les raisons qui justifient une décision. D'autre part, la participation a des indications, ce qui revient à dire qu'elle convient à certaines situations, et pas à d'autres. D'une manière générale, on peut dire que la participation est indiquée lorsque la satisfaction, l'implication des subordonnés sont importants, et ceci à condition que ceux-ci aient la compétence nécessaire pour que leur participation contribue de manière significative à la qualité des résultats. En revanche, le commandement autoritaire est nécessaire quand la qualité de la décision est plus importante que l'implication des subordonnés et quand le leader est le seul à posséder la compétence nécessaire.

Le modèle de Vroom et Jago

Un leader efficace doit donc savoir adapter son style aux exigences de la situation. Or on sait que les cadres ont tendance à reproduire dans d'autres situations le comportement qu'ils ont adopté dans leur première expérience d'encadrement, et ceci, même si les conditions ne sont pas les mêmes. D'où la nécessité de leur apprendre à diagnostiquer les situations et de leur indiquer quel style convient à quelle situation. Des formations aux indications de la participation permettent aux cadres de se confronter aux règles de contingence, de comprendre leur logique, de constater que leur comportement spontané ne les respecte pas toujours, et, dans un second temps, d'en chercher la raison. La plus connue est fondée sur le modèle de Vroom et Jago. Ils décrivent aux cadres en formation des situations dans lesquelles ceux-ci ont à prendre une décision et pour lesquels ils doivent choisir un style de leadership parmi les cinq proposés. Le fait de choisir des styles différents pour des situations différentes implique évidemment la notion de style adapté au contexte et force à réfléchir à la manière de faire correspondre style et situation. En outre, les cinq styles proposés illustrent le fait qu'il n'y a pas un choix simple entre faire participer aux décisions ou prendre une décision autoritaire, mais un choix nuancé entre plusieurs possibilités spécifiques et réalistes, allant de la décision prise par le cadre seul à la décision prise en commun avec le souci de partager toutes les informations, d'aborder tous les aspects du problème et d'atteindre un consensus. Pour vérifier que son choix était le meilleur, le cadre a ensuite la possibilité de consulter sept règles qui conduisent à éliminer pas à pas les styles inadaptés à la situation. Trois de ces règles concernent la qualité de la décision. Les quatre autres concernent l'acceptabilité de la décision par ceux qui auront à l'exécuter. Par exemple, si le cadre ne possède pas lui-même toutes les informations nécessaires à une bonne décision sur le problème concerné, une prise de décision faite seule de manière autoritaire risque d'omettre la prise en considération d'aspects importants. En revanche, si la décision est urgente, le temps nécessaire à une participation de toutes les personnes impliquées interdit cette solution. Bref, l'idée est qu'un cadre doit être flexible et savoir adopter un style autoritaire ou un style participatif alternativement et en fonction de la situation. La procédure d'analyse situationnelle, les exercices et l'application des règles enseignent aux cadres à analyser les situations, à être flexible dans leur manière d'exercer leur autorité et pourquoi il convient de ne pas faire confiance à leur réaction spontanée.

Procédure et modèle ont fait l'objet de plusieurs validations satisfaisantes. Ce qui n'empêche pas la présence de problèmes. En particulier il peut y avoir un décalage sur le terrain entre la manière dont le cadre pense qu'il faut se comporter et le style qu'il est, en fait, capable d'appliquer. En outre la procédure d'analyse des situations est trop lourde et trop compliquée pour qu'il soit possible de l'utiliser dans la vie quotidienne. Enfin, la perception que les cadres ont du style qu'ils emploient n'est pas forcément la même que celle de leurs subordonnés quand ils décrivent le style de leurs supérieurs. Par exemple, un cadre qui croit déléguer est parfois perçu par ses subordonnés comme un autocrate exerçant un contrôle trop pesant.

Le modèle de Fiedler

L'approche de Fiedler est la plus systématique. Il a pris le problème de la contingence en sens inverse. C'est-à-dire qu'au lieu d'enseigner aux cadres à modifier leur style de leadership pour les rendre contingents avec la situation, il considère que le style de chacun est stable et qu'il appartient à chaque cadre de savoir choisir dans quelle situation son style sera le plus efficace. Pour permettre de préciser le style de leadership propre à chaque individu, il a développé une méthode ingénieuse, le questionnaire « LPC ». Ce questionnaire est constitué par des paires d'adjectifs avec lesquelles le cadre décrit une personne (réelle, mais qu'il ne nomme pas) avec qui il n'aime pas travailler (LPC pour « the least preferred coworker »). Ce collègue, ou ce collaborateur mal-aimé peut être décrit en termes plus ou moins favorables. Ceux qui décrivent positivement les personnes avec qui ils n'aiment pas travailler ont tendance à favoriser les relations inter-personnelles, à faire preuve de considération et à être soucieux des relations humaines. Alors que ceux qui décrivent sévèrement les personnes avec qui ils n'aiment pas travailler accordent leur priorité aux résultats, ont tendance à contrôler étroitement le travail et à être peu concernés par les problèmes humains. Ces différentes catégories de cadres ne sont pas efficaces dans les mêmes situations. Les LPC faibles étant plus efficaces aussi bien dans les situations très difficiles que dans les situations très propices. Et les LPC forts étant mieux adaptés aux situations moyennement difficiles. Pour préciser cette contingence, Fiedler tient compte de trois aspects de la situation dans laquelle le cadre doit exercer son leadership : le climat du groupe qui peut être plus ou moins homogène et sans conflit interne, la tâche qui peut être plus ou moins structurée, c'est-à-dire, prescrite ou plutôt laissée à l'initiative des exécutants et de leur cadre ; et le pouvoir du leader, c'est-à-dire l'autorité formelle que lui confère son statut dans l'organisation. L'intérêt du modèle de Fiedler est donc double : il apporte un outil permettant de mesurer, de manière indirecte, le style individuel de leadership et il permet d'analyser les caractéristiques de la situation sous trois aspects importants.

Bien que ce modèle ait suscité une controverse qui n'est pas terminée, il a proposé une application originale de sa théorie qui consiste à aider les cadres à faire le diagnostic de la situation et le diagnostic de leurs styles de leadership de manière, non plus à tenter de changer de style, mais, au contraire, à chercher des situations qui leur conviennent, voire à modifier les caractéristiques de la situation pour les adapter à leur style personnel. Les applications de cette démarche sur le terrain se sont révélées positives, les résultats des cadres qui ont suivi cette méthode étant supérieurs à ceux de groupes témoins. Il n'en reste pas moins que réduire l'identification du style de leadership au score obtenu sur le questionnaire LPC a été considéré comme réducteur et mal démontré.

Le modèle de Hersey et Blanchard

L'approche de Hersey et Blanchard n'a pas suscité de recherches spécifiques. Pourtant elle a été accueillie positivement par les spécialistes de ressources humaines, au moins dans les pays de langue anglaise et il y est fait souvent allusion dans les formations au leadership. Ils proposent une classification des styles de leadership en quatre catégories, fondées sur l'association de dimensions proches de Considération et Structure. La contingence proposée par rapport à ces quatre situations est uniquement liée à la « maturité » des subordonnés, définie comme leur capacité à diriger leur comportement de manière autonome pour la tâche dont ils sont chargés. La maturité comporte deux composantes, maturité psychologique et maturité liée au poste, et le style de leadership efficace est fonction de la maturité évaluée par le leader. Si la maturité est faible, le leader doit adopter un style autoritaire et tenant peu compte des aspects humains. Si la maturité est plus forte, en termes de l'une ou de l'autre de ses deux composantes, le leader doit convaincre, puis faire participer. Si la maturité est forte sur les deux composantes, il peut déléguer.

Aucune preuve n'existe de la validité théorique et pratique de ce modèle. Ses mérites tiennent au rappel pertinent de la nécessité pour tout leader d'être flexible dans son comportement et de l'adapter à la situation, ainsi que de la prise en compte des caractéristiques des subordonnés. De ce point de vue, il est moins complet que les deux modèles précédents, mais il a l'intérêt de suggérer que la tâche du leader est aussi de créer des conditions favorables à la participation des subordonnés en accroissant leur maturité.

Ces trois approches de la contingence ont utilisé trois optiques différentes : adapter son style à la qualité de la situation ; se connaître et chercher des situations qui vous conviennent ; juger ses subordonnés et l'autonomie qu'on peut et qu'on doit leur accorder. Même s'ils sont controversés aussi bien du point de vue théorique que dans leurs applications, il reste que la nécessité d'être flexible, et de tenir compte des paramètres situationnels n'est plus à discuter. Comment aller plus loin ? En fait, Hersey et Blanchard ont ouvert la voie vers une conception plus active du leadership, souvent identifiée sous le terme de « nouveau » leadership.

LE « NOUVEAU » LEADERSHIP

Au total, les recherches sur le leadership et leurs applications sont assez décevants. Certes, la recherche des caractéristiques individuelles des leaders et l'analyse des contraintes situationnelles, ont donné des résultats, mais ceux-ci sont loin de couvrir l'ensemble d'un processus qui devient de plus en plus important à une époque de changements économiques et technologiques rapides et de compétition accrue. Pour répondre à ces nouveaux

© Groupe Eyrolles

besoins, une approche différente, plus dynamique a été développée, en particulier par Bass sous le nom de « nouveau leaderhip ». De quoi s'agit-il ? Dans tous les modèles précédents, le leadership est considéré comme un échange statique entre celui qui dirige et celui qui est dirigé, et il concerne exclusivement l'exécution par les subordonnés de missions dont le cadre a la responsabilité. Ce type de leadership est qualifié de « transactionnel », parce qu'il se limite à la tâche elle-même et se traduit essentiellement par un échange entre leaders et subordonnés, ces derniers recevant des récompenses ou du prestige en échange du fait de se conformer aux décisions et aux volontés de leur supérieur. Il peut y avoir un leadership efficace, mais qui ne lie pas leader et subordonnés dans la poursuite commune d'objectifs organisationnels. Aussi le leadership « transactionnel » a des effets limités dans la mesure où il ne stimule ni les motivations du leader, ni celles de ses collaborateurs. Surtout il ne correspond plus à des situations marquées par le changement continuel, et par la compétition dans une économie globalisée. De manière plus complémentaire que réellement opposée, le leadership « transformationnel » mobilise et développe aussi bien les motivations du leader que celles de ses collaborateurs. Il s'appuie sur « le besoin de chacun de donner du sens à son travail et de le relier à des objectifs institutionnels ». (Peters et Waterman). Dirigeants et dirigés sont transformés par la poursuite d'objectifs qui expriment des aspirations auxquelles ils peuvent s'identifier. Bref, même si les processus transactionnels sont utiles, il faut, pour que le leadership soit efficace, y ajouter la composante transformationnelle, qui, seule, incite les subordonnés à transcender les objectifs, à dépasser leurs propres intérêts pour défendre les intérêts du groupe ou de l'organisation et à satisfaire leurs besoins d'estime de soi et de réalisation de leur potentiel.

Concrètement, qu'est-ce qui différencie les comportements du leader transformationnel et ceux du leadership transactionnel ? Le leader transformationnel a du charisme, il apporte une vision, et le sens d'une mission, il développe la fierté, gagne le respect et la confiance. Il représente un modèle pour ses subordonnés, il focalise leurs efforts, et il exprime les objectifs importants de manière simple et directe. Il fait preuve de considération pour les autres en faisant attention à leurs besoins et à leurs problèmes et en les encourageant à prendre des responsabilités. Enfin, il apporte une stimulation intellectuelle grâce à une production constante d'idées nouvelles qui stimulent la créativité et aident à évoluer. Le leader transactionnel se borne à gérer les récompenses attachées aux performances qui correspondent aux buts poursuivis, à contrôler les procédures et à réagir quand celles-ci s'écartent des règles (Bass, 1990).

Pour tester la pertinence et l'efficacité de cette nouvelle conception du leadership, Bass a crée un questionnaire (le MLQ, multifactor leadership questionnaire) qui sert aux subordonnés à décrire leurs supérieurs et qui comporte trois échelles, décrivant respectivement le charisme, la considération et la stimulation intellectuelle. Ce qui a permis de mettre en corrélation la présence d'un leader transformationnel avec la satisfaction des subordonnés, leur efficacité et leurs efforts. D'une manière générale, les résultats obtenus montrent l'efficacité du leadership charismatique, l'importance de la considération et de la stimulation intellectuelle. Mais ils notent aussi le rôle positif des récompenses qui sont une des composantes du leadership transactionnel.

On peut également se demander dans quelle mesure les leaders peuvent être formés au leadership transformationnel. De fait, Bass a développé des programmes de formation répondant à cet objectif. Après un exposé sur le leadership transformationnel et ce qui le différencie du leadership transactionnel, le MLQ est utilisé pour permettre aux cadres de comparer la manière dont ils sont perçus par eux-mêmes et par les autres. Les domaines de développement sont alors explorés ainsi que la manière dont les comportements peuvent être changés. L'objectif de ces stages est de bien faire réaliser que changer son comportement d'encadrement est la clé du développement des potentiels de ceux qu'on encadre. Le progrès des leaders est ensuite évalué dans les mois qui suivent à l'aide de différentes sessions, adaptées aux besoins des organisations concernées.

A-t-on avancé ou est-on revenu en arrière ? Sans doute la popularité des textes qui encouragent une forme ou une autre du nouveau leadership, comme ceux de Peters et Waterman, est, au moins en partie, due à la simplicité de leurs prescriptions qui ne s'embarrassent pas de contingences complexes et qui défendent fortement l'existence d'un style de leadership supérieur aux autres. Peut-être aussi le leadership transformationnel répond-il aux besoins d'adaptation rapide qui caractérisent la majorité des organisations actuelles. Mais il est possible qu'il ne corresponde plus aux besoins d'une époque plus stable, et qu'il ne réponde pas non plus aux besoins des organisations qui n'ont pas à faire face à des changements rapides pour survivre. C'est là une autre façon de dire, une fois de plus, que le style de leadership efficace est fonction des conditions environnementales. De ce point de vue, il faut d'ailleurs rappeler aux lecteurs français que les recherches sur le leadership, de même que les méthodes de formation et d'analyse des situations, ont été pratiquement toutes développées aux États-Unis. A mesure

© Groupe Eyrolles

que l'environnement managérial devient de plus en plus global, les dirigeants ne peuvent plus ignorer l'influence de la diversité culturelle sur les
processus de leadership. Les analyses théoriques du leadership et leurs
applications ont été construites et testées dans le contexte de valeurs occidentales qui privilégient l'individualisme plutôt que le collectivisme, la
rationalité plutôt que la tradition et les prises de décision à court terme plutôt qu'à long terme ce qui restreint leur applicabilité dans des cultures différentes ou dans des milieux multi-culturels. La voie est ouverte pour
l'analyse d'une nouvelle forme de contingence, liée cette fois-ci à la diversité
culturelle, ou, peut-être à un style de leadership « global » qui intégre la
diversité culturelle.

Bibliographie

B.M. Bass (1990). *Bass and Stodgill's handbook of leadership*, Macmillan, New
York.

R.R. Blake, J.S. Mouton (1985). *The managerial grid*, Houston, Gulf.

J.P. Kotter (1990). A *force for change*, Macmillan, New York.

T. Peters, R.H. Waterman (1982). *In search of excellence*, New York, Random
House.

R.M. Stodgill (1948). Personal factors associated with leadership, a survey of the literature, *Journal of Psychology*, 25, 35-71.

Chapitre 12

Comment aborder la question du temps de travail en entreprise ?

L'exemple des cadres

GÉRARD VALLERY ET CAROLINE HERVET

De plus en plus, les entreprises prennent en compte l'organisation du temps de travail pour élaborer leurs stratégies. L'organisation du temps de travail est considérée comme un des facteurs essentiels de performance et de compétitivité, notamment par le truchement de l'optimisation de l'efficacité des temps travaillés. Ainsi, la plupart des projets d'organisation ou de réorganisation du temps de travail visent à développer une flexibilité organisationnelle interne et/ou externe (relation avec les partenaires, nouvelle logique de la relation client...) ou être un levier d'action sur la répartition et la gestion des compétences dans l'entreprise (Pépin, 2000). De la sorte, cette question représente un véritable enjeu pour les R.H. Celles-ci peuvent jouer un rôle à la fois au niveau des logiques d'entreprise associées à la recherche d'une meilleure efficacité globale et d'une meilleure prise en compte des besoins des salariés. Sur ce plan, notons qu'historiquement, les processus de réduction ou d'aménagement du temps de travail avaient comme finalité première la protection de la santé et l'amélioration des conditions de travail des salariés. Aujourd'hui, cette finalité intègre d'autres dimensions liées au fonctionnement socio-économique des entreprises (création d'emploi, restructuration des collectifs de travail...) et à une prise en compte des modes de vie hors travail constituée notamment des aspects familiaux et sociaux. Le temps de travail et son aménagement dans l'entreprise structurent fortement la vie hors travail ; inversement, les conditions temporelles dédiées à la sphère privée peuvent avoir des conséquences sur la qualité des activités profes-sionnelles lorsque les astreintes sont importantes. Ainsi, l'amélioration de la conciliation entre vie professionnelle et vie familiale représente un enjeu important dans les transformations actuelles des modes de vie des salariés, comme le montre une enquête réalisée par la DARES fin 2000 auprès de 1600 salariés[1]. De ce fait, une meilleure prévisibilité et régularité des temps de travail, une prise en compte des temps sociaux (transports, gardes d'enfants), et une extension possible d'horaires indivi-dualisés (repos à la carte, prise de congés), sont autant d'aspects qui ne doivent pas être négligés (Gauvin et Jacot, 1999).

Face à ces multiples enjeux tant pour l'entreprise que pour les salariés, plusieurs facteurs doivent être considérés pour réussir un projet d'orga-nisation du temps de travail, en particulier l'organisation du travail et le rôle du management.

L'ORGANISATION DU TRAVAIL

Penser ou repenser le temps de travail ouvre l'opportunité de s'interroger sur l'organisation des activités et leurs modes de gestion au sein de l'entre-prise. En effet, les changements projetés ou induits par un projet « temps de travail » sont l'occasion d'insuffler une nouvelle dynamique d'évolution au niveau de l'organisation. Le temps de travail est en soi un vecteur d'analyse des situations de travail, car celui-ci structure les activités concrètes dans le déroulement des actions réalisées ; en ce sens, **le temps est un indicateur important de l'organisation des activités**. Ainsi, organiser ou réorganiser le temps de travail c'est avoir la possibilité de faire évoluer le travail et ses conditions d'exécution, parfois même de faire émerger certains métiers en relation avec les transformations des entreprises (innovation technologique, nouveaux marchés, nouveaux services orientés vers les clients…). Toutefois les changements qui impactent les dimensions temporelles du travail ne tiennent pas toujours – *ou pas suffisamment* – compte du travail réel et des besoins des salariés, comme c'est le cas dans les services à distance où les demandes des clients s'imposent aux salariés comme des contraintes, sans que l'entreprise n'ai engagée de réflexion préalable ou une concertation en vue de préparer les changements (information, formation, mise en place de

---

1. Enquête « temps de travail et modes de vie » réalisée fin 2000 auprès de 1600 salariés ayant bénéficié de la RTT ». CEE-DARES-INSEE. 2001.

© Groupe Eyrolles

Gérer le contexte social et les relations inter-personnelles

procédures adaptées, modalités de gestion des temps…). Le risque existe alors de voir se concentrer des contraintes temporelles fortes sur quelques salariés aux horaires atypiques (exemples des plates-formes téléphoniques) et de générer des conditions d'efficacité qui soit finalement contreproductive pour l'entreprise (turn-over, absentéisme, baisse de qualité….). De manière générale, une organisation du temps de travail sera ainsi davantage efficiente si elle prend en considération plusieurs aspects de nature organisationnelle comme notamment : l'évaluation et le développement des compétences, la redistribution des rôles, la répartition des responsabilités (Hubault, 1998).

Enfin, une analyse des activités et éventuellement de leurs transformations peut permettre une réévaluation de la charge de travail qui reste un facteur fortement associé au temps de travail, celui-ci constituant un contenant à cette dernière. Dans ce cadre, l'identification des diverses contraintes liées à la charge doit être appréhendée au regard des différents usages des temps associés aux activités, l'objectif étant de dégager de nouvelles marges de manœuvre visant à assouplir les contraintes temporelles.

LE RÔLE CENTRAL DU MANAGEMENT

Les fonctions d'encadrement sont directement concernées par tout projet d'organisation du temps de travail, à des degrés divers et selon la nature des activités impliquées (Lefèvre, Bourgouin et Chatauret, 2000). Ainsi, les cadres, principaux relais en matière de circulation de l'information et de communication dans l'entreprise, se situent bien au cœur d'un tel processus de changement. Dans ce contexte, plusieurs défis économiques et sociaux doivent être relevés par l'entreprise au travers du rôle joué par les cadres, comme :

- décliner la stratégie de l'entreprise au plus près des réalités opérationnelles (comme diffuser une nouvelle logique « relation client ») ;
- identifier des moyens permettant de rendre les entités de l'entreprise plus performantes, notamment par l'intermédiaire des TIC[1] ;
- rechercher des perspectives d'organisation innovante au regard de leur position dans l'entreprise qui est située au carrefour des choix des dirigeants et des réalités opérationnelles ;
- conduire des changements d'organisation dont la mise en œuvre relève davantage de la responsabilité des cadres opérationnels ;

1. Techniques d'information et de communication.

- mettre en place une gestion prévisionnelle des emplois et des compétences qui prend appui sur les réalités opérationnelles, ce qui permet le dialogue entre le management et la fonction ressources humaines ;
- créer les conditions d'un vrai dialogue au sein de leur entité, impliquant leurs collaborateurs au choix des solutions qui seront appliquées et en les associant à la réalisation de tous les ajustements nécessaires au bon fonctionnement de l'entreprise.

Ces actions sont des éléments clés, et elles se situent au cœur de la réussite d'un projet de changement d'organisation du temps de travail. Les cadres jouent ici un rôle crucial dans la mise en œuvre et l'accompagnement du projet, même si leurs ressources restent encore insuffisamment exploitées. De plus, cette catégorie socioprofessionnelle de salariés a été souvent et longtemps écartée ou non directement concernée par les questions relatives à l'organisation de leur propre temps de travail. A ce titre, rappelons que la dernière réglementation française sur le temps de travail (Loi Aubry II, du 19 janvier 2000) a reconnu pour la première fois la catégorie des cadres dans les dispositions relatives de la durée légale du travail.

Notre écrit a pour objectif de proposer un exemple de réorganisation du temps de travail chez des cadres d'une grande entreprise publique dont la perspective vise à la fois une recherche d'efficacité et une volonté d'amélioration des situations professionnelles. Toutefois, on ne saurait aborder le sujet autour de la présentation de l'intervention réalisée, sans dire au préalable quelques mots sur ce que recouvre cette catégorie socioprofessionnelle de salariés et notamment présenter quelques caractéristiques du temps de travail chez les cadres.

LE TEMPS DE TRAVAIL CHEZ LES CADRES : QUELS CONSTATS, QUELS ENJEUX ?

Les cadres, en particulier en France, ont une durée hebdomadaire de travail en moyenne plus importante que celle des autres salariés. Le temps de travail des cadres s'est accru jusqu'en 2001 et stagne depuis cette date. Surtout, l'écart entre les cadres et les non-cadres s'est creusé. S'il était de l'ordre de deux heures au bénéfice des non cadres en 1974[1], il augmente dès 1975 pour atteindre 3 heures environ en 1980[1]. Il se maintient entre 1980 et 1985[2] puis

1. Enquête Emploi 1974-1980, INSEE
2. Enquête Emploi 1980-1985 ; 1985-1990, INSEE

se creuse à nouveau entre 1985 et 2001. Vers la fin des années 80, cet écart entre cadres et non cadres est de l'ordre de 4 heures. En 1995, cet écart dans le privé entre cadres et non cadres s'élevait à 5h30 et à 6h15 en 2001 (enquêtes complémentaires aux enquêtes sur l'emploi de 1995 et 2001).

Comme l'illustre le tableau 1 ci-après, près de 50 % des cadres français travaillent plus de 46 heures et 25 % d'entre eux plus de 50 heures. Ces dernières données disponibles, déjà anciennes, restent significatives quant à l'investissement temporel actuel des cadres dans leur travail.

Tableau 1 : Répartition des durées hebdomadaires de travail chez les cadres

< à 35 h	35 h–37 h	38 h–39 h	40 h–41 h	42 h–45 h	46 h–50 h	51 h–60 h
2,7 %	1,7 %	5,5 %	7,4 %	19,9 %	23,1 %	26,4 %

Source : Le nouvel économiste 13/03/98

En effet, depuis quelques années, plusieurs facteurs combinés contribuent à accroître le temps de travail des cadres (Kaisergruber, 1999), comme :
- la concurrence économique et les exigences des marchés qui génèrent des modes d'organisation plus flexibles, accentuant les pressions temporelles ;
- la globalisation des échanges internationaux qui tend à allonger les plages de mise en réseau et de communication, donc les temps de travail ;
- le développement des TIC qui permet un traitement de l'information en temps réel et contribue à une certaine continuité du travail du cadre, impliquant une plus grande réactivité et disponibilité mais aussi la nécessité d'une formation continue ;
- l'individualisation de la gestion et des critères d'évaluation centrés sur la disponibilité vis-à-vis de l'entreprise, favorisant une certaine mise en concurrence entre les cadres.

Néanmoins, ces facteurs explicatifs de l'importance de la durée du travail chez les cadres sont à nuancer, puisque des différenciations existent, comme :
- le secteur d'activité : la durée hebdomadaire de travail des cadres est plus importante dans le privé que dans le public,
- la taille de l'entreprise : les horaires sont plus importants dans les PME et dans les entreprises de moins de 500 personnes,
- le type de fonction et d'activité : la durée de travail est plus importante chez les cadres qui travaillent dans des activités liées à la production, à

la vente davantage tributaire des temporalités de marché que chez les cadres qui travaillent dans des activités d'études, de recherche, d'administration,

- le niveau hiérarchique et de responsabilités : la durée hebdomadaire de travail est plus élevée chez les cadres de direction que chez les cadres de service administratif,
- le sexe : la durée hebdomadaire de travail est plus importante chez les cadres masculins que féminins,
- l'âge : les horaires les plus longs sont observés dans la tranche d'âge allant de 40 à 50 ans,
- la situation familiale : l'âge des enfants est également corrélé à la durée hebdomadaire de travail et ce, lorsque le conjoint de la femme cadre est actif ou lorsque la conjointe du cadre masculin est inactive. En revanche, lorsque la conjointe du cadre est active, l'âge des enfants n'a pas d'impact sur la durée hebdomadaire de travail du cadre masculin.

De plus, la centralité du travail pour le cadre, son engagement professionnel sont des facteurs qui peuvent être considérés comme favorisant une forte disponibilité temporelle et par conséquent, un temps de travail relativement important. Enfin, ces différents facteurs sont à mettre en relation avec la nature des activités et des responsabilités associées. Cet ensemble d'éléments montre bien une certaine complexité lorsque l'on aborde la question du temps de travail chez les cadres. Cette complexité est davantage accentuée par le fait que d'une part, le travail réel du cadre est évalué en termes d'atteinte d'objectifs fixés, de résultats obtenus où en ce sens, peu importe le temps passé et la manière dont le cadre travaille. D'autre part, parce que le travail du cadre est devenu de moins en moins opérationnel et cela en lien avec le développement des nouvelles technologies d'information et de communication (TIC).

Dans ce contexte, quels peuvent être les bénéfices à ré-interroger l'organisation de leur temps de travail ?

L'organisation du temps de travail : quels sont les enjeux pour les cadres ?

D'une manière générale, l'organisation du temps de travail est située au carrefour des trois logiques suivantes (cf. schéma 1), dont les enjeux économiques et sociaux sont à considérer dans une approche globale et intégrée des projets d'organisation ou de réorganisation (en référence aux travaux de Pépin, 2000).

Figure 1 : L'organisation du temps de travail au carrefour de trois logiques

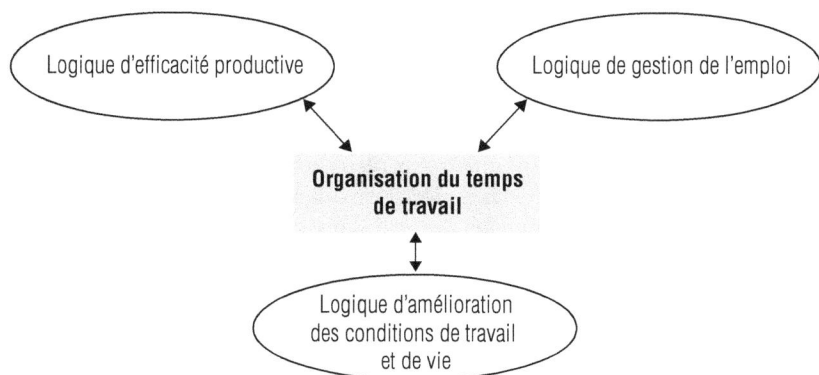

Les cadres sont impliqués dans ces trois logiques. En effet, la question de l'organisation de leur temps de travail est particulièrement dépendante des exigences économiques actuelles des entreprises (optimisation des temps travaillés, développement de la qualité, ...) et des modes de gestion des emplois (création de nouvelles fonctions, gestion prévisionnelle des emplois et des compétences). De plus, l'organisation du temps peut viser à réduire de manière effective la durée de leur travail qui est souvent relativement importante et pour laquelle une baisse significative est certainement attendue[1]. L'enjeu peut consister à rechercher de nouveaux équilibres entre la vie au travail et la vie hors travail pour répondre aux attentes professionnelles et personnelles des cadres et desserrer les contraintes temporelles du travail.

Aussi, une réorganisation du temps de travail est une opportunité pour repenser le rôle et les missions du cadre. Son activité est de plus en plus relative à la conception et à l'innovation technique et organisationnelle. Il est souvent amené à travailler au sein de collectifs divers où la délégation de son autorité, la conduite de projet, la négociation, la réflexion en termes de stratégie nécessitent des ajustements au quotidien, avec son équipe et ses collègues. Des changements dans la nature du travail des cadres ont induit une multiplication des tâches qui n'a pas été sans impact sur la durée du travail ; on pensera en particulier à l'association de tâches de gestion administrative et de communication liée à la réduction des effectifs.

© Groupe Eyrolles

---

1. Enquête complémentaire à l'enquête emploi INSEE de 1995 sur le temps de travail. INSEE *Première*, n° 671, août 1999.

En dernier lieu, cela peut permettre d'améliorer les conditions de travail des cadres. La durée effective peut être le reflet de multiples tensions et contradictions que doit gérer le cadre au quotidien. Ainsi l'introduction de nouvelles technologies d'information et de communication, les changements rapides dans l'environnement viennent abolir l'ordre des priorités et créer un sentiment de perte de repère. De même, le fonctionnement par délégation peut être source d'incertitude quant aux résultats recherchés tout comme la transversalité et les glissements de fonctions dans le contexte de structures de plus en plus floues ou changeantes qui peuvent induire des conflits.

En synthèse, il est à noter que des aménagements de l'organisation temporelle du travail ont été expérimentés dans certaines entreprises et montrent qu'il est possible d'intégrer des dimensions liées aux logiques de l'entreprise et à l'amélioration des situations professionnelles des cadres, selon une approche globale d'efficacité (Lefèvre, Bourgouin, Chatauret, 2000). Ils sont réalisés sur la base d'une analyse préalable du travail des cadres mais aussi du collectif dans lequel ils sont insérés. En effet, le caractère intégré du travail du cadre rend illusoire une seule approche individuelle de son activité. Les résultats ont permis de mettre en œuvre plusieurs changements, en lien avec les cadres concernés, en particulier :

- des formes de délégation des responsabilités vis-à-vis des cadres et non-cadres avec partage de connaissances ;
- un développement de la polyvalence dans les équipes ;
- la restriction de certaines plages horaires des réunions et mise en œuvre d'une charte de bonnes pratiques dans des domaines « chronophages » ;
- la simplification des processus de décision ;
- la recherche de professionnalisation dans la conduite de projet par des moyens de communications adaptés….

VERS DE NOUVELLES PRATIQUES MANAGÉRIALES : EXEMPLE D'UN DISPOSITIF DE FORMATION POUR DES CADRES : *« TRAVAILLER MIEUX POUR TRAVAILLER MOINS »*

Le dispositif de formation développé ci-après a été mis en place dans une grande entreprise industrielle et commerciale. Dans un premier temps, nous présentons les finalités poursuivies, puis nous développons le contenu de cette formation. Enfin, nous exposons les résultats obtenus lors et à l'issue de l'application de ce dispositif.

Réaménager le temps de travail des cadres : quelles finalités pour l'entreprise ?

Le réaménagement du temps de travail des cadres impulsé par cette entreprise s'inscrit dans un processus global de modernisation. Aussi, il vise à rechercher un meilleur équilibre entre la vie professionnelle et personnelle des cadres concernés par ce dispositif de formation. Pour l'entreprise, cela doit se traduire par des évolutions en matière d'organisation du travail visant à accroître ses capacités d'adaptation et sa réactivité sur ses propres marchés. Plus précisément, ce projet de formation intitulé « *temps de travail des cadres* » s'inscrit dans une démarche consistant à définir et à introduire des pratiques managériales nouvelles et/ou connues mais mal ou peu appliquées. Toutefois, les questions relatives à la charge de travail et à sa réduction sont épargnées, absentes de ce projet ; c'est la réflexion autour de l'organisation des activités qui est le vecteur de la réduction du temps de travail. De ce fait, une charge de travail inchangée contraint les cadres à réguler leur activité en fonction des priorités au détriment de tâches moins urgentes et moins importantes (par exemple, lecture, formation) mais déterminantes pour le développement de l'entreprise (Bouffartigue, 1999).

Apprendre à mieux maîtriser son temps de travail

Notre étude, réalisée dans le cadre d'une recherche-action plus large, a consisté à accompagner cette formation au sein de l'entreprise. Organisée par la RH sur deux jours, celle-ci avait comme objectif de sensibiliser les cadres de dix unités opérationnelles sur la gestion de leur temps en relation avec leur travail. Etant donné les contraintes organisationnelles, seules deux sessions de formation, réunissant chacune dix cadres, ont pu avoir lieu. Notre intervention peut être définie comme un appui extérieur en vue de nourrir la réflexion sur l'organisation temporelle des activités des cadres concernés. Pour ce faire, nous avons réalisé une enquête qui intégrait diverses méthodes dont des entretiens et des questionnaires auprès de l'ensemble des personnes (vingt cadres au total).

A travers cette formation, l'objectif des groupes était de pouvoir faire un diagnostic temps/efficacité, d'identifier des voies de progrès pragmatiques et réalistes-tant individuelles que collectives-qui soient adaptées au contexte spécifique d'une entité ; la finalité étant d'optimiser son efficacité par la formalisation d'un contrat de fonctionnement. Ainsi, la formation visait à introduire dans l'entreprise des pratiques managériales nouvelles par l'application de principes connus (mais mal ou peu appliqués), de règles élaborées en commun en lien avec une prise en compte des comportements et des attentes des cadres en matière de réduction du temps de travail. Autrement dit, il s'agira de construire les règles et les moyens d'organisation que l'entité se donne pour améliorer son fonctionnement et pour s'engager à les faire vivre au quotidien.

Précisément, les résultats attendus à l'issue de cette session de formation doivent permettre que :

- chaque participant ait pu acquérir des moyens permettant une meilleure maîtrise de son temps ;
- l'entité qui a analysé son fonctionnement, décide d'installer de nouvelles pratiques managériales plus respectueuses du temps ;
- chacun soit en mesure d'utiliser une panoplie cohérente d'outils permettant d'accroître l'efficacité individuelle et collective ;
- chacun soit à même de mettre en œuvre, au quotidien, les comportements propres à favoriser efficience et disponibilité.

De ce fait, à travers cette formation, l'entreprise cherche avant tout à faire évoluer les conduites de ses cadres dans une dynamique d'échanges, autour de leurs expériences vécues. Ceci laisse ainsi supposer que l'amélioration de l'organisation relève surtout d'une analyse des pratiques professionnelles. En d'autres termes, en reprenant des éléments du cahier des charges, « *la réduction du temps de travail des cadres doit offrir une évolution des organisations du travail centrée sur un accroissement de leurs capacités d'adaptation et de réactivité qui passe par une prise de conscience de leurs conduites professionnelles individuelles et collectives* »… Aussi, dans le but d'une recherche d'efficacité organisationnelle qui s'appuie sur l'expérience des hommes, quelles sont les attentes des cadres vis-à-vis de cette formation ?

Le temps de travail du cadre : une position difficile

Les attentes sont mitigées vis-à-vis de cette formation. Si pour certains, elle peut être l'occasion d'apprendre à mieux gérer le temps collectif de travail, elle apparaît pour d'autres comme une méthode permettant une meilleure organisation personnelle. Enfin l'ensemble des cadres reste sceptique quant aux bénéfices induits par une formation qui viserait uniquement la question de l'organisation temporelle du travail. Ainsi, leurs attentes se traduisent également par une volonté de réduction de leur charge de travail[1] ; celle-ci

---

1. A ce sujet, on pourra se référer à l'enquête réalisée par l'APEC (2000) auprès de 3 000 cadres salariés d'entreprises de 5 salariés et plus.

étant jugée comme source de dysfonctionnement de leurs modes d'organisation temporelle. L'idée qu'il serait préférable d'utiliser le vocable de charge de travail plutôt que de temps ou durée de travail a été avancée. En l'occurrence, dans le cadre de notre enquête, à la réponse d'un des items (X) présentés comme suit : « *dans l'équipe, chacun sait évaluer le temps nécessaire à ses différentes activités mais sait surtout mesurer sa charge de travail* » (Tableau 2), nous avons pu rendre compte du fait qu'une grande majorité de cadres ne se retrouvait pas dans une évaluation correcte du temps associée à la charge de travail.

Tableau 2 : Répartition de l'ensemble des cadres à l'item « X »
« dans l'équipe, chacun sait évaluer le temps nécessaire à ses différentes activités mais sait surtout mesurer sa charge de travail »

Note 1	Note 2	Note 3	Note 4	Note 5	Note 6
	30 %	40 %	20 %	10 %	

Légende : Note 1 = « Je ne suis pas d'accord, cela ne correspond pas du tout à notre situation »
Note 6 = « Tout à fait d'accord, c'est tout à fait le cas »

Ainsi, l'évaluation des temps nécessaires à la réalisation des différentes activités et la mesure de la charge de travail sont difficilement mesurables pour les cadres : « *On a du mal à calculer le temps pour certaines activités. Dans certaines activités, on arrive à évaluer le temps passé, dans d'autres non* ». Sur ce plan, on comprend bien que le travail du cadre, qui ne se compose pas uniquement d'un temps « action », défini par la réalisation d'une production donnée et attendue, rend complexe la relation « charge de travail » et « temps ». En effet, derrière la réalisation de ce temps « action », se profilent d'autres temps composites : celui de la réflexion, préparation, rédaction, décision, communication ou recherche d'information… Ainsi, dans un bon nombre d'activités où se chevauchent de multiples tâches à horizons temporels hétérogènes, la planification est difficile et l'évaluation a priori de la relation entre charge de travail et durée du travail n'est pas aisée.

Le travail du cadre, caractérisé par des missions, rend le contenu de celui-ci difficilement appréciable en termes de quantité de travail et plus précisément de temps de travail car la plupart des activités qu'il mettra en œuvre pour réaliser son travail se compose de tâches diffuses, à caractère abstrait, difficilement évaluable sur le plan temporel. Aussi, « *On n'est jamais capable d'évaluer l'ensemble de nos tâches. Il y a toujours des imprévus, interventions extérieures. Où va mon temps ? A ceux qui me le mangent »*. Les difficultés évoquées ici en termes d'évaluation temporelle du travail renvoient au fait que le travail du cadre ne s'inscrit pas systématiquement dans un déroulement de type linéaire. En effet, ce dernier est souvent remis en cause par les imprévus, les impromptus qui placent la réalisation du travail du cadre dans un horizon temporel fragmenté où la discontinuité des tâches, de l'action, rend l'évaluation complexe d'une part, et d'autre part où le quotidien est une remise en cause permanente de sa charge de travail. Les bonnes intentions sont absorbées par le quotidien ponctué d'imprévus rendant une planification temporelle du travail très vite désuète *« On planifie une matinée de libre et on attend de voir ce qui va nous tomber dessus car il va nous tomber quelque chose »*.

Le travail des cadres : entre les durées d'activités actuelles et souhaitées pour une meilleure efficacité

Afin d'évaluer précisément la répartition temporelle des activités, une grille intitulée *« où va mon temps ? »* fut proposée aux participants, comportant dix domaines d'actions auparavant définis à partir d'entretiens exploratoires menés auprès des cadres :

1. Réunions (à mon initiative, initiative externe),
2. Entretiens (avec N + 1, avec les collaborateurs, avec les pairs, en externe),
3. Téléphone (à mon initiative, initiative externe),
4. Travail seul (superviser, analyser les résultats, reporting, budget ; courrier, signature),
5. Rédaction (propositions, rapports),
6. Veille (lecture, documentation, recherche d'information),
7. Réflexion (stratégie (moyen, long terme) et prise de recul,
8. Formation personnelle et formation des collaborateurs,
9. Présence sur le terrain,
10. Autres (déplacements, travail chez soi).

Pour chacune de ces activités les cadres devaient évaluer le temps actuellement consacré ainsi que la proportion de celui-ci par rapport au temps total de travail. Ils devaient également mentionner le temps souhaité en termes de stagnation, d'augmentation, de diminution et pour ces deux derniers cas en indiquer la quantité. De plus, ils pouvaient faire des commentaires vis-à-vis de la structure temporelle de leur travail car une partie de cet exercice était réservée à cet effet. Ainsi, les résultats ont permis d'apporter des éléments d'information, de dégager des questions, notamment concernant les temps d'activité et les temps souhaités en rapport avec leurs contraintes organisationnelles.

Comment se répartissent temporellement les divers domaines d'action des cadres ?
D'une manière générale, le travail des cadres se caractérise par quatre activités principales qui recouvrent plus de 65 % du temps total : le travail seul (19,6 % soit, hebdomadairement 9,6 heures), les réunions (17,2 % soit, 8,4 heures), les entretiens (16 % ou 7,8 heures) et le téléphone (13 % ou 6,4 heures). Si on regroupe les activités relatives aux réunions, aux entretiens, au téléphone en une seule catégorie de type « communicationnel », elle représente 46,2 % ou 22,6 heures du temps de travail hebdomadaire des cadres. Autrement dit, la nature première de leur travail est la communication. A contrario, également quatre domaines d'action sont faiblement investis temporellement (réflexion et prise de recul, formation, veille, présence sur le terrain). Ces temps d'activité estimés varient de 2,6 à 6 % ou de 1,3 à 2,9 heures hebdomadaire. Néanmoins, ces différents temps d'activité sont ceux que ces cadres pratiquent actuellement. Or, sont-ils satisfaits de cette répartition de leur temps de travail ? Cette distribution est-elle efficace quant aux buts à atteindre ? Consacrent-ils leur temps là où ils le souhaitent en fonction de leurs objectifs ? Souhaiteraient-ils redistribuer leurs différents temps actuels d'activité ? Ont-ils des attentes en terme de temps de travail, qu'il s'agisse de sa durée et de sa répartition ?

Ainsi, les différents temps d'activité souhaités par les cadres concordent-ils avec les différents temps actuellement pratiqués ?
Oui et non puisque les cadres souhaitent une réelle réorganisation temporelle pour la moitié des dix domaines d'action abordés. En effet, le taux souhaité de diminution (réunions : moins 50 % soit une réduction hebdomadaire de 4,2 heures ; le travail seul et la catégorie autres : diminution de 34 % ou de 3,3 heures ; le téléphone : 17 % ou 1,3 h de moins) ou d'augmentation (l'activité de réflexion, de prise de recul et de présence : accroissement de 120 % soit 2,9 heures par semaine au lieu de 1,3 heure actuellement ; présence sur le terrain : + 56 %, soit 4,5 heures par semaine au lieu de 2,9 heures). Concernant les cinq autres domaines d'action, des diminutions (entretiens : - 6 % ; rédaction : - 5 % et veille : - 3,5 %) et une augmentation (formation : 8,4 %) apparaissent mais leur importance est négligeable.

Quels constats ?
D'une manière générale, on constate que ce sont les domaines d'activité qui occupent sur le plan temporel une place importante qui sont les plus captifs

d'une diminution significative du temps de travail. Autrement dit, l'importance des taux souhaités de diminution est liée à l'importance temporelle qu'occupe l'activité. Pour ce qui concerne les activités que les cadres souhaiteraient investir davantage temporellement, elles s'avèrent importantes pour le fonctionnement de l'entreprise. Disposer davantage de temps pour la réflexion et la prise de recul permet de favoriser la contribution à la définition de la stratégie de l'entreprise. De plus, parce que les cadres représentent le vecteur de communication essentiel pour décliner cette stratégie, accroître leur temps de présence sur le terrain permet de mieux l'adapter aux réalités de terrain en ajustant au mieux les désaccords qui peuvent subsister entre les unités opérationnelles et fonctionnelles « *gagner du temps afin d'avoir une présence plus importante qu'actuellement sur le terrain. Ce manque de temps résulte d'une mobilisation forte par un certain nombre de faits non prévus dans les agendas. J'aimerais plus de temps de communication avec les agents, plus de présence avec eux sur le terrain. Pour les agents, notre présence est très importante et certains le reprochent. Or, très souvent, on a des imprévus* ».

Quelles explications ?

Il n'est pas surprenant de constater que le domaine d'activité le plus « chronophage » concerne les réunions et plus particulièrement celles qui sont externes à l'entité. Le manque de clarté dans la définition des objectifs et une mauvaise identification des interlocuteurs en sont les principales causes. Aussi, les cadres estiment que leur temps d'activité n'est pas proportionnel à l'importance des problèmes qu'ils abordent et ce, lorsque la réalisation des activités s'inscrit dans le cadre d'un travail collectif. En effet, quelle que soit l'entité concernée, la relation entre le temps d'activité et l'importance des problèmes est en parfaite adéquation lorsqu'il s'agit de répondre à des objectifs individuels ne nécessitant ni coopération, ni collaboration. Mais, cette dimension collective de l'activité ne suffit pas à expliquer à elle seule cette perte d'énergie temporelle. S'y associent également la disponibilité temporelle dont les cadres doivent faire preuve « *là où on se disperse, c'est quand on a des choses hors cadre et dire non c'est mal perçu* » ainsi que la multitude d'activités qu'ils doivent gérer et qui ne sont pas synonymes de plus-value « *parfois on a un débordement d'énergie par des activités connexes non essentielles et c'est pour cela que notre énergie n'est pas mise au bon endroit* ».

Quelles actions ?

Réduire la durée des activités dilapideuses de temps ou trop coûteuses temporellement nécessite une meilleure identification du travail. Plus précisément, cela doit s'opérer, pour une meilleure compréhension de l'activité des cadres, par l'identification :

- de la manière dont le travail se réalise,
- des acteurs qui y sont impliqués, notamment par une clarification de leurs missions et de leur rôle,
- des moyens disponibles et des conditions d'exécution de l'activité.

Ainsi, ces aspects sont à considérer comme une clé de lecture de l'organisation du travail et par là même de l'organisation du temps de travail. De plus, on ne peut concevoir le fait que le cadre gère son travail et plus précisément son organisation et beaucoup moins sa charge comme il l'entend, le souhaite. Cela pourrait signifier que si le cadre gère son travail, plus précisément l'organisation de son travail selon ses aspirations, en lien et en accord avec les objectifs de l'entreprise, il peut également gérer son temps de travail comme tel. Or, tout cela est loin d'être une réalité. La dimension collective du travail est importante et doit être au cœur de toute organisation du travail. D'ailleurs, ne pas tenir compte de cela risque d'induire un éloignement vis-à-vis des réalités opérationnelles et finalement un détournement de l'efficacité recherchée. Ce surcoût temporel estimé par les cadres pour certaines activités se traduit par un sous-investissement d'autres domaines d'activités qui est l'expression, pour l'entreprise comme pour les acteurs concernés, d'un manque à gagner en terme de réactivité, d'efficacité et donc, de performance.

Globalement, ces résultats déclinent une forte opposition entre des attentes et l'expérience professionnelle exprimée ; ce qui pose la question plus profonde d'une demande implicite de réorganisation du temps des différentes activités associées.

Quelques pistes de recommandations : accroître la productivité et augmenter l'efficacité

Ré-interroger le temps de travail du cadre sous ses dimensions collectives, c'est cerner ce qui impacte le fonctionnement organisationnel en vue d'identifier les points à améliorer pour l'optimiser.

Ré-interroger le temps de travail du cadre en relevant les écarts entre la durée actuelle et souhaitée de travail, c'est créer les conditions d'une plus grande implication individuelle, en donnant l'opportunité au cadre de resituer son activité professionnelle autour de ses besoins.

En pratique, ces interrogations sur l'organisation des temps ont participé à faire évoluer les pratiques managériales en étant plus respectueuses des individus et des conditions d'exécution du travail. Dans le cadre de la formation, plusieurs exercices et rappels visant à favoriser l'efficacité et la productivité ont été proposés. Par exemple, en ce qui concerne les normes et les recommandations pour l'activité du « reporting », les rappels la concernant comportaient à la fois :

- une définition de l'activité du « reporting » : il s'agit de rapporter des résultats à travers des tableaux de bord et des tableaux d'activité ;
- les objectifs des outils. Les tableaux de bord servent à réaliser le « reporting » vers le N + 1 (où il s'agit de faire part des résultats liés aux objectifs) et vers le maître d'ouvrage (faire le point sur l'avancement des projets). Les tableaux d'activité quant à eux doivent comprendre des indicateurs pérennes et identiques pour toutes les activités. De plus, le « reporting » doit se limiter aux résultats macro ;
- le nombre d'objectifs fixés : pour une entité, il ne doit pas excéder 12 recommandations ;
- l'origine des indicateurs des tableaux de bord et des tableaux d'activité : ils doivent être extraits directement des systèmes d'information ;
- enfin, les commentaires contenus dans le « reporting » ne doivent porter que sur des indicateurs où une dérive est constatée sauf, s'il y a une dérive entre les résultats et l'objectif, entre la prévision et le tableau d'activité.

Des propositions furent également énoncées ; comme la mise en place d'un travail en réseau, la clarification du rôle de chacun lors du lancement d'un nouveau projet, le partage d'un agenda collectif via Intranet ou la formalisation d'un temps partagé de réflexion sur des études de cas….

In fine, l'étude montre que les cadres sont considérés comme des acteurs essentiels de l'évolution des formes d'organisation du travail. Dès lors, se dégage un consensus autour des préconisations à la faveur d'un changement dans leurs actions et par voie de conséquence dans celles des autres salariés, comme :

- faire la chasse aux tâches à valeur ajoutée nulle et se concentrer sur le cœur de métier : animation et conduite de réunions, production de documents de cadrage, rôle de management centré sur le conseil et le soutien auprès des agents ;
- développer des capacités d'intervention dans l'organisation de leur activité : apprécier les missions confiées, négocier les temps de réalisation ;
- développer la pratique de délégation pour favoriser la progression globale des qualifications, développer la polyvalence, anticiper le travail des agents, instaurer des pratiques plus collégiales entre agents ;

© Groupe Eyrolles

- promouvoir des modes de fonctionnements collectifs en projet, structures intégrées, équipes réseaux entre cadres et entre agents ;
- favoriser le bien-être des salariés en anticipant les facteurs de stress et en prenant en compte les éléments psychoaffectifs ;
- donner du sens à leur travail en éclairant leur contribution à la stratégie de l'entreprise et en étant des relais entre la direction et les agents qu'ils dirigent.

CONCLUSION ET PERSPECTIVES

La problématique de la durée du temps de travail des cadres est à la fois multifactorielle et fortement stratégique.

Comme nous l'avons vu, elle pose les questions d'un rapport difficile, voire contradictoire, entre les logiques d'efficacité de l'entreprise et celles relatives à l'individu en relation avec ses besoins sociaux et familiaux. Les marges de manœuvre sont étroites et demandent de la part des ressources humaines une attention particulière en lien avec les réalités du travail pour, à la fois, accompagner les changements et préserver une certaine cohésion sociale dans les organisations, à laquelle les cadres contribuent fortement.

La notion de cadre est fortement associée au contexte culturel qui influe sur le rapport au temps. Ainsi, par exemple, en France la disponibilité temporelle absolue du cadre pour l'entreprise est à la fois *socialement* prégnante et quasi instituée, alors qu'aux Etats-Unis le témoignage d'une présence dans l'entreprise en dehors des horaires de travail est souvent synonyme d'incompétence. En outre, la notion de cadre recouvre des réalités très disparates où coexistent des situations hétérogènes telles que le chercheur ou le chargé d'étude bancaire qui n'encadre personne en passant par le chef de service qui a la responsabilité hiérarchique de trente collaborateurs ; montrant que cette notion s'imprègne à la fois d'un statut et/ou d'une fonction réelle d'encadrement de personne.

Enfin, les cadres ont fait l'objet de nombreuses études en particulier en sociologie, en science de la gestion, et en psychologie, sous des dimensions privilégiant la personnalité, les motivations, les rôles dans l'organisation ou les relations hiérarchiques. Finalement, leurs activités de travail (individuelles et collectives) ont été assez peu étudiées, probablement parce qu'elles sont difficilement saisissables et formalisables, comme peuvent l'être d'autres fonctions dont les tâches sont moins diffuses dans l'organisation et surtout identifiables à partir de prescriptions établies. Dans ce contexte, l'ergonomie fait des tentatives depuis quelques années pour nous éclairer sur les conditions réelles d'exercice du travail des cadres (Hubault, 1998). Il s'agit alors de faire mieux reconnaître les spécificités de leurs activités et d'agir sur les logiques organisationnelles pour améliorer leur situation de travail mais aussi celle de l'ensemble des salariés qui interagissent avec eux. Actuellement, sous l'impulsion des TIC, le travail se transforme en profondeur et les repères spatio-temporels d'exécution des tâches éclatent en fonction des possibilités d'usage des technologies (cf. chapitre de Vallery sur les NTIC, dans cet ouvrage). Les cadres sont particulièrement concernés par ces transformations, comme *acteurs* des changements au travers de la mise en œuvre des projets techniques et comme *utilisateurs directs* des TIC par l'émergence de formes innovantes de travail (gestion partagée des connaissances, travail à distance, nouveaux modes coopératifs…) ; tout ceci finalement soutenant l'idée d'une nécessaire compréhension du travail des cadres, afin de mieux cerner l'ensemble des impacts humains et organisationnels permettant un meilleur accompagnement des transformations engagées.

Bibliographie

Bouffartigue P. (1999). *Les modalités de RTT des cadres dans des entreprises pionnières*. LEST.

Gauvin A., Jacot H. (1999). *Temps de travail, temps sociaux, pour une approche globale. Enjeux et modalités de nouveaux compromis*. Paris, Editions Liaisons.

Hubault F. (1998). Pour une ergonomie de l'encadrement. In : Ergonomie de l'encadrement, pouvoirs et responsabilités des cadres. *Performances humaines et techniques*, H.S., 2-9.

Kaisergruber D. (1999), *Le temps de travail de ceux qui ne comptent pas, l'exemple des autres pays*. Paris, Editions d'Organisation.

Lefèvre E., Bourgouin C., Chatauret A. (2000). *Agir sur le temps de travail des cadres*. Paris, Editions Liaisons.

Pépin M. (2000). *Agir sur l'organisation du temps de travail*. Lyon, Editions Liaisons, Anact.

Chapitre 13

La relation de service et ses implications dans la gestion des ressources humaines

VINCENT ROGARD

Le service n'est plus seulement envisagé comme une prestation à offrir, un produit à livrer mais tout autant comme un rapport social à construire, un type de relation à nouer entre une administration et ses usagers, une entreprise et ses clients. La relation de service est ainsi devenue un thème d'étude majeur qui sollicite de multiples approches disciplinaires : la gestion et l'économie des services qui marquent la spécificité des activités de service par rapport à l'industrie ; l'économie des conventions qui prend pour objet principal d'étude les conditions dans lesquelles s'élabore l'accord social entre l'agent public et l'usager ; les travaux sociologiques dont Weller (1998) a mis en lumière la diversité tant théorique que méthodologique. Plusieurs familles d'inspiration doivent être considérées ici, depuis l'approche fonctionnaliste jusqu'à l'ethnométhodologie, qui attachent plus ou moins d'importance à la contextualisation de la relation de service et au système normatif dans lequel elle s'inscrit. Enfin, la psychologie du travail et l'ergonomie offrent un nombre croissant d'études prenant en compte les caractéristiques relationnelles des situations de service et les déterminants de l'activité des clients comme des agents. L'apport des psychologues à l'étude de la relation de service s'avère ainsi déterminant pour apprécier les profils de personnalité les plus adaptés aux exigences des situations de contact avec le public. Quant aux ergonomes, leur intérêt pour la relation de service apparaît encore récent en raison de l'histoire de la diffusion de l'ergonomie dans les différents secteurs de l'économie. Mais leurs méthodes de modélisation de l'activité permettent de dépasser les représentations partielles du service qu'ont pu développer les différents acteurs de la relation.

RELATION DE SERVICE ET INNOVATIONS MANAGÉRIALES

Le culte de la différence notamment par l'innovation et la qualité des produits et services est désormais au centre de l'évolution des modes de compétition entre les firmes. S'il a eu pour conséquence la complexification des objectifs de production, il a aussi conduit à réveiller l'intérêt pour les conditions d'information, d'accueil et suivi des clients. Dans le même temps, la modernisation des services de l'État a favorisé des innovations managériales multiples (Weller, 1998) :

- assurer un meilleur suivi et traitement en temps et qualité des demandes et dossiers soumis par les usagers. La polyvalence du travail, la réorganisation des activités, le raccourcissement des lignes hiérarchiques et la décentralisation des centres de décision en sont les signes les plus visibles.
- améliorer la qualité des rapports en favorisant notamment l'accessibilité de l'administration et la convivialité des contacts. L'implantation de nouvelles technologies de communication (automates, sites Web, serveurs vocaux,…), la formation des employés à l'accueil, la personnalisation des rapports (levée de l'anonymat des fonctionnaires, suivi individualisé des dossiers,…), l'aménagement des espaces d'accueil du public manifestent cette préoccupation nouvelle.
- garantir la qualité du service rendu en acceptant de se prêter aux évaluations des usagers. Des projets de service intégrant l'évaluation des usagers comme un indicateur de performance, des enquêtes de satisfaction périodiques et des chartes d'engagement sur la qualité traduisent cette préoccupation de dialogue et de transparence.

Dans les entreprises ou administrations, la relation de service est désormais reconnue comme la dimension transversale de nombreux projets. A ce titre, elle mobilise de nombreuses composantes opérationnelles qui trouvent là matière à renouveler leur coopération. Si son étude échappe ainsi aux catégories disciplinaires comme aux découpages fonctionnels, il est néanmoins possible d'identifier plusieurs dimensions clés de la relation de service : l'aménagement physique des espaces d'accueil et de réception du public, l'organisation du travail (conception des procédures et organisation des équipes), la formation et les moyens techniques donnés aux opérateurs, l'évaluation et l'analyse des attentes et réactions des publics. Autant de dimensions qui sollicitent des modèles et méthodes d'analyses variés en faisant appel à la coopération entre psychologues du travail, ergonomes et spécialistes de nombreuses disciplines.

L'aménagement physique des espaces d'accueil et de réception du public

L'aménagement des espaces d'accueil et de réception du public est fréquemment au croisement de plusieurs exigences parfois contradictoires :

- offrir au public un confort à la fois esthétique et fonctionnel (incluant notamment sa bonne orientation et la prise en compte des différentes étapes de sa démarche),
- favoriser l'activité et les conditions de travail des employés (car l'espace d'accueil est aussi un lieu de production),
- intégrer les contraintes de sécurité des employés et du public et garantir la confidentialité des échanges,
- respecter les normes réglementaires en vigueur.

Or, le respect de critères ergonomiques généraux ne peut suffire à garantir le choix d'une signalétique adéquate ou encore l'implantation de postes de travail répondant à une logique fonctionnelle. La conception des espaces doit ici procéder, pour une part, d'une analyse de l'activité. Cette analyse peut s'appliquer à une situation d'accueil existante ou, à défaut, sur des situations de référence. Le recours aux méthodes classiques de l'ergonomie que sont l'observation (dans ses variantes : ouverte, systématique, armée ou non) ou encore l'analyse des communications fournit certes des données sur l'activité ; mais l'activité englobant ici tout autant les déplacements et circulations du public que le travail des employés, d'autres méthodes plus originales sont mises en œuvre dans les recherches sur la relation de service. L'analyse de l'activité des usagers utilise ainsi fréquemment la technique de la filature ethnologique issue des méthodes de l'ethnographie. Cette technique permet, en effet, de reconstituer des parcours d'usagers antérieurement et postérieurement à la rencontre de service, d'analyser éventuellement avec eux leurs erreurs d'orientation dans un bâtiment ou encore les facteurs qui ont concouru à la réussite ou à l'échec de la démarche dans laquelle ils

RH, LES APPORTS DE LA PSYCHOLOGIE DU TRAVAIL

étaient engagés. Circulation d'un client dans le hall d'une agence bancaire (Rogard, 1995), parcours d'un administré en quête d'une pièce d'état civil dans une mairie… la technique de la filature ethnologique peut être mise œuvre dans des contextes variés. Ainsi, pour appréhender la compréhension que peut avoir un l'étudiant de l'organisation interne d'une université (repérage des différents sites, compréhension des procédures d'inscription, identification du rôle des différents bureaux et personnes, …), nous avions, par exemple, suivi physiquement et reconstitué dans leur continuité des parcours d'inscriptions.

Une fois établies les premières spécifications fonctionnelles, la confrontation des usagers de l'espace avec des maquettes permettra d'enrichir la conception. Dans ces projets d'aménagement, l'ergonome est donc plus que l'allié de l'architecte voire du designer. Les données qu'il livre sur l'activité des opérateurs comme du public sont indispensables pour le concepteur qui ne veut pas négliger les logiques d'utilisation de l'espace. Mais pour que la contribution de l'ergonome puisse être réellement prise en compte, il doit veiller à ce que les produits de son analyse soient utilisables par d'autres spécialistes. Ainsi, les données sur l'activité doivent, dans la plupart des cas, subir une transformation qui n'est pas le simple passage des données brutes d'observation à une synthèse organisée des résultats. La question de l'utilisabilité des données par des tiers se pose en fait dès l'amorce de l'étude. Entourée de précautions déontologiques, la coopération se construira autour de représentations formelles de l'activité (chroniques d'activité, graphes,…). La conduite du projet d'aménagement devra donc inclure des règles et procédures de coopération autour des enjeux de conception.

L'organisation du travail (conception et description des procédures, organisation des équipes)

Les études sur la relation de service invitent à renverser la perspective qui préside à la conception des procédures de travail. En recentrant l'organisation du travail sur l'usager et le client, les objectifs de production assignés aux opérateurs changent de nature, les consignes et méthodes de travail intègrent l'aléa, l'événement imprévu, dont est porteur tout contact avec un public. Une des clés d'une productivité accrue – par ailleurs, révisée dans ses fondements – devient la polyvalence des agents qui traduit la capacité de l'organisation à accompagner les évolutions de la demande. L'analyse de la relation de service conduit, en outre, à modifier des procédures et bien souvent, à travailler sur le vocabulaire utilisé dans les échanges avec l'extérieur. Des termes trop administratifs, des notions trop abstraites doivent faire objet de traduction pour les rendre compréhensibles du public. Le langage opératif des échanges internes entre professionnels expérimentés subit ainsi tout un travail de transformation. Les descriptions des procédures, leur présentation dans des supports d'information conçus en fonction des publics dans une démarche intégrant la validation de maquettes et prototypes deviennent un des enjeux de l'organisation. L'accent est ainsi mis sur tout ce qui facilite la transparence fonctionnelle, la compréhension externe des procédures de l'organisation.

L'organisation des équipes prend pour sa part en compte les flux du public. La régulation de l'organisation par la demande extérieure impose souplesse et réactivité au risque de mettre à mal la logique des statuts. Le chevauchement d'équipes de travail pour amplifier les horaires d'ouverture au public soulève pour sa part de nouvelles questions en termes de suivi et traitement de l'information.

Par le biais de la relation de service, c'est donc bien une remise à plat de l'organisation du travail qui finit par s'imposer. Nombre d'études déclenchent ainsi un processus de remise en question qui bouleverse d'abord les routines installées mais va bien souvent très au-delà d'un simple réajustement. Ainsi en est-il notamment lorsque les partenaires sociaux se soucient de combiner le maintien d'une logique de service public, le passage dans un environnement concurrentiel et l'amélioration de la relation de service.

La formation et les moyens techniques donnés aux opérateurs

Du triste apprentissage comportemental du sourire programmé de l'opératrice de la grande distribution à l'entraînement au traitement des réclamations impliquant l'acquisition d'aptitudes au diagnostic des événements et des personnes, la palette des formations dispensées aux opérateurs pour faire face aux situations de service est étendue. Si le terme même de formation paraît trop noble et riche pour nombre de programmes relevant seulement, hélas, d'un conditionnement, c'est toute une démarche d'accueil des demandeurs, de traduction et d'analyse de la demande, d'orientation qui est le plus souvent l'enjeu de la formation. L'utilisation des supports techniques (documentation écrite mise à disposition de l'opérateur, applications informatiques,…) s'inscrit alors avant tout dans une logique d'interaction. L'analyse de l'activité apparaît ici encore comme un préalable à la formation en ce qu'elle permet de repérer les raisonnements et procédures des agents. Les activités langagières constituent ici un matériau de base qui permet parfois de dépasser la simple restitution du déroulement de l'interaction pour cerner le rapport au monde, les valeurs, les croyances qu'entretiennent les interactants. Les études de plus en plus nombreuses menées dans les services sociaux illustrent ainsi combien l'engagement de l'agent dans la situation – qui n'est que rarement objet de formation – reste bien souvent le vecteur essentiel du maintien du lien social.

L'évaluation et l'analyse des attentes et réactions des publics

L'évaluation des services par les usagers est chose plus nouvelle encore pour certaines organisations. Sous une forme sauvage, cette évaluation a toujours existé et le stéréotype de la bureaucratie en porte, par exemple, la trace. Le projet est ici de se doter d'indicateurs se prêtant à des mesures répétées concernant le plus souvent les conditions d'accueil des usagers (confort, file d'attente, satisfaction de la requête…). La forme la plus classique est celle du recueil de données par enquête combinant les méthodes quantitatives et qualitatives. Les différences sont ici souvent minimes entre les méthodes utilisées dans le secteur public et le secteur privé. Étude de fréquentation (appréciation des flux de clientèle, adaptation des horaires d'ouverture,…), et mesure de la qualité d'accueil requérant, parfois, un jugement dépersonnalisé sur la civilité des personnels sont souvent combinées.

Plus rares sont les organisations qui systématisent l'analyse de contenu des réclamations des usagers. Si leur traitement fait l'objet de procédures mises en œuvre parfois par des unités spécifiques, les réclamations n'alimentent pas toujours une base de données. La réclamation verbale ou écrite est ainsi traitée de manière ponctuelle mais n'est pas utilisée comme l'un des indicateurs potentiels de la qualité de service. De rares études sur les lettres de réclamation montrent pourtant toute la richesse de ce matériau lorsque son analyse va au-delà de l'incident, réel ou supposé par le correspondant, qui en est l'origine.

On voit ainsi au travers de ces quelques dimensions, la variété des pistes d'études qui convergent ou procèdent de la relation de service. Au plan de la gestion des ressources humaines, nombre de questions spécifiques concernent les postes en interaction avec le public, que cette interaction soit ou non médiatisée. Nous en aborderons trois dans la deuxième partie de ce chapitre. Quelles sont les contraintes spécifiques qui pèsent sur ces postes de travail ? Que peut-on dire des compétences spécifiques requises par ces postes ? Quel rôle y jouent les catégorisations interpersonnelles dans la structuration de l'activité ? Contraintes, compétences, catégorisations forment ainsi les trois volets d'un triptyque dont l'analyse permet de cerner au plus près l'enjeu des situations de travail impliquant une interaction avec le public.

QUELLES SONT LES CONTRAINTES SPÉCIFIQUES DES POSTES D'INTERACTION AVEC LE PUBLIC ?

Falzon et Lapeyrière (1998) distinguent quatre caractéristiques particulières des situations de service : « *un objet du travail commun pour l'opérateur et l'usager* ; *l'inégalité des moyens (physiques ou cognitifs)* ; *l'existence de moyens – complémentaires – de part et d'autre* ; *une relation d'aide instituée socialement* ». Les postes de contact avec le public ont, en effet, ceci de particulier que l'usager, le client y fait figure de coproducteur de l'activité. Si les premières névroses professionnelles ont été identifiées sur des postes de téléphoniste, ce n'est pas uniquement en raison de l'organisation taylorienne de leur activité mais parce que des facteurs émotionnels sont aussi susceptibles de déboucher sur des troubles des opérateurs. Les contradictions entre les normes de production prescrites (par exemple, le temps que l'opérateur peut allouer au traitement de chaque cas) et les exigences du public, l'impossibilité dans lesquelles peut se trouver l'agent d'exercer son autorité, les conditions de travail éprouvantes (aménagement des espaces d'accueil anti-ergonomiques au plan de l'ambiance physique de travail)… nombreux sont les facteurs de risque qui caractérisent bien des postes de service au contact du public. L'analyse des postes de travail développée en psychologie du travail et en ergonomie doit donc être systématisée en intégrant aussi bien les composantes cognitives que physiologiques de l'activité. L'identification des contraintes spécifiques aux postes de contact doit permettre au gestionnaire des ressources humaines en lien avec la médecine du travail de prévenir l'inaptitude, de favoriser aussi une organisation du travail qui permette la rotation effective des agents aux postes les plus exposés. Encore faut-il pour autant que la polyvalence requise par ce type d'organisation ne reste pas à l'état de vœu pieux mais soit effective. Une étude conduite avec l'Agence Nationale d'Amélioration des Conditions de Travail (ANACT) dans les services municipaux d'état civil d'une grande ville de province nous avait, par exemple, montré, que les postes de guichet d'accueil des demandeurs de pièces soumis à fortes contraintes, ne faisaient l'objet d'une rotation que dans le discours du responsable de service. On n'y retrouvait, en effet, au fil de l'étude de terrain que les agents les plus récents dans le service ou jugés inaptes aux autres postes.

Le développement rapide des postes de travail dans lesquels la relation avec le client actuel ou à venir est médiatisée (téléprospection et marketing téléphonique, service d'assistance en ligne,…) impose, selon nous, une nouvelle vigilance. Le rythme et la fréquence des communications y sont, en effet souvent imposés comme un carcan à l'opérateur. La temporisation entre les appels transmis à l'opérateur y sert principalement à optimiser la production dans une population au statut le plus souvent précaire et sans perspective ou volonté réelle de professionnalisation. L'effort des directions des ressources humaines pour faire émerger de nouveaux métiers de contact avec la clientèle (conception d'actions de formation, mise en place de filières,…) dans des domaines d'activité parfois traditionnelle (par exemple, la banque à distance) doit donc s'accompagner d'une réflexion sur l'organisation et les conditions de travail. A cet égard, les méthodes d'analyse du travail développées en psychologie appliquée restent encore trop ignorées du fait, notamment, que l'ergonomie s'est d'abord développée dans le milieu de la production industrielle et n'a porté qu'une attention récente aux situations de travail rencontrées dans le secteur des services.

QUE PEUT-ON DIRE DES COMPÉTENCES SPÉCIFIQUES MISES EN ŒUVRE PAR LES OPÉRATEURS DANS LES POSTES D'INTERACTION AVEC LE PUBLIC ?

Les situations de travail au contact du public présentent la particularité d'être avant tout sociales ! Bien entendu, l'opérateur y dispose d'une compétence technique (connaissance des procédures,…) mais, ce qui les distingue c'est bien qu'elles requièrent la maîtrise d'interactions sociales. L'opérateur doit y acquérir des informations sur autrui, les traiter, ajuster son comportement et guider en conséquence le déroulement de l'interaction. Des savoirs comportementaux (à ne pas confondre avec les normes comportementales qui sont parfois imposées aux opérateurs) et sociaux (par exemple, la connaissance culturelle des populations de clients et conséquemment des attitudes à adopter) y sont nécessaires à une bonne maîtrise des interactions.

Doté d'un bon relationnel, sens du contact, bonne présentation, forte dimension relationnelle, tempérament commercial, esprit d'équipe... le langage des offres d'emploi n'est pas avare de qualificatifs visant à repérer un ensemble de savoir-être ou traits de personnalité que l'évaluateur s'efforcera ultérieurement de mesurer au moyen d'un entretien, d'un test ou questionnaire de personnalité ou encore d'une situation de simulation professionnelle impliquant un travail en groupe restreint. Michel Huteau (1998) note que ces savoir-être, parfois difficiles à distinguer au plan opératoire, s'organisent autour de trois pôles interdépendants les uns des autres : sociabilité, intelligence des situations, personnalité-motivation.

> Le premier pôle, celui de la sociabilité engloberait deux compétences étroitement liées, la compétence de civilité et de communication. La compétence de civilité définie par Goffman à partir de l'étude ethnographique des interactions de la vie quotidienne renvoie ainsi, mais pas uniquement, au climat créé ou entretenu dans la relation avec l'usager, le client. L'opérateur dégage-t-il une impression agréable traduisant une disponibilité ou au contraire paraît-il revêche et peu abordable ? On touche ici aux processus liés à la perception d'autrui ou de ce que Gilbert (1998) qualifie d'ordinary psychology, marquant par là qu'il entend mettre l'accent sur la « *manière dont des personnes ordinaires en viennent à connaître les états temporaires d'autrui (tels les émotions, les intentions et les désirs) et les dispositions stables (tels les croyances, traits et aptitudes)* » (p. 89). Ces processus qui permettent à une personne d'inférer les caractéristiques temporaires ou stables d'une autre personne ont toujours été au centre des développements de la psychologie sociale. La question du contenu des processus permettant de juger d'autrui y a gagné en acuité. Des questions nouvelles ont ainsi vu le jour : quelles sont la quantité et la nature des informations nécessaires pour émettre un jugement ? Qu'en est-il du lien entre mémorisation et jugements sociaux ? Quelles sont les structures cognitives (schémas de personne, prototypes,...) de connaissances sur autrui, quand sont-elles activées et quel en est le contenu ? Soucieuse de mieux comprendre les processus qui nous conduisent à percevoir et juger d'autrui les recherches en psychologie sociale cognitive offrent ici au praticien des modèles théoriques utiles à l'analyse des situations professionnelles de contact avec le client.
>
> La compétence de communication va-t-elle au-delà de l'aptitude d'un opérateur à créer un climat propice à l'échange. Elle renvoie, en effet, à son savoir-être mais aussi son savoir-faire dans la conduite de l'interaction. Sait-il conduire un dialogue, y manifester des marques

d'attention (capacité d'écoute) et de respect (aussi bien verbales que non verbales) mais aussi ne pas perdre de vue l'objectif final de la transaction ? On touche ici à un ensemble de savoir-faire relationnels évoqués par ailleurs dans cet ouvrage qui peuvent certes s'acquérir partiellement en formation mais dont la mise en œuvre est étroitement liée à un deuxième pôle celui de l'intelligence des situations.

Entendue, avec Michel Huteau, comme un savoir-être, l'intelligence des situations doit se comprendre comme l'aptitude au diagnostic et au traitement des problèmes : savoir inventer, par exemple, des solutions alternatives quand un cas sort du cadre réglementaire d'une organisation bureaucratique, savoir gérer des demandes imprévues,.... Cette intelligence des situations qui est aussi largement sociale (car l'interlocuteur fait partie du problème) suppose flexibilité mentale, réactivité voire créativité chez l'opérateur. Elle est aussi très dépendante de sa capacité à mettre en œuvre des méthodes adaptées à la nature des problèmes qui se présentent à lui. Enfin, elle doit parfois s'inscrire dans un cadre réglementaire qui impose des contraintes qu'il est parfois loisible de contourner mais qui fixent néanmoins les limites de la relation au prix parfois, comme l'ont montré plusieurs études dans des services sociaux, de dilemmes moraux.

Enfin, un troisième et dernier pôle, celui de la personnalité et de la motivation renvoie à des caractéristiques personnelles, plus ou moins stables, de l'opérateur. La question sous-jacente est, bien entendu, celle de l'évaluation de la personnalité pour et dans le travail. En clair, peut-on classer les individus sur certaines dimensions de la personnalité (par exemple sur deux des dimensions du modèle des big five : l'extraversion et l'empathie) et établir sur la base de ce classement un pronostic sur leur réussite professionnelle dans des postes de contact avec le public ? Certains profils de personnalité conviennent-ils mieux que d'autres eu égard à la dimension sociale de l'activité ? Si le sens commun invite à répondre positivement à ces questions, l'observation empirique des situations rapprochant physiquement les agents de l'usager, l'opérateur du client, incite à plus de prudence. Les études désormais nombreuses réalisées sur des terrains contrastés et portant sur diverses catégories d'agents font, en effet, ressortir la sensibilité au contexte dans lequel prend place dans la relation. Lacoste (1992) rappelle ainsi que la nature de l'institution (service public ou non), la fréquence et la durée de l'interaction, le lieu de la rencontre (neutre ou impliquant un engagement de l'une des parties), sont autant de caractéristiques de la situation qui classent et marquent les situations étudiées. A une pluralité des personnalités peut donc répondre la pluralité des contextes ; observation qui invite le spécialiste des ressources humaines à bien identifier le cadre et les caractéristiques (relation d'aide, relation commerciale,…) de la situation d'interaction avec le public avant éventuellement de cibler des profils de personnalités particuliers dans la recherche des opérateurs.

QUELS RÔLES JOUENT LES CATÉGORISATIONS INTERPERSONNELLES DANS LA STRUCTURATION DE L'ACTIVITÉ DES OPÉRATEURS AU CONTACT DU PUBLIC ?

L'ergonome appréhende implicitement la situation de travail comme un équilibre plus ou moins stable entre des variables diverses affectant ou non et, si oui, plus ou moins directement, l'activité observable (Rogard et Montmollin, 1995). Certaines de ces variables (le poste de travail avec ses composantes et ses exigences physiques et cognitives, l'organisation du travail, la compétence effective et la santé des opérateurs,…), sont plus classiquement ergonomiques que d'autres. Ce sont en quelque sorte les variables usuelles de l'ergonomie. Celles que l'ergonome est habitué à manipuler et sur lesquelles il sait le mieux recueillir des données. Tout à la fois variables d'entrée et de sortie de l'analyse ergonomique, elles situent aussi bien les compétences qui sont reconnues à l'ergonome que le domaine d'intervention qu'on peut lui réserver dans l'entreprise. Or, par l'importance qu'y occupe la dimension interindividuelle dans le cours de l'activité, les situations de relation de service invitent à reconsidérer le champ de ces variables.

Les recherches que nous avons réalisées ou dirigées portant sur des rencontres de service de la vie quotidienne (relation officier d'état civil et administré ; relation guichetier d'une banque-client, relation personnel administratif-étudiants) montrent ainsi que les facteurs psychosociologiques y sont pleinement constitutifs de l'activité de travail. Les processus de catégorisation mis en œuvre par l'opérateur confronté au public servent des fins opérationnelles. L'opérateur développe des schémas de personne (prototypes de client, stéréotypes de groupes,…) qui lui servent à identifier les attentes de son interlocuteur et prévoir ses réactions. Au fil de son activité, l'opérateur expérimenté se forge des scripts cognitifs qui le distingueront de l'opérateur novice. Entendus comme « *une séquence cohérente d'événements attendus par l'individu et l'impliquant lui-même comme participant ou comme observateur* » (Abelson, 1976), des scripts d'événements et de situation favorisent le traitement par l'opérateur d'interactions standardisées (l'ouverture d'un dossier, le dépôt d'une pièce, l'enregistrement d'une réclamation courante,...). Ces représentations de l'action comportent des règles de séquences et de rôles. Elles permettent à l'opérateur d'anticiper le déroulement futur d'une inter-action, d'en estimer la durée et d'en prévoir les éventuelles retombées. Les schémas cognitifs que l'opérateur élabore à partir de son expérience ont donc une visée opératoire car ils vont lui permettre d'interpréter les informations sociales disponibles dans une situation donnée. En fournissant un cadre à la perception, la catégorisation des personnes et des événements fonctionne ainsi comme une variable intermédiaire qui oriente l'activité de l'opérateur. Elle influe sur l'interprétation qu'il donne aux réactions de son interlocuteur et par suite sur la manière dont il guide l'interaction.

Dans cette perspective, la mise à jour des processus cognitifs inter-individuels qui sous-tendent l'interaction devient l'un des enjeux principaux de l'analyse de l'activité. Cet objectif n'a d'ailleurs pas uniquement du sens dans une visée de formation des salariés mais aussi quand il s'agit de fixer de nouveaux objectifs. Un exemple concret tiré d'une étude réalisée avec l'ANACT nous aidera à souligner la nécessité de telles analyses. Un établissement bancaire avait développé une campagne auprès de ses guichetiers pour les encourager à développer la vente rapide de produits simples au guichet. Or les résultats n'étaient pas à la hauteur de la formation investie. L'analyse de la relation de service que nous avons menée dans un échantillon de points de vente s'appuyait sur la réalisation de chroniques d'activité de guichetiers complétées par des entretiens semi-directifs. Deux obstacles majeurs à la vente rapide furent vite identifiés. Le premier était d'ordre organisationnel (aménagement des guichets, polyvalence du personnel,...). Mais le principal obstacle, d'ordre psychologique, était, en réalité, la manière dont les guichetiers s'estimaient perçus par la clientèle. En dépit du discours du management les assimilant à du personnel commercial, les guichetiers déclaraient être perçus par les clients comme du personnel administratif. Conséquemment, ils ne prenaient l'initiative d'une action commerciale que dans certaines conditions de fréquentation de l'agence et auprès d'un segment de clientèle très restreint. L'essentiel de l'action à mener pour élargir leur relation avec la clientèle devait donc porter sur la modification du schéma de rôle que s'attribuaient les guichetiers et sur les attributions qu'ils prêtaient aux clients.

L'analyse de l'activité des opérateurs occupant des postes de contact avec le public soulève ainsi des questions qui rejoignent celle des psychologues sociaux engagés dans le champ de recherche dit de la cognition sociale.

Qu'est-ce que l'opérateur stocke en mémoire de ses interactions avec le public et qui orientera son comportement dans le futur ? Comment ces informations stockées en mémoire sont-elles transformées par de nouvelles informations ? Comment l'opérateur se construit-il une représentation schématique des usagers, du client et quelles sont les catégories opératoires qu'il manipule dans son travail ? L'analyse du travail déployée classiquement en ergonomie comme en psychologie du travail s'efforce de répondre à ces questions. Une part importante de ce travail repose sur l'analyse des dialogues interactifs avec le public. L'analyse des communications entre opérateurs et clients peut s'appuyer ici sur des modèles théoriques (par exemple, la théorie sociocognitive des interactions conversationnelles (Trognon et Kostulski, 1999) et mettre à jour, comme c'est désormais le cas pour les situations d'assistance téléphonique, des structures particulières de dialogues en les reliant à l'organisation du travail, l'activité et les compétences des opérateurs.

CONCLUSION

La psychologie appliquée offre ainsi tout à la fois des modèles théoriques et des outils favorisant une analyse approfondie des postes en interaction avec le public. Sous l'angle des contraintes inhérentes au poste qu'il occupe, des compétences qu'il y met en œuvre et des catégorisations qu'il s'y forge sur le public, l'opérateur reste ici au centre de l'analyse mais dans une perspective d'amélioration globale de la qualité de service. Les résultats de ces analyses peuvent, bien évidemment, servir les gestionnaires des ressources humaines aussi bien dans la détermination des profils de postes que dans l'évaluation des personnels à même d'occuper ces positions dont l'importance est aujourd'hui reconnue.

Bibliographie

Abelson, R.P. (1976). Script processing in attitude formation and decision making. In J.S. Caroll et J.W. Payne (Eds.), *Cognition and Social Behavior* (p. 33-45). Hillsdale, N.J. : Lawrence Erlbaum Associates.

Falzon, P. et Lapeyrière, S. (1998). L'usager et l'opérateur : Ergonomie et relations de service. *Le Travail Humain*, 61, 69-90.

Gilbert, D.T. (1998). Ordinary psychology. In D.T. Gilbert, S. Fiske et L. Garner (Eds.), *The Handbook of Social Psychology*, 4ᵉ éd., (vol. 2) (89-145). Oxford : Oxford University Press.

Huteau, M. (1998). *Compétences transversales : identification et acquisition*. Colloque AFPA/DT/INOIP, Lille, Septembre 1998.

Lacoste, M. (1992). Service encounters as communicative exchanges and work activities. In A. Lewkowitch, M. Lacoste et Rogard, V. (Eds.), *Work activity analysis in the perspective of organization and design* (p. 45-63), Actes du colloque, Communication et Travail-EDF des 15 et 16 octobre 1992, Paris.

Rogard, V. (1995) L'approche ergonomique de la relation de service : un exemple en milieu bancaire, *Psychologie Française*, 40, 35-47.

Rogard, V. et Montmollin, M. de (1995). Situation de travail. In Montmollin, M. de (Ed), *Vocabulaire de l'ergonomie* (p. 225-226). Toulouse, Octarès.

Trognon, A et Kostulski, M. (1999). Eléments d'une théorie sociocognitive de l'interaction conversationnelle. *Psychologie Française*, N° 44-4, 307-318.

Weller, J.M. (1998). La modernisation des services publics par l'usager : une revue de la littérature (1986-1996). *Sociologie du Travail*, 3, 365-392.

Troisième partie

Gérer le stress et la sécurité

Chapitre 14

Le rôle des psychologues dans le maintien de la sécurité dans les organisations à haut risque

BERNHARD WILPERT

Ce chapitre décrit mes réflexions personnelles sur la contribution d'un psychologue du travail pendant une période qui s'étend approximativement de 1990 à 2005, c'est-à-dire pendant les quinze dernières années de mon activité comme Professeur à l'Université de technologie de Berlin et comme Directeur du Centre de Recherches sur la sécurité des systèmes (FFS), une petite unité qui fait partie de l'Institut de psychologie et d'ergonomie de l'Université. C'est donc également une étude de cas sur les défis et les opportunités qui s'offrent à un organisme de recherche consacré à la psychologie appliquée dans le domaine professionnel.

L'ENVIRONNEMENT

L'activité principale du Centre FFS concerne la sécurité et à la fiabilité des sites à haut risque comme les usines de production nucléaire (NPP), les industries de produits chimiques et pharmaceutiques, l'aviation civile, les forages pétroliers off shore, les équipes chirurgicales et le transport par voie ferrée. Quand nous avons évoqué la mission du FFS, on nous a souvent demandé ce que la psychologie venait faire dans ce domaine. N'est-ce pas un sujet central des sciences de l'ingénieur ? Quelle est la compétence de la psychologie sur ce thème ? La meilleure réponse à ces questions consiste à retourner le problème et à demander qui conçoit, construit, utilise, entretient et répare ces systèmes. Ce sont évidemment des hommes qui sont faillibles, qui peuvent faire des erreurs, et être la cause d'incidents et d'accidents. Et ce sont aussi des hommes qui réparent les systèmes accidentés et qui en atténuent les conséquences. Il est évident que des hommes compétents sont essentiels au fonctionnement sûr et fiable de tels systèmes. Quelle discipline est consacrée à la perception et à la réflexion, à la cognition et à la motivation, et aux comportements humains ? C'est la psychologie scientifique qui apporte les connaissances les plus appropriées pour étudier le rôle des êtres humains dans les systèmes à haut risque, et cela sur toute l'étendue des aspects possibles, des paramètres physiologiques au comportement organisationnel.

Les premières recherches effectuées par le FSS ont concerné la sécurité dans les centrales nucléaires allemandes. Le système allemand de sécurité nucléaire (GNSS) est caractérisé par un environnement inter organisationnel très complexe (voir figure 1), typique de la plupart des industries nationales à haut risque. En outre, il faut tenir compte du climat politique qui caractérise l'industrie nucléaire allemande. Au début du développement des usines nucléaires en Allemagne, tous les acteurs étaient d'accord sur la nécessité de la production d'énergie nucléaire. Mais ce consensus s'est rompu au cours des années 1980 et 1990. L'émergence du parti des verts sur la scène politique allemande a donné au Parti socio-démocrate la possibilité de former des gouvernements de Länders qui ont mené une politique d'abandon de la production d'énergie nucléaire (« choix de sortie du nucléaire ») malgré la résistance de l'industrie nucléaire et des partis de l'opposition chrétienne. De ce fait, le climat public autour des NPP est caractérisé par une forte rigidité, ce qui rend difficile l'entrée sur ce terrain des institutions de recherche et des consultants.

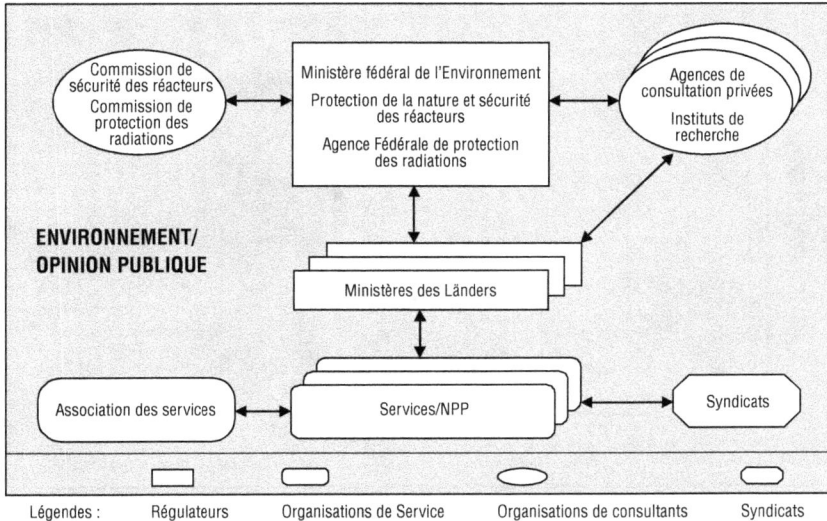

Figure 1 : **Le système de sûreté nucléaire allemand**

LE CONTEXTE SCIENTIFIQUE ET THÉORIQUE

Les connaissances scientifiques sur la sécurité ont considérablement changé pendant la dernière partie du XXe siècle. Comme on pouvait s'y attendre, différentes conceptions de la sécurité entraînent différentes explications des causes d'accidents, et différentes mesures destinées à éviter que ces accidents ne se répètent. Selon Reason (1993), trois phases de la prise en compte de la sécurité se chevauchent et rendent compte de la complexité croissante, dans le temps, des installations techniques :

1. Au cours de la première période, nommée « période technique », la technologie était considérée comme la principale cause d'échecs et d'incidents (accidents, accidents proches). L'amélioration des composantes technologiques était donc logiquement considérée comme la principale stratégie pour corriger la situation.

2. La seconde phase (« période d'erreur humaine ») a attribué les pannes aux caractéristiques individuelles et à la susceptibilité des agents aux accidents. La sécurité a été alors considérée comme un problème de comportement individuel. L'intérêt s'est concentré sur les attitu-

© Groupe Eyrolles

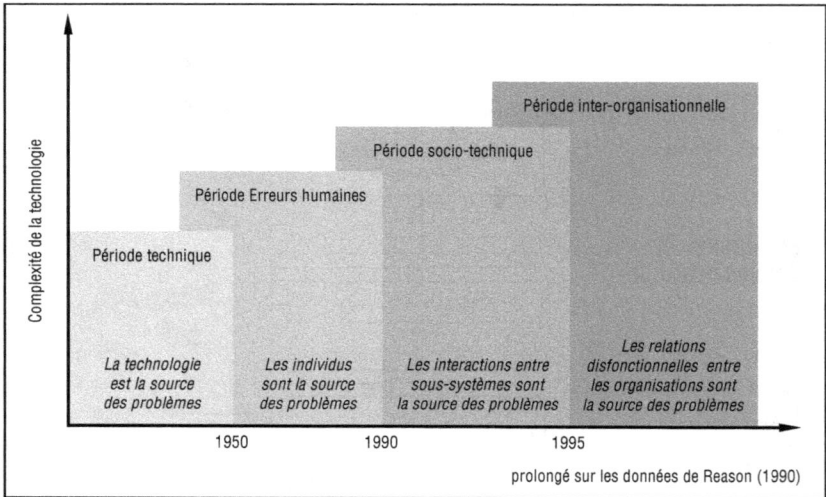

Figure 2 : **Perspectives historiques sur la sécurité (FSS)**

des et les compétences individuelles relative aux conditions de travail et aux circonstances immédiates, structurales et techniques qui permettent d'éviter les accidents et d'exécuter le travail en toute sécurité. La prévention a alors été orientée vers ce qui semblait susceptible de rendre le comportement non dangereux : la personnalité, la motivation, la formation et ce qui détermine les prises de décision.

3. La troisième phase, dite « période socio-technique » a semblé être un développement théorique nécessaire au moment où des catastrophes portant sur tout un système ou « désastres de systèmes » (Reason, 1990) ont attiré l'attention après des accidents industriels comme Seveso, Bhopal, Three Mile Island, Chernobyl. Dans cette perspective, les accidents sont considérés comme une perte de contrôle non intentionnelle de l'ensemble du système, avec des conséquences négatives draconiennes sur les personnes et sur l'environnement. Ces désastres importants sont beaucoup plus graves que les accidents industriels habituels. C'est le cas lorsque de fortes concentrations de matières toxiques ne sont plus contrôlables et entraînent des conséquences dramatiques, traumatiques et souvent très coûteuses (Fahlbruch et Wilpert, 1999). Et ces événements surviennent le plus souvent dans des systèmes socio-techniques de grande taille présentant des risques élevés.

© Groupe Eyrolles

4. La conception théorique des systèmes socio-techniques et le résultat de l'analyse approfondie des accidents les plus importants ne permettent pas de considérer ces systèmes comme des unités autonomes. Au contraire, ils sont étroitement reliés à leur environnement et à plusieurs ensembles d'organisations (voir figure 1). Il est donc nécessaire d'envisager une autre perspective de réflexion sur la sécurité, la « phase inter-organisationnelle » (voir la figure 3, Wilpert et Fahlbruch, 1998).

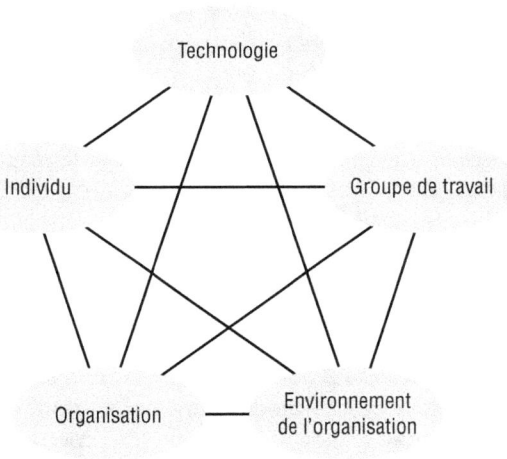

Figure 3 : **FSS – Théories : la conception systémique de la sécurité**

Nous souhaitons réserver le terme de « sécurité des systèmes », thème central de recherche du FSS, aux organisations de grande taille, de risque élevé mais peu fréquent (ayant des accidents rares mais qui présentent un fort potentiel de dommages) et à leurs pannes complètes et désastreuses (« désastres de systèmes »). Avec Roland et Moriarty (1990), nous définissons la « sécurité des systèmes » comme une qualité qui permet au système de fonctionner sans panne importante avec des conditions définies à l'avance, comportant un minimum acceptable de perte accidentelle et de dommages non prévus subis par l'organisation et par l'environnement.

Les éléments critiques de cette définition concernent :
- La qualité systémique de la sécurité en ce sens que tous les sous-systèmes d'une organisation donnée sont considérés comme contribuant potentiellement aux résultats attendus

- La sécurité considérée comme le fait d'éviter les pannes du système
- Le fait que le fonctionnement du système soit lié à des critères de performance pré-déterminés
- Le fait que la performance du système soit mesurée en fonction d'une limite socialement acceptable d'effets collatéraux incontrôlables si ils sont négatifs.

C'est seulement dans ces organisations à risque élevé qu'un nouveau principe est introduit, celui de « Défense en profondeur » qui se focalise plutôt sur les facteurs organisationnels qui caractérisent les accidents désastreux, plutôt que sur leurs facteurs individuels.

La notion de sécurité des systèmes exige donc une nouvelle approche théorique de la genèse des accidents. Les accidents sont le résultat d'interactions complexes et souvent mal comprises et de la convergence de différents facteurs et de faiblesses souvent déclenchés par des actions humaines dangereuses (Reason, 1990). Le modèle « fromage suisse » de Reason (voir la figure 4) donne un exemple de ces aspects. Les faiblesses situées à différents niveaux du système peuvent être considérées comme des facteurs *contribuant* à un événement donné. Ces faiblesses peuvent être dues à des défauts de composants techniques, ou à des imperfections humaines (comme les limites cognitives, l'ignorance, les modèles mentaux erronés) ou encore à des consignes administratives inadéquates (règles ou procédures inappropriées). Un événement ne surviendra que si la trajectoire d'un accident se fait un chemin entre les barrières qui limitent ces faiblesses. Celles-ci peuvent être proches dans le temps ou dans l'espace, ou bien éloignées d'un accident donné. On doit donc distinguer les facteurs qui *contribuent directement*, soit parce qu'ils déclenchent l'accident, soit parce qu'ils sont directement reliés à l'accident, et ceux qui y *contribuent indirectement* et qui sont éloignés de l'accident.

Le terme de « *facteurs humains* » concerne ici tous les facteurs susceptibles d'influencer les interactions entre les hommes et le système technique. « L'Open Socio-technical Systems Approach » (STSA : approche ouverte des systèmes socio-technique), développée par l'Institute of Human Relations Tavistock au milieu du siècle précédent (Trist et Bamforth, 1951, Emery et Trist, 1961) est à la base de ce concept. Le STSA considère toute organisation comme composée de deux sous-systèmes, un sous-système technique (tous les composants matériels) et un sous-système humain (la structure des rôles humains et l'ensemble des comportements humains). Pour des raisons pragmatiques, et afin de mieux comprendre les organisations, nous avons différencié le sous-système social en groupes de travail, organisation et environnement (voir figure 4)

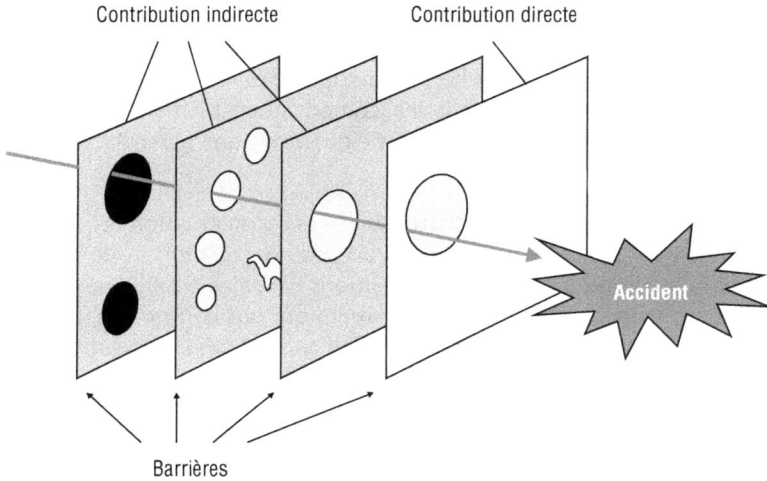

Figure 4 : **FSS – Théories : Modèle de la genèse des accidents**

Le « OL » (« Organizational Learning » ou apprentissage organisationnel) est une autre notion importante qui a guidé le travail du FSS. Les résultats de l'analyse des événements ne permettront une optimisation des systèmes que si l'organisation les rend accessibles à ses membres. C'est le OL qui permet à chacun de partager les données permettant d'améliorer la sécurité de son organisation (Pautke, 1989). L'interaction et le dialogue entre équipes composées de membres de l'organisation ayant différentes formations sont essentiels si on veut que l'OL apporte des perspectives différentes sur un problème donné (Nonaka et Takeuchi, 1995).

LES PREMIERS PROJETS DU FSS

L'analyse théorique qui précède montre clairement la nécessité d'étudier le développement d'instruments qui concernent le OL. Nous avons privilégié deux approches : (1) le développement de méthodes permettant l'analyse des incidents et des événements et (2) Les mesures de formation à la sécurité des systèmes.

Méthodologie d'analyse des événements

Un événement est constitué par la survenue d'un état du système inattendu, surprenant et non désiré (un incident, un échec, un accident ou un risque d'accident). L'industrie nucléaire utilise une grande variété de techniques d'analyse d'incident qui sont généralement sans substrat théorique et ne sont fondées que sur l'approche pragmatique des ingénieurs. En général, ces analyses se concentrent sur les composantes techniques sans tenir compte des comportements humains. Ce qui ouvre une perspective aux psychologues.

L'analyse d'un événement est constituée par la reconstruction rétroactive de l'incident ; elle peut être liée à un processus de résolution de problème mené par l'analyste qui fait des suppositions causales à partir des informations (souvent incomplètes) sur les facteurs qui ont contribué à l'accident. De telles inférences sont souvent polluées par différents mécanismes psychologiques dus aux limites du traitement humain de l'information (Fahlbruch et Wilpert, 1997 ; Fahlbruch, Miller et Wilpert, 1998 ; Kouabenan, 2000) à savoir :

- Les analystes avancent des hypothèses précoces sur les causes possibles de l'événement, ce qui déclenche le biais connu de recherche de confirmation. Seules les informations susceptibles de confirmer l'hypothèse sont alors recherchées.
- Les hypothèses sont souvent fondées exclusivement à partir des informations immédiatement visibles tandis que les informations cachées sont négligées. De ce fait, seuls les facteurs qui ont une contribution directe sont pris en compte et les facteurs dont la contribution est indirecte ne sont pas analysés.
- Les analystes cherchent une cause unique (Dörner, 1989). Ce qui limite les stratégies d'enquête (Shaklee et Fischoff, 1982) et incite à terminer l'enquête de manière prématurée.
- Les praticiens préfèrent chercher des facteurs faciles à remettre en état et ceux pour lesquels le remède est connu (Carroll, 1995).
- Peu de personnes évitent « l'erreur d'attribution fondamentale » qui pousse à chercher des coupables plutôt que des causes anonymes.

Pour être adéquate, la méthodologie d'analyse des incidents doit donc :

- Forcer les analystes à analyser les incidents de manière exhaustive, en tenant compte de tous les facteurs possibles de manière à éviter les hypothèses précoces.

- Pousser les analystes à utiliser une démarche heuristique, susceptible de mettre à jour les facteurs cachés qui contribuent à l'incident de manière indirecte.
- Stimuler des stratégies qui évitent l'attitude mono-causale et la fin trop rapide de l'analyse.
- Apporter différentes perspectives de manière à éviter des solutions trop faciles de remise en état.
- Amener les analystes à prendre en compte les facteurs humains aussi bien que les circonstances factuelles.

Ce qui précède nous a amené à développer un instrument d'analyse appelé « SOL » (« Safety through organizational learning », Sécurité par l'apprentissage organisationnel). Il s'agit d'une méthode qui permet de reconstruire a posteriori un incident de manière exhaustive et d'identifier les facteurs directs et indirects. Fidèle à l'approche socio-technique, il concerne aussi bien les facteurs techniques que les facteurs humains. SOL a été développé après une longue série de tests expérimentaux et d'essais sur le terrain, en contact étroit avec les praticiens. Il existe actuellement également sous la forme d'une version sur ordinateur (« SOL-VE », SOL-version électronique). Cette méthode d'analyse est maintenant couramment utilisée par les sites nucléaires Suisses, et par toutes les usines nucléaires allemandes. SOL s'est également révélé être une méthode utile pour l'industrie chimique et l'aviation civile. Nous l'utilisons aussi maintenant en médecine (salles d'opération) et dans les transports par voie ferrée.

Formation pour la sûreté nucléaire

L'utilisation de SOL demande des analystes formés à cette méthode. Ils doivent être familiarisés avec ses bases théoriques, avec les techniques d'entretien, et apprendre à utiliser la version électronique. Aussi l'industrie nous a demandé de réaliser de nombreux programmes de formation destinés à chacune des usines nucléaires qui souhaitait utiliser cette méthode. De ce fait, FSS a quitté son domaine de compétences consacré à la recherche et au développement pour devenir un organisme capable d'enseigner l'utilisation d'instruments scientifiques et l'analyse de leurs résultats aux praticiens. Nous avons été obligés de passer de la recherche en psychologie à l'action-recherche (Heller, 1993). En outre, comme SOL traite de manière exhaustive aussi bien des données *techniques* que des facteurs *humains*, notre travail a été perçu par l'encadrement des sites nucléaires comme une nouvelle approche de la sécurité dans les industries à haut risque, une nouvelle culture de la sécurité.

Ce terme de « Culture de la sécurité » a pris une importance centrale après l'accident de Chernobyl en 1986, parce que ce concept a semblé susceptible d'expliquer les causes apparemment inexplicables de cette catastrophe.

L'expression « Culture de la sécurité » a été l'objet de plusieurs définitions, la meilleure étant la suivante :

« ... le résultat d'un ensemble de valeurs individuelles et collectives, d'attitudes, de perceptions, de compétences, et de schémas de comportement qui déterminent l'engagement personnel, le style et la compétence nécessaires à la santé de l'organisation et à la gestion de la sécurité. » (ACSNI, 1993, 23).

Aujourd'hui, la culture de la sécurité est le drapeau mondial de l'ensemble de l'industrie nucléaire, et également de l'aviation civile, des forages off shore, des industries de fabrication chimique, de la médecine, du transport des produits toxiques et des transports par voie ferrée. Nous avons été rapidement invités à former le management de différentes industries à haut risque afin de faire bien comprendre à l'encadrement la nature de la culture de sécurité, son introduction et son entretien dans leurs installations.

Il a été difficile au début d'obtenir la confiance et l'ouverture nécessaires pour effectuer des recherches et conduire des activités de consultant. Pendant environ huit années, cela a été un combat ardu. Et si on peut considérer rétrospectivement que l'acceptation par de grandes industries de la méthode d'analyse SOL et des activités de formation a été un succès, cela a aussi été la source de nombreux dilemmes pour nous.

LES DILEMMES DE FSS

Le dilemme sur les compétences

Il est normal que les personnels qui travaillent dans des installations techniques soient des experts dans leur domaine. Cela crée un déséquilibre entre le personnel et les profanes sur le savoir-faire technique et sur le savoir pourquoi, ce qui a irrité de nombreux régulateurs, même s'ils auraient pu apprécier une formation en sciences de l'ingénieur. Cette différence de compétences a été particulièrement marquée entre le personnel qualifié techniquement des organisations de haute sécurité et les psychologues à qui on a demandé d'entrer dans les installations techniques pour y mener des enquêtes sur les facteurs humains ou pour initier des interventions orientées vers le changement. Cette différence a été aggravée par les biais dus à la formation des deux groupes. Les ingénieurs croient savoir tout ce qu'il faut pour diriger les opérations avec sécurité et fiabilité, et les psychologues sont convaincus d'être les seuls spécialistes du comportement humain. Ce qui a rendu difficile la communication et mis en danger le processus d'apprentissage en commun.

La solution de ce dilemme doit être cherché à plusieurs niveaux. Les psychologues ne doivent pas manquer de se qualifier suffisamment pour comprendre mieux le domaine où ils exercent leur activité. Ils ne deviendront certes pas, dans le temps dont ils disposent, des ingénieurs qualifiés. Mais, pour être acceptés par leurs collègues ingénieurs, il leur faut comprendre les bases fondamentales des processus de production dans le domaine concerné et maîtriser la terminologie correspondante. Cet apprentissage peut être ennuyeux mais il est absolument nécessaire. Une autre stratégie que FSS a employée avec succès consiste à fournir des occasions d'apprentissage sur le terrain aux ingénieurs pour leur faire prendre conscience d'une part, de l'importance des facteurs humains dans la gestion de la sécurité, et, d'autre part, de la compétence des psychologues qui travaillent avec eux. Faire avec eux l'analyse des incidents qui sont survenus dans leur propre usine est une bonne manière d'atteindre cet objectif.

Le dilemme des coûts dépassés

Quand nous avons commencé à introduire dans l'industrie nucléaire notre méthodologie d'analyse des événements, et son fondement théorique, il nous a fallu faire face aux plans existant à l'avance et à la mission d'un groupe de travail sur les facteurs humains chargé d'améliorer l'interface homme-machine selon une approche ergonomique traditionnelle. Même si cela avait représenté une étape dans la bonne direction, c'était une approche trop étroite parce qu'elle négligeait les faiblesses potentielles et inactives à d'autres niveaux du système. Mais l'industrie a perçu notre volonté d'introduire une technique analytique plus complète comme une menace directe sur leurs propres plans. Elle avait investi des ressources considérables en recherche et développement fondés sur leur propre approche. Et notre méthodologie était considérée comme une menace pour ces investissements précédents. Cela a entraîné des attaques malveillantes contre nous, avec des affirmations incorrectes et des descriptions fausses de nos intentions (« ces psychologues veulent étudier les problèmes conjugaux de nos équipes ») Pendant cinq années, nous avons été considérés comme le drapeau rouge de l'industrie nucléaire.

La seule stratégie qui a apporté une ouverture a consisté à insister avec entêtement sur la supériorité théorique et la validité pratique de notre approche et à le démontrer au cours de différents tests expérimentaux et appliqués. Il faut cependant ajouter que la mise à la retraite de certains de nos opposants nous a aidés.

Le dilemme de l'horizon temporel

Les pressions exercées par l'environnement économique et par les demandes quotidiennes ont un effet socialisant sur les praticiens. Quand un problème économique ou technique survient, sa solution doit être trouvée rapidement. En résultat, les praticiens n'ont que quelques mois pour réfléchir et trouver une solution à leurs problèmes. Par contre, la formation des universitaires implique de consacrer un temps plus long à l'élaboration d'une solution. Une fois que nous avons été acceptés au moins dans quelques sites nucléaires, une tension s'est développée entre les praticiens qui demandaient des solutions rapides et notre besoin d'analyser en détail et en prenant notre temps.

Ce dilemme semble très difficile à résoudre parce que les différences entre les deux parties sont trop importantes pour qu'elles puissent atteindre un compromis. La réponse partielle que nous avons utilisée a consisté à se mettre d'accord, après de longues discussions, sur le fait que la solution rapide (et quelquefois grossière) élaborée par les ingénieurs serait considérée par les deux parties comme une solution « préliminaire » dont l'efficacité serait évaluée après une analyse approfondie.

Le dilemme des ressources

Les membres du FSS sont soit des enseignants de l'Université, soit des chercheurs sur contrat. Leur tâche principale est d'enseigner ou de faire des recherches. Mais le fait d'entrer dans le domaine de l'application leur a apporté une occasion unique de réaliser ce que sont les problèmes de la vie réelle, et cette expérience a eu visiblement des conséquences positives sur l'élaboration de leurs projets de recherche en cours et à venir. Mais cet investissement dans l'application a demandé beaucoup de temps et est rapidement entré en conflit avec leurs autres responsabilités.

Ce problème de ressources semble être une conséquence de la définition étroite de la mission d'une Université. Pour les universités, et même pour

© Groupe Eyrolles

les universités de technologie, il est difficile de comprendre la valeur *académique*, pour le personnel scientifique, de l'exposition aux situations de la vie réelle. Les bases théoriques, le choix des méthodes, leur enseignement et le transfert de connaissances ne peuvent que bénéficier du contact avec une telle expérience. Mais ces effets ne sont pas directement mesurables aussi les universités préfèrent faire respecter les règles qui réduisent l'accès à de telles opportunités. Les membres du personnel de FSS ont été fortement handicapés par ces règles et l'exécution de tâches pratiques importantes a souvent été réalisée en jouant sur l'interprétation des règles. Il faudra que, le temps passant, les universités évoluent et acceptent le besoin d'expérience pratique de leur personnel.

Le dilemme institutionnel

Ce dilemme est partiellement la conséquence de celui qui vient d'être décrit. Au début, nous avons fait gérer nos activités d'application par l'administration universitaire. Il devint rapidement évident que la bureaucratie universitaire était contre-productive parce qu'elle nous faisait perdre du temps et rendait difficile de répondre rapidement aux demandes urgentes de la vie réelle.

Aussi, avec l'accord de l'Université, nous avons créé une petite société avec des responsabilités limitées et dont les membres de FSS étaient les fondateurs. Cette compagnie a la possibilité d'embaucher du personnel supplémentaire pour collaborer à des projets à court terme. Cela a accru notre liberté et a apporté un stimulant matériel supplémentaire aux membres de la société. Nos efforts et notre présence publique se font maintenant sur deux tableaux, la recherche menée dans le cadre du FSS et l'application effectuée dans notre société nommée « Homme-Technologie-Organisation » (MOT : « Man-Technology-Organization »).

Le dilemme de l'instrumentalisation

Après environ sept années, nous avons été perçus par l'industrie nucléaire Suisse et Allemande comme offrant la meilleure méthodologie d'analyse des accidents et la meilleure formation. Cette acceptation s'est étendue aussi aux régulateurs et aux sociétés de consultant. Tous ces acteurs ont commencé à nous proposer des contrats. Ce qui a entraîné un nouveau dilemme, tout à fait inattendu. Nos résultats d'analyse et nos propositions ont été utilisés par les entreprises contractantes dans leur propre intérêt. Les régulateurs des

Länders qui défendaient une stratégie de sortie du nucléaire ont commencé à utiliser nos résultats avec l'idée de montrer que les NPP étaient coupables, en dépit du fait que notre méthode SOL n'a pas d'autre objectif que de gérer l'apprentissage. Et de même, les NPP ont espéré pouvoir utiliser nos analyses d'événements nucléaires comme un processus de protection contre les régulateurs. Notre indépendance scientifique était de plus en plus menacée.

En réaction à ce dilemme, il nous a fallu souvent prendre des décisions difficiles et refuser certains contrats de manière à éviter d'être utilisés par des intérêts partisans. En outre, puisque les entreprises et les régulateurs avaient des orientations aussi différentes quand ils utilisaient notre méthode SOL, nous avons commencé à proposer des formations aux régulateurs afin de leur faire comprendre que l'objectif de la méthode était l'apprentissage.

Le dilemme application ou théorie

Comme il a été dit plus haut, le système allemand de Sécurité Nucléaire (GNSS) est une organisation très complexe. Les modèles théoriques en psychologie ne sont pas bien armés pour traiter des problèmes à niveaux multiples et à large échelle. Celles que nous avons analysées ne nous ont pas permis d'identifier des modèles qui permettent d'affronter des réalités aussi complexes. Tenir compte aussi bien des interactions intra organisationnelles que des interactions inter organisationnelles représente ici un problème particulièrement important .

Cela signifie que nous avons été obligés d'aller bien au-delà des théories psychologiques traditionnelles pour trouver et développer un fondement théorique adéquat pour notre travail. Les disciplines sollicitées appartiennent à la gestion des entreprises, au management de la qualité, au droit et à la sociologie organisationnelle. Sans timidité nous avons essayé d'intégrer et de nous approprier ce qui semblait correspondre aux besoins théoriques de notre travail.

A part les réactions aux différents dilemmes, le respect de deux conditions générales ont donné à FSS la base nécessaire pour atteindre au moins un succès partiel après environ une dizaine d'années d'efforts réguliers et déterminés :
(1) Le choix délibéré d'une « niche » spécifique, les organisations de grande taille et à haut risque qui avaient jusqu'à maintenant été relativement peu étudiées par les psychologues. Cela nous a permis d'obtenir relativement

rapidement un statut et une réputation parmi les organisations de recherche et de consultation allemandes.

(2) Conformément à la citation célèbre de Lewin (« rien n'est plus pratique qu'une bonne théorie »), nous avons toujours été inflexibles sur le principe selon lequel seules les approches fondées sur une théorie solide étaient susceptibles de mener à une amélioration significative des méthodes existantes pour assurer la sécurité et la fiabilité dans les organisations à haut risque.

Bibliographie

ACSNI – Advisory Committee on the Safety of Nuclear Installation. Study Group on Human Factors (1993). *Third Report : Organising for Safety*. London : Her Majesty's Stationery Office

Carroll, J. (1995). Organizational Learning Activities in High Hazard Industries : the Logics Underlying Self-Analysis. *Journal of Management Studies*.

Emery & Trist (1960). Socio-technical Systems. In : C. W. Churchman & M. Verhulst (eds.) : *Management Science, Models and Techniques*, Vol. 2. New York, pp. 83-32

Dörner, D. (1989). *Die Logik des Mißlingens. Strategisches Denken in komplexen Situationen*. Reinbeck : Rowohlt

Fahlbruch, B. (2000). *Vom Unfall zu den Ursachen. Empirische Bewertung von Analyseverfahren*. Berlin : Mensch und Buch.

Fahlbruch, B., and Wilpert, B. (1997). `Event Analysis as Problem Solving Process´, in A. Hale, M. Freitag and B. Wilpert (Eds.), *After the Event – From Accident Analysis to Organisational Learning*, Elsevier, Amsterdam, 113-130.

Fahlbruch, B., Miller, R. & Wilpert, B. (1998) Sicherheit durch Organisationales Lernen. *atw Internationale Zeitschrift für Kernenergie*, 43, 699-703.

Fahlbruch, B. & Wilpert, B. (1999). System Safety – a merging field of I/O psychology. In : C.L. Cooper & I.T. Robertson (eds.) *International Review of Industrial and Organizational Psychology*, Chichester : John Wiley & Sons, 55-93

Heller, F. A. (1993). Another look at action research. *Human Relations*, 46, 1235-1242

Kouabenan, D. R. (1999). *Explication naïve de l'accident et prévention*. Paris : Presses Universitaires de France

Nonaka, I. & Takeuchi, H. (1995). *The Knowledge Creating Company*. Oxford : Oxford University Press

Pautzke, G. (1989). *Die Evolution der organisatorischen Wissensbasis. Bausteine zu einer Theorie des organisationalen Lernens*. Herrsching : B. Kirsch.

Reason, J. (1990). The contribution of latent human failures to the breakdown of complex systems. In B. Wilpert & Th. Qvale (eds.) *Reliability and Safety in Hazardous Work Systems : Approaches to analysis and Design* (pp. 7-21). Hove, UK : Lawrence Erlbaum

Reason, J. (1997). *Managing the Risks of Organizational Accidents*, Ashgate, Aldershot.

Roland, H. E., and Moriarty, B. (1990). *System Safety Engineering and Management*, Wiley, New York.

Shacklee, H. & Fischhoff, B. (1982). Strategies of Information Search in Causal Analysis. *Memory and Cognition*, 10, 520-530

Trist & Bamforth (1951). Some social and psychological consequences of the longwall method of coal getting. *Human Relations*, 4-38

Wilpert, B. & Fahlbruch,B. (1998). Safety Related Interventions in Organisational Fields. In :A. Hale & M. Baram (Eds.) *Safety Management – The Challenges of Change* (pp. 235-247). Oxford : Elsevier Science

Chapitre 15

Comment gérer
le stress au travail ?

NICOLE RASCLE

Le stress professionnel est à la fois un problème de santé publique et un problème économique. Si la pénibilité physique et les risques d'accident du travail décroissent actuellement dans certains secteurs, la pénibilité psychologique du travail (charges de travail, urgence, conflits) tend à augmenter. Le stress professionnel coûte cher aux entreprises et à l'économie des pays développés. Aux États-Unis par exemple, la facture est d'environ 200 milliards de dollars par an (absentéisme, *turnover*, perte de productivité et frais médicaux divers).[1]

Pourtant, les entreprises françaises et les salariés persistent dans l'ensemble à le considérer comme un sujet tabou. Rares sont les employés qui osent s'avouer stressés par leur travail, même si les conséquences du stress professionnel sur leur santé et sur leur travail sont avérées. De nombreuses études ont tenté d'évaluer les conséquences du stress professionnel, ceci à plus ou moins long terme. Les réactions individuelles de stress les plus fréquemment citées sont soit somatiques (indicateurs biologiques, physiologiques ou médicaux), soit psychiques (indicateurs cognitivo-émotionnels et comportementaux).

---

1. Les enquêtes successives réalisées en Europe par la DARES mettent en évidence une dégradation constante de la pénibilité du travail depuis le début des années 90.

Le stress au travail se manifeste en effet de diverses façons. Au niveau psychologique, c'est tout d'abord l'insatisfaction qui prédomine. La personne ne prend plus de plaisir à venir travailler. Cet état de stress peut se traduire par des symptômes anxieux et dépressifs et conduire, s'il s'installe durablement, à des pathologies sévères (trouble dépressif majeur, risque de suicide). L'individu est débordé et épuisé. Il n'arrive plus à faire face aux nouvelles contraintes.

Sur le plan comportemental, le stress professionnel peut se manifester par l'évitement et le retrait vis-à-vis du travail (absences à répétition), par l'accumulation d'erreurs et par des prises de risque inconsidérées (médicaments, alcool) menant dans des cas extrêmes à des accidents du travail. Au niveau organisationnel, c'est donc la performance du travailleur et sa productivité qui risquent de s'en trouver altérées.

Les symptômes physiques sont plus diffus. Ils peuvent prendre la forme de migraines chroniques, d'insomnies, de troubles digestifs, de douleurs lombaires ou encore de crises eczémateuses. Ils peuvent se traduire par le développement d'ulcères gastriques ou de maladies cardio-vasculaires.[1]

Cette succession de dysfonctionnements psychologiques, physiques et comportementaux prend des formes particulières selon la profession exercée. Dans certaines professions soignantes impliquant une importante responsabilité quant à la santé et au bien-être (médecins, infirmières, psychologues, ...), un état de stress chronique peut aboutir au syndrome d'épuisement professionnel (*burnout*), traité dans le chapitre 16 de cet ouvrage. L'individu n'arrive plus à répondre à la demande des usagers. Il ne s'implique plus dans les relations aux patients, devient insensible à leurs problèmes et insatisfait de lui-même. Ces attitudes négatives peuvent envahir la sphère de la vie hors travail.

Les phénomènes que nous venons de décrire ne sont pas, bien entendu, imputables au seul stress professionnel, mais leur lien avec de mauvaises conditions de travail a été de nombreuses fois mis en évidence[2]. C'est ce à quoi les psychologues et les médecins se sont intéressés lorsqu'ils ont cherché à définir d'une manière plus opérationnelle ce problème de société.

---

1. Au Japon, est apparu à la fin des années 80 un phénomène appelé karoshi. Il s'agit d'une mort brutale par épuisement à la suite d'un excès de travail.
2. Selon Askenazy (2004), la dégradation de la santé au travail est directement attribuable à l'avènement d'un nouveau productivisme : le productivisme réactif.

Répondant à des demandes locales et conjoncturelles, les travaux et enquêtes demeurent assez hétérogènes, tant au niveau des théories de référence que des techniques d'intervention. C'est surtout à la littérature anglosaxonne et suédoise que l'on doit les études les plus sérieuses sur le stress professionnel, à la fois dans ses causes et ses conséquences. La connaissance progressive des mécanismes du stress a permis d'élaborer certaines méthodes d'intervention et de prévention dans le milieu professionnel. Historiquement, trois conceptions du stress se sont succédées : il a d'abord été conçu comme une réponse de l'organisme à tout changement, puis sous la forme d'un stimulus particulier de l'environnement, enfin comme une transaction dysfonctionnelle entre la personne et son environnement. Chacune de ces conceptions débouche sur des modes d'intervention spécifiques que nous allons présenter dans les paragraphes suivants. Si nous adoptons une telle présentation c'est pour mieux faire apparaître, au-delà des divergences et de l'évolution des définitions du stress, toute la complexité d'un phénomène qui ne peut être appréhendé qu'à travers ses multiples facettes.

Par ailleurs, démontrer l'efficacité des prises en charge demeure un exercice difficile, car il ne suffit pas pour cela de constater une réduction du phénomène de stress au travail : encore faut-il qu'elle soit uniquement attribuable au programme mis en place. Or, pour des raisons déontologiques, il est impossible d'appliquer des méthodes expérimentales strictes à l'étude de l'efficacité des prises en charge du stress au travail.[1] Il faut donc partir des situations concrètes et utiliser des méthodes inférentielles (mesure des covariations entre variables indépendantes et dépendantes). Les études de validité les plus sérieuses, utilisent des groupes expérimentaux (personnes suivant la prise en charge) et des groupes contrôles (employés qui ne bénéficient pas encore de la prise en charge) afin de prendre en compte l'effet placebo. De même, elles mesurent à deux moments différents (avant et après la prise en charge) les critères (conséquences psychologiques, physiques et/ou comportementales) de stress avec des outils validés (validité de construction). Le contrôle de variables dites « parasites » (événements de vie, maturation, sélection, habituation à la mesure, échantillonnage) propres au sujet ou au contexte, est le garant d'une validation optimale de la méthode. Cependant, même si l'efficacité de certaines techniques de prises en charge est attesté, ce n'est souvent qu'au regard de certains critères

---

1. Il faudrait pour cela créer des situations stressantes et tester sur les mêmes sujets l'effet de plusieurs prises en charge, ce qui paraît à la fois difficile et peu souhaitable.

(amélioration de la satisfaction mais pas d'amélioration des performances par exemple). Il convient dans ce cas de ne pas rejeter globalement une technique de prise en charge mais de profiter de ces résultats discriminants pour analyser le principe de son efficacité. En effet, si un mode de prise en charge s'inspire en principe d'une représentation théorique du phénomène étudié, ses résultats, en terme d'efficacité prouvée, attestent alors de la bonne adéquation du modèle à la réalité.

Examinons maintenant, les trois conceptions du stress au travail et les types de prises en charge qui leurs ont été associées.

LE STRESS COMME UNE RÉPONSE DE L'ORGANISME

Selon Selye, endocrinologue canadien à qui l'on doit ce terme, le stress décrit l'adaptation de l'organisme à un changement brutal ou durable du milieu. Pour cet auteur, une surcharge excessive et prolongée de ce mécanisme est susceptible de provoquer des troubles somatiques sérieux (ulcères, hypertension par exemple). Toujours identique quel que soit l'agent en cause, la réponse de l'organisme se déroule en trois temps : alarme, résistance, épuisement. La réaction d'alarme met en action les mécanismes de défense (système sympathique et médullo-surrénalien et système hypothalamo-hypophyso-corticosurrénalien) et conduit à la phase de résistance. Lorsque cette seconde phase se prolonge, le sujet épuise son potentiel de défense et ne peut plus résister à l'action de l'agent nocif : c'est la phase finale d'épuisement qui peut conduire à des pathologies somatiques (ulcères, hypertension,...).

C'est dans ce cadre conceptuel qu'ont été proposées les premières prises en charge du stress au travail. Ces techniques visent avant tout le traitement des salariés stressés par leur travail ou la réhabilitation de ceux qui reprennent leur travail après une longue maladie.

Réduire les symptômes de stress

Deux grand types de prise en charge répondent à cet objectif : les programmes d'aide aux employés (EAP) et les exercices corporels. Examinons le contenu et l'efficacité de chacun d'eux.

LES PROGRAMMES D'AIDE AUX EMPLOYÉS (EAP)

Mis en place dans les grandes compagnies américaines dès les années 30, ces programmes visaient tout d'abord le recueil systématique des doléances des employés. Les plaintes étaient exprimées dans le cadre d'entretiens entre le supérieur hiérarchique et ses subordonnés, ce qui est censé permettre un meilleur ajustement respectif entre les deux partenaires.[1] Cette pratique de l'entretien, pourtant effectuée sans formation préalable des interviewers, a permis la prise en charge durant les années 50 du problème de l'alcoolisme au travail.[2] La procédure nécessitait l'engagement et le soutien de tout l'encadrement formé à cette occasion à l'identification du problème. Parallèlement, une campagne de communication visant à informer les employés sur les modalités de ce programme était mise en place de manière à persuader les intéressés de suivre un traitement à l'extérieur de l'entreprise. Enfin, une procédure de suivi et d'évaluation des résultats était prévue. De tels programmes se sont ainsi avérés efficaces pour 60 à 68 % des personnes traitées. Après le sevrage, de 50 à 80 % des salariés (suivant les études) retrouvent leur travail et 50 à 60 % ne boivent plus. Le bénéfice qu'en tire l'entreprise est lui aussi notable : baisse de l'absentéisme, amélioration des performances. Il faut cependant relativiser l'enthousiasme relatif à ce type de prise en charge. Les programmes d'aide aux employés ont rarement bénéficié d'études de validité rigoureuses, conformément aux critères évoqués dans notre introduction. Par exemple, peu d'études ont utilisé des groupes contrôles et aucune, à notre connaissance, la technique de randomisation des sujets.[3]

Ce type de programme a été ensuite généralisé à la prise en charge d'autres conduites addictives et à celle de troubles psychiatriques. Toutefois l'encadrement s'est progressivement désintéressé de ces problèmes pour laisser des spécialistes comme les médecins du travail les prendre en charge.

1. Ce type de programme est à rapprocher des groupes d'expression rendus obligatoires dans les entreprises françaises par les lois Auroux en 1982.
2. Problème économique et problème de santé publique, la consommation d'alcool réduit la productivité et augmente par deux ou par trois les risques de mortalité. Des études épidémiologiques ont par ailleurs montré le lien significatif entre la consommation d'alcool d'employés et l'évaluation négative qu'ils faisaient de leurs conditions de travail (surcharge de travail, insécurité de l'emploi, non-participation aux décisions, travail posté). Ce lien est d'autant plus fort chez les personnes souffrant au préalable de tendances dépressives.
3. La technique de randomisation consiste à affecter les sujets à des groupes (contrôle ou expérimental) de manière aléatoire.

Différents programmes d'aide continuent aujourd'hui d'exister pour certaines catégories professionnelles. Par exemple, les travailleurs atteints de stress post-traumatique à la suite d'accidents ou d'agressions se voient proposer un soutien psychologique précoce et durable dans le cadre de techniques psychothérapiques.

Enfin, on peut noter que les entreprises proposent depuis longtemps à leur personnel des activités extra-professionnelles (artistiques, sportives,…), qui sont censées permettre à leurs employés de mieux supporter leurs conditions de travail.

LES EXERCICES CORPORELS

Dans les années 80, 14 % des employeurs américains proposaient des activités physiques à leurs employés.[1] Elles sont censées réduire l'anxiété, les risques de maladies cardio-vasculaires et le recours à des soins médicaux, tout en augmentant la résistance psychologique et le bien-être des sujets. Plus ou moins organisées par et dans l'entreprise, ces pratiques sont assez diverses.

Tableau 1 : Exemples d'exercices corporels proposés par les entreprises

Exercice physique	Fitness, jeux collectifs, jogging
Techniques de relaxation	Relaxation musculaire de Jacobson Travail sur la respiration Méditation : position du « mandra »
Biofeedback	Recevoir des informations sur son fonctionnement physiologique (rythme respiratoire, rythme cardiaque, tension musculaire) à l'aide d'enregistrements (electrocardiogramme, …) afin de mieux le contrôler

L'efficacité de ces pratiques n'a toutefois pas été sérieusement évaluée. Quelques études effectuées à l'aide de mesures avant-après (avec groupe contrôle) montrent que ces techniques induisent chez les participants une réduction significative de l'anxiété, de la dépression, des plaintes somati-

---

1. Certaines sociétés multinationales, sujettes à une délocalisation, ont d'ailleurs exporté ces activités pour en faire un véritable symbole de leur culture d'entreprise. Ceci est également le cas des entreprises asiatiques.

ques, et une amélioration de la tension artérielle et musculaire. On a également observé une amélioration des performances et de la satisfaction professionnelle à la fin de ces formations. Ces progrès ne sont malheureusement pas durables et peuvent même parfois s'inverser. C'est notamment vrai pour la satisfaction, ce qui peut s'expliquer par une prise de conscience (différée) par les stagiaires de l'inadéquation de la formation reçue par rapport à leurs besoins.

Ces prises en charge ont souvent été critiquées : elles sont centrées sur les individus sans tenir compte de leur environnement de travail ; elles sont surtout proposées à des cadres et leurs effets ne sont pas évalués de façon pertinente. Leur objectif implicite serait d'essayer de détendre ou de divertir le personnel pour l'aider à mieux supporter ses conditions de travail. Mais ces techniques sont décontextualisées et ne permettent pas de modifier le milieu de travail[1]. C'est plutôt ce que cherche à faire le second type d'intervention dont nous allons exposer la perspective théorique maintenant.

LE STRESS COMME CARACTÉRISTIQUE DE L'ENVIRONNEMENT

Le stress est souvent considéré comme un ensemble de caractéristiques du contexte. On a cherché à comprendre ce qui était stressant dans les événements et situations affrontées par les individus. Certains aspects de l'environnement sont apparus comme des « stresseurs ». On en distingue deux catégories dans le contexte professionnel qui se rapportent soit aux conditions physiques, soit aux caractéristiques psychosociales du travail. On a décrit dans la première catégorie des facteurs très variés comme la chaleur, le bruit, la ventilation, la poussière ou encore la charge de travail (cadences, urgence, productivité,…) et l'automatisation. A la seconde se rattachent des facteurs comme les contraintes psychologiques du travail et l'insécurité de l'emploi.

Parmi ces nombreuses sources organisationnelles de stress[2], Karasek en a énoncé deux principales : la *charge de travail* d'une part (« work load ») qui peut être de nature quantitative (trop de travail à

---

1. En France, on préfère souvent proposer aux salariés travaillant en secteur pénible des bonifications pour leur retraite plutôt que d'améliorer les conditions de travail.
2. On parle également dans les études épidémiologiques de risques psychosociaux.

effectuer en un temps limité) ou qualitative (travail trop complexe par rapport aux compétences), le *degré d'autonomie* d'autre part (« job decision latitude »), incluant la variété des tâches, l'utilisation des compétences, le degré de décision et les opportunités d'apprentissages nouveaux. A partir de ces deux caractéristiques stressantes, Karasek a élaboré une typologie des *situations de travail* : travail très contraignant (charge de travail importante et faible autonomie), travail peu contraignant (charge de travail faible et autonomie élevée), travail actif (charge de travail et autonomie importantes) et travail passif (charge de travail et autonomie faibles). L'objectif de ses recherches est de montrer les effets nocifs d'un travail très contraignant sur la santé émotionnelle (dépression, burnout) comme la santé physique (risque élevé de maladies cardiovasculaires). Certains développements plus récents de ce modèle, proposés par des élèves de Karasek, comportent une troisième dimension : le *soutien social* disponible sur le lieu de travail. Selon ce dernier modèle, une situation professionnelle extrêmement stressante se caractérise à la fois par de fortes exigences et par un contrôle et un soutien social faibles. Le type de prise en charge du stress professionnel correspondant à cette conception consistera à modifier l'environnement physique et psychosocial du travail de façon à réduire les stresseurs organisationnels. Examinons maintenant les divers axes d'améliorations possibles.

Réduire les stresseurs organisationnels

Pour améliorer le bien-être et la santé des employés, il suffirait d'optimiser leurs conditions de travail : réduire les exigences du poste, augmenter l'autonomie des personnes et leur procurer un soutien professionnel.

L'Organisation mondiale de la santé a émis en ce sens quelques recommandations pour améliorer l'organisation du travail, qui ont été depuis 25 ans assez largement reprises dans de nombreux pays. Il s'agit par exemple de permettre à chaque travailleur de choisir sa méthode de travail, de planifier ses activités, de déterminer ses critères de performance, de gérer son temps de travail comme il le souhaite et d'obtenir davantage de responsabilités. Ces principes inspirent les nouvelles formes d'organisation du travail (NFOT), telles que l'enrichissement des tâches et les équipes semi-autonomes, qui sont apparues dans les entreprises à partir des années 70 (voir tableau 2).

© Groupe Eyrolles

Examinons plus en détail le contenu et l'efficacité de trois de ces directives de l'OMS : la redéfinition du poste, les groupes semi-autonomes et le coaching.

Tableau 2 : Directives de l'OMS concernant l'organisation du travail

Aménagement du temps de travail	*Besoin de compatibilité avec les exigences et les responsabilités extra-professionnelles* *Concernant le travail posté, la rotation doit être stable et prévisible* *La flexibilité du temps de travail doit être contrôlée par les employés*
Contenu du travail	*Redéfinir les tâches* *Enrichir les tâches* *Permettre de développer de nouvelles compétences* *Encourager le management participatif* *Proposer un feed-back sur les performances* *Construire des équipes de travail cohésives* *Augmenter les salaires*
L'environnement social	*Le travail doit permettre les interactions sociales* *Besoin de soutien, d'aide et de formation au travail*
Évolution de carrière	*Besoin de clarté dans les critères de promotion* *Besoin d'informations sur l'évolution possible de l'entreprise* *Proposer un développement de carrière*

LA REDÉFINITION DU POSTE

La réduction des stresseurs professionnels et la promotion du bien-être psychologique nécessitent parfois le recours à une procédure de redéfinition du travail. La première étape de la mise en œuvre de cette procédure de changement organisationnel passe souvent par celle du diagnostic. Il s'agit de trouver les indicateurs de stress : augmentation de l'absentéisme, du turnover, des accidents du travail. Lors d'une seconde étape, on tente d'identifier les stresseurs professionnels potentiels. Cela peut se faire grâce à des entretiens avec les employés et leur hiérarchie (centrés sur une analyse psychologique ou ergonomique du poste) ou encore à l'aide de questionnaires (voir en annexe quelques items de deux questionnaires de stress professionnel). L'identification des caractéristiques stressantes du travail permettra ensuite d'envisager des changements possibles, que ce soit au niveau du poste de travail ou de son titulaire[1]. L'un des exemples de cette redéfinition du travail, en réaction au taylorisme, est la mise en place des groupes semi-autonomes.

LES GROUPES SEMI-AUTONOMES

Dans les groupes semi-autonomes, les salariés forment une équipe qui organise librement, sans contrôle hiérarchique, le travail demandé en le répartissant entre ses membres. Le groupe est collectivement responsable de sa production. Ce type d'organisation est censé accroître d'une part la participation des travailleurs aux décisions de l'entreprise, d'autre part leur autonomie dans l'organisation des tâches.

Quelques études menées dans différents pays ont évalué l'efficacité de ces pratiques quant à la réduction des stresseurs professionnels et l'amélioration de la santé des employés. Elles ont montré que la participation aux décisions et l'augmentation de l'autonomie réduisaient significativement la détresse émotionnelle des employés, leur absentéisme et leur intention de turnover, tout en augmentant leur implication au travail et leurs performances au poste.

LE COACHING

Une nouvelle pratique issue des États-Unis, le « *coaching* » est destinée essentiellement aux cadres et dirigeants à haute responsabilité. Cette pratique consiste à faire appel à un expert consultant afin de lui demander conseil relativement à une décision à prendre. Contrairement aux conseils ponctuels traditionnels, le « coach » peut être consulté par le manager à tout moment. Il est censé dispenser des informations, des conseils, ou même un soutien psychologique lorsque c'est nécessaire. Le coaching permet au cadre de prendre ses distances par rapport à un problème tout en l'amenant à combattre l'idée qu'il est seul à pouvoir prendre une décision. Le travail du coach consiste à interpréter les comportements du dirigeant

---

1. Aux Etats-Unis, la publication officielle à la fin des années 90 de notations sociales des entreprises (en fonction du taux d'accidents du travail et de maladies professionnelles) et la diffusion en parallèle de forums électroniques de discussion entre salariés sur le vécu de leurs conditions de travail, a été un incitateur fort dans la mise en place de plans de prévention des risques professionnels.
En France, le Plan Santé-Travail 2005-2009 qui vise une évaluation plus soutenue de la santé et de la sécurité au travail prend en compte « la montée de nouveaux facteurs de risque comme le stress professionnel, la violence au travail et les addictions ».

Gérer le stress et la sécurité

afin de l'inciter éventuellement à en changer. Ce type de pratique nécessite une extrême confidentialité. Elle doit aboutir à l'épanouissement du client dans son travail. Cependant, l'efficacité réelle de ces pratiques sur la santé physique et émotionnelle des dirigeants concernés n'a pas été véritablement démontrée par des études sérieuses.

Ces prises en charge du stress au travail sont souvent lourdes car elles nécessitent des changements organisationnels[1]. Aussi leur préfère-t-on aujourd'hui des méthodes de gestion du stress centrées sur les personnes. Examinons maintenant le contexte théorique qui les a fait naître.

LE STRESS COMME TRANSACTION ENTRE LA PERSONNE ET SON ENVIRONNEMENT

Dernière en date, la conception transactionnelle du stress a été développée au cours des années 80. Pour Lazarus et Folkman (1984), par exemple, « le stress est une transaction entre la personne et l'environnement dans laquelle la situation est évaluée par l'individu comme débordant ses ressources et pouvant mettre en danger son bien-être ». C'est ici la perception de la situation, sa signification pour l'individu (menace, perte, ...) qui en fait ou non une situation stressante. Selon cette conception, il convient de distinguer très nettement les caractéristiques objectives de l'environnement (stresseurs) des caractéristiques environnementales perçues comme menaçantes par un individu donné (stress perçu) ainsi que des conséquences dysfonctionnelles éventuelles de ces divers facteurs sur le bien-être ultérieur de l'individu. En effet, si le stress est une réponse des individus à une modification du milieu, selon la conception originelle de Selye, on s'est très tôt rendu compte qu'elle n'était pas une réponse standardisée à une situation aversive car les réactions de stress étaient très différentes d'un individu à l'autre. Alors que certains sujets seront extrêmement affectés par un événement de vie (maladie, accident, chômage, ...), d'autres au contraire le seront faiblement par des événements identiques (on les appelle des individus « résilients »). On s'est donc intéressé aux facteurs individuels pouvant rendre les individus plus ou moins vulnérables vis-à-vis des stresseurs professionnels.

© Groupe Eyrolles

---

1. Les expériences de prise en compte de la pénibilité psychologique d'un travail dès la conception d'une organisation de travail sont encore trop rares.

Dans le domaine du stress professionnel, deux modèles illustrent la prise en compte de la vulnérabilité individuelle. Le modèle d'ajustement de French considère par exemple que les variables environnementales n'ont pas en elles-mêmes d'effet pathogène. L'origine du stress est plutôt liée à l'inadéquation entre les variables contextuelles (charge de travail, conflit de rôle) et individuelles (compétences, motivations, personnalité). L'inadéquation peut se présenter de différentes manières, par exemple lorsque le degré d'exigence de la tâche est trop important par rapport aux compétences de l'employé ou bien, à l'inverse, lorsque la tâche demandée est jugée trop facile ou ennuyeuse. En fait, le stress va apparaître chaque fois qu'il y a incongruence entre les capacités d'une personne et les exigences de la tâche, d'une part, ou bien entre les besoins de la personne et ceux pouvant être satisfaits par l'environnement professionnel, d'autre part. L'accent est donc mis sur les ressources individuelles nécessaires pour faire face aux situations perturbantes. Parmi ces ressources, certaines sont du registre des compétences, d'autres sont de nature conative. La personnalité va jouer un rôle primordial puisque c'est par son intermédiaire que vont se décliner les besoins et motivations, ou se mobiliser les compétences du travailleur. Selon la manière dont chacun croit qu'il peut maîtriser ce qui lui arrive ou selon son hostilité permanente vis-à-vis des autres, il sera plus ou moins en mesure d'affronter les problèmes professionnels. De même, une personnalité anxieuse aura tendance à envisager toutes les situations à problème comme susceptibles de le menacer directement. D'après la littérature en effet, certaines caractéristiques dispositionnelles contribuent à la vulnérabilité des individus face aux caractéristiques aversives du travail. *Le lieu de contrôle* par exemple, désigne la façon selon laquelle une personne perçoit ou non une relation causale entre son propre comportement et les résultats qui en découlent. Cette dimension bipolaire distingue donc un lieu de contrôle externe (ce qui m'arrive ne dépend pas de moi mais de forces que je ne contrôle pas, telles que le hasard, la chance, le destin) et un lieu de contrôle interne (ce qui m'arrive dépend de mon comportement, de mes capacités, de mes efforts). Face à des événements professionnels aversifs, le fait de les considérer comme incontrôlables (externalité) ou de s'auto-attribuer les échecs (internalité extrême) augmente les risques de détresse. Seule une internalité modérée, voire contextualisée semble protéger les individus.

Par ailleurs, le *comportement de type A*, mis à jour dans le cadre de vastes enquêtes épidémiologiques, désigne un ensemble structuré « d'actions-émotions » décrivant chez le sujet un sens permanent de la pression du temps, un effort incessant pour accomplir le maximum de choses en un minimum de temps, un sens constant de la compétition et de la concurrence, de l'hostilité envers les autres et enfin un niveau élevé d'aspiration à la réussite. Mobilisant considérablement le système cardio-vasculaire, ce pattern comportemental est censé être associé à un risque de cardiopathie. L'individu de type A se caractériserait par le besoin de contrôler l'environnement afin de réduire son incertitude. Un contexte compétitif favoriserait bien entendu ce style de comportement.

L'affectivité négative[1] enfin est une dimension de l'humeur qui comprend l'agressivité, le pessimisme et la tendance générale à réagir négativement à la vie et aux contacts avec autrui. Sa définition recoupe d'autres dimensions de personnalité définies antérieurement comme le névrosisme, l'anxiété, la dépression et une faible estime de soi. Les sujets névrosiques ou anxieux ont tendance à percevoir toutes les situations de la vie comme stressantes et à y réagir émotionnellement par une amplification des plaintes somatiques par exemple.

Ces divers aspects de la personnalité sont des facteurs de vulnérabilité relative qui atténuent ou amplifient l'impact des situations stressantes sur l'ajustement ultérieur des individus. Cependant, leur effet sur la santé n'est qu'indirect. Selon le modèle transactionnel du stress de Lazarus , l'effet nocif des stresseurs environnementaux sur la santé future dépend non seulement des ressources individuelles mais aussi de la manière dont chacun évalue le degré de danger de la situation puis cherche à y faire face. En fonction de l'enjeu de l'événement (perte, menace ou défi) le sujet va élaborer une stratégie d'ajustement que l'on nomme habituellement « *coping* ». Ces stratégies ont pour objectif soit de résoudre le problème, c'est-à-dire de maîtriser la situation, soit de réduire la tension émotionnelle induite par cette situation. Le *coping centré sur le problème* peut impliquer diverses tentatives comme élaborer des plans d'action, chercher de l'information, réinterpréter la situation. Le *coping centré sur l'émotion* peut se traduire par l'expression émotionnelle (se confier à un collègue), la diversion (penser à autre chose) ou l'auto-accusation (se sentir responsable d'un échec).

1. Pour une définition précise de ce terme et de ses incidences sur le processus de stress, voir Rolland, J.P. (1999). Les modèles psychologiques du stress : Analyse et suggestions, *Pratiques Psychologiques*, 4, 99-122.

Les observations menées dans un contexte organisationnel ont montré que les stratégies émotionnelles, de diversion ou de désengagement, sont plus souvent utilisées dans des situations jugées incontrôlables. En revanche, dans des situations perçues comme contrôlables, ce sont les stratégies centrées sur le problème qui sont mobilisées. Les stratégies centrées sur l'émotion apparaissent comme les plus dysfonctionnelles. Elles induisent plus de dépression et d'insatisfaction professionnelle que les stratégies de confrontation active.

C'est pourquoi l'objectif des techniques de *gestion du stress* qui s'inspirent du modèle transactionnel est d'augmenter les ressources perçues et les capacités de coping des salariés. Très à la mode dès les années 80 aux États-Unis, ces méthodes incluent les thérapies cognitives et comportementales (voir tableau 3) d'une part, et toutes les formations visant à accroître les compétences des travailleurs (la gestion du temps par exemple) d'autre part. Examinons l'objectif et l'efficacité de chacune d'entre elles.

Tableau 3 : Exemples de techniques de prise en charge cognitive et comportementale

Évaluation cognitive	*Il s'agit d'apprendre aux personnes à évaluer la gravité de la situation stressante, c'est-à-dire à se demander si elle est vraiment importante pour leur sécurité personnelle et professionnelle* *Ex.: Travail non fait par un collègue dans un temps donné* *Envisager toutes les conséquences possibles de ce retard*
Restructuration cognitive	*Il s'agit de combattre l'idée que les autres personnes sont toujours responsables de ses propres réactions (ou de ses échecs)* *Ex.: Un employé reçoit un client mécontent et en retour se met en colère* *Apprendre à relativiser, à prendre ses distances.* *Remplacer ses sentiments négatifs par des affects neutres ou moins négatifs*
Anticipation cognitive	*Cette technique permet à l'individu dans une situation de relaxation de s'imaginer un stresseur et sa manière d'y faire face* *Prendre conscience que les comportements adoptés sont inefficaces* *Aider le sujet à changer ses stratégies par l'exposition à des stresseurs plus intenses et en faisant appel à ses expériences antérieures ou à celles d'autres personnes*

© Groupe Eyrolles

Augmenter les résistances individuelles

LES THÉRAPIES COGNITIVES ET COMPORTEMENTALES

Ces techniques partent de plusieurs postulats : les individus ne répondent pas directement à l'environnement mais le font par l'intermédiaire de certaines représentations. Les pensées, sentiments et comportements sont toujours en étroite relation. C'est pourquoi ces pratiques reposent sur l'évaluation de la situation et l'adoption de stratégies de coping efficaces. A cette fin, diverses procédures peuvent être utilisées.

On conseille parfois aux stagiaires de tenir un journal où seront répertoriées quotidiennement toutes les situations qui ont engendré des affects et états désagréables (nervosité, colère, culpabilité, migraine, nausée, angoisse) ainsi que les pensées et comportements associés à ces situations. Ceci aide le consultant à établir un diagnostic et à proposer une intervention très ciblée.

Les techniques cognitives et comportementales sont encore peu utilisées dans le contexte du stress professionnel. Aussi est-il difficile de se prononcer de manière sûre quant à leur efficacité concernant le stress. Selon les quelques rares études disponibles, ces interventions réduisent la détresse psychologique, la pression sanguine, le rythme cardiaque et les plaintes somatiques des travailleurs pris en charge.

LA FORMATION DES COMPÉTENCES ET DES RESSOURCES INDIVIDUELLES

Un autre moyen de préparer le travailleur à faire face aux situations professionnelles stressantes est de développer certaines de ses ressources exigées pour le poste de travail. Pour éviter la surcharge de travail, on peut proposer aux salariés une formation à la gestion du temps, à la résolution de problème, un développement de leurs compétences sociales et de leur confiance en soi (voir Tableau 4).

Tableau 4 : Exemples de formation au développement des compétences et des ressources

Formation à la gestion du temps	*Diagnostiquer sa relation au temps* *Apprendre à planifier, à s'organiser, à déléguer ses tâches*
Formation à la résolution de problème	*Apprendre en groupe à identifier les problèmes* *Analyser les causes* *Rechercher les solutions* *Préciser la mise en œuvre*
Développement des compétences sociales	*Donner et recevoir des critiques/des compliments* *Initier et maintenir un entretien* *Faire une demande de travail/la refuser* *Interpréter les messages non verbaux dans le comportement d'autrui*
Développement de la confiance en soi	*Communiquer avec la hiérarchie de manière assurée* *Exposer les raisons d'un refus de travail*

A cette liste non exhaustive, on peut ajouter bien entendu toutes les formations qui visent à développer les compétences techniques des employés, leur permettant ainsi de mieux accomplir leur travail sans risquer une surcharge, liée par exemple à la complexité de la tâche. Appréciées des employés, lorsqu'elles correspondent à leurs besoins véritables, ces formations sont souvent plus efficaces que les techniques d'exercices corporels. Des études comparatives ont en effet montré que la réduction des symptômes physiologiques de stress (pression artérielle élevée par exemple) était bien meilleure chez les personnes qui avaient suivi une formation au développement de leurs compétences.

DISCUSSION

En définitive, toutes ces pratiques sont palliatives. Elles doivent être utilisées lorsqu'en amont, la sélection du personnel et la gestion des ressources humaines ont été peu efficaces. Si l'on veut prévenir, en effet, un ajustement défectueux entre le salarié et son environnement de travail, il convient de sélectionner le mieux possible les sujets lors du processus de recrutement, c'est-à-dire d'évaluer leurs compétences et leur personnalité avec des outils soigneusement validés et en fonction d'analyses de postes précises.

La prise en charge du stress professionnel est une chose complexe. Nous avons montré que de nombreuses méthodes pouvaient être proposées. Elles ont toutes un intérêt mais pas forcément celui souhaité. En fait, comme l'ont montré déjà les psychologues sociaux, c'est souvent l'effet « prise en charge » qui constitue le facteur bénéfique le plus important de ces méthodes. Comme si, pour le travailleur, la méthode importait peu : seule compte l'impression que l'on s'occupe de vous. Pourtant, nous avons montré que des pratiques préventives de réduction des stresseurs et/ou de valorisation des ressources individuelles avaient un effet bénéfique sur le bien-être des sujets. Mais il convient d'être prudent sur la stabilité et la généralisation de ces bénéfices. En fonction du type de culture d'entreprise, du secteur considéré (artisanal, tertiaire ou industriel), en fonction des individus et de leur personnalité, des méthodes de réduction du stress peuvent ne pas avoir le même impact.

Moindre mal en période de crise économique, la question du stress professionnel demeure un sujet récurrent qui prend une importance non négligeable en période de croissance. Comme le souligne Éric Albert (1994), le stress manifeste une relation de plus en plus exigeante entre l'homme et son environnement. Pour l'interpréter, certains évoquent l'impact négatif que la complexité croissante des rapports sociaux (crise de l'autorité par exemple) exerce sur les conditions de vie. A l'opposé, d'autres estiment que ce phénomène illustre la vulnérabilité individuelle croissante que produirait paradoxalement l'amélioration de ces mêmes conditions de vie. La prise en charge du stress au travail ne pourrait alors s'effectuer que dans deux directions : améliorer les conditions de travail ou rendre les professionnels plus résistants

Or, de notre point de vue, une prise en charge efficace du stress professionnel nécessite de concevoir ce phénomène d'une manière multifactorielle, afin de prendre en compte l'environnement objectif et ses contraintes mais également l'individu, avec ses ressources et ses manières de réagir. Tel est l'enjeu des recherches psychologiques à venir dans le traitement du stress professionnel.

ANNEXE : EXEMPLES DE QUESTIONNAIRES

EXEMPLES D'ITEMS DU QUESTIONNAIRE DE STRESS DE KARASEK

Pour chacune des questions suivantes, quatre cases de réponse sont proposées :
Pas du tout d'accord, pas d'accord, d'accord, tout à fait d'accord

La charge de travail

1. *Mon métier exige que je travaille très vite*
2. *On ne me demande pas d'effectuer une trop grande quantité de travail*
3. *J'ai suffisamment de temps pour faire mon travail*

Autonomie dans le poste (deux sous-échelles suivantes)

• *Degré de décision*
1. *Mon poste requiert que je prenne de nombreuses décisions par moi-même*
2. *Dans mon poste, j'ai très peu de liberté pour décider sur la manière de faire mon travail*
3. *J'ai la possibilité d'influencer le déroulement de mon travail*

• *Utilisation des compétences*
1. *Mon métier exige que j'apprenne de nombreuses choses*
2. *Mon travail implique des tâches répétitives*
3. *Mon travail demande un haut niveau de compétences*
4. *J'ai l'occasion de développer mes compétences professionnelles*

EXEMPLES D'ITEMS DU QUESTIONNAIRE DE STRESS PROFESSIONNEL DE SPIELBERGER

1ère *partie* : *Intensité du stress professionnel*

SOURCES DE STRESS PROFESSIONNEL   **Intensité du stress**

	Faible			Moyen			Fort		
	1	2	3	4	5	6	7	8	9
Faire des heures supplémentaires									
Camarades de travail ne faisant pas leur travail									
Attribution de responsabilités accrues									
Gérer des situations de crise									
Insultes personnelles provenant de clients/consommateurs/collègues									

2e *partie* : *Fréquence du stress professionnel*

SOURCES DE STRESS PROFESSIONNEL   **Nombre de jours d'apparition de l'événement durant les six derniers mois**

	0	1	2	3	4	5	6	7	8	9 +
Faire des heures supplémentaires										
Camarades de travail ne faisant pas leur travail										
Attribution de responsabilités accrues										
Gérer des situations de crise										
Insultes personnelles provenant de clients/consommateurs/collègues										

Bibliographie

Albert, E. (1994). *Comment devenir un bon stressé*, Éditions Odile Jacob.

Askenazy, P. (2004). *Les désordres du travail* : Enquête sur le nouveau productivisme, Éditions du Seuil et La République des Idées.

Bruchon-Schweitzer, M. et Dantzer, R. (1994). *Introduction à la Psychologie de la Santé*, PUF.

Bruchon-Schweitzer, M. et Rascle, N. (1997). Stress professionnel et santé, *Les Cahiers Internationaux de Psychologie Sociale*, 33, 61-74.

Karasek, R.A. (1979). Job demands, job decision latitude and mental strain : Implications for job redesign. *Administrative Science Quarterly*, 24, 285-308.

Lazarus, R.S. & Folkman, S. (1984). *Stress, appraisal and coping*, N.Y. Springer.

Rolland, J.P. (1999). Les modèles psychologiques du stress : Analyse et suggestions, *Pratiques Psychologiques*, 4, 99-122.

Chapitre 16

Qu'est-ce que le burnout ?
Comment les entreprises
peuvent-elles y remédier ?

VALÉRIE PEZET-LANGEVIN

Le burnout peut être présenté de manière générale comme une consé-quence « négative » d'un stress professionnel auquel les individus n'arrivent pas (plus) à faire face. Il a été initialement identifié et décrit dans un champ d'activité professionnelle spécifique (les professions d'aide, de soins, de formation). Toutefois, après de nombreuses recherches focalisées sur cette sphère professionnelle particulière, il apparaît désormais possible et pertinent de parler de burnout pour d'autres types de professions.

Afin de cerner la spécificité du burnout, notamment au regard d'autres difficultés au travail (telles que le stress ou l'insatisfaction), le burnout sera tout d'abord décrit dans sa formulation d'origine (orientée vers les professions d'aide). Ensuite son extension au-delà de ces professions sera présentée.

Le burnout dans les professions d'aide

Le problème du burnout dans les organisations s'est tout d'abord posé dans le champ des « professions d'aide ». Illustrons par quelques exemples ce qu'englobe cette « étiquette » : les infirmières, les éducateurs spécialisés, les assistantes sociales, les médecins, les enseignants, les pompiers, ...

L'ensemble de ces professions ont un point commun : elles dispensent sous une forme ou une autre un secours, une aide, une assistance, des soins, des conseils, un savoir,... à autrui. Les professionnels de l'aide s'investissent dans une relation à l'autre, relation qui constitue une part importante, pour ne pas dire l'essentiel de leur activité de travail. L'investissement dans la relation à l'autre est au centre de leur activité professionnelle, et de par la nature même de ce travail, ils sont régulièrement confrontés à des détresses humaines importantes. Cette activité professionnelle présente donc des contraintes de travail émotionnelles, affectives, en contrepartie de cet investissement relationnel. Comme pour toute activité professionnelle, ces contraintes doivent être gérées par les personnels, en s'appuyant sur leurs ressources psychologiques et/ou sur les ressources fournies par l'organisation.

Dans le champ des professions d'aide, on parle donc de burnout lorsque les individus ne parviennent plus à faire face à ces contraintes de travail, et renoncent à leur investissement relationnel, trahissant en quelque sorte les valeurs associées à leur profession qui devaient probablement être aussi les leurs, en « s'engageant » initialement dans leur carrière.

Différentes définitions du burnout ont été proposées. Leur point commun est la description du burnout comme un syndrome, associant des manifestations d'ordre physique, émotionnel, affectif, attitudinal, et comportemental. Par exemple, le burnout est défini comme « des états de fatigue physique, émotionnelle et intellectuelle, se traduisant généralement par un affaiblissement physique, une exténuation émotionnelle, des sentiments d'impuissance et de désespoir, ainsi que par le développement chez le sujet d'une attitude négative aussi bien vis-à-vis de lui-même que de son travail, de la vie et des gens » (Pines, Aronson, et Kafry, 1981).

La définition du burnout, proposée par Maslach et Jackson (1981), est celle qui est la plus utilisée dans les recherches sur le sujet. Le burnout est décrit par trois dimensions différentes. La première dimension, **l'épuisement émotionnel,** se rapporte au sentiment d'être vidé de ses ressources émotionnelles. L'épuisement émotionnel se distingue de l'épuisement physique ou de la fatigue mentale. Il est un signal de détresse face aux exigences émotionnelles du travail. L'individu n'a plus suffisamment de ressources pour répondre à ces exigences. La deuxième dimension, **la dépersonnalisation** (ou désinvestissement de la relation, ou encore déshumanisation), correspond au développement d'une attitude négative, indifférente, froide et très distante vis-à-vis des personnes qui sont en attente d'une aide (les usagers). La dépersonnalisation a été présentée comme une manière inadaptée de gérer les exigences émotionnelles du travail, en prenant de la distance vis-à-vis des usagers. Cette deuxième dimension du burnout pose un problème crucial dans le champ des professions d'aide, puisqu'elle signifie que les personnels adoptent des attitudes et des comportements contraires à l'éthique et à l'essence même de ces professions. La sensibilité humaine est en effet l'exigence première, et ce qui fait la valeur de ce type d'activité professionnelle. Enfin la troisième dimension, **la diminution de l'accomplissement personnel au travail,** correspond au sentiment de ne pas être efficace auprès des autres, de ne réussir à obtenir des retombées positives auprès des individus pris en charge.

Le burnout en dehors des professions d'aide

Le problème du burnout a commencé à être soulevé dans le champ des professions d'aide au milieu des années 1970. Des tentatives d'identification et d'étude du problème en dehors de ce champ professionnel peuvent être observées à partir du début des années 80. Jusqu'à récemment (1996), aucune de ces tentatives d'extension ne s'était avérée satisfaisante, au regard des critères de validité scientifique.

Or la formulation du burnout, restreinte à un seul type de professions posait tout d'abord le problème de la « viabilité » scientifique du concept (symptôme particulier, affectant des professionnels exerçant une activité particulière, et trouvant son origine dans des conditions spécifiques).

Par ailleurs, à l'appui des observations faites ici ou là, il ne semblait pas justifié de faire du burnout le triste apanage des professions d'aide. Certaines manifestations caractéristiques du burnout pouvaient être identifiées chez des individus n'exerçant pas nécessairement une profession d'aide, notamment cette sorte « d'abattement psychologique », à l'image d'une batterie complètement déchargée, ou encore les soudaines explosions de colère, à l'image d'une cocotte-minute qui, à force de pression, finit par exploser.

Les efforts de recherche ont fini par aboutir à la formulation du concept de burnout dans des termes qui soient adaptés à d'autres contextes professionnels, et valides scientifiquement. Cette transposition du burnout en dehors des professions d'aide passait par la mise en évidence du point commun entre les individus exerçant une profession d'aide et ceux n'exerçant pas ce type de métier, mais néanmoins susceptible d'être directement concernés par le burnout. Les relations avec autrui en attente d'une aide, d'un savoir, de soins,…, ne constituent pas le seul aspect d'une activité professionnelle susceptible de mobiliser et d'engager les individus dans leur travail. Il existe de nombreuses professions dans le secteur du management, de l'ingénierie, ou de la création artistique (par exemple) qui nécessitent également un engagement intellectuel et affectif au travail (Leiter & Schaufeli, 1996).

Ainsi, de manière générale, le burnout est susceptible de concerner des individus exerçant une profession permettant ou requérant un fort engagement personnel au travail. Un tel investissement au travail peut être observé dans des activités professionnelles offrant des opportunités d'autonomie, d'auto-organisation, ayant du sens, procurant une satisfaction intrinsèque, et des retours sur l'efficacité du travail accompli. (Leiter & Schaufeli, 1996).

Une adaptation du modèle descriptif du burnout en trois dimensions, présenté plus haut, a été réalisée en dehors des professions d'aide. L'intitulé de la première dimension est inchangé **(épuisement émotionnel)** ; seule la référence aux « usagers », comme source spécifique de l'épuisement, est supprimée. La deuxième dimension du burnout, dans sa définition générique, est **le cynisme** (et non plus la dépersonnalisation). C'est cette dimension qui présente le plus de différence par rapport à la précédente (centrée sur les professions d'aide). En effet, la dépersonnalisation est la caractéristique du burnout la plus directement et exclusivement associée aux professions d'aide. Une reformulation du burnout au-delà de ce champ professionnel imposait une redéfinition de la deuxième dimension du burnout. Le cynisme reflète l'indifférence ou une attitude distante vis-à-vis du travail, et non plus vis-à-vis des « usagers ». Toutefois, malgré cette redéfinition, le cynisme occupe dans le burnout la même place que la dépersonnalisation. Il représente une prise de distance excessive par rapport au travail, en réponse aux exigences trop élevées. L'individu développe une attitude indifférente au travail, il renonce en quelque sorte à son engagement professionnel initial. Comme pour la dépersonnalisation, le cynisme est un mode de gestion dysfonctionnel des contraintes professionnelles, dans la mesure où il réduit l'énergie disponible pour accomplir sa tâche, et réagir efficacement aux incertitudes et aléas qui peuvent se présenter lors de l'exécution de son travail. La troisième dimension du burnout, dans sa formulation générique, est **l'efficacité professionnelle.** Elle est sensiblement identique à l'accomplissement personnel au travail.

Présenter le burnout, par la référence à l'engagement professionnel initial, permet de situer la spécificité du phénomène. Toutefois elle a donné lieu à des approches explicatives peu productives, faisant apparaître le burnout comme une « maladie du battant », comme la conséquence inéluctable d'un engagement trop intense au travail (Freudenberger & Richelson, 1980 ; Edelwich et Brodsky, 1980, par exemple). Ce type d'approches « fait passer » le burnout pour une fatalité, une vulnérabilité individuelle. Elles ne sont pas satisfaisantes, dans la mesure où elles ne laissent aucune place aux différences individuelles, au rôle du contexte, et à l'intervention préventive ou correctrice.

La définition du burnout, proposée par Maslach et Jackson (1981), est celle qui évite toute confusion entre burnout et *maladie*, ou burnout et *fatalité* liée au surinvestissement dans le travail. Cette manière de présenter le burnout, par un modèle descriptif en trois dimensions, est heuristique dans la mesure où les facteurs « causaux » du burnout ne sont pas inclus dans la définition même. Elle permet la recherche des explications du burnout dans plusieurs directions.

QUELLES SONT LES « CAUSES » DU BURNOUT ?

Le burnout : résultat d'un déséquilibre ressources-contraintes mal géré

Pour identifier de manière rigoureuse les différents facteurs favorisant (ou au contraire évitant) le burnout, celui-ci a été replacé et étudié dans des cadres de compréhension de l'activité de l'homme au travail plus généraux, notamment en lien avec la problématique du stress au travail. Différents modèles théoriques concernant cette problématique permettent de situer le burnout au niveau des conséquences d'un stress mal géré, à la suite d'un déséquilibre trop important (perçu par l'individu) entre les ressources dont il dispose et les contraintes de son environnement.

Dans le modèle transactionnel du stress proposé par Lazarus et Folkman (1984), le stress est défini comme étant une relation (une transaction) entre la personne et son environnement (de travail notamment) qui est évaluée par la personne comme tarissant ou excédant ses ressources, et menaçant son bien-être. Pour faire face à ce stress perçu, l'individu met en œuvre des conduites spécifiques (pensées, actions) destinées à gérer le déséquilibre perçu. Ces conduites spécifiques sont appelées des stratégies d'adaptation ou d'ajustement au stress. On parle aussi de coping (« *to cope* » = « faire face »). Si ces conduites d'ajustement au stress s'avèrent inefficaces dans la réduction de la tension et du stress, des symptômes et des dysfonctionnements personnels apparaissent. **Le burnout peut être situé à ce niveau-là, c'est-à-dire au niveau des effets d'une issue négative d'une transaction stressante. Il est la conséquence d'une gestion du stress « non réussie ».**

Un autre modèle théorique du stress, celui de la conservation des ressources (Hobfoll, 1988, 1989), part de l'hypothèse que les individus s'efforcent d'obtenir ou de conserver ce qu'ils valorisent (c'est-à-dire leurs ressources). En situation de travail, **le burnout est susceptible d'apparaître lorsque les ressources valorisées sont perdues ou menacées, lorsqu'elles sont inadéquates pour répondre aux contraintes de travail, ou lorsque les retombées du travail ne correspondent au niveau des ressources investies** (Taris, Schreurs, Schaufeli, 1999).

A l'appui des modèles de stress, le burnout peut donc être compris comme la remise en cause d'un investissement professionnel initial, à la suite d'un défaut d'ajustement ou d'équilibre entre les contraintes de travail et les ressources de l'individu. L'identification des « causes » du burnout revient alors à identifier les ressources et les contraintes de l'individu en situation de travail, qui peuvent en cas de déséquilibre important aboutir au burnout.

Bien que la plupart des études se soient centrées, jusqu'à un passé récent, quasi exclusivement sur les professions d'aide, les résultats dégagés doivent pouvoir présenter une validité qui dépasse les limites de ce secteur professionnel. D'une part, la plupart des « antécédents » personnels et contextuels du burnout qui ont pu être identifiés l'ont également été comme facteurs de stress professionnel (non spécifique d'un champ professionnel particulier). D'autre part, une étude sur les antécédents du burnout, en dehors du champ des professions d'aide, retrouve des résultats similaires à ceux sur le burnout des professions d'aide (Taris, Schreurs, Schaufeli, 1999).

Les ressources psychologiques

Du côté des facteurs liés à l'individu, les ressources psychologiques jouent un rôle dans le burnout. Leur présence éloigne le risque du burnout, leur absence expose davantage les individus à ce risque.

La stabilité émotionnelle (*vs* névrosisme ou instabilité) est une dimension de personnalité, qui fait figure de ressource psychologique face au burnout (Deary & al., 1996, par exemple). Les individus présentant une forte stabilité émotionnelle ont une probabilité nettement moins importante de connaître le burnout que les individus qui présentent une faible stabilité émotion-nelle. Les personnes instables émotionnellement ont tendance à voir la vie en noir, à se focaliser sur les aspects négatifs de la réalité. Elles génèrent des pensées, des émotions, voire des situations qui leur sont désagréables. Ces personnes instables émotionnellement s'exposent alors à des risques de « débordement », de déséquilibre entre les exigences qu'elles perçoivent de leur environnement et les ressources dont elles pensent disposer pour réa-gir. La dimension stabilité/instabilité émotionnelle est une dimension récurrente dans les schémas d'explication du stress et du bien-être au travail (ou dans la vie en général).

Deux ensembles de stratégies de base de gestion du stress ont été identi-fiées : les stratégies centrées sur les émotions et les stratégies centrées sur le problème. Un consensus existe sur ce point (voir Rolland, 1998). **Le style de coping** (manière habituelle de faire face aux situations « stress-santé ») **centré sur la régulation des émotions** est une autre caractéristique person-nelle associée au burnout (Pezet, 1994, par exemple). Cela signifie que les individus ayant l'habitude de gérer leur stress quotidien par un recours important à des stratégies centrées sur la régulation de leurs émotions s'exposent davantage au risque de burnout que les individus ayant peu l'habitude de ce type de stratégies. Le coping centré sur les émotions (orienté vers la personne) inclut des réactions émotionnelles, de la centra-tion sur soi et des réactions qui relèvent de la rêverie. Cette manière habi-tuelle de gérer les situations stressantes est souvent présentée dans la littérature scientifique comme étant inefficace, car associée à de nombreux indicateurs de détresse (relation positive) ou de bien-être psychologique (relation négative).

Les ressources organisationnelles

Du côté de l'environnement de travail, il existe des éléments qui peuvent constituer des ressources organisationnelles pour éviter ou modérer le bur-nout. Des résultats d'études (Lee & Ashforth, 1996 ; Leiter, 1988 ; Leiter & Maslach, 1991, par exemple) montrent que le **soutien social** (interpersonnel ou organisationnel) peut être une ressource par rapport au risque de bur-nout. Le soutien social est un concept à plusieurs facettes. Il renvoie aussi bien à la densité du réseau social de l'individu, qu'à la disponibilité effective de ce réseau et au bénéfice que peut en attendre l'individu (Rascle, 1994, par exemple). En situation de travail, et en des termes moins conceptuels, le soutien social correspond à la qualité des relations interpersonnelles avec les collègues ou les supérieurs hiérarchiques, à la solidarité, la confiance entre les personnels, à la compétence et la disponibilité des supérieurs hiérarchiques, à la reconnaissance du travail accompli, à l'existence de groupes ou de lieux d'expression, de régulation.

Tout ce qui tend à donner un **sentiment de contrôle** sur son propre travail constitue également une ressource organisationnelle pour l'individu, et joue un rôle dans le burnout. C'est par exemple la participation aux prises de décision, les marges de manœuvre possibles, le pouvoir de décision, le retour d'information concernant l'efficacité du travail accompli (méta-analyse de Lee & Ashforth, 1996, par exemple).

Enfin mentionnons que la **variété** des aptitudes et des capacités requises, et mises en œuvre dans l'activité professionnelle, est une dimension de l'activité professionnelle reliée négativement au burnout (Pezet-Langevin & Rolland, 1999, par exemple). Cette caractéristique de l'activité professionnelle, qui contribue à donner du sens au travail pour le tenant du poste, peut également participer à la mise à distance du burnout.

Les contraintes de travail

Des contraintes de travail croissantes ou excessives favorisent le burnout. La **surcharge de travail** est par exemple associée positivement au burnout (méta-analyse de Lee & Ashforth, 1996).

La confrontation à des difficultés dans l'exercice de ses rôles professionnels est une autre contrainte de travail qui s'est révélée associée au burnout (méta-analyse de Lee & Ashforth, 1996 ; Pezet-Langevin & Rolland, 1999). Appelées « stresseurs de rôles » dans la littérature scientifique, ces difficultés se différencient selon qu'il s'agit de conflit de rôles ou d'ambiguïté de rôles. Le **conflit de rôles** correspond à l'existence de demandes (contraintes de travail) contradictoires ou incompatibles, ou encore à un antagonisme entre les contraintes de travail et les valeurs de l'individu. **L'ambiguïté de rôles** renvoie à un manque de clarté tant au niveau du but, des moyens, des procédures, ou encore des critères d'évaluation du travail.

Sentiment d'inéquité

En lien avec la conceptualisation du burnout, comme le résultat d'un déséquilibre entre les ressources et les contraintes de l'individu, des études ont montré qu'effectivement le burnout est associé à un sentiment d'inéquité dans la relation qui lie l'individu à l'organisation (« porte-drapeau » de ses valeurs). Lorsque l'individu a l'impression d'un **manque de réciprocité** entre ce qu'il investit dans son activité professionnelle et ce qu'il reçoit en retour de l'organisation, des supérieurs hiérarchiques, des collègues, ou des « usagers » (pour les professions d'aide), la probabilité pour cet individu de connaître l'expérience du stress et du burnout augmente (Baker & al., 2000).

Malgré la convergence des résultats concernant les déterminants probables du burnout, il ne faut pas perdre de vue qu'il est le résultat d'une conjonction de facteurs, dont les configurations multiples sont impossibles à prévoir dans leur ensemble.

COMMENT IDENTIFIER LE BURNOUT ?

Le burnout n'est pas une maladie, il se distingue de la dépression. Mais, concrètement comment le reconnaître, le diagnostiquer ? Comment savoir qu'un salarié, qu'une équipe, qu'un service, sont concernés par le burnout ? Ce souci du diagnostic du burnout comporte en réalité un piège. Il sous-entend qu'on *est* dans le burnout ou que l'on *ne l'est pas*. Or le burnout se prête mal à cette question de présence/absence. Comme pour d'autres objets de la psychologie, l'approche dimensionnelle du burnout peut s'avérer préférable à l'approche typologique. Dans une approche dimensionnelle, le burnout s'inscrit sur un continuum. On est très peu,… peu,… moyennement,… ou très « burnouté ». Dans une approche typologique, il faut fixer des seuils, des critères à partir desquels on parle de burnout. Le problème est de savoir comment déterminer ces seuils ou ces critères critiques. Une approche dimensionnelle du burnout, plus rigoureuse, est toutefois moins pragmatique. Elle rend plus complexe l'identification d'un réel problème de burnout au sein des entreprises ou des institutions.

Des procédures d'identification d'un véritable problème de burnout sont néanmoins accessibles pour les entreprises ou les institutions.

Le Maslach Burnout Inventory© (évaluation psychologique)

Un inventaire de burnout, largement validé sur le plan international, existe. Il s'agit du Maslach Burnout Inventory (MBI), test d'évaluation psychologique qui permet d'évaluer l'acuité du burnout, tel que défini par Maslach et Jackson (1981). Une première version du MBI a été publiée en 1986 pour les professions d'aide (le MBI-HSS) (Maslach, C. & Jackson, S.E. (1986). MBI : *Maslach Burnout Inventory* (manual research edition, 2nd Edn. Palo Alto, CA : Consulting Press).

Une version générique du MBI a été publiée en 1996 ; il s'agit du MBI-GS (Schaufeli, W.B., Leiter, M.P., Maslach, C., Jackson, S.E. (1996). Maslach Burnout Inventory-General Survey (MBI-GS). In C. Maslach, S.E. Jackson, & M.P. Leiter (Eds.), MBI *Manual* (3rd Edn.). Palo Alto, CA : Consulting Press).

La demande d'autorisation d'éditer cet inventaire en France est en cours. La version pour les professions d'aide est d'ores et déjà utilisée à des fins de recherche, avec l'accord des auteurs.

Dans sa version pour les professions d'aide, le MBI contient 22 items sous forme d'affirmations concernant les sentiments et les impressions subjectives de l'individu au regard de son état émotionnel et affectif au travail, de ses pratiques professionnelles et de ses relations avec les « usagers ». Les personnes évaluées doivent se positionner par rapport à ces affirmations, en répondant sur une échelle de fréquence en 7 points (de « jamais » à « tous les jours »).

Il y a 9 items pour l'épuisement émotionnel (ex. : « je me sens vidé(e) nerveusement par mon travail »),

- 5 items pour la dépersonnalisation (ex. : « j'ai l'impression de traiter certains clients comme s'ils étaient des "objets" impersonnels »),
- et 8 items pour l'accomplissement personnel au travail (ex. : « il m'est facile de comprendre ce que ressentent mes clients »).

Le MBI-GS contient 16 items :

- 5 pour l'épuisement émotionnel (ex. : « travailler toute la journée est vraiment une contrainte pour moi »),
- 5 pour le cynisme (ex. : « Je m'interroge sur la signification de mon travail »),
- 6 pour l'efficacité professionnelle (ex. : J'estime avoir accompli de nombreux actes de valeur dans mon travail »).

Les items du MBI-GS sont en partie constitués des items du MBI-HSS (avec ou sans modifications), bien que certains items aient dû être spécialement créés pour cette version générique.

Le recueil d'indices (« pré-diagnostic »)

A défaut de pouvoir disposer d'un test d'évaluation psychologique validé du burnout, un « pré-diagnostic » peut être tenté par la mise en place d'un recueil d'indices, systématique et rigoureux. Les multiples définitions du burnout, et notamment celle de Maslach et Jackson (1986), constituent une base de départ pour l'élaboration d'une « enquête de terrain ». C'est la convergence d'indices (et non des manifestations isolées) qui marquera la présence probable du burnout.

Le choix des personnes susceptibles de réaliser ce type de « pré-diagnostic » sera fonction de leurs compétences et de leur position dans l'entreprise ou l'institution. Selon la nature des indices à recueillir, ce ne sont pas les mêmes personnes qui seront sollicitées (collègues, usagers, supérieurs hiérarchiques, médecin du travail, assistante sociale, chef du personnel, …).

LE VÉCU SUBJECTIF DU BURNOUT

Le burnout est un vécu psychologique. Il passe par le recueil des « impressions » du sujet (comme le fait le MBI) ; ce sont des indicateurs subjectifs, qui ont autant d'importance que des indicateurs « plus objectifs » (extérieurs à la personne concernée). Des entretiens ou des questionnaires peuvent être réalisés sur les aspects essentiels du burnout. Quelques exemples de questions sont proposées pour la réalisation de ces entretiens ou de ces questionnaires (ces exemples sont « incitatifs » pour la production d'autres questions plus adaptées à chaque situation de travail. Elles ne doivent pas faire « autorité » scientifique) :

- L'individu se sent-il bien physiquement et « mentalement » au travail ?
- Considère-t-il avoir l'énergie physique et psychique suffisante pour accomplir son travail ?
- Le sujet a-t-il des problèmes de concentration, de disponibilité mentale au travail ?
- Est-il facilement irritable ?
- Est-il fier du travail qu'il accomplit ?
- Se sent-il efficace, compétent, « bon professionnel » ?
- Le sujet a-t-il à se plaindre de symptômes « psychosomatiques », sans cause organique identifiée ?
- Se sent-il autant investi, engagé dans son travail qu'avant, ou que ses collègues ?
- Son travail a-t-il un sens pour lui ?
- Etc.

LES MANIFESTATIONS SYMPTOMATIQUES

Dans le burnout, on observe une prédominance de symptômes asthéniques tels que l'épuisement émotionnel, la fatigue, ou une tendance dépressive. Les troubles observés sont essentiellement cognitifs ou comportementaux, plus que physiques. Les modifications observées chez la personne sont liées au travail, et non à la vie personnelle. Les manifestations symptomatiques associées au burnout s'observent chez des personnes « normalement équilibrées », non suspectées de troubles psychiques par ailleurs, sans antécédent psychiatrique ou psychopathologique (Maslach et Schaufeli, 1993). Ce sont ces indices « nosographiques » qui peuvent aider à distinguer le burnout de troubles psychopathologiques avérés.

LES COMPORTEMENTS ET RÉSULTATS PROFESSIONNELS

Cumulés aux indices précédents, une altération des résultats professionnels (performance, efficacité, qualité du service ou de l'écoute), des changements « négatifs » dans les comportements au travail, peuvent également être le signe de burnout. Contrairement aux indices des deux points précédents, le recueil de ces indices comportementaux et de performance ne passe pas nécessairement par un questionnement du sujet. Ces indices peuvent être observés extérieurement, soit au niveau des « usagers » (pour les professions d'aide, avec une altération de la qualité du service ou de la relation), soit au niveau des supérieurs hiérarchiques (moindre efficacité, absentéisme), ou encore au niveau des collègues de travail (altération de la qualité des relations de travail, perte d'intérêt pour le travail manifeste). Toutefois il serait faux de croire que ce type d'indice est plus objectif, plus fiable. Rappelons-le encore une fois, ce n'est que la convergence de nombreux indices, engrangés à des niveaux différents, qui peut prendre sens en termes de manifestations probables du burnout.

Avec les réserves qui viennent d'être rappelées, nous proposons quelques exemples de comportements (observables extérieurement) pouvant être des manifestations de burnout. Ces exemples sont issus des descriptions cliniques du burnout dans les professions d'aide. Néanmoins, une transposition à d'autres professions paraît possible, notamment en ayant à l'esprit le parallèle établi plus haut entre la dépersonnalisation et le cynisme. On a par exemple la banalisation des situations-problèmes, la lassitude dans la répétition des « cas », une moindre rigueur dans le travail, des propos pessimistes, de l'irritabilité, de brusques changements d'humeur (apathie puis par moments soudaines explosions de colère), une attitude bureaucratique, le retranchement derrière les règlements, les conventions, l'évitements des contacts avec les usagers, la réification des usagers, la perte de respect et d'intérêt pour l'autre (l'usager), de la froideur, de la distance dans les contacts, etc.

COMMENT REMÉDIER AU PROBLÈME DE BURNOUT ?

Les résultats des recherches antérieures ont permis d'identifier un certain nombre de facteurs ou « causes » probables du burnout. Il est évident que pour chaque situation de travail particulière, l'explication (et donc les « causes ») du burnout restera *in fine* singulière. Il est impossible de prévoir l'ensemble des « causes » possibles du burnout, surtout lorsque l'on sait que ce phénomène dépend non seulement de la présence de certaines contraintes, de l'absence de certaines ressources, mais également de l'articulation, de l'équilibrage entre les deux.

Il en est donc du burnout, comme de bien d'autres problèmes organisationnels ou de société : il n'existe pas de remède miracle ! Toutefois, sur la base des connaissances accumulées, un ensemble de pistes d'actions « préventives » et « curatives » peuvent être formulées et illustrées.

Gestion des ressources humaines

On sait que les ressources psychologiques, notamment la stabilité émotionnelle et les styles de coping jouent un rôle dans l'apparition du burnout. Pour les situations de travail, où la perte de maîtrise de ses émotions (perte du « sang-froid ») peut avoir des conséquences importantes en terme de sécurité pour la personne ou les autres, et/ou en termes de pertes financières pour l'entreprise, une sélection du personnel sur la base de ce type de ressources psychologiques peut être envisagée, en écartant les rares individus présentant (par exemple) une forte instabilité émotionnelle ou des styles de coping excessivement centrés sur la régulation de leurs émotions. Il va de soi que cette procédure de sélection, au moment du recrutement, doit être menée avec des tests psychologiques présentant toutes les garanties de validité scientifique et d'éthique.

Lorsqu'une ou plusieurs personnes semblent concernées par le burnout (après passation du MBI ou « pré-diagnosic »), il peut leur être proposé un entretien, afin de faire le point sur les difficultés détectées. Si le diagnostic de burnout est confirmé lors de cet entretien, il faudrait pouvoir en repérer les « causes » spécifiques (augmentation des contraintes, diminution des ressources, point de rupture entre les contraintes et les ressources, …). L'identification approximative des facteurs ayant provoqué le burnout chez la ou les quelques personnes peut déboucher, par exemple, sur un aménagement ou un changement de poste, une redéfinition des buts et des moyens liés au poste, etc. Les interventions de ce type seront fonction des contraintes propres à chaque entreprise, ou de la nature spécifique des difficultés rencontrées. Parallèlement, si l'infrastructure le permet, un soutien psychologique pourrait également être envisagé.

S'il s'avérait que le burnout semble concerner, non pas quelques personnes isolées, mais un groupe homogène plus important (une fonction, un service, une équipe, un département, voire l'entreprise dans son ensemble), des actions plus larges devraient être menées. Il y aurait manifestement des interventions à entreprendre soit au niveau de la régulation des relations de travail, soit au niveau du contenu et de l'organisation des tâches.

Régulation des relations de travail

Dans le contexte du travail, les aspects psychosociaux jouent un rôle important vis-à-vis du burnout. Plus haut, il a été fait mention de l'importance du soutien social, de la reconnaissance du travail accompli, du feed-back sur l'efficacité du travail. Ces aspects-là sont donc à examiner avec attention, et à améliorer le cas échéant. Des programmes d'intervention en entreprise, centrés sur la mise en place expérimentale de groupes de régulation des pratiques professionnelles, ont montré leur efficacité dans la réduction du burnout (Le Blanc & al., 2000, par exemple). De manière beaucoup moins formelle, mais corroborant les résultats des études, nos investigations sur le terrain nous ont également amenés à constater que le bon fonctionnement d'une équipe de travail, avec un partage des diagnostics sur les usagers, avec des espaces de discussion sur les difficultés rencontrées lors de l'activité, permet de repousser le « risque » du burnout (cf. Pezet & al., 1993). Il faut néanmoins reconnaître que la mise en place de ce type d'interventions correctrices, visant à développer et maintenir le soutien social et organisationnel, peut être contraignante : elle implique une inscription permanente de l'encadrement dans un rôle de régulation et une reconnaissance officielle de ces instants de régulation dans l'organisation temporelle du travail.

Intervention sur le contenu et l'organisation des tâches

On a vu plus haut que le burnout est associé à la définition et l'organisation des tâches. Dans chaque entreprise, dans chaque secteur professionnel, il peut exister des postes spécifiques qui « exposent » plus que d'autres au risque du burnout. Cela a été observé par exemple lors d'études sur le burnout des travailleurs sociaux (Pezet-Langevin et Rolland, 1999) ou des infirmières (Rodary et Gauvain-Piquard, 1993).

Lorsqu'une évaluation ou un « pré-diagnostic » de burnout aboutit ainsi à un repérage des postes particulièrement « exposés », une identification des contraintes de travail (ou des ressources organisationnelles manquantes) spécifiques à ces postes peut être réalisée. Par exemple dans un hôpital, le nombre de décès par mois dans un service « exposé » peut constituer une charge émotionnelle très importante et spécifique pour l'ensemble des soignants de ce service, et expliquer le problème du burnout qui se pose globalement dans ce service. Dans la mesure du possible, à la suite de l'identification de telles contraintes (ressources manquantes) spécifiques, des actions visant à réduire ces contraintes de travail (ou augmenter les ressources) sont à envisager. Toutefois, il est évident que dans certains cas les éléments spécifiques identifiés sont incontrôlables ou impossibles à modifier.

En dehors de ces facteurs spécifiques à chaque situation professionnelle, et sur lesquelles on ne peut pas – par définition – attirer l'attention *a priori*, il existe des caractéristiques, présentes dans toute activité professionnelle, dont on sait qu'elles jouent un rôle dans le burnout. Certaines de ces caractéristiques ont été mentionnées plus haut : il s'agit par exemple de la surcharge de travail, de l'ambiguïté de rôles, du conflit de rôles, de l'autonomie, ou encore de la variété de la tâche. Dans une démarche de compréhension et d'intervention sur le burnout, une évaluation de ces caractéristiques est conseillée.

Nous attirons toutefois l'attention sur une particularité de ces caractéristiques : leur évaluation est en partie dépendante de la subjectivité des personnes, même si un lien existe bien évidemment avec la réalité. Cela signifie donc qu'une évaluation de ces caractéristiques de l'activité professionnelle impliquées dans le burnout ne peut être produite par une seule personne, aussi experte soit-elle. Les descriptions de plusieurs, voire de nombreuses personnes doivent être recueillies (par entretiens, questionnaires, et/ou observations), afin d'obtenir une évaluation la moins biaisée possible de ces caractéristiques de l'activité professionnelle.

Le choix et l'ampleur des actions menées pour limiter le risque du burnout seront déterminés par les contraintes propres à chaque entreprise ou institution, par le jeu des acteurs en présence, de même que par la configuration spécifique des facteurs de burnout dans chaque entreprise ou institution.

CONCLUSION

Initialement décrit et étudié dans le champ des professions d'aide, les résultats des études empiriques ont permis d'étendre l'utilisation du concept de burnout à d'autres professions. Le burnout est susceptible de concerner tout individu exerçant une profession requérant un engagement personnel intense au travail, sans doute lié à des valeurs ou intérêts professionnels profonds de l'individu. Il arrive qu'en raison de contraintes de travail trop importantes et/ou de l'insuffisance des ressources disponibles pour l'individu, celui-ci finisse par « craquer » : il remet en question son engagement professionnel de départ. La définition du burnout la plus couramment utilisée le décrit par trois dimensions :

1) l'épuisement émotionnel,
2) le cynisme (ou dépersonnalisation pour les professions d'aide),
3) l'affaiblissement du sentiment de réussite professionnelle (efficacité professionnelle ou accomplissement personnel au travail).

Il est possible d'évaluer l'importance du burnout grâce à un inventaire validé (le MBI©). A défaut, un « pré-diagnostic » peut être tenté par le recueil d'un certain nombre d'indices de nature différente.

Bien qu'il existe des explications du burnout propre à chaque situation de travail ou à chaque individu, des facteurs personnels ou professionnels sont incontournables dans une démarche de compréhension et d'intervention sur le burnout. Les ressources psychologiques de l'individu, les ressources organisationnelles (notamment le soutien social), les aspects de l'activité ou du contexte professionnels qui permettent à l'individu d'avoir un sentiment de contrôle sur sa tâche et son environnement, ou de donner du sens à son travail, sont autant de facteurs personnels et organisationnels qui contribuent à mettre à distance le problème du burnout. L'absence de ces facteurs, au contraire, expose les individus au risque de burnout. La présence de contraintes de travail élevées telles la surcharge de travail, les conflits de rôles, l'ambiguïté de rôles, exposent aussi davantage les individus au risque

© Groupe Eyrolles

de burnout. Les actions pour limiter le burnout passent par la prise en compte de l'ensemble de ces facteurs, sans pour autant être limitatifs.

Que ce soit au moment du diagnostic, de la recherche des causes possibles, ou de l'intervention, le choix des modalités de recueil d'informations et des personnes effectuant ce recueil doit être réfléchi et bien pesé. Etant donné l'aspect pluri-dimensionnel du burnout et ses « causes » multiples, la prise en charge du burnout dans une entreprise ou institution paraît imposer l'implication d'acteurs différents.

Bibliographie

La plupart des auteurs cités dans le texte peuvent être retrouvés dans les références suivantes :

Lee, R.T., et Ashforth, B.E. (1996). A meta-analytic examination of the correlates of the three dimensions of job burnout. *Journal of Applied Psychology*, vol. 81, n° 2, 123-133.

Leiter, M.P., et Schaufeli, W.B. (1996). Consistency of the burnout construct across occupations. *Anxiety, Stress and Coping*, vol. 9, 229-243.

Pezet, V., Villatte, R., et Logeay, P. (1993). *De l'usure à l'identité professionnelle. Le burnout des travailleurs sociaux*. Paris : TSA éditions.

Pezet-Langevin, V. et Rolland, J-P. (1999). Caractéristiques des situations de travail, burnout, et attitude de retrait. *Revue Européenne de Psychologie Appliquée*, vol. 49, n° 3, 239-248.

Pezet-Langevin, V. (2001). Le burnout, syndrome de réaction au stress professionnel. In M. Neboit & M. Vézina (Eds). *Santé au travail : le stress professionnel*. Paris: PUF., collection « Le Travail Humain ».

Schaufeli, W.B., Maslach, C., et Marek, T. (Eds) (1993). *Professional burnout. Recent developments in theory and research*. London : Taylor et Francis.

Chapitre 17

Pourquoi, quand et comment faut-il mesurer les émotions au travail ?

ALAIN MEUNIER, JEAN-PIERRE ROLLAND

Beaucoup de dirigeants, et de spécialistes de Ressources Humaines, sont perplexes quant il s'agit de mesurer la satisfaction, le moral, l'humeur, l'implication, la loyauté... des employés à un moment donné. Pourtant tous s'accordent relativement facilement pour reconnaître que les performances individuelles et/ou collectives sont d'une certaine manière liées à ces différents facteurs. Le pessimisme est encore plus fort quand l'objectif n'est plus de faire un « simple » état des lieux mais de prévoir des réactions à une décision ou à un événement, voire d'anticiper des comportements ou un conflit.

Pourtant aujourd'hui, bien plus qu'hier, les dirigeants apprécieraient de disposer d'informations fréquentes et fiables en cette matière. En effet la productivité, la qualité, l'innovation, la résolution rapide de problèmes sont des conditions sine qua non de la compétitivité et donc de la survie d'une entreprise. Les nombreux changements imposés par la mondialisation (fusion/acquisition, délocalisation, e-transformation, etc....), renforcent la pertinence de la mesure du moral et de l'état d'implication des employés. La rapidité et l'accélération des évolutions au cours de cette dernière décennie, les tensions qui en résultent, rendent cette mesure critique. Le pilotage des actions internes d'accompagnement, nécessite des informations régulières sur le vécu du corps social afin de cadencer le rythme des changements et notamment d'adapter le contenu/l'importance des actions de communication.

Les mesures en matière de ressources humaines (en dehors des indicateurs de bilans sociaux/bilans financiers quand ils existent), ont été jusqu'à présent principalement, voire quasiment exclusivement, des mesures de la dimension cognitive de la satisfaction : « ce que les gens pensent ». Les questions posées visent en effet, à obtenir leur évaluation et leur position sur telle ou telle affirmation/situation par exemple. « Ce que les gens ressentent » n'a été que très rarement pris en compte ou, quand cela a été fait, les moyens choisis étaient des études qualitatives ponctuelles et onéreuses.

Les diverses études menées depuis le début des années 90, et tout particulièrement durant ces dernières années nous montrent que la seule mesure de la dimension cognitive de la satisfaction n'est pas suffisante pour prévoir les comportements au travail des employés et en déduire des conséquences en terme de capacité contributive aux objectifs de l'entreprise (Brief & Weiss, 2002). Il n'est « plus » possible d'imaginer que les comportements au travail des employés d'une organisation ne sont pas affectés par les émotions qu'ils ressentent. Il est impossible d'estimer la réaction probable à un événement, à une décision, sans tenir compte de l'état émotionnel des employés. Il est établi que les émotions ressenties au travail ont des conséquences sur la productivité, la capacité d'innover ou de changer, de résoudre des problèmes (seul ou en groupe), la capacité de négocier/décider, la qualité d'un fonctionnement culturel, inter-fonctions ou inter-sites, etc.

Chacun peut probablement trouver dans son expérience personnelle au moins un cas où ses émotions l'ont conduit à mal interpréter une situation, à agir trop rapidement et de manière « inappropriée », et sans en juger de manière objective. La colère, le stress dans certaines situations réduisent fortement nos capacités rationnelles. N'en est-il pas de même à un niveau collectif ? Nos pratiques actuelles en matière d'études internes n'ont pas encore intégré ces faits. Il suffit d'ailleurs d'assister aux discussions qui naissent aujourd'hui lors de la présentation des résultats de telles études « classiques » pour en comprendre les limites en termes opérationnels. La permanence du résultat sur certains items malgré des changements objectifs, les exemples d'actions non cohérentes avec les résultats des enquêtes, les différentes interprétations possibles… conduisent à affaiblir la crédibilité et l'utilité de ces mesures. Il ne s'agit pas de nier l'importance et l'impact de la satisfaction ou de l'insatisfaction sur le climat et la productivité. Il s'agit d'utiliser les derniers apports des recherches (Brief & Weiss, 2002 ; Lord, Klimoski, & Kanfer, 2002) pour dépasser les limites des mesures actuelles et répondre aux besoins opérationnels de nos entreprises.

Notre position est qu'aujourd'hui aux niveaux d'entreprises de taille importante, européennes ou globales, résultats de fusions/acquisitions ou traversant des périodes de changements importants, la mesure des émotions offre une mesure plus complète et surtout plus opérationnelle que des mesures « classiques » de satisfaction et permet de faire naître davantage d'échanges utiles entre les dirigeants, les partenaires sociaux et les salariés, et ceci quelles que soient les différences culturelles (nationales ou organisationnelles).

Ce chapitre est articulé autour de trois questions auxquelles il faut fournir des réponses lorsqu'on aborde ce genre de mesure dans une entreprise. La première est : dans quelle mesure les organisations dans lesquelles les personnes travaillent affectent les émotions qu'ils ressentent au travail et à l'inverse, dans quelle mesure leurs émotions affectent leur travail et donc le résultat de l'organisation ? La seconde est : pourquoi la simple mesure de la satisfaction, traditionnellement réalisée en entreprise, sans prise en compte des émotions, est insuffisante et quels sont les apports de la mesure des émotions ? La troisième est : Quelle méthodologie permet cette mesure ? Dans une quatrième partie, nous présenterons quelques éléments d'une étude de validation conduite à l'échelle européenne.

LES RELATIONS ORGANISATION/TRAVAIL ET ÉMOTIONS

Commençons tout d'abord par définir et distinguer des notions souvent confondues dès que nous abordons le domaine de ce que nous ressen-tons : émotions, humeur et style affectif.

L'émotion (*cf.figure*1) est un état affectif. C'est une expérience subjective relative à un objet (une personne, un événement, un stimulus). Cette réaction affective ne nécessite pas la mise en œuvre de processus complexes d'élaboration. Elle est associée à une valence : agréable ou désagréable. Elle impacte fortement la personne qui la ressent, entraîne une perturbation immédiate (voire une interruption) du processus de pensée en cours et active un processus de préparation (physiologique et psychologique) à l'action : peur = fuite/colère = attaque. En l'absence du stimulus l'émotion disparaît. La variable émotion est une variable discrète et discontinue (colère, joie, peur). A la différence de l'humeur, elle ne s'inscrit pas dans la durée.

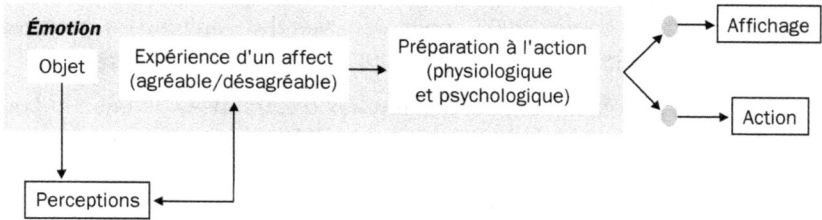

Figure 1 : **Schéma théorique des émotions**

L'humeur est un état affectif général comportant une valence (agréable/désagréable), non typiquement lié à un objet précis. Elle ne perturbe pas le processus de pensée, même si elle peut l'influencer de manière significative. L'humeur a une rémanence, les transitions d'un état à un autre ne sont pas brusques (contrairement aux émotions) mais s'inscrivent dans la durée. L'humeur fonctionne comme un arrière-plan global donnant un « ton » affectif.

Le **style affectif** se caractérise par une relative stabilité dans l'expérience (fréquence et intensité) des émotions et comporte un ensemble d'éléments : le seuil d'activation d'une émotion spécifique, l'intensité de la réaction émotionnelle (intensité de l'émotion/amplitude de la réaction), le temps nécessaire pour atteindre l'amplitude maximale, le temps nécessaire pour revenir à l'état initial. Ces 4 paramètres varient selon les individus et sont très liés à leur personnalité et à des facteurs de neurobiologie (Davidson - 2001).

Ces trois notions (émotions, humeur, style affectif) sont intéressantes en matière de ressources humaines. Dans ce chapitre nous ne nous intéresserons qu'aux émotions, pour leur lien fort avec des phénomènes déclencheurs (objets), leur influence directe et immédiate sur le processus de pensée, leur fonction de préparation et d'orientation de l'action et également pour leur caractère limité dans le temps.

Chacun de nous peut aisément citer des exemples de situations vécues au travail et déclenchant des émotions. Un sentiment de contrariété voire de colère ou à l'inverse de joie au moment de la communication d'un résultat (décision d'organisation, d'augmentation, de signature de contrat...). Ce sens de causalité, événement organisationnel → émotion, est le plus évident.

Nous savons qu'une organisation, un style de leadership, une décision peuvent être facteur de stress, déclencheur d'hostilité ou à l'inverse de motivation et d'adhésion. Les conflits sociaux nous rappellent parfois, s'il en était besoin, ce lien fort entre événements organisationnels → émotions → actions. Les événements les plus souvent étudiés ou cités sont les communications (positives/négatives), les décisions, les évaluations/jugements, les récompenses/sanctions, les styles hiérarchiques, les conflits, les problèmes…

Cependant, les émotions sont encore très peu prises en compte dans les entreprises. De nombreuses recherches réalisées depuis 1990, ont établi que les comportements des personnes au travail sont affectés par leurs humeurs et leurs émotions (résultant de processus affectifs) de la même manière qu'ils le sont par leurs positions, leurs points de vue, leurs évaluations (résultant d'un processus cognitif). Résumons rapidement leurs principaux apports.

Les principes théoriques relatifs aux émotions

Trois éléments sont retenus par l'ensemble des auteurs comme caractéristiques des émotions : un déclencheur, une valence (agréable/ désagréable), une inscription/conséquence au niveau corporel. Si la nature des déclencheurs et l'intensité de l'émotion déclenchée varie en fonction des individus, les phénomènes/conséquences attachés à une valence sont semblables.

Les émotions désagréables ou affects négatifs (peur, colère…) ressentis ponctuellement par un individu signalent un danger et induisent une focalisation immédiate sur un répertoire « rétréci » de pensées et d'actions possibles déjà connues et dont l'efficacité est éprouvée (Fredrickson, 2000). Une émotion désagréable provoque une nécessité, une urgence de réponse, la situation est inconfortable, désagréable et ne peut donc durer. Le corps se prépare biologiquement à une réaction (adrénaline). Une boucle émotions désagréables/pensées négatives – évitement/éloignement est activée. Si ces émotions désagréables naissent d'une relation avec une autre personne, la distance entre les deux interlocuteurs augmente.

A l'inverse les émotions agréables ou affects positifs, (joie, plaisir…), ressenties ponctuellement par un individu induisent un élargissement du champ possible des pensées d'un individu et le mettent dans une condition favorable à l'exploration et à la mise en œuvre de nouvelles pistes d'actions possibles (Fredrickson, 2000). Il n'y a pas, comme c'est le cas pour les émotions désagréables, d'urgence de réponse. La situation est agréable et confortable, elle peut durer. Le corps réagit biologiquement (dopamine). Une boucle émotions agréables/pensées positives – recherche/approche est activée. Si ces émotions agréables naissent d'une relation avec une autre personne, la distance entre les deux interlocuteurs se réduit.

Ces émotions agréables ou désagréables peuvent aussi être déclenchées par la perception d'émotions (agréables ou désagréables) exprimées par son interlocuteur (expression verbale ou corporelle).

Chacun de nous admet que les émotions ressenties par un individu dans une situation donnée ont un impact sur les processus cognitifs mis en œuvre. Diverses recherches ont établit récemment la réciproque. Les émotions qu'un individu est prédisposé à ressentir dans une situation sont conditionnées par les émotions qu'il a ressenties lors de ses expériences similaires antérieures. En effet, les personnes abordent et réagissent dans des situations professionnelles en sélectionnant parmi les schémas de références qu'ils possèdent, celui qui leur semble le mieux adapté à la situation. Ce schéma guide ensuite les individus et structure leurs perceptions et interprétations des nouvelles informations qui se présentent à eux. Cette influence est parfois si forte qu'elle les empêche d'ailleurs de percevoir les différences subtiles par rapport à la situation standard du schéma. Des recherches ont, en effet, établi que la dimension affective rencontrée lors de l'expérience y est attachée. L'activation d'un schéma entraîne automatiquement l'activation de la totalité de l'affect attaché (Jones & Gonzalez - 1998).

Les émotions ne se produisent pas quand il y a indifférence. L'occurrence d'une émotion est le signe d'une implication (favorable/défavorable), d'une valeur (positive/négative) accordée à un objet. Un individu réagit émotionnellement par exemple de peur de ne pas obtenir ce qu'il veut, de peur de perdre ce à quoi il tient, de peur d'être confronté à quelque chose qu'il redoute.

La fonction du système affectif est différente et complémentaire de celle du système cognitif. Le système affectif a pour fonction d'aider les individus à réaliser des distinctions/décisions, du type approche/évitement – bon/mauvais. Le système cognitif est, quant à lui, destiné à aider les individus à réaliser des distinctions/décisions vrai/faux, connu /inconnu.

Les émotions peuvent conduire à des phénomènes de spirale dont il devient impossible de sortir aisément. Les émotions influençant les pensées, elles provoquent des comportements et des réponses, dont elles colorent la perception, créant ainsi des interprétations qui renforcent les émotions ressenties et leur bien-fondé.

La volonté, la possibilité et le temps de réaction face à une situation sont conditionnés par le niveau et le type d'émotions ressenties. Trop d'émotions agréables rendent la réaction inutile, trop d'émotions désagréables inhibent la capacité à l'action. Certains auteurs comparent d'ailleurs le niveau et les caractéristiques de l'état émotionnel à l'énergie disponible des acteurs.

Par ailleurs, l'entreprise demande à ses salariés d'afficher certaines émotions (enthousiasme, joie, bienveillance, inquiétude, déception...) dans des situations spécifiques (contact avec les clients, vente, achats, négociation) ou de manière plus générale dans des activités en groupe ou dans les relations entre fonctions/métiers. Les salariés doivent alors mettre en jeu des mécanismes de régulation de leurs émotions réelles (Grandey - 2000). Ils masquent l'émotion qu'ils ressentent et affichent une autre émotion. Ces régulations demandent des efforts aux salariés. Des études ont montré que même dans le cas de substitution d'une émotion « souhaitable » à une émotion ressentie à un moment donné, les caractéristiques physiologiques de l'émotion réellement ressentie (adrénaline par exemple) sont toujours présentes. Dès lors ce travail de régulation devient un facteur de stress et de fatigue et au-delà d'un certain point entraîne des mécanismes de retrait, rupture (départ, dépression ou « burnout », somatisation, etc.).

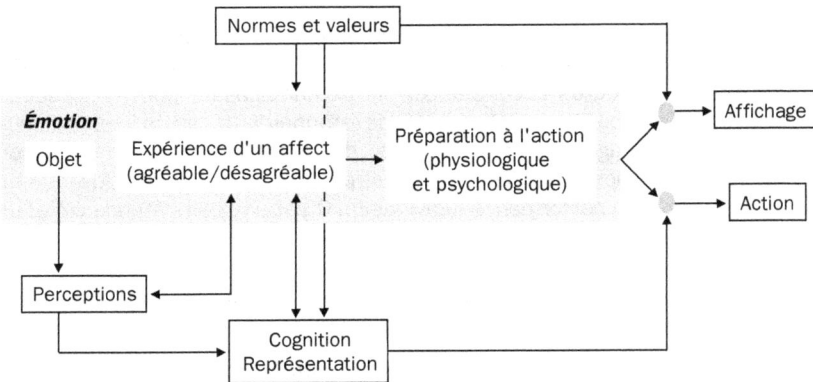

Figure 2 : **Schéma théorique des émotions**

Les conséquences en matière d'efficacité au travail

Les conséquences des émotions ont été mises en évidence dans de nombreux exemples concrets de la vie des entreprises.

Leur mécanisme de restriction (élargissement) du champ du possible en matière de réaction à un événement ont un impact déterminant dans la vie quotidienne. Un excès d'émotions désagréables (ou à l'inverse agréables) entraîne la non prise en compte de certaines informations, prise de distance, perte de concentration. Elles impactent le niveau d'implication des salariés et donc leur capacité d'agir/réagir et leur niveau d'engagement et d'initiative.

Apporter une réponse appropriée dans une situation d'incertitude ou d'inconnu nécessite un élargissement du champ possible des pensées d'un individu et la mise en œuvre de nouvelles pistes d'actions possibles. Ces phénomènes sont justement ceux rendus possibles par les émotions agréables. L'entreprise contemporaine regorge de situations de ce type : travail à l'international, restructurations, fusions/acquisition, changement d'équipe dirigeante, résolution de problèmes, crises... Ces situations sont cependant généralement génératrices d'événements (restructuration, changements, incertitudes...) déclencheurs à l'inverse d'émotions désagréables (peurs, déceptions, colère...) conduisant à une élévation du stress, à la montée des résistances et des pertes de « moral » des employés voire de l'encadrement. La recherche/le renforcement de la fréquence des émotions agréables peut donc s'avérer souhaitable pour que des situations de changement importantes puissent être traitées de manière satisfaisante.

La nécessité d'afficher certaines émotions est parfois décrite dans les procédures de certains métiers. La capacité, par exemple, à afficher en toutes circonstances de l'enthousiasme pour un vendeur, de l'amabilité pour une hôtesse/standardiste, de la bienveillance pour un agent de maintenance, de la déception ou de l'irritation pour un acheteur. Cette démonstration quotidienne est devenue un facteur de performance individuelle. C'est une compétence clé et un facteur distinctif dont les procédures d'évaluations tiennent compte. La capacité qu'ont les salariés à activer leurs mécanismes de régulation afin d'afficher les émotions désirables devient donc un facteur de productivité de l'entreprise.

L'évaluation des situations et des personnes, est très largement colorée par des émotions telles que la colère, la peur, la nervosité ou à l'inverse la sympathie, la gratitude, l'enthousiasme. Une personne qui déclenche des affects désagréables, la colère par exemple, sera « moins naturellement » jugée aussi positivement qu'une personne qui déclenche de l'amusement/de la sympathie, même si leurs performances objectives sont comparables.

La qualité de nombreuses activités (logistique, projet, production, essais et mise au point, etc.) est fonction de la capacité des individus à s'impliquer et à s'engager. L'obtention régulière d'un niveau de qualité dépend de « standards et de procédures » mais aussi et surtout de la capacité des individus à s'adapter à la situation rencontrée. Un comportement préventif, ou à moindre degré correctif, n'est mis en œuvre que lorsque les individus ont la conviction de pouvoir agir pour résoudre une difficulté probable ou réelle. La résolution de problème est souvent conditionnée par leur capacité à associer d'autres personnes ou fonctions. Sans ces éléments, il n'y a pas d'initiative, pas de réactivité, pas de flexibilité, il y a abandon voire « plainte ». Tout ceci est largement conditionné par les émotions ressenties et affichées. Trop d'émotions désagréables conduisent à une perte de confiance, un retrait, une dé-responsabilisation ou une perte de capacité de correction ou d'initiative. Trop d'émotions agréables conduisent à une absence de prévention ou de volonté de réagir vite.

Les possibilités de communiquer, de négocier, de résoudre des situations conflictuelles, de trouver des solutions consensuelles en groupe sont facilitées par l'émergence d'émotions agréables communes telles que le plaisir, la fierté, l'amusement. Elles sont aussi indispensables au quotidien pour établir une qualité du relationnel en interne et la coopération inter-fonctions ou inter-sites/pays.

La créativité d'un individu ou d'un groupe est fonction notamment de la quantité d'émotions agréables. Les émotions désagréables renforcent la prise en compte des contraintes et des risques. Cette prise en compte permanente ou trop précoce dans le processus de création ou de mise au point de l'idée, stérilise la réflexion ou contribue à tuer toute idée nouvelle dès sa naissance.

Un leader convaincu, enthousiaste et éprouvant du plaisir entraînera beaucoup plus facilement ses équipes. Un leader qui affiche de la peur, de l'anxiété, de l'irritation, du découragement ne poussera pas ses collaborateurs à s'impliquer, à prendre des risques ou à se dépasser.

Les décisions sont aussi très liées aux émotions ressenties ou anticipées. Les décisions se doivent d'être prises après analyse de nombreuses informations (causes, possibilités, conséquences...). Les émotions (agréables/désagréables) influencent la pensée en attirant l'attention sur certaines données au détriment d'autres. Il est illusoire de croire qu'un homme puisse décider de manière purement rationnelle. De nombreuses recherches en neurosciences ont d'ailleurs établies que les individus ayant des lésions de la partie du cerveau traitant des émotions étaient toujours capables d'analyser et de lister les différentes possibilités de choix, mais ne parvenaient plus à en choisir une seule.

Tous les exemples précédents illustrent les relations entre les émotions (ressenties et exprimées) et leurs répercussions sur l'engagement personnel dans l'activité professionnelle et les objectifs de l'entreprise. Ils établissent le rôle des émotions sur l'implication du personnel (engagement ou retrait). Ils illustrent le lien entre les émotions et le niveau de performance possible. La mesure de l'état émotionnel global des salariés (balance affects positifs/affects négatifs) apporte donc une indication centrale sur la tendance à l'implication, sur « l'énergie disponible » et la capacité à être efficace. Elle permet d'estimer le niveau des efforts demandés aux mécanismes de régulation des individus (différences émotions affichées/émotions ressenties), et donc d'estimer le niveau de tension et les risques de rupture.

LES APPORTS ET LIMITES DE LA MESURE

Dans la plupart des entreprises, la mesure de l'aspect humain porte uniquement sur la composante cognitive de la satisfaction en raison de son lien avec la productivité. Cette relation, qui a été très largement contestée depuis de nombreuses années, a été très récemment établie. Cette mesure comporte cependant plusieurs limites[1].

---

1. La satisfaction professionnelle est souvent définie comme une attitude, elle comporte donc une composante cognitive et une composante affective. Mais les inventaires de satisfaction classiques ne permettent pas de déterminer les parts respectives de ces deux composantes (cognitive/affective). Les émotions sont donc, selon la formule de C.D. Fisher (2000) le « chaînon manquant » de la satisfaction. C'est la raison pour laquelle, dans l'optique d'une mesure plus précise des deux composantes (cognitive et affective), C.D. Fisher et un ensemble d'autres auteurs proposent d'intégrer explicitement des mesures d'affects dans le cadre de l'évaluation de la satisfaction.

Le facteur temps

Tout d'abord la composante cognitive de la satisfaction, quand elle est construite, est très stable et durable. Cette stabilité provient notamment du lien, récemment établi, entre satisfaction et personnalité. Compte tenu de cette stabilité, une mesure annuelle ou bi-annuelle est donc suffisante.

Les émotions ne sont donc pas durables, ce sont des états brefs qui ne se prolongent pas à moins que le stimulus ne persiste. Les réponses à un questionnaire portant sur les émotions varient et fluctuent d'une période à une autre pour un même individu. Des mesures plus fréquentes sont donc à la fois nécessaires et utiles. Elles permettent, en effet, de fournir régulièrement des indications sur la manière dont les salariés réagissent à certains événements ou décisions de l'entreprise (objets, stimuli les déclenchant).

Cette variabilité permet donc d'utiliser les émotions dans des instruments d'alerte. Une montée des émotions désagréables dans un secteur par exemple, pouvant fournir le signal aux responsables des ressources humaines pour intensifier les rencontres avec des salariés, des hiérarchiques, des délégués, voire de les inciter à lancer une étude qualitative complémentaire.

La qualité des réponses

La mesure des émotions permet aussi en général d'obtenir un meilleur taux de réponse, des réponses plus spontanées et davantage « explicitables ». L'exploitation des résultats pour trouver des pistes d'amélioration en est grandement facilitée.

De nombreux facteurs extérieurs à l'entreprise entrent en ligne de compte lors d'une mesure classique de la satisfaction : environnement, valeurs et « modes » ambiantes, famille, événements politiques et sociaux, climat général. Le groupe social influence le niveau d'exigence ou le niveau de satisfaction déclaré. Les émotions sont vécues comme plus personnelles et sont donc plus impliquantes que la simple déclaration habituelle et banale, de satisfaction ou d'insatisfaction.

Contrairement à la satisfaction souvent mesurée à l'aide de questions amenant une réponse du type « je pense que », les émotions font moins appel au rationnel. Il y a donc moins de phénomène de « correction » de la réponse en fonction de processus cognitif : « On doit répondre cela », « Je vais répondre cela pour signifier que... ».

Les réponses sont plus facilement spontanées du fait qu'il s'agit d'une mesure relative à un objet et un instant précis « qui n'engage pas pour le futur ».

Prenons un exemple classique, question 1 : « Etes-vous satisfait de votre rémunération ? » (composante cognitive) ou question 2 : « Au cours du mois passé à quelle fréquence avez-vous ressenti de la colère dans votre activité professionnelle ? » (émotion désagréable). L'enjeu dans la réponse n'est pas vécu de la même manière pour ces deux questions. Pour certaines personnes, le simple fait d'exprimer une fréquence d'émotions désagréables les soulage, alors qu'exprimer leur insatisfaction, de manière répétée, les ennuie et leur paraît inutile.

On perçoit bien dans le cas de l'exemple cité ci-dessus, que les réponses à une question sur les émotions ressenties sont moins prévisibles même pour un spécialiste RH et même s'il connaît bien les personnes. Ce phénomène est encore plus fort pour les émotions agréables. Dans le cas des réponses aux questions sur des critères classiques de satisfaction-insatisfaction, les spécialistes RH ont déjà très souvent entendu et envisagé les « 1001 réponses possibles des employés ». Ils connaissent et ont déjà fourni, en réponse à ces revendications, « 1001 justifications ». Lorsqu'un employé exprime une émotion qu'il a ressentie et la situation ou le phénomène qui l'a déclenchée, il convient d'accepter l'expérience vécue. Contrairement au domaine du cognitif, une émotion n'est ni vraie ni fausse, ni négociable : elle est. Il est inutile et illusoire d'argumenter. Il s'agit plutôt d'en découvrir le déclencheur, d'envisager les tendances à l'action qui en résultent et le cas échéant d'essayer d'infléchir cette action en agissant sur le contexte. Les réponses apportées à la simple question : « Qu'est-ce qui a déclenché cette émotion » ? fournissent donc des informations plus exploitables, pour un hiérarchique ou un responsable RH.

La dimension prédictive

La prévision des comportements à partir de résultats d'une mesure d'émotions est plus simple qu'à partir de résultats d'une mesure de satisfaction. Le lien entre émotion ressentie et préparation à un registre d'action est automatique, biologique. Les intentions d'actions probables peuvent donc être anticipées. L'action elle-même, en revanche, est plus difficilement prévisible car elle résulte d'un processus cognitif intégrant, entre autres, les résultats d'expériences similaires antérieures ainsi que les normes, valeurs et objectifs de l'individu et du groupe.

L'analyse du rapport émotions agréables/émotions désagréables est un indicateur de dynamique d'engagement/d'implication (approche) ou à l'inverse de retrait/contestation (évitement). En général les émotions agréables sont plus fréquentes que les émotions désagréables, un équilibre strict entre émotions agréables et émotions désagréables est un signal d'alerte (Diener, 1999). Un différentiel négatif (plus d'émotions désagréables que d'émotions agréables) est très critique, c'est un signe de rupture de l'équilibre dynamique. Un conflit devient probable en cas de montée forte et massive d'émotions désagréables. La réactivité de l'entreprise (vitesse d'adaptation, créativité) est faible en cas de déficit d'émotions agréables.

Le niveau relatif des émotions agréables et désagréables ainsi que leurs évolutions respectives dans le temps permet d'estimer les efforts demandés aux salariés en terme de régulation de leurs émotions. Le niveau de ces efforts nous fournit des indications sur une rupture possible de la dynamique collective dans des périodes de fort changement (fusion, acquisition, restructuration…). L'analyse des communications entre responsables hiérarchiques et responsables syndicaux nous fournit une bonne indication de cette complémentarité rationnel/affect. Du côté syndical les communications, les tracts font souvent état d'émotions ressenties : colère, déception. Les propositions/réponses de la direction sont du domaine du rationnel uniquement. Il est donc essentiel de fournir aux responsables RH une information régulière sur les émotions ressenties par les salariés.

Les niveaux de fréquence des émotions agréables/désagréables permettent d'obtenir une indication du niveau de performance collective maximale atteignable dans la réalisation de certaines tâches (création, décision, négociation, résolution de problèmes client, etc.). Par exemple, selon le niveau moyen d'émotions agréables présentes dans l'entreprise ou dans les groupes de travail, on peut estimer que les salariés seront plus ou moins capables d'être créatifs ou à l'inverse conservateurs, selon le niveau d'émotions désagréables, on peut estimer que les salariés seront plus ou moins capables de réaliser des évaluations ou de prendre des décisions intégrant la totalité des informations dont ils disposent.

Les limites

La mesure des affects complète la mesure de la satisfaction. Elle ne peut cependant la remplacer ou nous permettre de nous en affranchir. Par ailleurs, les variables « classiques » connues pour leur impact sur la satisfaction (autonomie, rémunération, conflits de rôle, relations entre collègues, etc.), doivent être intégrées comme variables explicatives/prédictives des résultats. Cela permettra de déterminer leur impact respectif sur la satisfaction d'une part, les affects négatifs et les affects positifs d'autre part. Repérer le poids respectif de ces conditions permettra de fournir des pistes d'intervention.

Le concept de « potentiel de dynamique affectivo-cognitive » nous permet d'intégrer l'ensemble des considérations et observations précédentes. Cette notion permet de caractériser des dimensions comme le moral des salariés, leur implication ou leur capacité contributive aux objectifs de l'entreprise. Elle intègre les deux composantes abordées : cognitive d'une part (ce que le salarié pense, les évaluations qu'il fait), et les affects d'autre part (ce qu'il ressent, émotions agréables, émotions désagréables). L'analyse des différentes composantes et leurs variations dans le temps permet de déduire la dynamique. Ces deux composantes sont elles-mêmes décomposables en différentes facettes (autonomie, rémunération, relations avec les collègues, …) et (colère, peur, honte, joie, plaisir, fierté…).

La mesure d'une seule de ces composantes (satisfaction cognitive, émotions agréables, émotions désagréables) ne suffit pas pour obtenir une variable prédictive de l'ensemble des effets décrits précédemment. Une mesure partielle ne permet pas de répondre aux besoins opérationnels des dirigeants et conduit à des décisions erronées.

Les enquêtes traditionnellement utilisées dans les entreprises se limitaient à une première composante (satisfaction = composante cognitive). Même si aucune évaluation ne peut être complètement dénuée d'une dimension affective, elle ne permettait pas d'y avoir accès de manière explicite. La mesure spécifique des émotions complète et précise la mesure. Elle apporte de plus, par l'analyse détaillée de cette dimension affective, une caractéristique plus sensible aux événements et prédictive de l'action. Elle fournit des indications sur l'équilibre dynamique entre les efforts demandés/fournis et les ressources du corps social. Avec cette nouvelle mesure les résultats sont plus directement exploitables pour anticiper et tenter d'éviter les mécanismes de ruptures/retrait. Cette mesure est particulièrement utile pour le pilotage des actions de changement et la création de vision mobilisatrice.

LA MÉTHODOLOGIE DE LA MESURE

La méthodologie peut s'organiser en 6 grandes étapes.

Il convient de définir qui sera responsable de cette étude. Comme pour toute enquête réalisée en interne entreprise, le recueil en interne pose des problèmes de confidentialité et peut entraîner des biais ou des non-réponses. Il est important de garantir l'anonymat du traitement des réponses. Le recours à une équipe externe présente à cet égard beaucoup d'avantages (retour des réponses en direct, impartialité des analyses, transfert d'expertise…).

Méthodologie : les étapes

- Définir l'équipe interne/externe
- Clarifier les objectifs (mesure/alerte)
- Définir le rythme optimum (semaine, mois trimestre)
- Concevoir le questionnaire :
  – Partie cognitive
  – Partie émotion
  – Partie spécifique entreprise
  – Variables d'analyses/populations (métiers, niveaux hiérarchiques, fonctions, sites, Csp…)
- Définir le mode d'analyse/restitution
- Concevoir le plan de communication avant/après (partenaires sociaux, global)

L'objectif doit être clairement établi. S'agit-il d'une mesure ponctuelle et complète ou de la création d'une recherche d'indications régulières pour le pilotage du changement ? Si l'entreprise est dans un fonctionnement continu et relativement stable une mesure plus exhaustive mais moins fréquente sera peut être suffisante. Si l'entreprise est confrontée à des changements importants ou très nombreux, s'ils se déroulent à un rythme rapide, il peut être nécessaire d'obtenir une visibilité constante et peut-être, de réduire l'échantillon. Cette décision, mesure ou alerte, est structurante pour toute la suite de la conception (taille de l'échantillon, fréquence de mesure, questionnaire, analyse, communication).

La fréquence de la mesure est à adapter à l'objectif mais aussi à l'entreprise. Une petite entreprise nécessite et permet moins de mesures. Pour utiliser au maximum le caractère fluctuant des émotions, il convient d'adopter la fréquence de mesure la plus élevée possible (mensuelle par exemple). Les analyses pouvant être faites en consolidant plusieurs périodes de mesure. Cette consolidation permet de fiabiliser les résultats et surtout d'identifier les évolutions. Pour minimiser les coûts et éviter de questionner trop souvent les mêmes personnes, la mesure n'est alors réalisée que sur une partie du personnel. Il faut procéder avec précaution à la construction d'échantillons de la plus petite taille possible, mais permettant d'obtenir un effectif suffisant sur l'ensemble des critères d'analyses retenus (sites, métiers, niveaux hiérarchiques). Ces échantillons devront aussi être semblables pour chaque vague réalisée. En pratique, on pourra partir sur une taille d'échantillon « acceptable » (coût, impact social, …) et en fonction du taux de réponse observé (en général, par site, par catégorie…) et du nombre de critères retenus pour les analyses les plus pertinentes, ajuster progressivement en réduisant ou à l'inverse en augmentant la taille initiale.

La mesure est faite au moyen d'un questionnaire auto-administré. Il doit être construit autour des différentes composantes de la satisfaction : cognition (jugements, évaluations, points de vue, accords, désaccords) et affects (expérience émotionnelle agréable/désagréable).

Le recueil de données se fait sur la base d'un questionnaire en deux parties. Une première partie autour des composantes cognitives « classiques » de la satisfaction d'une part, et des ses composantes d'affects d'autre part. Une deuxième partie spécifiquement adaptée à l'entreprise et à la période de mesure de manière à fournir des variables explicatives pertinentes. Par exemple pour une entreprise en phase de changements importants, des vérifications d'accord ou de désaccord avec certains éléments, principes, postulats, ayant justifié des changements réalisés, en cours ou annoncés.

La mesure des affects doit se faire sur la base d'une liste d'émotions spécifiques (anxiété, bonheur, colère, culpabilité, espoir, fierté, honte, joie, peur, tristesse, etc.). Le mode de réponse utilisé doit porter sur la fréquence selon laquelle ces émotions ont été ressenties (jamais, une fois par mois, plusieurs fois par mois, une fois par semaine, plusieurs fois par semaine, une fois par jour, plusieurs fois par jour). Pour obtenir les effets recherchés précédemment (lien aux événements, fluctuation forte avec le temps), il est important que la rédaction de la question favorise l'aspect temporaire et variable de l'émotion. Par exemple : « Indiquez à quelle fréquence vous avez ressenti la colère ». Les questions du type : « Ressentez-vous généralement de la colère », ou « Etes-vous une personne colérique ? » renvoient plus à la mesure d'un style affectif ou d'un trait de personnalité. Dans la construction du questionnaire il est essentiel de ne pas introduire de biais renforçant le rôle des traits de personnalité ou d'affaiblir les liens avec le contexte d'une période (courte et précise : dernier mois). Dans le cas contraire, la variabilité diminue et surtout la liaison aux événements déclencheurs également.

Des indications de populations (sites, métiers, niveaux hiérarchiques) sont intéressantes à intégrer afin de réaliser des analyses détaillées et pour fournir des résultats favorisant l'implication et l'exploitation par les principaux responsables. Les activités et métiers conduisant à des mises en œuvre probables des mécanismes de régulation (accueil, vente, après-vente, achats, négociation), les populations impliquées dans les changements les plus importants, peuvent également être isolées du reste de l'entreprise.

La restitution des résultats peut se faire sous la forme classique de % de répondants pour chacune des modalités de réponse. Il est cependant plus riche de construire :
- un rapport de niveau relatif des émotions agréables/désagréables (somme et écart des moyennes en fréquence),
- une représentation graphique des variables prédictives des principales émotions (analyse des corrélations émotions/questions spécifiques) et de leurs évolutions.

Il est illusoire de chercher à définir un seuil de satisfaction à atteindre à partir duquel l'obtention d'une efficacité maximale serait « garantie ». De tels seuils de référence n'existent pas, que ce soit dans les mesures de satisfaction ou d'affects. Les résultats doivent donc s'interpréter en analysant les évolutions dans le temps (mesures prises à des périodes régulières) mais également par comparaison à des échantillons de référence. L'entreprise peut ainsi comparer une population par rapport à une autre population (directions, divisions, sites, métiers). Une comparaison avec un échantillon de référence externe (benchmark), quand elle est possible, est aussi particulièrement intéressante (échantillons nationaux représentatifs, échantillons représentatifs de secteurs, par exemple…).

Les étapes de communication généralement suivies lors de la construction d'une enquête interne s'appliquent aussi dans le cas particulier d'une mesure intégrant les émotions : pré-information des répondants, des hiérarchiques et des délégués (objectifs, méthodologie de l'enquête, questionnaire, analyse des résultats, communication sur les résultats, exploitation…). La pré-information doit cependant être plus développée sur certains points : objectif et

exploitation des résultats sur les émotions, garantie de l'anonymat. Le caractère novateur de cette mesure des émotions et de son intérêt pour les différents partenaires, et la fréquence généralement plus rapide peuvent conduire
à des réponses différentes. La communication des résultats, par exemple,
peut ne pas être faite après chaque vague de mesure, contrairement à la pratique des mesures de satisfaction « classique » (caractéristiques différentes :
fréquence faible, totalité du personnel, pas de prise en compte des émotions). Cette communication (salariés, hiérarchiques, délégués) est plutôt
faite après plusieurs mesures.

Dans le cas d'une utilisation en outil d'alerte, le coût global est inférieur aux
pratiques classiques et ce pour une efficacité plus forte. Les coûts les plus
importants dans une mesure pluriannuelle sur la totalité des salariés, sont
souvent liés au temps passé en pré-information ou post-information des
délégués, hiérarchiques et salariés. Les phases de préparation et de pré-
information sont moins consommatrices de temps du fait de l'échantillon
très réduit et du mécanisme continu. Les phases d'exploitation des résultats
et de communication aux salariés sont aussi généralement moins lourdes.
Dans le cas de l'introduction d'une dimension « affect » au cours d'une
mesure pluriannuelle sur la totalité des salariés, le surcoût est négligeable.

VALIDATION EXPÉRIMENTALE D'UNE TELLE MESURE À L'ÉCHELLE EUROPÉENNE

La direction des Ressources Humaines d'une importante société internationale, nous a confié la mise en place expérimentale d'un tel outil de mesure.
La méthodologie utilisée est conforme à la description précédente : questionnaire[1] construit sur la base d'instruments validés de mesure des compo-

---

1. Questionnaire de 4 pages :
    a) Mesure de la Satisfaction : 5 items (dérivée de Diener et al.)
    b) Mesure des Emotions : 27 items (inventaire validé par JP Rolland)
    c) Variables prédictives (rémunération, information, autonomie, communication, relations …) : 18 items
    d) Variables prédictives spécifiques : 4 questions caractéristiques de la phase actuelle de l'entreprise
    e) 16 questions de CSP (age, sexe, ancienneté…).
    Ce questionnaire est envoyé par courrier interne aux salariés sélectionnés par tirage aléatoire, avec retour à un organisme extérieur au moyen d'une enveloppe T.

santes cognitives et affectives, échantillon réduit (mais représentatif des différentes entités : siège, établissements par pays et niveaux hiérarchiques), fréquence de mesure mensuelle. Des variables conjoncturelles liées à la phase actuelle de changement au sein de la société ont été intégrées pour fournir des variables explicatives et des pistes d'intervention. Le questionnaire a également été envoyé à un échantillon national représentatif de la population active dans chacun des pays impliqués (N=2200).

L'analyse des résultats a confirmé :
- la validité inter-culturelle de la grille de mesure des affects au niveau des différents pays (identité des structures),
- la fluctuation des émotions au cours du temps en fonction des événements de l'entreprise,
- le bon taux de réponse dans les différents pays et pour les différents niveaux hiérarchiques,
- l'intérêt et la pertinence d'un indicateur d'alerte.

L'analyse a également confirmé que la comparaison des niveaux de satisfaction, d'émotions agréables ou désagréables entre des entités de la même entreprise dans différents pays n'est pas possible car d'éventuelles différences peuvent, dans ce cas, provenir de différences culturelles ou des différences de contexte national. Dans le cas d'une entreprise internationale, il est donc indispensable de caractériser les populations sur ce critère et de réaliser des analyses comparatives sur une population benchmark du même pays (échantillon national représentatif de la population active par exemple). En revanche les comparaisons faites entre les différentes catégories de personnel d'un même pays ne posent pas ce type de problème. Il est, dans ce cas, possible de comparer des niveaux de satisfaction, ouverture/fermeture, engagement/retrait.

Cette étude a également démontré l'intérêt et la nécessité de réaliser une mesure sur la totalité des composantes (satisfaction, émotions agréables, émotions désagréables). La prise en compte de la seule composante cognitive de la satisfaction aurait en effet conduit à des conclusions erronées ou à des analyses incomplètes/simplificatrices sur plusieurs questions/populations.

Pour des raisons de confidentialité, il nous est malheureusement impossible de reproduire ici les détails des résultats et des décisions suite aux analyses réalisées. Nous pouvons cependant pour illustrer notre propos, reprendre un des tableaux utilisés lors du travail de validation des comparaisons réalisées pays par pays. Dans cet exemple, les comparaisons sont faites entre une mesure réalisée sur une population de salariés de la société internationale et la mesure équivalente réalisée sur un échantillon représentatif de la population des actifs du pays considéré (benchmark). Il s'agit :

- de vérifier la présence ou non d'un écart entre les deux mesures,
- de savoir si cet écart est significatif,
- et surtout de déterminer si cet écart doit être considéré comme important. Pour cela nous avons eu recours à la mesure de la distance de Cohen[1].

Pays	Dimension cognitive[2]			Dimension affective[3]		
	Écart par rapport au benchmark	Écart significatif (t test)	Effet (distance de Cohen)	Écart par rapport au benchmark	Écart significatif (t test)	Effet (distance de Cohen)
A	+ 0.04	Non	Négligeable	- 0.23	Non	Négligeable
B	- 0.64	Oui	**Modéré**	- 0.20	Oui	Négligeable
C	- 0.58	Oui	Faible	- 0.84	Oui	**Modéré**
D	- 0.53	Oui	Faible	- 0.54	Oui	Faible

Cet exemple illustre bien que la seule prise en compte des écarts pour la dimension cognitive aurait conduit à considérer que le risque principal pour l'entreprise était dans le pays « B ». La prise en compte des écarts pour la dimension affective uniquement aurait conduit au contraire à conclure que le risque principal était dans le pays « C ».

---

1. Le « d » de Cohen est un indicateur de la taille de la différence exprimé en unité d'écart type (d=1 pour un écart type). Pour d :
   – de 0.000 à 0.199 l'effet est négligeable,
   – de 0.20 à 0.49 l'effet est faible
   – de 0.5 à 0.79 l'effet est modéré
   – supérieur à 0.8 l'effet est important
2. Mesure à l'aide de 5 items dérivé de Diener et al.
3. Balance Affective = (Moyenne de la fréquence des émotions agréables – Moyenne de la fréquence des émotions désagréables). Ces valeurs sont habituellement positives, plus la valeur (l'écart) est faible, plus la tension affective est forte. (Inventaire de 27 items validé par JP Rolland).

En effet l'analyse de la situation sur les deux dimensions est la suivante :

- Pays A : pas de difficulté détectée.
- Pays B : les salariés se déclarent moins satisfaits que l'échantillon national (benchmark), mais il n'y a pas de tension affective particulière annonciatrice de rupture possible. L'origine de cette insatisfaction peut être détectée par une analyse des relations entre les items introduits dans la partie spécifique et les indicateurs (cognitifs et affectifs) de satisfaction. Des réponses appropriées peuvent ainsi être recherchées et communiquées.
- Pays C : la situation est préoccupante. On détecte à la fois des salariés non satisfaits au niveau cognitif et une tension affective établie, signe avant-coureur d'un risque de rupture. Une analyse plus approfondie sur le terrain est nécessaire. L'action est prioritaire.
- Pays D : les salariés se déclarent peu satisfaits. Il y a une amorce de tension affective. La situation est à surveiller avec attention.

L'analyse des deux dimensions (cognitive, affective) permet donc d'accéder à la complexité de la situation et de dégager des priorités et des types d'action (priorité = « C » dans le cas présent, besoin d'une analyse de grief pour « A »). La mesure périodique et surtout la forte variabilité de la dimension affective est précieuse dans une telle situation. Elle permet en effet de surveiller régulièrement les évolutions de la tension, en particulier dans cet exemple pour les pays C et D.

Dans le cadre de la validation de l'outil, nous avons aussi réalisé des analyses de corrélations entre les questions spécifiques (éléments conjoncturels liés à phase actuelle de l'entreprise, descriptions et évaluations des conditions d'exercice de l'activité professionnelle) et les deux indicateurs globaux (balance affective, satisfaction globale). Comme nous nous y attendions, les facteurs prédictifs (intensité du coefficient de régression) de la composante cognitive et ceux de la balance affective sont différents et varient selon les pays. Le classement de ces facteurs prédictifs par ordre d'importance (de la variable significative ayant le plus d'impact à celle ayant le moins d'impact sur un indicateur global), permet de mieux comprendre la différence de situation entre les pays et d'élaborer des réponses différentes et adaptées au contexte local.

CONCLUSION

La mesure de la satisfaction intégrant composante cognitive et affective permet d'offrir aux responsables ressources humaines une indication formalisée et régulière, du niveau d'implication/retrait des salariés et d'anticiper les risques de rupture. La mesure de l'état émotionnel global des salariés complète les enquêtes traditionnellement utilisées dans les entreprises. Elle permet d'obtenir une vision exhaustive de la satisfaction et ainsi de rendre les résultats plus directement exploitables.

Les professionnels des ressources humaines « sentaient » souvent l'état du « moral » des salariés mais n'avaient pas toujours la capacité à faire remonter de manière formalisée et crédible ces informations aux dirigeants. Ces derniers considérant souvent les enquêtes internes comme des processus lourds n'ayant pas des résultats opérationnels à la hauteur du coût et des efforts consentis.

L'utilisation de la mesure de l'état émotionnel en conformité avec les recommandations décrites dans ce chapitre devrait permettre de sortir de ce dilemme. Elle devrait aussi progressivement renforcer les évidences et mettre fin au scepticisme ambiant en matière de liens entre satisfaction des employés et performances collectives.

Enfin, elle devrait contribuer à faire accepter les Ressources Humaines comme partenaire capable de participer au pilotage stratégique des actions de changement.

Bibliographie

Brief, A.P., & Weiss, H.M. (2002). Organizational behaviors : affect in the workplace, *Annual Review of Psychology*, 53, 1, 279-307.

Davidson, R.J. (2001). Toward a Biology of Personality and Emotion. In : A.R. Damasio & A. Harringto et al ; (Ed) ; *Unity of knowledge : The convergence of natural and human science*. p. 191-207 ; New York, NY, US : New York Academy of Sciences.

Diener, E. & Suh, E.M. (1999). National differences in Subjective Well Being : In : D. Kahneman & E. Diener et al. (Eds.) *Well-being : The foundations of hedonic psychology*. p. 434-450 ; New York : Russell Sage Foundation.

Fisher, C.D. (2000). Moods and emotions while working : Missing pieces of job satisfaction ? *Journal of Organizational Behavior*, 21, 185-202.

Fredrickson, B.L. (2000). Cultivating positive emotions to optimize health and well-being. *Prevention & Treatment, vol. 3, March.*

Grandey, A.A. (2000). Emotion regulation in the workplace : A new way to conceptualize Emotional Labor. *Journal of occupational Health Psychology,* 5(1), 95-100).

Jones, G.R., & Gonzalez, J.A. (1998). The role of affect in cross-cultural negotiations. *Journal of International Business Studies,* 29,4, 749-772.

Lord, R.G, Klimoski, R.J., & Kanfer, R. (2002). *Emotions in the workplace : Understanding the structure and role of emotions in Organizational Behavior.* New York : Wiley & Sons.

Rolland, J.P. (2000). Le Bien-être subjectif : Revue de question. *Pratiques Psychologiques.* 2000, 1, 5-22.

Chapitre 18

Management de la sécurité : rôle des croyances et des perceptions

DONGO RÉMI KOUABENAN

Ce chapitre présente quelques aspects des apports des connaissances psychologiques au management de la sécurité, notamment ceux relatifs aux croyances, à la perception des risques et à l'explication spontanée des accidents. Ainsi, on ne s'attardera pas ici sur la contribution des études de psychologie différentielle pour la prévention des accidents à travers l'étude des caractéristiques individuelles prédisposant aux accidents et l'élaboration de tests psychotechniques en vue d'une sélection et d'une affectation appropriées du personnel. Nous ne développerons pas non plus les études de psychologie sur l'analyse de l'activité et le repérage des dysfonctionnements, des erreurs et des incidents ainsi que sur leur contribution aux aménagements ergonomiques et à l'élaboration d'aides au travail. Nous passerons également sous silence l'apport des études psychologiques à la réduction des accidents à travers une action sur les impacts psychologiques et psychophysiologiques des conditions de travail, par exemple à travers une réduction du stress des situations de travail ou encore celles visant la modification des comportements envers la sécurité par l'utilisation de renforcements positifs ou négatifs (feedback, fixation d'objectifs, reconnaissance ou distinction sociale, attribution de prix ou de récompenses ou de sanctions). Nous indiquerons notamment dans ce chapitre la place croissante des comportements et des attitudes, ainsi que celles des croyances qui les sous-tendent, dans la gestion individuelle et collective du risque. Nous voulons surtout nous intéresser à la manière dont les gens ordinaires, non-spécialistes des questions de sécurité, mais très directement concernés par les risques de leur environnement, les perçoivent, expliquent les accidents et examiner l'impact de leur système de croyances sur l'efficacité des actions et des campagnes de sécurité. On montrera comment l'identification des causes des accidents ainsi que la définition des stratégies de prévention peuvent être influencées par les connaissances acquises dans ce domaine.

Il est connu que les explications naïves et les perceptions sont sujettes à des biais qui sont de nature à gêner l'analyse des accidents et la définition des mesures de prévention pertinentes. Des croyances fatalistes ou superstitieuses, défensives ou reflétant une illusion de justice quant à l'explication des accidents ou à la perception des risques peuvent conduire à penser que les accidents sont inévitables ou ne concernent que les autres, et donc résulter en des négligences regrettables. De même, des croyances optimistes ou pessimistes peuvent conduire à des prises de risque plus ou moins appréciables et à des attitudes très diverses vis-à-vis de la sécurité. Des croyances culturellement ancrées ou issues d'une expérience personnelle peuvent également permettre de rendre compte d'attitudes diverses par rapport à la sécurité, aux moyens de protection et aux différentes formes d'assistance et de secours. A l'inverse, la prise en compte de ces biais peut, au contraire, être de nature à accroître la qualité et la crédibilité du diagnostic de sécurité, la définition de mesures préventives appropriées (ou jugées comme telles), ainsi que l'adhésion aux mesures préconisées. La confiance et la collaboration entre les différents partenaires concernés par les risques et les accidents, une croyance en la crédibilité du message de prévention et à sa pertinence, une croyance mesurée en son pouvoir personnel de contrôle, ainsi qu'une croyance en l'auto-efficacité personnelle par rapport à l'application des mesures de sécurité peuvent sans doute permettre d'instaurer une communication de sécurité efficace et améliorer les résultats des campagnes de prévention. On examinera notamment dans ce chapitre, l'influence des explications naïves (défensives ou illusoires) et des illusions perceptives sur l'expertise de sécurité (recueil des données, crédibilité des témoignages, analyse des données, etc.), sur la formation à la sécurité, les systèmes d'information et de communication autour du risque (gestion des conflits d'intérêt, des incompréhensions et des divergences de point de vue), l'élaboration des messages de prévention (pertinence et efficacité des programmes d'information), l'adoption de comportements sûrs ou la prise de risque, et l'implication et l'engagement de tous les acteurs concernés par la gestion des risques dans les campagnes de prévention.

ATTITUDES, CROYANCES ET COMPORTEMENTS

Y a-t-il un lien entre les attitudes, les cognitions et les comportements ? Une tentative de réponse est fournie par Fazio (1986) qui, au terme d'une excellente revue de questions sur le sujet, propose un modèle décrivant le processus par lequel les attitudes peuvent influencer le comportement. Il note que l'attitude est généralement considérée comme résultant de l'interaction entre trois composantes : une composante affective comprenant les sentiments envers l'objet de l'attitude et son évaluation, une composante cognitive qui renferme les croyances à propos de cet objet et une composante comportementale comprenant les intentions d'action. Il adopte cependant une définition plus simple réduisant l'attitude à sa composante affective. L'attitude est essentiellement définie par Fazio comme l'association entre un objet donné et son évaluation. Cette évaluation peut renvoyer à un « affect très chaleureux » (forte réponse émotionnelle) ou à un « affect froid », un jugement purement cognitif de l'objet. Une telle définition a l'avantage de ne pas faire d'hypothèse *a priori* sur le lien entre attitude (« affects »), cognition, et comportement. Alors que les premières études sur cette question se sont préoccupées de savoir s'il existe une relation entre l'attitude et le comportement, et que les recherches qui ont suivi ont cherché à identifier dans quelles circonstances certaines attitudes permettent de prédire le comportement, l'approche que propose Fazio cherche plutôt à comprendre comment les attitudes influencent le comportement.

En effet pour lui, le lien entre attitude et comportement ne fait pas l'ombre d'un doute ; ce qui n'est pas clair, c'est le processus par lequel l'attitude oriente les comportements. Il propose par conséquent un modèle en plusieurs étapes qui ambitionne de mettre de l'ordre dans des résultats parfois contradictoires et confus sur le lien possible entre attitude et comportement. En effet, certains résultats antérieurs estiment qu'attitude et comportement sont fortement liés quand d'autres ne trouvent aucun lien entre attitude et comportement ; tandis que d'autres encore identifient un certain nombre de variables modératrices du lien entre attitude et comportement (personnalité, variables situationnelles, etc.). Le modèle de

Fazio part du postulat selon lequel le comportement d'un individu est grandement influencé par sa perception de la situation immédiate dans laquelle se trouve l'objet de l'attitude. L'attitude influence le comportement à travers son effet médiateur sur les perceptions. Mais, cela suppose d'abord que l'attitude en question soit accessible en mémoire à l'évocation ou en présence de l'objet d'attitude. Si l'attitude n'est pas activée par l'objet, elle ne peut pas influencer le comportement. Si au contraire elle est activée, alors elle va agir comme un « filtre » à travers lequel l'objet d'attitude sera perçu. Ce processus de perception sélective à son tour biaise les perceptions immédiates de l'objet d'attitude par l'individu (une attitude positive entraînera une polarisation sur les aspects positifs de l'objet et une attitude négative une polarisation sur les aspects négatifs de l'objet). Ainsi, la perception sélective qui est la seconde étape du processus, génère des perceptions immédiates de l'objet consistantes avec l'attitude. Ces perceptions immédiates renferment au moins une part de la définition de l'événement par l'individu. Des normes subjectives (exemple : connaissance ou non du comportement approprié) peuvent cependant influencer la définition de la situation par l'individu, et, si celle-ci est contraire à l'attitude de l'individu, on aura une définition de l'événement qui ne permet pas une traduction de l'attitude en comportement. Mais, lorsque les normes n'imposent pas une certaine définition de l'événement, la définition sera attitudinellement congruente s'il y a eu activation de l'attitude et perception sélective. C'est cette définition de l'événement qui détermine ensuite la direction et la nature du comportement. On observera des comportements d'approche lorsque la définition de l'événement consiste en une perception positive de l'objet d'attitude dans la situation immédiate ; en revanche, on observera des comportements d'évitement s'il y a une définition négative de l'événement :

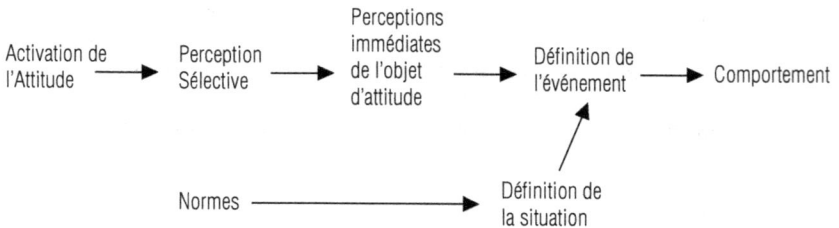

Figure 1 : **Modèle du processus de liaison entre attitude et comportement selon Fazio (1986)**

On notera d'après ce modèle qu'un certain degré d'interprétation subjective de la situation par l'individu est nécessaire pour organiser et structurer une situation souvent ambiguë pour l'individu. On notera également le lien assez important entre la définition de l'événement par l'individu et l'influence exercée sur cette définition par les perceptions sélectives, c'est-à-dire des perceptions biaisées. Enfin, on notera que pour l'auteur, une attitude fondée sur une expérience directe avec l'objet d'attitude prédit mieux le comportement qu'une attitude fondée sur une expérience indirecte avec cet objet. Ainsi, en paraphrasant ce modèle, on peut dire que le comportement d'un individu vis-à-vis de la sécurité sera fonction de sa définition des risques ou de sa compréhension de la causalité des accidents, définition influencée par sa perception des risques et des accidents qui elle-même découle de son attitude et de ses croyances antérieures, dans la mesure où ces dernières sont activées. En somme, en terme de prévention, on observera un comportement d'évitement de l'accident s'il y a congruence entre une définition négative de celui-ci et les perceptions et attitude de l'individu. Une telle considération semble être prise en compte par les modèles qui tentent d'expliquer le processus qui conduit un individu à l'adoption d'un comportement d'autoprotection et sur lesquels nous reviendrons plus loin.

ATTRIBUTIONS CAUSALES SPONTANÉES ET MANAGEMENT DE LA SÉCURITÉ

Imputations causales et attitudes vis-à-vis de la sécurité

Les études sur l'explication causale spontanée révèlent que les attributions causales que donnent les gens ordinaires, et même les experts pour les accidents, sont très souvent entachées d'un certain nombre de biais d'origine motivationnelle ou cognitive (Kouabenan, 1999). Ainsi, observe-t-on qu'on tend à expliquer l'accident qui nous arrive par des facteurs externes (éléments de l'environnement, contraintes du travail, autrui, la malchance, etc.) et celui qui arrive à autrui par des facteurs qui lui sont propres (facteurs dits internes : négligence, inexpérience, inattention, etc.). De même, on tend à expliquer l'accident qui survient à un membre de son propre groupe, ou à un proche, par des facteurs externes alors qu'on explique volontiers l'accident qui arrive à un membre d'un groupe différent du nôtre ou d'une personne « éloignée », par des facteurs internes. En outre, on observe que d'une façon presque systématique les supérieurs hiérarchiques tendent à imputer les accidents à des facteurs qui relèvent de l'initiative des subalternes (non-respect des mesures de sécurité, imprudence, inattention, inexpérience, etc.) alors que ces derniers tendent à attribuer les accidents à des facteurs impliquant une responsabilité directe ou indirecte des supérieurs hiérarchiques (conditions de travail, inadaptation du matériel et des équipements, contraintes temporelles, indifférence vis-à-vis des problèmes de sécurité, etc.) ou à la malchance.

Plusieurs autres variables sont supposées avoir une influence plus ou moins importante sur les explications causales, même si les résultats demandent à être consolidés pour certaines d'entre elles. Il en est ainsi du rôle du lieu de contrôle (interne ou externe), de l'âge, du sexe, de l'expérience ou de l'expertise, des croyances culturelles ou de la croyance en un monde juste. Ces différences dans l'explication des accidents semblent être exacerbées par la gravité de l'accident, révélant ainsi le caractère défensif et autoprotecteur de ces explications. En effet, de telles explications qui semblent privilégier certaines informations sur l'accident au détriment d'autres éléments peut-être importants mais impliquants, visent à protéger son estime de soi et à se présenter positivement. Une telle tendance défensive a pour conséquence de générer une situation conflictuelle autour de l'analyse de l'accident qui apparaît dès lors comme un enjeu considérable. Cet enjeu peut jeter une confusion sur l'objectif même de l'analyse : la recherche des causes de l'accident tend à se confondre avec la recherche du coupable et un doute peut alors s'installer sur ce qui peut être considéré comme la (ou les) cause(s) la (les) plus importante(s) de l'accident, vu que chacun des protagonistes de l'accident ou de son analyse peut être tenté de masquer ou d'atténuer les facteurs qu'il perçoit comme pouvant l'incriminer, et au contraire, tendre à exacerber le rôle causal des facteurs externes peut-être nécessaires, mais pas forcément déterminants. L'objectivité du diagnostic causal se trouve dès lors compromise et donc, il devient difficile de définir des mesures de prévention appropriées. Or l'on sait que toute action de prévention sérieuse doit reposer sur un diagnostic correct et objectif des causes des accidents.

Apport au diagnostic de sécurité et à la définition des mesures de prévention

Les leçons qu'on peut tirer de telles connaissances sur les biais pour le diagnostic de sécurité, sont de plusieurs types :

LIMITER LES BIAIS DÉFENSIFS EN CLARIFIANT L'OBJECTIF DE L'ANALYSE

Lorsque l'analyse de l'accident est effectuée en interne (par des personnes membres de l'organisation), en prévenant les individus de l'existence de tels biais, et en définissant clairement et, ce, dès le départ, l'objectif de l'analyse, on peut peut-être espérer limiter les biais et améliorer la qualité du diagnostic causal. Notamment, il conviendra de déculpabiliser l'analyse de l'accident en privilégiant l'objectif de prévention au détriment de celui de la responsabilisation et de la réparation. L'objectif de l'analyse peut orienter les recherches causales et donc peser sur les décisions. On pense par exemple que si le but de l'analyse est de réduire les primes d'assurance, on visera en priorité les rapports émanant des services médicaux et des services de sécurité d'entreprise. En revanche, si le but est de réduire le nombre d'accidents, alors les rapports émanant des ouvriers et de leurs supérieurs immédiats sont préférables. De même, on sait que plus les chaînes causales sont courtes, plus on tend à imputer des responsabilités, et plus elles sont longues, c'est-à-dire, plus l'on remonte les faits qui ont précédé l'accident, plus on tend vers la définition de mesures de prévention efficaces parce que s'appliquant à une classe plus importante d'accidents.

AMÉLIORER LA CRÉDIBILITÉ DES DONNÉES ET DES COMPTES RENDUS D'ACCIDENTS

La qualité du diagnostic causal repose également sur la qualité des données recueillies à l'occasion d'un sinistre ou d'un accident. Les comptes rendus ou les procès-verbaux d'accidents constituent un matériau précieux pour l'étude de leur causalité, étude indispensable pour envisager des mesures de prévention appropriées. Cependant, un certain nombre de préoccupations empêchent les comptes rendus d'accidents d'être de véritables outils de diagnostic : sélectivité ou occultation de certains faits ; pauvreté des informations ; filtrage induit par des émotions et motivations diverses (volonté de protection de son estime de soi ou de celui d'un membre de son groupe, peur du blâme, coût des conséquences, manque de motivation ou non-perception de l'utilité des comptes rendus), par des limitations cognitives (connaissances ou expériences antérieures, croyances et présupposés sur le lien de causalité entre des faits, difficulté à discerner des informations pertinentes dans une situation parfois complexe, préjugés liés au statut de la victime : jeune ou vieux, cadre ou ouvrier, immigré ou autochtone, etc.), et filtrage parfois induit par des pressions externes, l'incompétence ou le manque de formation ; inadéquation ou manque d'exhaustivité des supports de comptes rendus (parfois trop administratifs et peu centrés sur la description des circonstances des accidents) ; la limitation de la rédaction du compte rendu à certains experts ou certains responsables, et donc la non prise en compte des perceptions et des attitudes des salariés. On pense par exemple que les rapports d'accidents émanant des services médicaux d'entreprise et des responsables de sécurité reflètent davantage le point de vue administratif ou officiel, alors que les rapports émanant des salariés (victimes, collègues ou supérieurs immédiats) traduisent les perceptions et les attitudes (*cf.* Kouabenan, 1999). La prise en compte des biais dans l'analyse de l'accident nous invite à faire preuve de prudence dans la collecte des données, à diversifier dans la mesure du possible les sources d'information, à recouper les informations, à concevoir des supports de comptes rendus d'accidents qui vont dans le sens d'un recueil objectif et le plus exhaustif possible des circonstances de l'accident et qui évitent toute tentation d'interprétation, à valoriser ce qui va dans le sens d'une prévention efficace d'un accident similaire, etc. En somme, le déroulement chronologique (ou logique) d'un accident doit être distingué de son interprétation, de sa représentation mentale, de son explication et de sa justification par les témoins, les victimes ou les experts dont on sait par ailleurs qu'ils ont des points de vue différents.

FAIRE PREUVE DE DISCERNEMENT DANS L'EXPLOITATION DES INFORMATIONS SUR L'ACCIDENT

L'exploitation des données recueillies sur les accidents doit également faire l'objet de beaucoup de précautions. En effet, à tout moment de l'analyse des données, des processus inférentiels peuvent biaiser les conclusions auxquelles on peut parvenir. Même l'utilisation de méthodes apparemment objectives telles que l'arbre des causes proposé par l'INRS (qui préconise de se fonder sur les faits et rien que sur les faits), n'est pas exempte de biais. Malgré la rigueur d'une telle méthode, des individus aux intérêts divergents n'aboutiront pas nécessairement au même arbre des causes, ni aux mêmes conclusions concernant les facteurs jugés pertinents pour la prévention (Kouabenan, 1999). Lors de l'élaboration de l'arbre des causes, des inférences se font non seulement sur le choix des causes jugées pertinentes, mais aussi sur le choix des cibles et des actions de prévention. Il convient donc d'une part, d'être attentif aux sources des témoignages recueillis et aux caractéristiques de leurs auteurs, de distinguer ce qui est un fait avéré de ce qui n'est qu'une interprétation de la situation, et d'autre part, d'atténuer les biais dus aux caractéristiques et limites de l'analyste en confrontant les analyses venant de diverses sources, ou en faisant collaborer au même diagnostic, des personnes de différents horizons.

L'implication et l'engagement dans les actions de sécurité (ou explications naïves et mobilisation des ressources pour la sécurité)

LES BIAIS DANS LES EXPLICATIONS NAÏVES APPORTENT UN ÉCLAIRAGE SUR LA CAUSALITÉ DES ACCIDENTS ET SUR L'INDIFFÉRENCE OBSERVÉE VIS-À-VIS DES MESURES DE PRÉVENTION

Les biais dans les explications données spontanément pour les accidents fournissent des indications précieuses sur ce qui a pu favoriser l'occurrence de l'accident. Notamment, ils permettent de comprendre pourquoi dans certaines circonstances des précautions apparemment élémentaires n'ont pas été prises ; pourquoi dans d'autres, des comportements visiblement dangereux ont été adoptés, parfois de façon consciente ; pourquoi dans d'autres enfin, des actions d'évitement ou des cours d'action moins risqués n'ont pas été entrepris. Ainsi, les explications défensives en mettant l'accent sur des facteurs externes ou non contrôlables, tendent à déresponsabiliser leurs auteurs et donc, peuvent être à l'origine de négligences parfois regrettables. Par exemple, le fait que les cadres ou les employeurs expliquent plus fréquemment les accidents par des facteurs internes aux subalternes, peut les amener à occulter les facteurs externes comme les conditions de travail, les contraintes temporelles, les pressions diverses liées à la production ou à la nécessité d'être compétitif, la pénibilité du travail, les défaillances au niveau du matériel et des outils de travail ainsi que des équipements de protection. En outre, cette manière de voir la causalité des accidents essentiellement du côté des opérateurs les conduit généralement à prendre des mesures punitives ou des actions de formation prioritairement orientées vers les opérateurs et parfois les contremaîtres, mais peu d'actions correctives en ce qui concerne les conditions de travail ou en direction de la sensibilisation des cadres, éléments qui peuvent pourtant se révéler être des obstacles à la sécurité.

De leur côté, les subalternes ou les victimes d'accident, en les expliquant prioritairement par des facteurs externes, minimisent leur rôle dans l'évitement des accidents et peuvent attendre beaucoup plus qu'il n'en faut de l'organisation ; ce qui peut conduire à une certaine passivité préjudiciable à la sécurité. Dans la même veine, des explications ou des croyances fatalistes, peuvent conduire à croire qu'il n'est pas possible de prévenir les accidents, qu'aucune action de prévention n'est efficace ou qu'il est vain de vouloir se protéger contre quelque chose qui vous arrivera quoique vous fassiez, s'il est dit que c'est votre jour.

Enfin, l'illusion de justice qui consiste à penser que les personnes impliquées dans des accidents sont responsables de leur sort, parce que nous vivons dans un monde juste et ordonné dans lequel rien n'arrive par hasard, et dans lequel l'on a ce qu'on mérite ou l'on mérite ce que l'on a, peut tendre à faire croire que les accidents, et donc leur prévention, ne concernent que les autres qui sont plus imprudents et moins prévenants que soi-même.

En somme, les explications défensives, les croyances fatalistes, l'illusion de contrôle sont susceptibles d'induire chez les gens qui appréhendent l'explication des accidents de cette manière, démission, déresponsabilisation, passivité, et implication faible ou timorée, voire nulle, dans les actions de prévention. Une telle connaissance est importante pour définir une stratégie de sensibilisation plus impliquante en insistant sur la multicausalité des accidents et en soulignant le rôle et la nécessité d'une collaboration entre chacun des partenaires dans sa prévention.

ACCROÎTRE L'IMPLICATION ET L'ENGAGEMENT DES GENS EN DÉFINISSANT DES MESURES DE PRÉVENTION INTÉGRANT LEURS CROYANCES

Il s'agira surtout de faire en sorte que chacun des acteurs soit conscient des biais possibles et se sente personnellement concerné par les risques et par les actions de prévention. Deux des conditions du succès des règles de sécurité résident dans leur acceptabilité et leur accessibilité par les personnes concernées par leur application. L'acceptabilité et l'accessibilité des règles dépendront en partie de la perception qu'a la population-cible des risques et de la pertinence perçue de ces règles. Nous pensons en effet que le succès des actions de sécurité dépend grandement de l'adhésion de ceux à qui elles s'adressent. Cette adhésion sera favorisée si ceux-ci comprennent le bien-fondé des actions préconisées. « Ce qui importe, ce n'est pas tant l'efficacité intrinsèque de ces mesures ; ce qui importe, c'est que ceux qui sont chargés de les mettre en œuvre croient qu'elles le sont et se persuadent que les messages de prévention s'adressent à eux » (Kouabenan, 2000b, p. 93). Les actions de prévention seront perçues comme d'autant plus pertinentes et efficaces qu'elles reflètent la conception de la causalité des accidents de cette population-cible, c'est-à-dire si elles sont congruentes avec les croyances causales des personnes chargées de leur exécution. En effet, la réaction aux événements de l'environnement ne se fait pas de façon isolée, mais par rapport à un système de croyances et de valeurs qui fait apparaître non seulement la consistance des attributions, mais aussi leur liaison avec les comportements possibles. On montre que l'adoption du comportement d'autoprotection est liée à la perception de l'utilité des mesures de prévention (Norris, 1997).

LA PARTICIPATION À L'ANALYSE CAUSALE ET À LA DÉFINITION DES MESURES DE PRÉVENTION COMME MOYEN D'ACCROÎTRE L'ENGAGEMENT DANS LES ACTIONS DE SÉCURITÉ

Le simple fait de faire participer les opérateurs tout-venant à l'analyse d'un accident les éclaire sur les biais possibles et la nécessité de les dépasser. Mais aussi, l'analyse de l'accident peut être l'occasion de demander aux différents participants de proposer des mesures correctives pour les causes qu'ils auront identifiées. Derrière chaque imputation causale, se cache certainement une idée de prévention. L'expérience montre en effet que les personnes confrontées à des situations à risque ont non seulement leur idée de la causalité des accidents qui surviennent, mais aussi ont parfois leur petite idée de leur prévention.

> *Dans une étude réalisée dans une entreprise du secteur pharmaceutique, nous avons pu montrer que les opérateurs étaient non seulement capables de générer des explications des accidents inhérents à leur activité, mais aussi qu'ils étaient capables de proposer des mesures ergonomiques et organisationnelles efficaces pour les prévenir (Kouabenan, 1999).*

Des mesures de sécurité prises en accord avec les croyances et les attributions causales des gens ou, des mesures de sécurité prises en concertation avec les personnes chargées de les appliquer, ont beaucoup plus de chances d'être suivies que des mesures de sécurité prises de façon unilatérale. Les gens se reconnaissent davantage dans les premières mesures qu'ils comprennent mieux, et dont le succès représente pour eux une sorte de défi, un challenge, une source de motivation.

La formation à la sécurité

La participation à l'analyse des accidents est en soi formatrice et participe de l'équilibre individuel. En effet, des études montrent que certaines formes d'explication stimulent le sentiment personnel de contrôle (*cf.* Kouabenan, 1999) et permettent de faire face positivement aux risques et aux conséquences des accidents. L'explication rassure, l'absence d'explication intrigue. D'une manière générale, l'identification d'une cause à l'accident apparaît pour les victimes comme une manière de reprendre la situation en main, de réduire l'anxiété et le stress de la résurgence d'une situation analogue ; en somme, une manière de restaurer l'ordre et de se sentir de nouveau en mesure de contrôler les événements. Il semble donc important de faire participer les personnes concernées par un accident à son analyse, soit individuellement, soit collectivement et de confronter les différentes analyses autour d'une discussion de groupe. Ces analyses peuvent également être confrontées à des données objectives disponibles sur les causes de ce type d'accidents à partir d'une analyse préalable effectuée par des spécialistes sur les accident semblables du point de vue de l'activité impliquée, de l'organisation ou du secteur d'activité. En instaurant un débat contradictoire autour de ces différentes analyses causales, on peut éveiller ainsi un esprit critique, une prise de conscience des biais et une meilleure appréhension des différents facteurs impliqués dans la survenue d'un accident. Une formation qui essayera ensuite d'inculquer des connaissances sur les accidents ainsi que sur les conséquences des biais sur l'attitude vis-à-vis des risques et le respect des règles de sécurité, aura plus de chances d'être assimilée qu'une formation classique qui partirait d'une analyse uniquement technique et « froide » d'un expert.

CROYANCES, PERCEPTION DU RISQUE ET ADOPTION DU COMPORTEMENT DE PROTECTION

Des biais dans la perception du risque

Les études sur le processus d'adoption de comportements sécuritaires se fondent pour l'essentiel sur l'idée que les attitudes et les croyances des personnes pourraient être des déterminants majeurs de leurs comportements (Kouabenan, 2000 a & b). Elles laissent supposer que moins la perception des risques sera biaisée ou erronée et plus les individus adopteront des conduites sécuritaires. Certaines de ces études révèlent que la perception du risque se fait selon des caractéristiques psychométriques du risque (familiarité, gravité et amplitude des conséquences, potentiel catastrophique), caractère immédiat ou différé de ses conséquences ; mais aussi des caractéristiques du sujet : probabilité du risque pour soi, contrôlabilité, caractère spontané ou voulu (prévisible) du risque, coûts ou profits induits, etc.) qui peuvent introduire des biais.

© Groupe Eyrolles

Par exemple, les gens perçoivent comme plus risqués qu'ils ne le sont en réalité, les événements peu fréquents, catastrophiques, et involontaires et comme moins risqués les événements fréquents, familiers, et volontaires (Kouabenan, 2001).

Mais aussi et surtout, on note que certains biais sont liés à la perception qu'a l'individu de son exposition personnelle (vulnérabilité) au risque, de ses propres capacités à y faire face, et de son pouvoir de contrôle. Parmi les biais les plus connus, on peut citer : *le biais de supériorité* (tendance à se percevoir comme meilleur que l'individu moyen et à se percevoir comme mieux que les autres nous perçoivent), *l'illusion de contrôle* (perception exagérée de son pouvoir de contrôle ou de maîtrise des événements), *l'optimisme irréaliste* (tendance à percevoir l'occurrence des événements positifs comme plus probable qu'ils ne le sont en réalité et inversement à penser que les événements négatifs sont moins susceptibles de nous arriver qu'il n'en est en réalité) ou *l'illusion d'invulnérabilité* (tendance à se percevoir comme peu susceptible de subir les conséquences néfastes d'un événement négatif). De tels biais sont appelés illusions positives sans doute parce qu'elles véhiculent généralement une vision positive de soi. Les effets de telles illusions sur la sécurité sont pour l'instant assez confus. Pour certains auteurs, elles peuvent avoir des effets bénéfiques. On relève par exemple que l'optimisme *irréaliste* développe et maintient le sens du contrôle et de la maîtrise des événements et de la sécurité, la motivation et la persévérance dans des comportements de faire face aux menaces, et entretient au moins l'espoir que les résultats escomptés seront obtenus. Pour d'autres auteurs au contraire, de telles illusions ont des effets négatifs sur le comportement de sécurité et peuvent expliquer certains accidents ou certaines prises de risque. Ainsi, l'optimisme irréaliste donne-t-il souvent à celui qui en est investi le sentiment qu'il est invulnérable ou une croyance souvent fausse qu'il aura lui les moyens de contrôler la situation. Une telle personne qui a une confiance poussée en ses compétences et qualités personnelles, est généralement peu attentive aux mesures de sécurité qui semblent pour elle s'adresser en priorité aux autres qui, soit sont plus imprudents, soit sont moins habiles qu'elle.

Que dire alors de l'effet de tels biais sur l'adoption d'un comportement de sécurité ? Faut-il encourager ou au contraire dissuader les croyances optimistes ou illusoires des gens pour promouvoir des comportements de sécurité ? Non seulement, il paraît difficile de supprimer les croyances optimistes (Weistein & Klein, 1995), mais aussi on pense que de telles croyances peuvent renfermer une certaine dose de réalisme dans la mesure où elles peuvent correspondre à un plan d'action concrète de l'individu pour faire face aux risques (Armor & Taylor, 1998). Tout compte fait, il semble qu'un niveau raisonnable d'optimisme et de vulnérabilité soit nécessaire pour initier des comportements de sécurité. C'est pourquoi, on propose d'éveiller le réalisme des gens par rapport à leur vulnérabilité aux risques et de développer la perception de leur efficacité à y faire face.

Les facteurs favorisant l'adoption d'un comportement d'autoprotection

Un certain nombre de modèles fondés sur les croyances et les perceptions tentent de décrire les conditions pouvant favoriser l'adoption d'un comportement de sécurité ou l'intention de changer des comportements risqués ou encore les mécanismes qui permettent de maintenir des comportements sécuritaires ou d'éviter de s'engager dans des comportements à risque. Ils ont été appliqués à une variété de comportements en rapport avec la prévention de risques divers ou l'adoption de comportements sains (arrêt de fumer, dépistage précoce du cancer, pratiques sexuelles protégées, vaccinations, port de la ceinture de sécurité, adhésion à des traitements thérapeutiques, désintoxication, etc.) et pourraient trouver leur application dans le domaine de la prévention de divers types d'accidents. Ces modèles supposent en général que les attitudes, croyances et attentes individuelles influencent l'adoption ou le maintien d'un comportement de sécurité. On peut les regrouper selon qu'ils mettent l'accent sur les attentes et les valeurs, la perception de sa vulnérabilité personnelle, de l'efficacité des mesures préventives ou de l'autoefficacité ou, selon qu'ils envisagent le processus de l'adoption du comportement de sécurité comme un processus complexe intégrant des variables contextuelles et cognitives. Nous illustrerons ici par quelques exemples (voir aussi Kouabenan, 2000 a & b).

LE RÔLE DES ATTENTES ET DES VALEURS DANS L'ADOPTION D'UN COMPORTEMENT DE SÉCURITÉ

Les modèles reposant sur les attentes et les valeurs figurent parmi les plus étudiés, et ont en commun quatre caractéristiques, à savoir que l'adoption d'un comportement d'autoprotection résulte de :

1) la perception des conséquences négatives d'un événement et du désir de les réduire ;
2) la conviction que ces conséquences négatives peuvent se produire ;

3) la croyance en la capacité d'une action appropriée à réduire la probabilité d'occurrence de l'événement aversif ou d'en réduire les
conséquences ;
4) l'évaluation des coûts et avantages de l'action spécifique requise
(Weinstein, 1993).

Ainsi, la version révisée du « *Health Belief Model* » (modèle des
croyances en matière de santé) stipule que l'adoption d'un
comportement de sécurité dépend à la fois de :
- l'existence d'une motivation suffisante ou, d'une forte préoccupation de santé, pour rendre les problèmes de santé
saillants et pertinents ;
- l'existence d'une croyance selon laquelle l'on est exposé ou
vulnérable à un risque de santé ou à des conséquences de ce
problème (menace perçue) ;
- la conviction que suivre une recommandation particulière de
prévention peut être efficace pour réduire la menace perçue à
un niveau de coût subjectivement acceptable, le terme coût
renvoyant aux obstacles à franchir et aux efforts à déployer.

Les études de validation révèlent que les freins perçus semblent être le
meilleur prédicteur de l'adoption d'un comportement de prévention, suivis
dans une certaine mesure par la vulnérabilité et les bénéfices perçus ; la gravité perçue du risque est le moins prédictif.

De même, *le modèle du comportement planifié (Theory of Planned
Behavior)* qui est une extension du modèle de l'action raisonnée
(Theory of Reasoned Action), postule que le déterminant le plus
direct du comportement est l'intention comportementale. D'après
ce modèle, l'adoption d'un comportement de santé ou de sécurité
est déterminée par l'intention de l'individu qui elle-même dépend de
trois facteurs :
1) l'attitude envers le comportement en question, attitude
influencée par les croyances sur les résultats et les conséquences du comportement ;
2) les normes subjectives influencées par les croyances concernant les normes sociales, le comportement probable des
autres ou les attentes et la pression sociale ;
3) le contrôle comportemental perçu influencé par les croyances
concernant le pouvoir de contrôle, l'autoefficacité ou les attentes de succès (l'expérience passée joue sur ces croyances).

Il ressort des différentes applications de ce modèle que les trois facteurs semblent bien prédire l'intention comportementale, mais que le contrôle comportemental perçu ou l'autoefficacité apparaît comme le plus grand prédicteur du comportement, surtout pour les comportements impliquant un faible contrôle volontaire.

LE RÔLE DE LA VULNÉRABILITÉ PERÇUE, DE LA GRAVITÉ DU RISQUE ET DE L'EFFICACITÉ PERÇUE DES MESURES DE PRÉVENTION

Certains modèles conçoivent le changement de comportement comme un processus dynamique et progressif, un processus en plusieurs étapes. Les facteurs pertinents à une étape ne le sont pas nécessairement pour une autre étape. Par exemple, *le modèle de la motivation à la protection* (« *Protection Motivation Theory* ») postule que la motivation à se protéger se fonde sur deux processus cognitifs, l'évaluation du risque et l'évaluation de la capacité à y faire face ou à le gérer. La motivation à la protection croît lorsque :

1) la menace perçue est importante ;
2) l'individu se sent personnellement vulnérable ;
3) le comportement approprié est crédité d'être efficace ;
4) l'individu est convaincu qu'il est capable d'adopter ce comportement ;
5) les récompenses liées à un comportement inapproprié sont faibles ;
6) le coût du comportement adapté est faible. On suppose ici que la gravité de la menace et la vulnérabilité perçue sont de nature à décourager les comportements inadaptés alors que l'autoefficacité et l'efficacité perçue de la réaction sont de nature à impulser les comportements adaptés. Les études de validation révèlent l'autoefficacité comme le plus puissant prédicteur du comportement.

LA PERCEPTION DE L'AUTOEFFICACITÉ, UN FACTEUR PRIMORDIAL

Le « *Health Action Process Approach* » (Approche du processus de l'action de santé, Schwarzer, 1992) tente d'intégrer les concepts principaux développés par les approches cognitives des actions préventives. Il distingue deux moments dans l'adoption ou le maintien du comportement de sécurité : une phase de prise de décision ou de motivation et une phase d'action ou de maintien. En ce qui concerne la phase de décision, l'individu formule l'intention, soit d'adopter une mesure de prévention, soit de changer un comportement au profit d'un autre plus sûr. Cette intention est influencée par les attentes de résultats, l'autoefficacité, et à un moindre degré, par la menace issue de la perception de la gravité du risque et de la perception de sa vulnérabilité personnelle. Les attentes peuvent inclure les croyances normatives sous forme de pression ou de comparaison sociales ou de soutien. Dans les situations dans lesquelles l'individu n'a aucune expérience avec le comportement, les attentes peuvent avoir une influence directe. Dans le cas contraire, l'autoefficacité apparaît comme la variable la plus déterminante de l'intention. De même, là où les attentes sont clairement établies, le lien entre la menace et l'intention peut être négligeable. Cependant, toutes les intentions ne se transforment pas en action. La phase d'action se compose de processus volontaires et comprend trois niveaux : cognitif, comportemental et situationnel. Le niveau cognitif reflète les processus de régulation qui permettent de passer des intentions aux actions. Ces processus renferment les plans d'action et de contrôle de l'action, et sont grandement influencés par les attentes d'autoefficacité, mais aussi par les freins ou le soutien perçus. Les croyances en l'autoefficacité sont déterminantes à ce niveau car on a tendance à élaborer des plans d'action conformes à ses compétences et à sa propre expérience. Une fois l'action initiée, elle doit être contrôlée par une activité métacognitive qui empêche que des intentions concurrentes ne viennent la perturber ou provoquer son abandon. L'effort consenti dans l'action et le degré de persévérance dépendront encore une fois de la perception de son autoefficacité. Enfin, l'action est influencée par l'environnement perçu et réel. Si celui-ci n'encourage pas l'adoption du comportement de sécurité, cela peut contrarier la volonté de l'individu.

LE RÔLE COMBINÉ DES CROYANCES ET DES FACTEURS CONTEXTUELS

On peut reprocher aux modèles précédents de trop se focaliser sur les attitudes individuelles, les croyances et les attentes et de négliger l'importance du contexte dans lequel le comportement de protection doit prendre place. *Le modèle séquentiel du comportement d'autoprotection* (Dejoy, 1996), est un modèle intégratif qui va au-delà des variables strictement individuelles ou cognitives. Il conçoit l'adoption du comportement de sécurité comme un processus en quatre étapes hiérarchisées allant de l'évaluation du danger à la prise de décision, puis à l'initiation de l'action et qui se termine par l'adoption du comportement de sécurité. Une réponse négative à chaque étape entraîne une exposition au danger : par exemple, si le risque n'est pas correctement perçu, il y aura exposition au danger ; de même si le risque est correctement identifié, mais qu'aucune décision n'est prise pour le contrer, le danger demeure. Ce modèle repose en outre sur cinq éléments plus ou moins importants suivant les stades : les croyances associées à la menace, l'efficacité du comportement, l'efficacité personnelle, les conditions stimulantes et le climat de sécurité. Le concept de conditions stimulantes ou facilitatrices, va au-delà des freins tels que décrits dans les modèles précédents, pour souligner l'importance du soutien de l'environnement. Quant au concept de climat de sécurité, il inclut l'ensemble des facteurs sociaux et organisationnels susceptibles d'influencer le comportement au travail. Puisque les stades sont cumulatifs, les considérations d'efficacité sont de peu d'intérêt pour ceux qui ne sont pas informés de l'existence d'un danger, ou qui en sous-estiment l'importance. Elles le seront par contre au stade de la décision au niveau duquel l'on évalue l'efficacité des mesures de prévention disponibles ainsi que les coûts et bénéfices des différentes actions possibles. De même, les croyances de l'individu par rapport à la menace perçue, le sentiment de sa propre vulnérabilité, la gravité estimée du danger sont importants au stade de l'évaluation du danger. Des motivations défensives ou auto-protectrices, un optimisme irréaliste ou le biais de supériorité peuvent conduire le travailleur à minimiser le danger. Au stade de l'initiation de l'action, ce qui importe, ce sont les conditions stimulantes (disponibilité des équipements de protection, formation à leur bon usage, conception du travail et des équipements rendant le port des équipements aisé et efficace), et le climat de sécurité (attitudes et actions des dirigeants en faveur de la sécurité, attitudes et actions des coéquipiers, feed-back sur l'état de la sécurité dans l'organisation). Enfin, au stade de l'adhésion ou de l'adoption du comportement de sécurité, le rôle des facteurs situationnels et organisationnels apparaît déterminant pour le maintien et le renforcement du comportement de sécurité.

FAVORISER L'ADOPTION DE COMPORTEMENTS SÛRS EN DÉVELOPPANT LA PERCEPTION DE SA VULNÉRABILITÉ PERSONNELLE ET LA PERCEPTION DE L'AUTO-EFFICACITÉ (« SELF-EFFICACY »)

Ces différents modèles sont certes critiquables à divers égards (Schwarzer, 1992). On peut par exemple reprocher aux modèles cognitifs d'être trop centrés sur l'individu et de ne pas prendre en compte l'environnement social et économique large dans lequel les comportements de sécurité doivent prendre place ou de le considérer comme secondaire. Cependant, ces modèles sont susceptibles d'apporter une contribution appréciable à la promotion des comportements de sécurité dans le travail ou à celle des risques en général. Ils ne sont peut-être pas tous directement applicables aux situations de travail, mais ils suggèrent tous des idées intéressantes à prendre en compte dans la conception des campagnes de sécurité et des messages de prévention. Les modèles fondés sur les croyances se centrent sur l'individu et décrivent un certain nombre de variables-clés dans la décision individuelle d'adopter ou non une mesure de sécurité. Notamment, ces modèles font l'hypothèse que l'adoption d'un comportement de sécurité ou le changement d'une habitude nuisible dépend de 3 types d'attentes ou de cognitions :

1) la perception de la situation comme dangereuse ;
2) les croyances suivant lesquelles un changement comportemental approprié peut contribuer à réduire la menace ;
3) les croyances en son auto-efficacité, c'est-à-dire la perception de sa compétence personnelle à mettre en œuvre l'action spécifique requise pour adopter le comportement positif ou abandonner le comportement indésirable (Schwarzer, 1992).

Les modèles contextuels préconisent de prendre en compte l'interaction entre l'individu et les facteurs situationnels et montrent comment l'environnement de travail peut en lui-même favoriser ou gêner les actions préventives. Les modèles qui abordent le processus d'adoption du comportement préventif comme un processus en plusieurs étapes, nous renseignent sur le fait que l'adoption d'un comportement de sécurité est dynamique et se fait de façon progressive par le franchissement de différentes phases.

Ces différents modèles peuvent trouver une application dans le monde du travail, notamment à travers les concepts développés concernant les croyances en rapport avec la menace, l'auto-efficacité, les obstacles à l'adoption du comportement sûr, l'efficacité de l'action et les attentes normatives. Si un travailleur se sent exposé à un risque professionnel donné, et est persuadé qu'en portant une protection appropriée ou en adoptant une conduite donnée, il peut réduire ce risque, alors on peut espérer que devant la peur des conséquences de l'accident et la pression ou le soutien des autres, il se décidera à adopter ce comportement ; mais si le comportement sûr est difficile à mettre en place ou génère de l'inconfort ou si les efforts à fournir pour ce comportement sont plus coûteux que les bénéfices qu'on peut en tirer, alors il est peu probable que le comportement sûr sera adopté. En effet, il apparaît très souvent que le non-port des équipements de protection est lié à des freins en rapport avec l'activité ou à l'inconfort qu'ils génèrent, que des mesures de sécurité ne sont pas appliquées parce que les gens qui doivent les appliquer ne sont pas convaincus de leur efficacité ou, n'ont pas les moyens de les mettre en œuvre. On relève que d'une façon générale, la gravité perçue des conséquences du risque est citée dans tous les modèles, mais que dans les études de validation, ce facteur semble moins déterminant dans l'adoption d'un comportement de sécurité. Cela ne veut pas pour autant dire que la perception de la gravité de l'événement n'ait aucune influence sur la décision de se protéger. La gravité de l'événement peut avoir un rôle de variable médiatrice, tout comme elle accentue les biais dans les explications causales et les perceptions. L'appel à la peur qui se fonde sur la gravité de la menace peut sans doute s'avérer efficace dans certains milieux professionnels, dans certaines cultures, pour certains risques, etc., et moins efficaces dans d'autres. Si une certaine dose de menace semble nécessaire pour décider les gens à agir, une campagne dans laquelle la peur ou la menace est exagérée peut être de nature à inhiber la perception de ses capacités à gérer le risque et donc conduire au pessimisme. Le message doit être formulé de manière à sauvegarder la perception de ses ressources à faire face au risque et à utiliser des stratégies efficaces pour le contrôler. La peur doit être utilisée pour stimuler les attentes de résultats qui à leur tour stimulent l'auto-efficacité ; pour cela, elle doit être suffisamment forte pour déclencher la motivation à réduire les comportements à risque sans déclencher une anxiété débordante qui fait croire à une impossibilité d'agir efficacement (Schwarzer, 1992).

De tous les facteurs et dans presque tous les modèles exposés, la perception de l'auto-efficacité apparaît comme la mieux à même d'influencer le comportement de sécurité, très souvent en conjonction avec les attentes concernant le risque (plaisir ou émotions négatives). Ces attentes sont particulièrement importantes au stade de formation de l'intention de changer un comportement risqué ou d'adopter un comportement de sécurité. Si le risque perçu me procure plus d'avantages que de mal, il est peu probable que je veuille adopter un comportement visant à le supprimer. L'auto-efficacité intervient à la fois au niveau de la formation de l'intention et au niveau de la mise en œuvre de l'action. L'auto-efficacité reflète la perception de ses capacités à faire face au risque et à mobiliser ses ressources pour s'engager dans des actions destinées à se protéger de ce risque. La perception de l'auto-efficacité stimule la confiance, l'effort et la volonté de persévérer, même en présence d'obstacles.

Un autre facteur important semble être la perception de sa propre vulnérabilité, la prise de conscience de l'existence d'un danger et de l'exposition personnelle à ce risque. Cette prise de conscience passe par une information claire et précise sur les conséquences néfastes des risques objectifs inhérents à l'activité. Mais si la perception du risque est importante, elle n'est pas suffisante. Une fois la prise de conscience éveillée, il convient de développer chez les travailleurs, les habiletés nécessaires pour y faire face, de stimuler chez eux le sentiment de l'auto-efficacité, et parallèlement, de mener des actions visant à réduire les freins et à générer un rapport coûts-bénéfices favorable à l'adoption d'un comportement de sécurité. On montre que le comportement d'autoprotection est plus probable pour des travailleurs qui reçoivent une information sur les risques, qui ont une grande perception de leur capacité de contrôle sur la santé et la situation de travail, et qui croient fortement que les méthodes préventives proposées sont efficaces (Vaughan, 1992).

CONCLUSION

L'ensemble de ces connaissances sur les attitudes, croyances, et processus cognitifs en œuvre dans la perception des risques et dans l'explication des accidents nous fournit des informations fort utiles pour concevoir des messages de prévention à la portée des gens auxquels ils s'adressent et pour instaurer une communication efficace sur les risques. Les attributions causales des opérateurs donnent une idée de leur perception de la causalité des accidents dans leur environnement, mais aussi une idée des mesures de prévention qu'ils pourront juger comme pertinentes. Comme nous l'avons laissé entendre, derrière chaque imputation causale se cache très souvent une idée de prévention. Prendre en compte les analyses causales des différents acteurs, ne peut que renforcer la pertinence et la richesse des mesures consécutives de sécurité qui seront définies. Une condition du respect des règles de sécurité, c'est leur accessibilité par ceux qui sont censés les appliquer. Le message de prévention doit être accessible et compréhensible. Il importe donc qu'il emprunte un langage que tous comprennent bien, un langage qui reflète les croyances, un langage dans lequel ils se retrouvent en quelque sorte. En effet, la perception du contenu et de la forme du message de prévention semble utile pour le succès des campagnes. A ce niveau, il convient de tenir compte de la sensibilité différentielle des gens au style et à la tonalité affective de ce message. La culture des gens ou des groupes de gens peut s'avérer importante de ce point de vue. Par exemple, dans quelle mesure un message à tonalité dramatique (appel à la peur) est-il pertinent pour une corporation ou un peuple habitués à subir des accidents ou des catastrophes ? Dans quelle mesure les campagnes qui empruntent un ton humoristique atteignent-elles leur cible et quelle cible ? Quel peut être l'effet d'une campagne fondée sur une tonalité « scientifique » pour telle ou telle population ? (Kouabenan, 2001c). On notera en outre que la participation des différents acteurs à l'analyse des accidents, en clarifiant les points de divergence et les différents biais, peut contribuer à instaurer une communication fructueuse entre des partenaires qui ont par ailleurs peu d'occasions d'échanger ou, qui se perçoivent parfois dans une relation plutôt conflictuelle.

Dans la gestion des risques, comme dans beaucoup d'autres domaines, les gens ont besoin de se sentir maîtres de leurs actions et de se sentir compétents dans leurs réalisations, de se sentir en confiance. La stimulation de l'autoefficacité et de la confiance dans les mesures de prévention peut contribuer à favoriser l'adoption des mesures préventives pour peu que la perception de sa vulnérabilité personnelle soit éveillée. En outre, la création d'un environnement de travail qui encourage le comportement de sécurité, même dans des situations de charge importante de travail, semble être une condition fondamentale pour le maintien d'une adhésion durable aux mesures de sécurité. La stimulation du sentiment individuel et collectif de contrôle peut aussi se révéler importante à cet égard (Dejoy, 1996). De même, les travaux sur l'efficacité des programmes de prévention et le climat de sécurité montrent toute l'importance des facteurs socio-organisationnels dans l'efficacité des mesures de sécurité. On remarque par exemple qu'un grand nombre d'ouvriers estiment en général que l'acquisition d'habitudes sûres de travail reste très largement influencée par le style de management des chefs, le feed-back que ceux-ci leur renvoient ainsi que l'attitude des chefs eux-mêmes vis-à-vis de la sécurité » (Kouabenan, 2000a). La prise en compte de ces divers éléments devrait conduire à développer une culture de sécurité dans laquelle tous les partenaires se retrouvent parce qu'ils en partagent les valeurs et les normes et croient en l'efficacité des mesures préconisées. Enfin, adapter la culture de sécurisation à la spécificité de chaque organisation ou de chaque groupe professionnel est une condition importante du succès d'une telle démarche.

Bibliographie

Armor, D.A., et Taylor, S.E. (1998). Situated optimism: Specific outcome expectancies and self-regulation. In M.P. Zanna (Ed.), *Advances in Experimental Social Psychology*, (vol. 30, pp. 309-379), San Diego, CA : Academic Press.

Dejoy, D.M. (1996). Theoretical models of health behavior and workplace self-protective behavior. *Journal of Safety Research*, 27, 61-72.

Fazio, R.H. (1986). How do attitudes guide behavior. In R.M. Sorrentino et E.T. Higgins (Ed.), *Handbook of Motivation and Cognition. Foundations of Social Behavior*. Chichester, New York : John Wiley et Sons (pp. 204-243.

Kouabenan, D.R. (1999). *Explication naïve de l'accident et prévention*. Paris, Presses Universitaires de France.

Kouabenan, D.R. (2000a). Décision, perception du risque et sécurité. In J.L. Bernaud et C. Lemoine, *Traité de Psychologie du Travail et des Organisations* (pp. 279-321). Paris, Dunod.

Kouabenan, D.R. (2000b). Explication ordinaire des accidents, perception des risques et stratégies de protection. *Pratiques Psychologiques*, N°. spécial sur « Bien-être subjectif et facteurs de protection », 85-97.

Kouabenan, D. R. (2001). Culture et explication des accidents. *Bulletin de Psychologie*, 54, 327-342.

Norris, F.H. (1997). Frequency and structure of precautionary behavior in the domains of hazard preparedness, crime prevention, vehicular safety, and health maintenance. *Health Psychology*, 16, 566-575.

Schwarzer, R. (1992). Self-efficacy in the adoption and maintenance of health behaviors: Theoretical approaches and a new model. In R. Schwarzer (Ed.), *Self-efficacy : Thought control of action* (pp. 217-242). Washington D.C., Hemisphere.

Vaughan, E. (1992). Chronic exposure to an environmental hazard : Risk perceptions and self-protective behavior. *Health Psychology*, 12, 74-85.

Weinstein, N.D. (1993). Testing for competing theories of health protective behavior. *Health Psychology*, 12, 324-333.

Quatrième partie

Introduire
de nouvelles formes de travail

Chapitre 19

Quels sont les effets des NTIC sur le travail et l'organisation ?

GÉRARD VALLERY

Au cours du passage avéré d'une économie de masse à une économie dirigée vers la diversification de la production, **l'information et la notion de
service** sont devenues des enjeux essentiels de la performance globale
des entreprises, tant dans le tertiaire que dans le domaine industriel. Les
technologies informationnelles ont joué un rôle important dans cette évolution à la fois comme « outil » d'optimisation des transformations engagées et comme « vecteur » des potentialités sociales et économiques, en
particulier sur le développement des activités de service impactant la
croissance et l'emploi (Tertre et Ughetto, 2000).

Après avoir été utilisées durant les années 1960-70 comme des moyens
d'automatisation des tâches et des processus de production, notamment
dans les grands organismes tertiaires et les industries (productique et
informatique centralisée...), les technologies informatiques ont connu une
forte impulsion dans le domaine de la micro-informatique et de la bureautique au cours des années 1980 (traitement de texte, minitel...). Les
années 1990 sont marquées par l'émergence des télécommunications et
des réseaux de communication, dominées par une diffusion d'outils multiples dans les organisations et des systèmes d'échange de l'information
entre acteurs internes et/ou externes. Actuellement, l'expansion rapide
et croissante des Nouvelles Technologies de l'Information et de la Communication (NTIC) – *issues de l'alliance de l'informatique, de la téléphonie*

et des médias – se poursuit dans l'ensemble des secteurs économiques et transforme les conditions de vie et de travail des personnels tout en induisant des opportunités d'innovation organisationnelle (Hamon-Cholet et Vinck, 2004).

Somme toute, plus de vingt ans après le lancement du Minitel, l'explosion de la micro-informatique en réseau, la vogue du téléphone mobile et la déferlante « Internet » ont considérablement modifié l'organisation du travail et les pratiques professionnelles. Dans ce chapitre, nous verrons que les NTIC sont porteuses de nouvelles activités tout en participant activement au processus de mutation des organisations. Dans ce cadre, elles représentent un facteur de développement des formes de flexibilité et d'accroissement de la productivité qui impactent plusieurs dimensions de l'entreprise : l'emploi et les compétences, la définition des tâches et des fonctions, les conditions de travail, les relations sociales et hiérarchiques, les rapports clients-fournisseurs, les relations client…. Les choix des outils comme leurs déploiements dans les situations concrètes de travail se dessinent au regard de stratégies d'entreprises qui orientent les évolutions sociales et organisationnelles. Néanmoins, les capacités des entreprises à construire des configurations organisationnelles innovantes et à développer de nouvelles formes de travail ne relèvent pas des seuls potentiels technologiques proposés mais également des logiques de concertation et des formes de régulations sociales mises en œuvre pour réussir leurs mutations. En cela, les Directions des Ressources Humaines ont un rôle essentiel et particulier à jouer dans la conduite des projets et d'investissements, en amont pour aider à repérer les enjeux humains et sociaux et en aval pour accompagner les changements.

Afin de cerner les enjeux des NTIC sur l'organisation et le travail, notre contribution est construite autour d'une présentation succincte des principales innovations technologiques et d'illustrations de mise en œuvre d'outils en entreprise.

QUELLES SONT LES CARACTÉRISTIQUES GÉNÉRALES DES NTIC ?

Il reste difficile de définir les NTIC si l'on considère les évolutions et variations dans le sigle où prédomine tantôt l'information (NT**I**), la communication (TI**C**), ou l'innovation (**N**TIC). Toutefois, ces technologies combinant les moyens de l'informatique avec ceux de l'électronique et des télécommunications relèvent de plusieurs critères communs (Cascino, 1999).

Elles exigent en premier lieu **une mise en réseau** facilitant le dialogue et l'échange de fichiers (et non plus uniquement des objets comme la voix) via le réseau téléphonique classique, à laquelle s'ajoute **le multimédia**, permettant à des programmes informatiques de gérer sur un même support du calcul, du son mais aussi de l'image animée.

Les NTIC intègrent d'autres propriétés telle que **la convergence** qui permet de créer une base technologique commune autour de multiples outils : téléphone, informatique, télévision, photographie... **L'automatisation de certains travaux intellectuels et le recours à des logiciels ou progiciels partageables** sont d'autres caractéristiques importantes, comme par exemple, certaines applications permettant d'effectuer une lecture automatique de réclamations avec l'émission de réponses appropriées ou bien d'exploiter un volume de données très important (comme la « Data Warehouse »).

Enfin, une des clés probables du succès des NTIC repose sur les possibilités offertes, grâce aux supports mobiles, de pouvoir communiquer et échanger des informations à tout moment et dans n'importe quel espace (**nomadisme**). Au-delà de ces caractéristiques, les nouvelles technologies possèdent également des aspects d'ordre sociologique, de par leur utilisation aussi bien sur le lieu de travail, qu'au bureau ou à l'école (on parle **d'utilisation multipolaire**) et de leur effet **normalisateur**, notamment par le développement de procédures standardisées et protocoles de sécurisation de données.

Somme toute, les orientations dominantes plus ou moins « innovantes » des technologies déployées peuvent être définies autour de **leurs usages et finalités** dans le cadre des objectifs de production et de service des entreprises. Ainsi, Bobillier-Chaumon (2003) propose une classification des NTIC en cinq points, comme outils :

- de diffusion de l'information (Internet et ses dérivés),
- de partage de l'information (Groupware, Workflow),
- de gestion et de régulation de l'information (GED, ERP...),
- d'aide à l'acquisition de la connaissance (Visioconférence, E-Learning...),
- d'aide à la prise de décision (Système expert, Knowledge Management).

En outre, les possibilités d'intégration générale des outils et d'articulation des données des systèmes complexes représentent l'avancée majeure des NTIC (exemple des progiciels de gestion intégrés comme les ERP ouverts sur

Internet dans le secteur industriel). Les infrastructures de mise en réseau ont pour but de permettre aux différents acteurs de l'entreprise, quel que soit leur rôle, leur place en interne ou en externe et leur position géographique, d'avoir accès aux informations utiles et de pouvoir intervenir « en ligne ». Elles jouent ainsi un rôle d'épine dorsale dans les innovations engagées des entreprises en matière de gestion et de transmission de l'information sur l'ensemble des processus de production de biens ou de services (rapidité, connexion, contrôle et transparence).

QUELLES SONT LES PRINCIPALES TECHNOLOGIES ET LES SERVICES OFFERTS ?

L'innovation technologique soutient la recherche de nouvelles formes d'organisation fondées sur la maîtrise de l'information et la coopération en facilitant le travail en groupe et la capitalisation des savoirs. Finalement, en améliorant les flux de communications et d'informations, les NTIC favorisent des modalités cohérentes de traitement et de prise de décision entre acteurs économiques intra ou inter entreprises avec une visée d'efficacité et de moindre coût (rapprochement des clients et des fournisseurs, optimisation des processus de fabrication, interactions entre les services et les unités de travail). Conscients que les organisations approchent et intègrent de manière très différente la modernisation de ces dispositifs, nous avons voulu rester près des réalités d'entreprise en présentant ci-dessous les principales technologies *habituellement* citées dans le domaine des NTIC. Néanmoins, cette tentative d'inventaire n'ignore pas d'une part, que certaines technologies sont développées en parallèle selon une logique d'intégration au poste de travail et d'autre part, que certaines peuvent alimenter le débat autour du « N » des TIC par leur caractère pas toujours novateur dans le cadre de projets. Cela étant, comme nous nous plaçons du point de vue du travail et de ses déterminants, une technologie « jugée » déjà ancienne par des spécialistes peut s'avérer être innovante au regard des réalités de changement d'une entreprise (exemple des progiciels intégrés comme les ERP (ou PGI) que certains ne considèrent pas comme des NTIC).

Internet et ses dérivés

Internet est un réseau de réseaux dont l'histoire commence dans l'environnement de l'armée américaine. Devenu un réseau de communication grand public en 1994 avec le WWW (World Wide Web), il permet d'aller « surfer » sur différents serveurs à l'échelle mondiale. L'incursion d'Internet dans l'entreprise prend plusieurs formes d'applications asynchrones ou interactives dont le courrier électronique (e-mail) et le transfert de fichiers, l'accès à des bases de données et les forums de discussion ou communauté d'intérêts. Internet devient également un moyen de communication externe important comme support aux activités des personnels (comme les opérations commerciales élargies avec des clients ou le recrutement pour la réception de CV en ligne).

Intranet et Extranet…

… sont des réseaux d'entreprise qui s'appuient sur les standards et services associés d'Internet. Toutefois, *Intranet* se limite aux possibilités de communication et d'échange d'informations interne à l'entreprise, notamment par la mise en réseau des postes de travail et éventuellement des filiales. *Extranet* peut être vu comme l'élargissement *d'Intranet* et constitue un réseau privé limité permettant à l'entreprise d'échanger et de partager, de manière sécurisée, des informations avec les partenaires de son choix (clients, fournisseurs, distributeurs, partenaires…).

De tels systèmes offrent une plus grande rapidité et souplesse dans les modalités de fonctionnement des réseaux mais soulèvent la question de la sécurité de l'information, notamment au travers des intrusions possibles dans les systèmes d'information et de communication de l'entreprise (et pas seulement l'invasion de virus !).

GED (gestion électronique de documents)
Elle permet de gérer, archiver, visualiser et manipuler un ensemble de documents numérisés à l'aide d'un scanner (texte, image). Il est à noter que ces fonctionnalités sont maintenant intégrées dans beaucoup de logiciels documentaires et bureautiques. Par exemple, associée au *workflow*, il devient possible de suivre un ensemble de documents tout au long d'un processus défini (réception-suivi-stockage d'un dossier). On retrouve ici une illustration des effets dus à l'intégration d'outils différents qui dépassent la juxtaposition de leurs fonctionnalités de base pour créer une nouvelle logique de traitement.

ERP (Entreprise Resource Planning) ou **PGI** (progiciel de gestion intégré)
Les logiciels intégrés ont pour objectif de traiter l'ensemble des fonctions de l'entreprise au travers d'un système unique d'information (finances, production, commercial, administratif, ressources humaines, etc.) dans une perspective de gains de productivité, d'amélioration de la qualité, de diminution

des coûts et des délais de fabrication comme de livraison. Associés à des orientations stratégiques majeures, ils sont à même de pouvoir administrer, de manière standardisée et articulée, un ensemble de données dans un but de prévision, de planification, de décision et de « traçabilité » (gestion des stocks, actions commerciales, logique financière, coordination offre/demande…).

Groupware (ou Synergiciel)

Il couvre différentes architectures logicielles et matériels dans le but de fournir des moyens logistiques à un ou plusieurs groupes de personnes dans l'entreprise. Il leur permet de travailler en commun tout en étant à distance. Ainsi, il favorise la communication grâce aux messageries, forums et réunions à distance, facilite la coopération par l'élaboration collective de documents via l'accès à des bases d'informations et de connaissances communes et aide à la coordination par la mise à jour d'agendas et de plannings électroniques.

Workflow

Le workflow ou « flux de travail » vise à l'automatisation de processus mettant en jeu plusieurs acteurs, plusieurs documents, plusieurs tâches. Véritable outil de développement de la productivité de groupe, il s'attache à la circulation de l'information liée au travail, à l'exécution des tâches, au traitement des documents de travail et à sa finalisation. De ce fait, il matérialise l'organisation dans la mesure où les documents, les informations et les tâches suivent les règles et des circuits prédéterminés. Par exemple, le champ d'application peut concerner le partage des tâches entre « front et back office » pour entretenir une certaine continuité des activités administratives ou de service entre ces différentes unités (comme la gestion des actions à entreprendre pour l'édition de lettres de relance).

Data Warehouse

Véritable magasin de données, cette application transversale regroupe et stocke l'historique de données de diverses applications de production dans le but d'en offrir une « traçabilité » (par exemple, informations relatives aux clients). L'analyse et l'exploitation de ces données opérationnelles lui confèrent un rôle d'outil stratégique d'aide à la décision, notamment pour les directions marketing dans le ciblage de leurs offres (meilleure visibilité et connaissance du comportement du client).

© Groupe Eyrolles

EDI (Echange de Données Informatisées)

En s'appuyant sur un langage normatif international (messages normalisés et prédéfinis), il permet, par moyens électroniques spécifiques, le transfert de documents commerciaux et administratifs entre partenaires ; notamment pour optimiser les échanges entre l'entreprise et ses fournisseurs ou sous-traitants (bons de commande, bons de livraison, factures...) .

Visioconférence (Webcam)

Elle permet de communiquer et d'échanger des informations à distance de manière (*quasi*) synchrone à l'aide de dispositifs vidéo. Ces technologies facilitent les interactions entre acteurs répartis sur des sites géographiquement différents et parfois éloignés.

E-Learning

Dispositifs permettant de se connecter à des ressources pédagogiques dans le but de se former, à distance ou non, dans un domaine donné et d'accéder à des enseignements individualisés et/ou partagés.

Systèmes Experts

Outils complexes visant à reproduire certains processus cognitifs humains (perception, raisonnement...) dans le but d'aider à la décision par la prédiction, assister la conception, simuler des événements et diagnostiquer des situations complexes et sensibles (comme dans la télé-médecine).

Knowledge Management

Ensemble de technologies servant à élaborer, partager et diffuser des savoirs et savoir-faire collectifs propre à une organisation. Il participe ainsi à consolider et transmettre l'ensemble du patrimoine immatériel appartenant à une entreprise.

CTI (couplage de la téléphonie et de l'informatique)

Il permet d'échanger des informations téléphoniques et des données informatiques dans le cadre des centres d'appels, en favorisant la reconnaissance et le traitement différencié du client. Ainsi l'identification du client (par reconnaissance du numéro d'appel ou par identification de ce dernier sur serveur local interactif (SVI), par exemple) permet d'orienter l'appel vers la « bonne » compétence tout en affichant directement sur le poste de l'agent les caractéristiques et le dossier du client.

Télécommunications mobiles

Norme dominante en matière de communication numérique, le GSM (*Global System for Mobile Communication*) a permis d'étendre les formes de communication mobile en offrant notamment des possibilités de diffusion de textes courts, images, messagerie vocale, boîte aux lettres, identification de l'appelant sur les téléphones mobiles.... Quelle que soit sa situation géographique, le travailleur peut ainsi communiquer avec son entreprise à tout moment. Ces connections sont optimisées par l'utilisation de satellites ; l'objectif global étant de pouvoir offrir un ensemble de services de diffusion de données multimédia, de connexion à Internet, de vidéocommunication en passant au-dessus des contraintes liées aux réseaux terrestres.

QUELS SONT LES PRINCIPAUX ENJEUX DES NTIC ?

Des transformations continues et profondes

La transformation radicale des processus de production et d'organisation a bouleversé le monde du travail au cours de ces dernières décennies. En effet, depuis le développement du modèle « taylorien », une partie des tâches réalisées a été absorbée par l'automatisation des systèmes industriels et/ou par la diffusion de moyens informatiques.

Sous l'emprise d'une organisation du travail classique, les directions n'exigeaient du salarié que sa force de travail ; aujourd'hui, elles sollicitent chez lui un plus grand investissement personnel et intellectuel. Ainsi, travailler ne relève plus de l'exécution d'une série d'opérations selon une suite logique établie, mais d'une capacité à pouvoir faire face à des événements et à des aléas qui exigent la recherche de solutions spécifiques. Cette nouvelle exigence se traduit au niveau des ressources humaines par des interrogations renouvelées autour de notions telles que motivation, autonomie et responsabilité.

Dans ce contexte, les NTIC jouent un rôle de catalyseur des changements. Peu à peu les modes de management s'affranchissent du taylorisme, gagnent en flexibilité et la transmission de l'information devient horizontale. L'ascension fulgurante des technologies d'Internet illustre bien ce phénomène qui entraîne les entreprises dans une dynamique de réseau en les obligeant à externaliser leurs fonctions internes et à s'ouvrir vers l'extérieur. Ainsi, partant du principe que le système d'information de l'entreprise doit être ouvert vers l'extérieur, la technologie Internet fédère l'ensemble des outils et des ressources internes de l'entreprise (base de données, workflow, groupware, etc…) en les rendant plus accessibles. Grâce aux réseaux, l'entreprise peut coordonner

© Groupe Eyrolles

ses actions à distance, maintenir des liens avec ses filiales, rester en relation avec ses partenaires, ses fournisseurs et se rapprocher de ses clients.

Ainsi, les NTIC offrent de nouvelles perspectives surtout en matière de développement des services et d'accroissement de la productivité. *L'emploi dans les secteurs de la « société de l'information »» croît cinq fois plus vite que dans les autres secteurs et, selon une étude communautaire publiée en 1998, « les industries de l'information et des communications » contribuent dans l'Union Européenne à hauteur de 15 % à la croissance de la production et à hauteur de 25 % à la création d'emploi* (Tertre et Ughetto, 2000). Elles sont à l'origine de formes innovantes de travail (comme le travail à distance) et de la création de nombreux services (téléservices) associés à des emplois *« en 1994, on comptait dans l'hexagone moins de 1 000 centres d'appels d'entreprise. Leur nombre s'élevait à 7 500 en 1998, soit une progression de 750 % en quatre ans. Ce secteur devrait être parmi les plus créateurs d'emplois dans les prochaines années »* (Champeaux et Bret, 2000). Elles permettent également de développer des partenariats entre entreprises et sont utilisées comme instrument de maîtrise des coûts, d'intégration fonctionnelle, d'optimisation des processus, notamment face à la concurrence internationale. A contrario, nous verrons que les transformations induites par les NTIC ne sont pas sans conséquences sur le contenu du travail et son organisation ; et qu'à ce titre, les enjeux liés à l'introduction des technologies sont multiples et parfois contradictoires, comme Patricia Vendramin et Gérard Valenduc (2002) le soulignent au travers d'une analyse de la flexibilité, concept au cœur du discours relatif à ce champ.

Les choix d'investissement des entreprises

Afin d'illustrer nos propos, nous nous appuyons sur les résultats d'une enquête, réalisée par Expertel Consulting auprès de 500 dirigeants de sociétés grandes ou moyennes, qui fournit une photographie de la place qu'occupe les NTIC dans les entreprises en France (Champeaux et Bret, 2000). Ces informations corroborent d'autres résultats récents menés en France et en Europe[1].

---

1. Réf : www.men.minefi.gouv.fr (tableau de bord du commerce électronique de décembre 2004), Ministère de l'Economie, des Finances et de l'Industrie. Comparaison des pays du G4 – *groupe de quatre pays de l'Europe : France, Allemagne, Espagne, Italie-*. Et, SESSI (2003), *Les technologies de l'information et de la communication, en marche vers l'entreprise numérique*, n° 185, Note du Ministère de l'Economie, des Finances et de l'Industrie. www.industrie.gouv.fr/sessi.

On remarque que la taille de l'entreprise et le domaine d'activité préfigurent les investissements. Ainsi, les secteurs de la haute technologie et les secteurs orientés services et produits tels que les banques, assurances, tourisme et grande distribution ont adopté ces outils plus facilement que les secteurs traditionnels ou les industries lourdes afin de gagner en réactivité. Le secteur des services reste encore actuellement le mieux équipé et le plus dynamique en matière de NTIC.

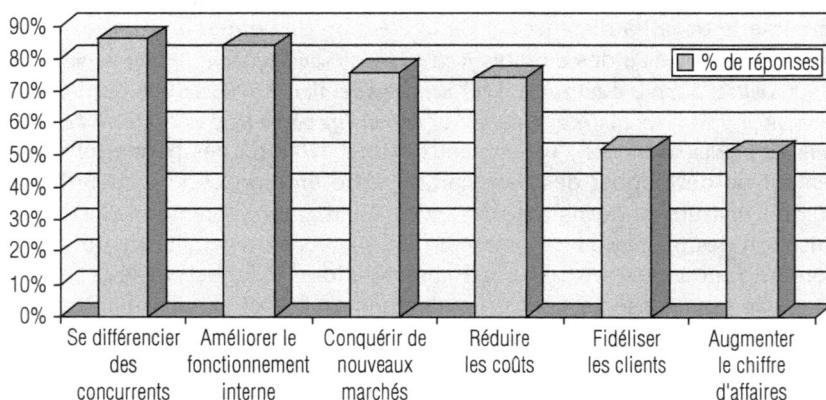

Figure 1 : Les facteurs d'investissement des entreprises dans les NTIC

Source : enquête Expertel Consulting, 1998.

Comme le montre le graphique ci-dessus, face à un environnement concurrentiel, l'entreprise cherche à se différencier de ses concurrents en plaçant les NTIC au cœur de sa stratégie. Cette recherche d'efficacité indique que les NTIC sont perçues par une majorité croissante d'entreprises comme des outils offensifs et concurrentiels. Pour les dirigeants, ces outils permettent de sortir des marchés locaux, d'offrir des services et d'instaurer de nouveaux modes de fonctionnement permettant d'accroître la compétitivité. Actuellement, les entreprises françaises poursuivent cette logique de développement, puisque 27 % des investissements ont été consacrés aux NTIC en 2003 (informatique, bureautique et téléphonie) ; contre 31 % en Allemagne et 16 % en Italie (pays du G4).

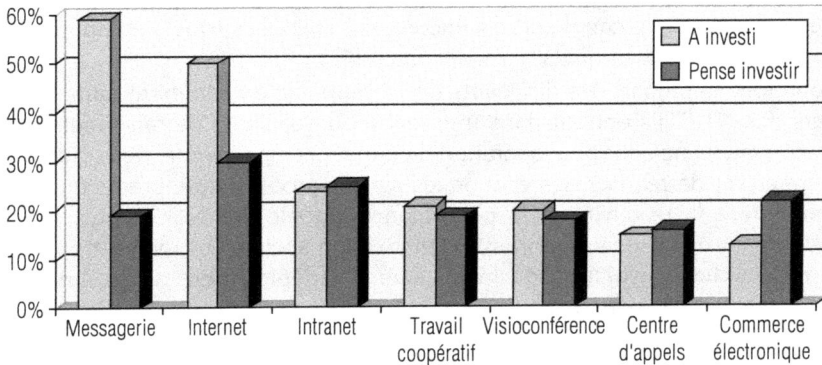

Figure 2 : **Les investissements technologiques**
Source : enquête Expertel Consulting, 1998.

Les entreprises ont initié leur investissement sur des technologies matures du point de vue de l'usage, ce qui place les messageries et Internet en tête de liste. Après une forte poussée d'Internet en 2000 et 2002 en France, on note, ces derrières années à la fois un ralentissement dans la création de nouveaux sites Internet et une progression significative du Haut Débit (connexion Internet à grande vitesse) comme dans les autres pays du G4. Enfin, le courrier électronique devient un véritable outil universel de communication, puisque l'e-mail s'impose en 2003 dans plus de 90 % des entreprises des pays du G4 ; même si la France en fait un usage moindre qu'en Allemagne, l'Italie et l'Espagne (83 % d'utilisation contre 97 %).

Les NTIC et leur caractère incontournable

Malgré le manque de recul et l'absence de modèles fiables d'évaluation de l'impact de ces technologies, l'enquête Expertel montre également que les chefs d'entreprise attribuent un caractère incontournable aux NTIC. Ainsi, convaincus qu'elles préfigurent la mondialisation et la compétitivité, 70 % d'entre eux sont satisfaits des résultats obtenus grâce aux NTIC et prévoient même d'augmenter les budgets dans ce domaine. D'ailleurs, 83 % des chefs d'entreprise les considèrent comme un investissement et non comme une dépense. Les TIC restent d'ailleurs un des principaux sujets de préoccupation des dirigeants des pays du G4 en 2004, un accélérateur de la croissance – *surtout en Allemagne* – ; même si ces derniers affichent actuellement une prudence dans leurs investissements face à un contexte économique fragile et à des orientations technologiques encore peu stabilisés (quels équipements technologiques pour quels types de marché ?...).

Toutefois, la plupart des dirigeants ont compris qu'en pénétrant dans l'univers des NTIC, ils entrent dans un monde où beaucoup de raisonnements traditionnels ne sont plus opérants. Bien que perçues comme des solutions permettant de réaliser des économies sur les processus de production, en améliorant la réactivité et la performance globale, les NTIC représentent également des leviers importants d'innovation sociale et organisationnelle (relation client, évolution du management, redéploiement des compétences, transfert d'expertise, …).

Les NTIC et la gestion de l'information

Véritable outil de stockage, de traitement et d'échange d'information, les NTIC offrent aux entreprises de nouvelles perspectives commerciales et organisationnelles. Elles constituent à la fois un outil performant de gestion et de communication, susceptible de favoriser les collaborations et de mieux organiser les ressources humaines, et une voie d'optimisation des relations de l'entreprise avec son environnement (clients, fournisseurs, partenaires). Or, la question de leur efficacité réelle repose en grande partie sur les capacités de l'entreprise à savoir gérer et contenir ses propres flux d'informations. Par exemple, le rythme et la quantité d'informations qui circulent sur Internet posent déjà de véritables problèmes aux entreprises qui ont de plus en plus de difficultés à maîtriser leurs flux. Ainsi, si la plupart des informations sont accessibles librement par les entreprises, la masse de données est tellement importante (certaines sociétés reçoivent de l'extérieur plus de 1 000 messages électroniques par jour) qu'il leur devient difficile de différencier l'essentiel de l'accessoire (phénomène d'entropie).

La gestion de cette surcharge informationnelle est devenue un véritable défi pour l'entreprise, surtout si l'on considère que la compétitivité s'est cristallisée sur son aptitude à manager correctement l'information nécessaire à la connaissance de ses environnements multiples (clients, fournisseurs, concurrents, réglementation…). Ainsi, de plus en plus d'entreprises, plutôt de grande taille et situées dans des secteurs de pointe et/ou fortement concurrentiels, développent une activité de « Knowledge Management » en vue d'optimiser l'exploitation des connaissances (capitalisation et partage des savoirs). Celle-ci, proche d'une démarche « qualité », vise à maîtriser et capitaliser les flux informationnels et à gérer les connaissances comme un stimulant pour l'innovation, un facteur de productivité (formalisation des méthodes de management et de gestion, modélisation des savoir-faire, des processus et des comportements associés).

QUELS SONT LES IMPACTS DES NTIC SUR LE TRAVAIL ET L'ORGANISATION ?

Dans un contexte qui évolue rapidement à la fois sur le plan des technologies et des hommes, il paraît difficile de faire un constat exhaustif sur les impacts des NTIC. Aujourd'hui, plusieurs expériences d'entreprise montrent que les développements organisationnels et sociaux ne reposent pas sur un déterminisme technologique. En effet, les choix opérés en matière d'évolution ou de conception des situations de travail s'appuient plutôt sur des orientations stratégiques des entreprises que sur les possibilités réellement offertes par les NTIC.

Ainsi, l'exploitation de l'enquête nationale de 1997, corroborée par des expériences plus récentes et menées dans d'autres pays industrialisés, montre que les réorganisations opérées par l'introduction des NTIC s'inscrivent dans un double mouvement de renforcement des procédures orientées vers la qualité et les délais (démarches de normalisation et de certification-qualité, juste-à-temps) et de rationalisation de la production de connaissance auquel l'ensemble des salariés contribue[1]. Ces dispositifs organisationnels, soutenus et facilités par les NTIC, sont fortement structurants des activités de production et des logiques de travail et renforcent les fonctions de support (telles que financières, juridiques, de gestion, commerciales) pour finalement chercher à mieux répondre ou se soumettre aux exigences des clients (y compris dans la relation entreprise-fournisseurs ou sous-traitants). Dans ce registre, l'exemple du déploiement des systèmes d'EDI et surtout plus récemment des progiciels de gestion intégrés (PGI ou ERP) dans l'ensemble des entreprises, montre comment des NTIC peuvent induire des conséquences importantes sur le contenu du travail, l'organisation et les emplois[2].

---

1. Enquête COI (Changements Organisationnels et Informatisation) réalisée en 1997 dans des entreprises industrielles par le CEE, le SESSI, le SCEES, l'INSEE et la DARES. Cette enquête sera renouvelée en 2006 et étendue à d'autres secteurs.
2. Voir, ANACT (2004). Déployer un progiciel de gestion intégré au service de l'organisation. *Travail et Changement*, 299.

Les mutations doivent être appréhendées comme des processus qui dépendent à la fois des modalités d'accompagnement du changement et des capacités de dialogue entre l'ensemble des acteurs concernés à des niveaux différents (concepteurs, directions, représentants du personnel…). Après tout, les NTIC sont flexibles et modulables et à ce titre, offrent des alternatives de fonctionnement en matière de communication, de diffusion et de partage des informations. En cela, elles permettent de nombreux scénarios possibles sur l'emploi et le travail qui peuvent avoir des effets positifs ou négatifs sur les agents et leurs activités mais aussi sur la performance globale de l'entreprise.

Nous présentons ci-après quelques pistes d'effets autour de quelques critères centraux dans la mise en œuvre des NTIC.

Impacts sur les emplois

Les effets des NTIC sur l'emploi sont difficiles à cerner si l'on considère qu'elles n'en sont qu'un déterminant. En effet, pour en mesurer l'impact, une vision systémique considérant d'autres facteurs tels que l'environnement socio-économique, institutionnel et politique de l'entreprise est nécessaire. De même, le tissu industriel et social et les décisions prises dans le cadre de stratégies d'entreprise, doivent être considérés ; dans telle entreprise, les NTIC sont-elles mises en œuvre dans une perspective de conquête de marchés ou de diminution du coût du travail ?

En tout état de cause, les nouvelles technologies de l'information et de la communication interrogent l'emploi dans ses différentes dimensions, notamment en termes de volume et de contenu associé à l'évolution des compétences et des qualifications.

LE DOMAINE PARTICULIER DES SERVICES

Depuis une vingtaine d'année, nous constatons que le secteur tertiaire prend une place de plus en plus importante dans notre économie en matière de création d'emploi (+ 16 % entre 1984 et 1998). Néanmoins, on observe que cette évolution n'est pas homogène entre les secteurs d'activité et que la croissance de l'emploi dans les services associée aux NTIC est fortement dépendante de leur diffusion dans les entreprises et auprès des particuliers (Tertre et Ughetto, 2000). Une enquête du Ministère des Finances montre que les services marchands et les activités culturelles, sportives et récréatives sont parmi les plus dynamiques alors que l'hôtellerie-restauration se révèle peu active (Marciaux, Lubek et Epiter, 2000). Une autre étude plus récente montre que les réseaux Extranet se sont surtout développés dans les services, permettant le développement d'emplois spécialisés dans les télécommunications[1].

D'une manière générale, plusieurs études indiquent que les services non matériels (« dématérialisation » de l'économie) sont en croissance particulièrement dans le secteur financier, le marketing, les services d'information, les services aux entreprises et aux particuliers, notamment dans ses formes de travail en réseau et « à distance » facilitées par les TIC (call-centers, télétravail). Ainsi, le nombre de personnes occupées dans les secteurs producteurs et distributeurs d'information, de la culture et des loisirs est en augmentation constante, alors que l'emploi dans la production de biens d'équipement diminue. De même, on remarque que la valeur ajoutée des produits (équipements et biens de consommation) provient de plus en plus du design, des transactions, de la communication et d'autres types de services (y compris l'assistance et la maintenance) plutôt que de l'activité manufacturière elle-même.

L'AVENIR DE L'EMPLOI ET DES MÉTIERS

Différents scénarios concernant l'influence sur l'emploi de la nouvelle vague technologique sont envisagés.

La plupart des études optimistes montrent que les métiers les plus menacés relèvent des travaux routiniers (encodage, transmission de données, archivages…) et des services dans lesquels la médiation humaine est remplacée par la technologie comme par exemple ceux fondés sur la reconnaissance vocale, le commerce électronique ou la banque à distance (Vendramin et Valenduc, 1999). A contrario, quelques métiers sont en croissance, mais portent sur des volumes d'emploi limités. Ils sont orientés « technique » et sont plutôt qualifiés. Il s'agit notamment des secteurs de l'informatique et du graphisme (gestionnaires de réseaux, maintenance et réparation, concepteur de sites Web, de produits multimédia….). Ils se développent également dans le domaine du conseil, de la formation ou de l'assistance. Cependant, peu de métiers nouveaux sont amenés à être finalement créés, mises à part quelques approches dans le domaine des centres d'appels avec la création de fonctions telles que télé-opérateurs ou superviseurs (Champeaux et Bret

---

1. SESSI (2005), L'utilisation des TIC dans les entreprises, n° 201, Note du Ministère de l'Economie, des Finances et de l'Industrie. www.industrie.gouv.fr/sessi

2000). De même, peu d'emplois sont menacés, mais la plupart sont transformés au cours des changements accompagnant les investissements en NTIC. D'autres études sont plus pessimistes. Elles prévoient que le processus de rationalisation du travail et d'accroissement de la productivité se poursuivra en touchant également les fonctions plus qualifiées, tant dans l'industrie que dans les services. Les services permettant une rationalisation plus forte compte tenu des potentialités offertes par les nouvelles technologies de communication, le secteur tertiaire étant amené à perdre des emplois.

Pour conclure sur ce point, précisons qu'une revue de littérature sur l'évaluation quantitative et qualitative des emplois liés directement aux NTIC montre qu'il est difficile de valider la thèse d'une pénurie ou même d'un développement massif d'emplois. D'une part, il est difficile d'identifier des frontières professionnelles stables du monde des TIC, tant les fonctions associées s'entrelacent et fluctuent dans le temps ; et d'autre part, plus de 50 % des personnes travaillant dans ces fonctions ne disposent d'aucun diplôme du domaine, révélant des parcours professionnels diversifiés et le plus souvent élaborés autour de logiques organisationnelles liées à l'utilisation des TIC (Pichault, Rorive et Zune, 2002).

Transformations des compétences et des qualifications

La distinction habituelle entre qualification et compétence repose sur le fait que la première, construite par l'organisation, est liée au type d'emploi occupé, alors que la seconde appartient au travailleur et se réfère à son activité individuelle, même si celle-ci s'appuie sur des ressources collectives. La qualification est une réponse sociale de l'institution alors que la compétence est le résultat d'une combinaison complexe entre savoirs et savoir-faire mis en action et acquis au travers de la formation et/ou l'expérience. En somme, la qualification est un mécanisme qui permet à l'employeur de reconnaître et rémunérer les compétences des travailleurs. Inversement, ces derniers peuvent se situer sur une échelle de valeur professionnelle et ainsi repérer leur place dans une organisation.

Avec le développement des NTIC, cette distinction habituelle devient floue, avec l'apparition de la notion du « savoir-être » qui jette le trouble entre compétence et qualification. En particulier dans les activités de service qui mobilisent des compétences relationnelles et communicationnelles, faisant référence à l'initiative, la créativité, l'adaptabilité à de larges classes de situation…qui entrent parfois en contradiction avec les logiques de travail. L'exemple des centres d'appels est ici crucial, puisque le téléopérateur doit mettre en œuvre ces types de compétences dans une relation de service toujours *singulière* avec un client ou un usager (notion d'intersubjectivité), alors que son activité est fortement prescrite par des modes d'organisation du travail rigides, facilités par les TIC (scripts de communication, guidage et contrôle des appels...). Il devient alors difficile d'identifier ces compétences, plus proches de la notion « d'attitude » à tenir selon les situations que des capacités reliées à des savoirs observables et mesurables (Vendramin, Valenduc 2002).

Le fait que les technologies de l'information et de la communication s'étendent maintenant à des activités immatérielles a fortement contribué à cette déviation. Les approches nouvelles de la qualification reposent sur la capacité à manipuler des informations abstraites (des codes, des signaux, des procédures) et à gérer des situations complexes (formuler des diagnostics, réagir aux situations imprévues, gérer des incertitudes...). La disposition à communiquer, voire à négocier, dans ses relations avec les clients et fournisseurs, mais aussi à l'intérieur de l'entreprise avec ses collègues, subordonnés et supérieurs s'inscrit également dans cette logique.

Dans ce contexte, les critères de recrutement sont de plus en plus souvent formulés dans le registre nébuleux des savoir-être autour d'un profil professionnel qui se construit avec l'idée de flexibilité et de malléabilité des individus.

Du point de vue du travail, deux visions opposées sont généralement développées :

- La première consiste à mettre en avant l'enrichissement du travail, la variété des tâches, l'implication plus grande du travailleur dans son organisation, l'accroissement de l'autonomie, la décentralisation des processus de décision, le travail en équipe, le développement des connaissances et de l'expérience, etc ;
- La seconde met en évidence la standardisation des tâches et ses aspects « routiniers », le peu d'espace laissé à la créativité, la réduction de l'autonomie.

Ainsi, les nouveaux développements technologiques font renaître le spectre de la déqualification et du taylorisme. En effet, à travers les NTIC (ERP/PGI, Workflow, liaisons EDI, CTI...), on trouve le substrat de la standardisation et de l'automatisation des tâches. Cette sorte de « néotaylorisation » des activités liées au traitement des informations s'inscrit également dans une tendance à l'industrialisation des services (cf. encadré 1).

Encadré 1 : Développement d'un ERP...ou la mise en place d'un outil de rationalisation

Rappelons que les « ERP » ou PGI sont des outils de pilotage comptable et financier qui participent à un élargissement des principes d'uniformisation des traitements et de standardisation des tâches (autour d'une base de données unique). En cela, ils participent à une nouvelle organisation, fondée sur une production administrative de type « juste-à-temps », en référence au modèle développé dans le secteur industriel.

Ces logiciels intégrés sont paradoxalement à la fois performants, flexibles et rigides.

Performants et flexibles, car autour d'un même référentiel, ils offrent notamment une visibilité globale et une plus grande diffusion de l'information, une meilleure identification des pièces sorties, un état plus rigoureux des budgets et des stocks en temps réel (selon les engagements opérés). Cette plus grande transparence dans le fonctionnement administratif et comptable s'accompagne d'une prise en compte d'un nombre important de paramètres et d'une adaptation aux exigences versatiles des marchés et des clients.

En cela, ils redistribuent le pouvoir en accordant un place centrale aux gestionnaires et comptables auxquels ils donnent d'ailleurs plus de polyvalence (décloisonnement entre spécialiste « compte client » et « compte fournisseur »).

Rigides, car ils imposent une forme d'organisation « préfabriquée », normalisent les activités et favorisent une centralisation des décisions. Autrement dit, ce que l'organisation gagne en rationalité peut être perdu en innovation, création et marge de liberté. Cette question est particulièrement importante pour les petites entreprises de service, en particulier celles qui s'appuient sur la créativité et la réactivité de leurs personnels pour fonctionner et se développer. Elles sont particulièrement concernées car elles doivent continuellement innover et être performantes pour être concurrentielles, notamment en matière de qualité des services rendus à des clients de plus en plus exigeants.

Or, à côté de ce système de gestion unique et centralisé de traitement, les agents ont besoin de marges de manœuvre organisationnelles pour réaliser leur travail au quotidien et ainsi pouvoir s'ajuster aux situations inattendues (passer une commande non planifiée auprès d'un fournisseur référencé ou non, changer de fournisseur en cours de processus, faire un avenant à une commande suite à un besoin local...).

Plus globalement, les modalités de régulation des agents vis-à-vis des règles de gestion, souvent fondées sur l'expérience, sont finalement des ressources essentielles qui servent à résoudre des problèmes concrets, immédiats pour répondre aux objectifs de production (recherche de qualité et d'efficacité immédiate) Ces aspects issus des réalités professionnelles doivent être intégrés en amont dans les stratégies de changement dans le but d'être opérationnels dans les projets de conception d'un ERP.

L'organisation, les conditions de travail

Selon les scénarios les plus positifs, les NTIC favoriseraient le développement de formes d'organisation flexible associant responsabilisation, polyvalence et poly-compétence, s'éloignant ainsi des modèles classiques d'organisation du travail. Toutefois, elles induisent l'émergence de situations professionnelles de plus en plus multiformes, notamment en matière de temps de travail devenu lui aussi flexible et de plus en plus « éclaté » (diversification des durées individuelles du travail et des formes d'horaires, développement des temps « atypiques »), de type de contrat (CDD, intérimaires, emploi partagé), de localisation (travail mobile, à domicile, télécentres...) ou de statut (prestataire, indépendant...). On remarque une tendance à vouloir créer une adéquation « parfaite » entre ressources humaines disponibles et logiques de productivité, ce qui engendre de la précarité.

En effet, les NTIC permettent de planifier, avec précision, les besoins en personnel en fonction des objectifs de production. Il s'agit notamment des secteurs du commerce ou des centres d'appels qui utilisent des technologies pour récolter de nombreuses données sur les profils et habitudes de la clientèle (heures, jours, etc...) en vue, notamment de prévoir les ressources requises à chaque moment de la journée. Ces procédures visant à augmenter la productivité par un fort fractionnement des temps « d'employabilité », intensifient également le travail qui perd son sens comme lieu de socialisation et devient source de stress. Ainsi, par exemple, dans un centre d'appels, nous avons remarqué l'existence de plus de 20 grilles d'horaires, nécessitant d'ailleurs une gestion interne spécifique. Cette recherche d'adéquation des ressources humaines aux logiques de productivité quasi industrielles se conjugue avec les difficultés de mise en œuvre des dispositifs multiples d'aménagement du temps de travail.

L'intensification du travail et ses conséquences possibles peuvent conduire à un plus grand recours au temps partiel. C'est le cas notamment des centres d'appels où certains gestionnaires considèrent qu'une rotation toutes les quatre heures est optimale pour garantir la productivité. De même, l'intégration de la connaissance dans les postes de travail rend moins contraignante l'expérience du travail (connaissances des produits et procédures de l'entreprise) et favorise ainsi le recours au temps partiel, au travail temporaire et aux contrats à durée déterminée.

Les technologies relevant des communications mobiles et de l'informatique portable sont clairement impliquées dans la délocalisation du travail. Le travail à distance est une tendance forte qui s'inscrit dans un contexte plus général de restructuration des activités de service. Il concerne surtout des catégories de travailleurs en relation avec la clientèle. Le travail mobile permet à l'entreprise d'économiser des espaces et aux employés de se déplacer moins ou de mieux articuler vie professionnelle et vie socio-familiale. Cette forme de travail peut être une source d'amélioration de la qualité du travail et de la qualité de vie, selon les moyens mis en œuvre par les politiques publiques et les acteurs sociaux en vue de pouvoir faciliter l'articulation des différents temps : infrastructures et équipements (transport, crèches…), politiques actives de gestion des temps (formes de congés, flexibilité des carrières et meilleure reconnaissance du temps partiel…).

Le développement de toutes ces formes de travail atypiques, caractéristiques des organisations flexibles, a des impacts sociaux controversés. Ainsi deux visions se sont développées. La vision optimiste insiste sur les aspects positifs des nouveaux modes de travail : autonomie, qualification plus élevée, meilleure possibilité de concilier engagements professionnels, sociaux et personnels. La vision pessimiste considère que la flexibilité a introduit une main-d'œuvre d'appoint qui peut être automatisée, louée, renvoyée, sous-traitée en fonction des besoins du marché et du coût du travail.

En outre, le travail mobile ne favorise pas le lien social et peut aussi s'accompagner d'une intensification du travail difficilement mesurable (augmentation du nombre d'heures passées chez les clients, élargissement de la zone à couvrir) et d'une augmentation de la charge réelle de travail, l'employé devant être toujours joignable (Vendramin, Valenduc 2002).

IMPACTS SUR LE MANAGEMENT

Les NTIC, en particulier l'intranet et les outils de workflow et de groupware favorisent le travail coopératif, sans pour autant nécessiter une absolue présence physique ou des co-actions concomitantes. De nouveaux modes de communication se développent et l'accès à la connaissance est optimisé car le salarié bénéficie d'un accès direct à une plus grande masse d'information partagée. En même temps, n'oublions pas qu'ils mettent l'activité de chacun sous « haute surveillance » par un contrôle des temps et des tâches à partir d'indicateurs précis, plaçant le salarié dans des situations de contrôle et de dépendance accrues qui créent parfois des tensions psychologiques fortes, surtout lorsque celles-ci tournent au harcèlement.

Autour d'une gestion collective d'informations plus accessibles – *même si certaines peuvent être sélectives ou protégées* –, les technologies nouvelles introduisent de la « transversalité » dans l'organisation. De ce fait, elles supposent une logique de management par projet qui remet en cause les structures pyramidales classiques, fondées sur des principes hiérarchiques.

Ainsi, les nouveaux modes d'organisation donnent d'une part, une plus grande « visibilité » sur les fonctions et responsabilités associées (*qui fait quoi* ?) et tendent d'autre part, à « écraser » les échelons hiérarchiques par une réduction du nombre de cadres intermédiaires (agents de maîtrise, chefs d'équipe,...). Leur rôle de collecte et de transfert d'information à l'échelon supérieur est supplanté par les moyens de communication alors que leurs agents disposent d'une plus grande autonomie d'action et de décision. A contrario, la nature de leurs activités évolue avec une redistribution de leurs missions et des charges de travail. Ils doivent ainsi être de véritables managers locaux capables de planifier et gérer des équipes mais aussi traiter des situations à problèmes ou capitaliser des connaissances acquises (exemple des superviseurs en centre d'appels). Leur champ de compétences et leur rôle hiérarchique se trouvent ainsi fortement impactées par l'introduction des NTIC (cf. encadré 2).

En l'occurrence, les directions doivent poursuivre leurs réflexions sur l'évolution des cadres de proximité, car ils jouent un rôle essentiel dans l'acceptabilité et l'accompagnement des projets, notamment par leurs connaissances des situations concrètes et des personnels. En étant à l'interface du « terrain » et des « décisions », ils lient, en quelque sorte, l'entreprise (ses stratégies, ses orientations...) et son personnel, participant ainsi à l'organisation des rapports identitaires et sociaux indispensables à la bonne marche d'une entreprise. Ainsi, dans ce contexte, il semble important de pouvoir mieux cerner les réalités professionnelles des cadres intermédiaires et de mettre en place des expériences innovantes autour de ces fonctions dans le but de dégager des pistes de réflexion et d'action liées au développement des NTIC.

Encadré 2 : Un Intranet pour servir des projets d'innovation des opérateurs ... ou l'impact sur l'encadrement intermédiaire...

Une étude réalisée et pilotée par le réseau ANACT (Agence Nationale pour l'Amélioration des Conditions de Travail) sur l'impact des NTIC dans les entreprises montre les grandes tendances qui se dessinent en matière de transformation du travail et des organisations (ANACT-DARES, à paraître). Ainsi, une entreprise développe un processus d'innovation à travers des systèmes de suggestions ou de « boîte à idées » auprès de l'ensemble des opérateurs. Impulsé par la Direction Générale, et porté par les Ressources Humaines, il répond à une stratégie d'évolution économique et sociale de l'entreprise autour des grands principes suivants :
   – solliciter l'intelligence de tous et stimuler la créativité globale,
   – encourager les efforts et propositions individuelles et collectives,

© Groupe Eyrolles

– valoriser le rôle de la hiérarchie de proximité,
– diversifier les modes de résolution de problème,
– capitaliser les « petites » innovations, valoriser les initiatives à tous les niveaux.

Dans ce contexte, l'entreprise a lancé un projet de création d'un réseau Intranet qui permet la consultation directe et la prise en compte de projets d'innovation depuis le lieu de travail des opérateurs ou autres (sites industriels, bureaux, salles de détente, centre de formation...).

Le développement du projet soulève plusieurs interrogations dont la place de l'encadrement intermédiaire dans l'utilisation du dispositif et son rôle vis-à-vis de l'opérateur porteur d'une idée innovante.

En l'occurrence, le dispositif accessible par tous peut amener des nouvelles relations et formes de coopérations entre opérateurs et cadres « une intelligence réciproque, un échange direct autour d'une idée » et peut participer à la valorisation de la personne. En cela, la mise en libre-service du dispositif peut permettre un véritable gisement d'idées et aider les opérateurs à mieux intégrer les NTIC... Toutefois, il peut servir à exclure l'agent de maîtrise dans son rôle de « filtre », de soutien et d'aide à la formalisation d'une idée émise par un opérateur si ce dernier ne le consulte pas. De fait, on peut faire l'hypothèse que le cadre (et l'opérateur) développera des stratégies de contournement des possibilités de l'outil comme élément de contre-pouvoir (blocage d'un dossier, appropriation du dispositif, interdiction d'utilisation...). Selon les modes d'utilisation déployés, le dispositif peut renforcer la distance hiérarchique ou au contraire être un vecteur de dialogue et de développement relationnel autour d'une innovation.

Finalement, il n'y a pas de déterminisme technologique, ni de neutralité dans les outils utilisés. L'adéquation des objectifs politiques aux fonctions réelles des NTIC porte bien sur les modalités d'implication des acteurs dans la conduite du projet, en particulier dans des démarches de type « down-top » qui bouscule le rôle de l'encadrement.

CONCLUSION : MISE EN RELATION DES FACTEURS ET PERSPECTIVES

Il apparaît que les mutations réussies des entreprises se jouent autour de la prise en compte de plusieurs dimensions de la situation de travail. Ainsi, le schéma ci-après montre que les NTIC s'inscrivent dans un système complexe qui intègre différents facteurs en interdépendance. Les compétences, au centre du système, sont en interaction plus ou moins étroite avec l'ensemble de ces facteurs. En l'occurrence, elles dépendent à la fois de l'organisation du travail et des NTIC qui définissent un cadre et un mode de fonctionnement participant à la construction des savoirs. Ainsi de nouveaux

collectifs de travail, répartis sur des lieux géographiques différents et parta-
geant un même système d'information et de communication autour d'activités communes, sont mis en place. Il s'agit par exemple des centres d'appels
bancaires dotés de moyens performants qui interviennent sur un porte-
feuille clientèle géré également par le réseau d'agences.

Toutefois, les compétences développées en actions vont aider à l'appropriation des nouveaux outils et à forger une organisation du travail performante
qui permettra de consolider l'activité en métiers reconnus au travers d'un
emploi. Dans notre exemple, les agents des centres d'appels ont acquis de
nouveaux savoirs techniques et communicationnels, au travers des échanges médiatisés avec les spécialistes en agence. Depuis, se dessine une logique de « nouveau métier » avec une Direction qui reconnaît ce type d'emploi
dans ses grilles de qualification (télé-acteurs). Finalement, la mise en usage
des NTIC au cœur d'une organisation définie participe aux fondements de
nouveaux savoirs, lesquels en retour, structurent de nouvelles pratiques professionnelles qui peuvent être reconnues socialement.

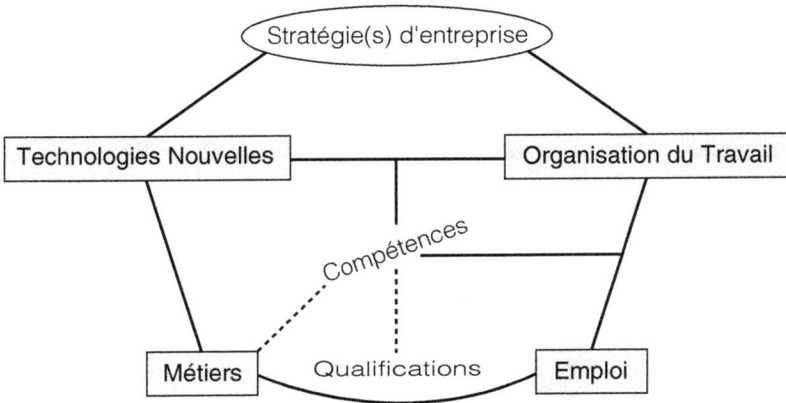

Figure 3 : **Eléments en interaction associés aux NTIC**

Or, la seule attention portée à ces facteurs ne suffit pas à engager une opération de modernisation dans la perspective d'une double réussite, sur le plan
humain et social et en terme d'efficacité productive. Il est nécessaire de pouvoir les intégrer dans **une conduite enrichie du changement**, en lien avec
les différents acteurs impliqués. Concernant la prise en compte de l'évolu-

tion de l'organisation et des compétences associées aux nouvelles technologies, celle-ci pourrait être guidée notamment par :

- Une meilleure implication des utilisateurs finaux dans la conduite de projet, échantillonnés selon des profils et expériences diverses (conception, évaluation des produits, déploiement des outils…) ;
- Une capitalisation des expériences acquises, notamment en s'appuyant sur des retours d'expérience en matière de mise en œuvre de NTIC ;
- Une démarche de changement à la fois globale et cohérente, engageant l'encadrement de proximité (prise en compte de facteurs multiples de manière transversale aux projets) ;
- Une meilleure visibilité des stratégies de la Direction en matière de choix technologiques, de développement des services ou de relation clientèle.

Ces éléments sont essentiels dans la mise en œuvre des NTIC pour d'une part, une meilleure prise en compte des activités réelles des personnels et d'autre part, une maîtrise soutenue de leur impact sur la performance globale des entreprises.

Dans ce contexte, les Directions des Ressources Humaines et des Systèmes d'Information sont particulièrement appelées à travailler ensemble dans la conduite du changement (identification des besoins de formation, formalisation de nouveaux emplois, pilotage de groupes de travail sur les transformations de l'organisation, actions d'information et de sensibilisation,…).

Finalement, dans les grands pays industrialisés, les NTIC sont le vecteur d'une révolution technologique sans précédent dont il est encore difficile d'évaluer réellement l'impact. Qu'il s'agisse de communiquer, d'échanger, de travailler, de consommer ou d'apprendre, il n'est aucun secteur de l'activité humaine qui ne soit aujourd'hui le lieu d'une utilisation croissante de ces technologies.

Bibliographie

Bobillier-Chaumon M.E (2003) Evolutions Techniques et mutations du travail : émergence de nouveaux modèles d'activité. *Le Travail Humain*, 66, 163-194.

Cascino, G., (1999), NTIC : *de quoi parle-t-on* ?, Lyon, Etudes et Documents, Editions de l'ANACT.

Champeaux, J., Bret, C., (2000), *La Cyber Entreprise*, Paris, Dunod.

Hamon-Cholet, S., Vinck L. (2004), les NTIC, des technologies banalisées ? In Jennifer Bué, Thomas Coutrot, Isabelle Puech (coordinateurs), *Conditions de travail : les enseignements de vingt ans d'enquêtes*, Toulouse, Octares.

Marciaux, M., Lubek, J., Epiter, J-P., (2000) L'*emploi dans le secteur tertiaire*, Document de travail du Ministère de l'Economie des Finances et de l'Industrie, Direction de la prévision, Paris.

Pichault, F., Rorive B., Zune M., (2002), *Etude TIC et métiers en émergence*, LENTIC (Laboratoire d'Etudes sur les Nouvelles Technologies de l'Information et de la Communication). Rapport de l'Université de Liège.

Tertre C. (du) Ughetto P. (2000), *L'impact du développement des services sur les formes de travail et de l'emploi*, Paris, Rapport final pour la DARES.

Vendramin, P, Valenduc G, (2002), *Technologies et flexibilité*, Paris, Editions Liaisons.

Vendramin, P, Valenduc G, (1999), *L'avenir du travail dans la société de l'information*, Bruxelles, Editions FEC-FTU.

Chapitre 20

Comment s'assurer de la facilité d'utilisation d'une nouvelle technologie ?

CÉDRIC BACH, ERIC BRANGIER, DOMINIQUE L. SCAPIN

La mise en place de nouvelles technologies dans les situations de travail rencontre souvent des difficultés liées au manque de compatibilité entre les caractéristiques mentales des utilisateurs, la nature de leurs tâches et les possibilités ou impossibilités des technologies. Çà et là, les utilisateurs éprouvent des difficultés, sous-utilisent les machines, perdent leur temps, commettent des erreurs, n'arrivent pas à comprendre et apprendre les technologies de leur poste de travail et finissent par avoir une charge de travail élevée et un niveau d'agacement important. Beaucoup de temps, d'efforts et d'implications sont ainsi perdus dans l'utilisation de systèmes techniques inadaptés aux caractéristiques physiques, cognitives et sociales des personnes. Une des principales raisons expliquant ces constats renvoie à la difficulté d'utilisation des technologies nouvelles. En effet, malgré leurs nombreuses fonctionnalités, le niveau d'utilisabilité (facilité d'utilisation) de certaines nouvelles technologies reste faible, du coup elles se rendent contre-productives.

Comment garantir à l'utilisateur d'avoir un produit adapté ? Comment permettre à l'entreprise de vérifier la qualité des systèmes techniques qu'elle développe et utilise ? En quoi la psychologie et l'ergonomie donnent-elles des solutions qui répondent aux exigences de productivité de l'entreprise et garantissent la performance, le confort et la satisfaction des relations humain-technologie ?

Depuis les années 1960, la psychologie et l'ergonomie ont cherché à fournir des règles, des méthodes et des théories pour adapter les machines à l'homme et veiller à garantir un haut niveau de performance humaine. Ces travaux ont été menés dans de nombreuses directions et, à l'heure actuelle, ils ont élaboré un corpus scientifique stable, homogène et reconnu. Deux expressions fondamentales de ce savoir peuvent être énoncées, d'une part, à travers les normes ISO sur la facilité d'utilisation et d'autre part, à travers les critères ergonomiques dédiés à l'inspection de la facilité d'utilisation des nouvelles technologies (logiciels, interfaces en trois dimensions, environnements virtuels, systèmes techniques complexes). Articulé autour de ces deux notions essentielles, ce chapitre fournira donc aux spécialistes des ressources et des facteurs humains des connaissances relatives à l'évaluation de la qualité ergonomique des technologies dans les situations de travail.

LA VERIFICATION DE LA FACILITÉ D'UTILISATION AVEC LES NORMES ISO

Les normes ISO ont acquis leur réputation en entreprise avec la certification qualité (série ISO 9 000) ou encore avec le management environnemental (série ISO 14 000). Pour les entreprises, la normalisation ISO est souvent un passage obligé pour être un acteur reconnu sur un marché, notamment si les normes sont accompagnées d'un processus de certification (encadré 1). Les normes et notes techniques ISO relatives à l'ergonomie, même si on en dénombre près de 200, ne donnent pas encore lieu à certification en France, (mais c'est le cas par exemple en Allemagne). Elles énoncent des recommandations, des lignes directrices ou encore des méthodes pour garantir la santé, la sécurité, le confort, la performance des travailleurs et permettre un haut niveau de performances humaine et technique. Dans le domaine de l'utilisabilité, l'objectif des normes est de réduire la distance entre l'humain et la technologie, de faciliter l'acceptation des systèmes techniques, de favoriser la productivité des situations de travail et surtout de prévenir et réduire les incidents, accidents, fatigue, stress vécu et perçu, charge de travail élevée. Elles visent donc à adapter les situations d'interaction à l'utilisateur par la conception ou la correction des systèmes techniques et leur adaptation aux humains.

© Groupe Eyrolles

**Encadré 1 : Quelques normes ISO sur l'utilisabilité
(facilité d'utilisation) des systèmes techniques**

Dans le domaine de l'ergonomie des interactions humain-machine nous disposons de cinq grandes normes qu'il est possible d'aborder de manière indépendante. Elles se présentent sous la forme de documents consensuels et approuvés par des autorités reconnues, et fournissent des règles, des façons de faire, des principes s'attachant à obtenir un niveau optimal d'ordre dans un contexte donné. Ces normes sont produites et gérées par l'ISO (International Standard Organisation).

La norme ISO 13407 s'attache à décrire le processus de conception centré sur l'utilisateur. Destinée aux gestionnaires de projet, cette norme fournit un guide des sources d'information et des principes d'organisation de projet centré sur l'opérateur humain : la planification et la gestion de la conception centrée sur l'utilisateur, les aspects techniques des facteurs humains, de l'utilisabilité et les principes généraux d'ergonomie du système.

Le rapport technique ISO/TR 16982 décrit les méthodes à mettre en œuvre lors du processus de conception centré sur l'utilisateur.

La norme ISO 9241 « les exigences ergonomiques pour le travail de bureau avec des terminaux à écran de visualisation » fournit un ensemble de connaissances se déclinant en 17 parties (les parties de 1 à 9 concernent les équipements, les environnements et les postes de travail, les autres parties traitent plus spécifiquement de l'ergonomie des logiciels). Cette norme présente à la fois des principes de dialogue (adaptation à la tâche, caractère, contrôle utilisateur, conformité aux attentes de l'utilisateur, tolérance aux erreurs, facilité d'apprentissage) ; une définition de l'utilisabilité (efficacité, efficience, satisfaction) ; des modalités de présentation de l'information ; des formes de guidage de l'utilisateur (feedback, charge de travail, erreurs...) ; et des dialogues de type menu et de type langage de commande.

La norme ISO 14915 traite de la conception des interfaces multimédias. Elle fournit des recommandations sur la conception des contrôles, sur la navigation, sur les bornes interactives, sur la formation assistée par ordinateur et plus généralement sur la conception des médias électroniques.

Enfin, le document ISO/TS 16071 correspond à une spécification technique de l'accessibilité des logiciels pour les personnes à besoins spécifiques (handicap visuel, moteur, sensoriel, mental).

Pris dans leur globalité, ces normes et documents permettent de dégager des principes d'organisation des interactions entre l'humain et la technologie. Ces principes de dialogue peuvent également être utilisés pour mesurer et vérifier la conformité des systèmes techniques avec les exigences décrites dans les documents ISO. À présent, cernons les grands principes qui sous-tendent la facilité d'utilisation d'une nouvelle technologie (une revue détaillée de ces aspects pourra être trouvée dans Brangier et Barcenilla, 2003). Ces principes de dialogue sont des heuristiques générales dédiées à la conception et l'évaluation ergonomiques des interactions. Ces principes peuvent être appliqués lors de la spécification, du développement ou de l'évaluation des logiciels en tant que ligne directrice générale. Ils ne réfèrent pas à des contextes particuliers d'utilisation et ne sont pas indépendants les uns des autres, si bien que des compromis sont parfois nécessaires entre les avantages d'un principe et les contraintes d'autres principes. Ces compromis se révèlent toujours à la lumière du contexte d'utilisation des systèmes techniques. Autrement dit, l'importance relative des différents principes varie en fonction du champ d'application du système, du profil des utilisateurs et des techniques de dialogue choisies. Avant d'inspecter la facilité d'utilisation d'un système technique, il est donc toujours nécessaire de prendre en compte les objectifs de l'entreprise ; les besoins des utilisateurs du système technique ; les tâches que le système doit supporter ; les technologies et ressources qui peuvent être mobilisées.

Bénéficier d'un système technique adapté à la tâche

Ce premier principe d'utilisabilité souligne qu'une technologie, et en particulier un dialogue, est adéquat pour une tâche lorsqu'il permet à l'utilisateur de réaliser cette tâche de façon efficace et efficiente.

À première vue, ce principe semble « aller de soi », mais pourtant bon nombre de systèmes techniques existants ne permettent pas de réaliser les tâches pour lesquelles ils ont été conçus. Sans tomber dans l'exemple classique des difficultés de programmation des magnétoscopes rencontrées par de très nombreux utilisateurs, l'analyse des situations de travail montre que trop souvent les utilisateurs sont obligés de contourner les procédures technologiques prescrites pour réaliser leur travail, sinon les échecs, erreurs, voire accidents, seraient encore plus fréquents. D'autres systèmes technologiques, encore plus nombreux, permettent de réaliser ces tâches, mais après y avoir consacré des efforts et un temps bien plus important que ceux qui nous auraient été nécessaires pour réaliser les mêmes tâches, mais sans utiliser le système ou en utilisant un autre. Les exemples sont légion à l'instar d'une anecdote rapportée à Bjarne Stroustrup (l'auteur du langage de programmation informatique C++) qui disait « J'ai toujours rêvé d'un ordinateur qui soit aussi facile à utiliser qu'un téléphone. Mon rêve s'est réalisé. Je ne sais plus comment utiliser mon téléphone ! » Par ailleurs, on peut citer le cas de nombreux logiciels mis en vente sur le marché et ne fonctionnant pas sur l'ordinateur que l'on possède, tout simplement parce que les concepteurs ont « omis » de se renseigner sur le niveau de performance moyen des machines de leurs futurs clients – les logiciels qu'ils vendent ayant été conçus sur des ordinateurs très onéreux et du dernier cri. Les logiciels ainsi acquis dans un objectif de réalisation d'une tâche particulière sont tout simplement inutilisables. La seule issue de l'utilisateur reste bien souvent de revenir à une ancienne version du logiciel ou alors de se résoudre à changer de système informatique se risquant à rendre inutilisable (pour des raisons de compatibilité de versions) d'autres applications utiles à son activité. Ce genre de problèmes conduit souvent les entreprises à conserver différentes générations de matériels informatiques pour être en mesure de poursuivre leur activité.

Aider, guider et expliquer l'interaction à l'utilisateur

Ce second principe soutient qu'un dialogue doit être autodescriptif : chaque étape du dialogue sera immédiatement compréhensible grâce au feedback du système, ou expliquée selon les demandes de l'utilisateur.

Ce principe est à l'origine de toutes les aides qui sont mises à disposition des utilisateurs pour pouvoir le guider dans une tâche ou dans l'utilisation d'un système technique. En premier lieu, on peut citer les aides qui peuvent être intégrées directement dans les systèmes. En second lieu, on peut évoquer les modes d'emploi, les notices utilisateurs qui sont souvent les seules ressources disponibles pour guider les utilisateurs dans leurs interactions avec les systèmes et pour identifier les différentes étapes de celles-ci. Il est donc nécessaire de prêter attention au respect de ce principe lors de l'inspection de systèmes techniques. Notamment, il faut veiller à la présence d'un ensemble d'éléments qui permettent aux utilisateurs d'être en mesure de connaître à la fois le fonctionnement et la portée du système, car bien souvent les utilisateurs ne savent pas que le système qu'ils utilisent peut améliorer les performances de leurs activités. Cette difficulté réside dans le fait que les éléments de guidage, comme un mode d'emploi, ne sont pas adaptés voire ne tiennent pas compte des tâches des utilisateurs, mais restent au niveau des descriptions techniques et ne sont pas orientés selon les objectifs et intentions des utilisateurs.

Donner le contrôle à l'utilisateur

Ce troisième principe définit qu'un système présentant une interface contrôlable par l'utilisateur lui permet mieux d'initier et d'organiser la direction et le rythme de l'interaction jusqu'à ce que son but soit atteint.

Ce principe représente un point central dans l'évaluation de la facilité d'utilisation d'un système. Mais, il est nécessaire de distinguer différents niveaux de contrôle. Il est habituel de dire que l'utilisateur doit toujours avoir le contrôle sur le système. En fait, il serait plus exact de dire que le système doit resituer cette « croyance » et faire preuve d'une sorte de crédibilité perçue par rapport aux tâches des utilisateurs. L'utilisateur doit toujours avoir le contrôle sur le processus de ses tâches ou l'impression de l'avoir.

Ceci se traduit par le fait qu'un système doit pouvoir conserver des données supprimées par l'utilisateur, par exemple dans une corbeille. Cela signifie également qu'un système doit toujours « laisser la main » à l'utilisateur lorsqu'il réalise une tâche en plusieurs étapes, ceci implique également le fait de pouvoir interrompre des processus automatiques. Que dirions-nous d'un système qui verrouille et qui empêche toutes possibilités de retour en arrière ? Une seule erreur de notre part dans un processus impliquerait de tout recommencer depuis le départ. Ne serait-ce pas là une des raisons qui nous a poussés à délaisser les machines à écrire pour les traitements de texte actuels ? Ceux-ci permettent entre autres de mettre en page un texte après l'avoir frappé, ce qui n'était pas le cas des machines à écrire.

Avoir un système technique conforme aux attentes de l'utilisateur

Ce quatrième principe met en évidence qu'un dialogue est conforme aux attentes de l'utilisateur lorsqu'il est cohérent et correspond aux caractéristiques mentales de l'utilisateur, comme la connaissance de la tâche, la formation, l'expérience, et les conventions communément admises.

Ce principe se réfère à des phénomènes auxquels nous avons tous été confrontés lors d'interactions avec des systèmes techniques qui nous font spontanément dire « Mais qu'est-ce que je dois faire maintenant ? », ou encore après avoir cliqué un lien sur un site Web « Où est-ce qu'il m'a envoyé ? ». Ces comportements sont provoqués par le fait que les utilisateurs interagissent avec les systèmes techniques au travers des représentations qu'ils s'en font, elles-mêmes source des attentes des utilisateurs envers les systèmes. Lorsque des incompatibilités apparaissent entre le type de dialogue d'un système et l'attente (ou la représentation) que l'utilisateur s'en fait, il y a alors des problèmes d'utilisation. En effet, les erreurs d'utilisation ne peuvent pas être seulement comprises comme étant dues au hasard, à des limitations de la capacité de la mémoire à court terme ou à une inattention. Elles doivent surtout être vues comme une inadéquation fonctionnelle des caractéristiques cognitives de l'utilisateur et des caractéristiques de l'interaction. En d'autres termes, une erreur s'explique principalement par une incompatibilité entre les connaissances évoquées par l'utilisateur et le modèle d'interaction inférable à partir des caractéristiques physiques du système.

Repérer des incompatibilités entre les attentes des utilisateurs et le dialogue d'un système n'est pas une chose aisée sans avoir effectué un travail d'analyse des besoins préalable à toute inspection. En effet, les attentes des utilisateurs varient en fonction de leurs histoires, de leurs caractéristiques, leurs formations, leurs expériences… Appréhender les attentes des utilisateurs passe par le recours à des méthodes comme les entretiens, les enquêtes d'usage, les observations… Une fois que l'évaluateur est en mesure de cerner les attentes des utilisateurs, il devient alors plus simple d'appréhender la conformité du dialogue d'un système aux attentes de ses futurs utilisateurs.

Veiller à la capacité du système à tolérer les erreurs de l'utilisateur

Selon ce cinquième principe, un dialogue est tolérant aux erreurs si, malgré des erreurs d'entrée évidentes, le résultat prévu peut être obtenu soit sans action corrective, soit avec une action corrective minimale et simple de la part de l'utilisateur.

Lors de leurs interactions avec les systèmes techniques tous les utilisateurs sont amenés à commettre des erreurs. Les systèmes techniques, de par leur dialogue, doivent être en mesure à la fois de prévenir et de corriger les erreurs. Ceci peut se traduire parfois très simplement, par exemple par un message qui demande à l'utilisateur une confirmation avant de supprimer définitivement un fichier sur un logiciel. Ce principe se retrouve également à travers tous les systèmes de correction orthographique dans les traitements de texte, un autre aspect qui nous a peut-être conduits à abandonner les machines à écrire au profit des ordinateurs.

Apprécier l'aptitude du système à l'individualisation et à la personnalisation

Ce sixième principe informe qu'une interface doit pouvoir être individualisée selon les besoins de la tâche, les préférences individuelles et les compétences de l'utilisateur.

Dans quelle mesure une multitude de fonctionnalités est-elle utile à un utilisateur novice pour son usage réel et par rapport à la tâche supportée par ce système ? En fait, le nombre de fonctionnalités importe peu. Ce qui compte est la qualité. Par exemple, la présentation des bonnes fonctionnalités directement sur la zone de travail est en mesure de faciliter le déroulement de sa tâche. Comme un même système peut être amené à œuvrer dans des contextes et avec des utilisateurs différents, il est nécessaire qu'il puisse adapter rapidement sa zone de travail (son interface) à différents contextes. Le respect de ce principe se traduit généralement par des fonctions de personnalisation qui sont directement implémentées dans les systèmes. Bien plus que des changements de surface, comme le choix de fonds d'écran, d'alertes sonores ou d'ambiances de travail, les fonctions de personnalisation doivent permettre l'activation ou l'inactivation de composantes du système, qui peuvent s'avérer utiles ou inutiles à un contexte ou à la façon de travailler d'un utilisateur.

Faciliter l'apprentissage

Enfin l'interaction qui favorise l'apprentissage naturel, c'est-à-dire la découverte progressive, est toujours plus profitable et acceptée qu'une interface qui sur-sollicite la mémorisation, l'attention ou la vigilance. L'interaction doit soutenir et faciliter l'apprentissage.

L'apprentissage est une composante essentielle à toute innovation et à l'amélioration des performances au travail. Les dialogues mis en place dans les systèmes doivent favoriser et stimuler l'apprentissage. L'apprentissage suppose des essais et des erreurs, les systèmes doivent donc disposer d'espaces dédiés à l'apprentissage des utilisateurs. Sous la forme de tutorats, de rubriques d'aides, d'aides en ligne, les systèmes sont en mesure de permettre des apprentissages de plus en plus structurés. Le recours à l'intelligence artificielle permet à présent d'activer une aide lorsque l'utilisateur se trouve en difficulté. Des séquences vidéo sont parfois intégrées aux aides associées aux systèmes techniques, des programmes d'e-learning sont de plus en plus utilisés. Si lors d'une inspection, un évaluateur est conduit à constater l'absence d'une aide ou de tout support à l'apprentissage et si ces absences ne sont pas compensées par un principe de dialogue adapté, il y a alors fort à parier qu'il est en présence d'un système qui posera des problèmes d'utilisation chroniques entraînant un refus d'utilisation.

Nous venons de présenter en les illustrant brièvement, les 7 principes de dialogue de la norme ISO 9241-10, nous allons à présent décrire une autre série de dimensions ergonomiques à travers les Critères Ergonomiques dédiés à l'évaluation des systèmes techniques (logiciels, web, environnements virtuels, robotique…).

L'INSPECTION D'UNE TECHNOLOGIE DE L'INFORMATION ET DE LA COMMUNICATION AVEC DES CRITÈRES ERGONOMIQUES

Lors d'une inspection, un expert (ergonome, psychologue, professionnel de l'utilisabilité) examine une technologie pour identifier le plus grand nombre de difficultés possibles. Généralement, il travaille avec une grille de critères ergonomiques. En interagissant lui-même avec l'interface, il évalue dans les détails, l'ensemble des aspects de l'utilisabilité du système. Il complète sa grille, recense les problèmes trouvés, les classe selon des critères retenus (gravité, risque pour l'utilisateur, complexité, sources des erreurs…), et finalise un rapport d'inspection présentant des recommandations pour corriger le système. L'inspection repose donc sur la pertinence des grilles et sur le niveau d'expertise de l'inspecteur. Par conséquent, il est appréciable de disposer de plusieurs experts pour d'aboutir à une inspection fine et détaillée, et surtout d'avoir une grille solidement constituée par des résultats expérimentaux et des validations écologiques.

Les Critères Ergonomiques (Scapin & Bastien, 1997) sont couramment utilisés pour mener des inspections ergonomiques d'interfaces classiques. Ils ont été adaptés dans un premier temps pour le Web (Leulier, Bastien & Scapin, 1998) et récemment adaptés aux Environnements Virtuels (Bach & Scapin, 2005). Nous présenterons cette dernière version dans ce chapitre. Les Critères Ergonomiques représentent, en fait, des dimensions construites à partir d'une base conséquente de recommandations ergonomiques (jusqu'à 800 recommandations pour les critères initiaux), qui leur attribue une certaine exhaustivité.

Le contenu des Critères Ergonomiques

Les critères ergonomiques se décomposent sur plusieurs niveaux, ils sont composés de 8 critères généraux et de 20 critères élémentaires. L'encadré 2 présente l'ensemble de ces critères, les critères associés à une étoile (*) sont ceux qui s'appliquent dans une inspection.

Encadré 2 : L'ensemble des Critères Ergonomiques adaptés aux Environnements Virtuels (EV)

1. Compatibilité * = accord des caractéristiques des tâches avec celles des utilisateurs, ainsi qu'avec celles des sorties, des entrées et du dialogue d'un EV.

2. Guidage = *ensemble des moyens mis en œuvre, avec les diverses modalités disponibles, pour conseiller, orienter, informer, et conduire l'utilisateur lors de ses interactions avec l'EV.*

    2.1. Lisibilité * = caractéristiques de présentation des informations d'un EV pouvant entraver ou faciliter la lecture de ces informations.

    2.2. Incitation * = moyens et mécanismes mis en œuvre pour amener les utilisateurs à effectuer des actions spécifiques, pour leur faire connaître les états ou contextes courants et à venir, et les accès à l'aide.

    2.3. Groupement/Distinction entre items = *organisation visuelle, auditive, proprioceptive, etc. informations et commandes les unes par rapport aux autres.*

        2.3.1. Groupement/Distinction par la localisation * = positionnement topologique des items les uns par rapport aux autres illustrant leur appartenance ou non à une même classe.

        2.3.2. Groupement/Distinction par le format * = caractéristiques de présentation des items les uns par rapport aux autres illustrant leur appartenance ou non à une même classe.

        2.3.3. Groupement/Distinction par le comportement * = caractéristiques des comportements associés à des éléments réactifs (prendre rapidement un virage serré dans un simulateur fera déraper votre voiture) ou autonomes (un personnage autonome de jeu vidéo blessé boitera, le même personnage en bonne santé se déplacera aisément, un courriel important vient d'arriver, votre boîte aux lettres saute sur elle-même pour vous le signaler) de l'EV, illustrant leur appartenance ou non-appartenance à une même classe de comportements.

    2.4. Feed-back immédiat * = *réponses de l'EV consécutives aux actions des utilisateurs.*

3. Contrôle explicite = *prise en compte des actions explicites des utilisateurs, et du contrôle dont ils disposent sur le traitement de leurs actions.*

    3.1. Actions explicites * = exécution exclusive des opérations demandées par l'utilisateur.

    3.2. Contrôle utilisateur * = contrôle constant de l'utilisateur sur le déroulement des traitements informatiques en cours.

4. Signifiance des codes, dénominations et comportements * = adéquation entre l'objet, le comportement ou l'information présentée ou entrée, et son référent.

5. Charge de travail = *ensemble des éléments de l'interface qui ont un rôle dans la réduction de la charge perceptive, mnésique ou physique des utilisateurs*

5.1. Charge physique * = ensemble des éléments de l'EV qui ont un rôle dans la réduction de la charge physique des utilisateurs et dans l'augmentation de la sécurité d'utilisation.

5.2. Brièveté = *charge de travail au niveau perceptif, mnésique et physique à la fois pour les éléments individuels d'entrée/sortie et les séquences d'entrée.*

5.2.1. Actions minimales * = charge de travail liée aux actions nécessaires pour l'accomplissement d'une tâche.

5.2.2. Concision * = charge de travail au niveau perceptif et mnésique pour ce qui est des éléments individuels d'entrée ou de sortie.

5.3. Densité informationnelle * = charge de travail du point de vue perceptif et mnésique, pour des ensembles d'éléments informationnels.

6. Adaptabilité = *capacité de l'EV à réagir selon le contexte, les besoins et préférences des utilisateurs.*

6.1. Prise en compte de l'expérience de l'utilisateur * = moyens mis en œuvre pour respecter le niveau d'expérience de l'utilisateur.

6.2. Flexibilité * = moyens mis à la disposition des utilisateurs pour personnaliser l'interface

7. Homogénéité/Cohérence * = degré selon lequel les éléments de l'interface sont conservés dans des contextes identiques, et différenciés dans des contextes différents.

8. Gestion des erreurs = *tous les moyens mis en œuvre pour éviter, réduire, et corriger les erreurs utilisateur.*

8.1. Protection contre les erreurs * = moyens mis en place pour détecter et prévenir les erreurs d'actions ou de commandes ou les actions aux conséquences néfastes.

8.2. Qualité des messages d'erreur * = pertinence, facilité de lecture ou d'écoute et exactitude de l'information fournie sur la nature des erreurs commises et sur les actions correctives à entreprendre.

8.3. Correction des erreurs * = moyens mis à la disposition des utilisateurs pour leur permettre de corriger leurs erreurs

La composition des Critères Ergonomiques nous montre qu'il existe des liens entre ceux-ci et la norme ISO 9241-10. Ces deux approches sont en fait complémentaires. Les normes ISO représentent une sorte de consensus autour du « plus petit dénominateur commun » partagées sur des connaissances données, entre des chercheurs, des industriels, des représentants gouvernementaux ou encore des professionnels de la santé, et ceci à des fins d'homologation. Les Critères Ergonomiques sont quant à eux le fruit d'un processus de regroupement d'une base de connaissances scientifiques massive (des centaines de recommandations) concernant un type de système technique particulier (les interfaces classiques, le Web, les Environne-ments Virtuels), ils représentent donc la somme d'une démarche de validation scientifique. C'est en ce sens que la production de Critères Ergo-nomiques peut précéder la production de normes en ergonomie des logi-ciels. Ainsi, s'il existe aujourd'hui des Critères Ergonomiques dédiés aux interfaces 3D ou aux Environnements Virtuels, il n'existe pas pour l'instant de norme dédiée à ce type de systèmes techniques... les normes ISO suivent la recherche et stabilisent les savoirs.

En somme, les critères ergonomiques proposent une architecture des connaissances de l'humain en interaction avec les machines. Ils présentent la manière dont les cognitions humaines sont mobilisées dans les interfa-ces, et répondent à la question de savoir comment produire des technolo-gies adaptées à l'humain, tout en proposant une sorte de métrique de mesure de la qualité de l'utilisabilité des systèmes techniques. Pour cette dernière raison, les critères ergonomiques fonctionnent également comme un outil de mesure de la facilité d'utilisation, sans qu'un système de cota-tions figées n'y soit attaché. C'est cette démarche d'inspection avec critères ergonomiques que nous allons à présent étayer.

Démarche d'inspection à l'aide des Critères Ergonomiques

Comment mettre en place une démarche d'inspection pour s'assurer de la facilité d'utilisation d'une technologie ? Quelques étapes sont à respecter.

CONNAÎTRE OU SE REMÉMORER LES CRITÈRES ERGONOMIQUES

Une démarche d'inspection est avant tout une démarche de diagnostic. Il s'agit ici de décomposer l'interface d'un système pour connaître son fonc-tionnement et identifier ses lacunes. Comme dans toutes démarches de dia-gnostic, il est nécessaire d'avoir recours à un instrument de mesure. Parfois, l'instrument de mesure peut être l'évaluateur lui-même, et c'est souvent cette situation qui prévaut dans le cadre d'une inspection ergonomique. Mais, et c'est toujours le cas, la clé d'un bon diagnostic dépend en grande partie du calibrage, de l'étalonnage de l'instrument de mesure. Il est en effet difficile de mesurer quelque chose sans avoir de point de référence. C'est pour cette raison que la connaissance fine de la grille des Critères Ergono-miques est essentielle pour produire des résultats pertinents. Il est donc bon de relire les définitions des critères avant de débuter une inspection. Cette lecture permet alors d'augmenter significativement la performance d'une inspection ergonomique.

À la suite de cette première lecture des Critères Ergonomiques, deux activités vont être nécessaires, qui peuvent être synchrones ou asynchrones. Il s'agit de l'identification des problèmes ergonomiques et de leur classification.

IDENTIFIER DES PROBLÈMES ERGONOMIQUES

L'une des règles principales à l'identification de problèmes ergonomiques est d'être toujours en mesure de les mettre en adéquation avec le profil des utilisateurs. Une inspection qui se fait par rapport à soi-même ne mettra en évidence que des problèmes qui vous sont propres, même si certains d'entre eux peuvent être similaires à ceux que pourront rencontrer les utilisateurs finaux. Il existe donc un pré-requis à toute inspection qui est d'identifier le profil des utilisateurs, le contexte d'usage final et la nature des tâches qu'ils auront à effectuer. Ainsi, un problème peut être passé sous silence lors d'une inspection si l'on n'a pas connaissance de ces trois aspects ou au moins l'un d'entre eux. Par exemple, si vous êtes amené à choisir entre deux produits de type PDA (assistant personnel) destiné à des personnes qui devront les utiliser dans un hélicoptère (militaires, journalistes…), l'un des critères importants à prendre en compte sera, entre autres, le critère *Compatibilité*, il sera nécessaire que le PDA choisi permette un confort d'utilisation dans un hélicoptère, c'est-à-dire un environnement où il y a de nombreuses et d'importances vibrations. La vérification du bon fonctionnement des systèmes dans un environnement soumis aux vibrations étant alors indispensable. De la même manière, le PDA devra permettre une très bonne *Lisibilité* des informations à l'écran, étant donné que les utilisateurs devront lire ces informations sur un écran « vibrant », ce critère peut être respecté en préférant un PDA ayant un écran large. De la même manière, l'utilisation d'un écran large peut faciliter la saisie d'information (si la tâche le requiert) dans ce type d'environnement. Si les problèmes relatifs aux critères *Lisibilité* et *Compatibilité* (encadré 2) sont particulièrement importants dans ce contexte d'utilisation, ils peuvent l'être moins dans un autre contexte.

Si l'on se place dans un autre contexte de travail comme celui de la gestion d'images de presse, les critères les plus importants seront tout autres. En effet, dans ce contexte où des milliers d'images doivent être triées par un individu au court d'une journée, il est primordial de réduire au maximum les étapes nécessaires à la réalisation de la tâche de tri. Dans ce cas, le critère *Actions Minimales* sera extrêmement important. Par exemple, la tâche de sélection d'une image doit être simplifiée à son maximum en augmentant la zone de sélection cliquable par la souris, il est en effet inutile de perdre du temps sur une tâche de sélection. Une « case à cocher » pour sélectionner l'image est absolument inadaptée car elle demande une trop grande précision et fait perdre du temps. Une application permettant une sélection en cliquant soit sur l'image ou sur son cadre sera donc plus ergonomique, dans ce contexte, qu'une application où la sélection se fait à partir d'une « case à cocher ».

L'identification de problèmes ergonomiques se fait donc toujours selon le profil des utilisateurs, selon le contexte d'utilisation, selon la tâche, c'est ainsi que la qualité ergonomique de tel ou tel système technique peut être appréciée.

CLASSIFIER LES PROBLÈMES

La classification des problèmes à l'aide des Critères Ergonomiques est une tâche ardue pour les non-initiés, ceci principalement pour des cas « limites ». En effet, certains types de problèmes peuvent être classés dans différents critères en fonction de leur présentation. Prenons le cas du logo de l'entreprise qui a conçu une application Web. Il est mis en évidence lors d'une inspection ergonomique de cette application que « le logo de l'entreprise attire inutilement l'attention de l'utilisateur et peut inciter l'utilisateur à cliquer dessus ». Ceci constitue une première présentation du problème par un ergonome, et le problème tel qu'il est décrit renvoie au critère *Incitation* (encadré 2). Une autre inspection met en évidence un problème lié à ce logo, mais d'une autre manière en disant que le « logo de l'entreprise n'est pas au bon endroit, il devrait être dans le menu qui donne des informations sur l'application ». Ce deuxième inspecteur ne fait aucune allusion au fait que l'utilisateur risque d'être inutilement incité à cliquer sur le logo. Tel qu'il est décrit ce problème ne peut donc pas être affecté au critère *Incitation*, il doit l'être au critère *Groupement/Distinction par la Localisation* (encadré 2). En matière de classification, on ne peut pas dire qu'il y ait vraiment de règles systématiques, encore une fois c'est selon la façon dont le problème est mis en évidence par l'inspecteur, qui orientera son affectation.

Un autre facteur joue également sur la façon d'affecter les problèmes identifiés : l'inspecteur peut avoir tendance à confondre les causes, les conséquences et les résolutions d'un problème. Bien souvent, la présentation d'un problème, qui va orienter son affectation dans un critère ergonomique, est guidée par une orientation possible de reconception de l'application évaluée. Autrement dit, la classification doit s'attacher à ne pas confondre les conséquences des problèmes (ça ne produit pas l'effet escompté) et leurs causes qui constituent en tant que telles la véritable origine du problème ergonomique. Causes, conséquences et résolutions des problèmes sont souvent entremêlées. Aussi, une démarche objective de structuration et de classification des problèmes identifiés lors d'une inspection est-elle un bon moyen d'y voir plus clair. En bref, la classification des problèmes ergonomiques implique à la fois de veiller à :

- La pertinence de la classification : l'item identifié relève-t-il bien du critère ergonomique auquel il est rattaché ?
- L'exclusivité : l'item identifié est-il bien dans une classe de critère et dans une seule ?
- L'exhaustivité : tous les items identifiés correspondent-ils à l'ensemble des problèmes ergonomiques que l'utilisateur pourra rencontrer ?

Énoncées ainsi, les difficultés d'une inspection par critère sont manifestes : l'inspection impose d'être menée par des professionnels spécialisés en facteurs humains.

INTERPRÉTER ET RESTITUER LES PROBLÈMES D'UTILISABILITÉ

Bien évidemment, l'enjeu de l'inspection est de produire des recommandations sur la technologie qui soient utiles pour prévenir et corriger les problèmes d'utilisation d'une technologie donnée. L'inspection et le rapport d'inspection ne peuvent pas prétendre, à eux seuls, transformer les points de vue du ou des commanditaires sur l'utilisation, l'utilité et l'utilisabilité d'un produit. Mais, ils doivent servir à décider sur la suite du projet. La restitution est donc à penser comme faisant partie d'un processus d'amélioration continue, qui prend généralement la forme d'une réunion de travail avec les différents partenaires impliqués. L'évaluateur soumet ses résultats à discussion et validation, puis anime la réunion en l'orientant vers les actions et suites possibles.

CONCLUSION

Dans les entreprises, l'inspection à l'aide des Critères Ergonomiques est encore trop peu développée. Pourtant cette méthode simple et efficace permettrait aux entreprises d'accroître leur vigilance sur des technologies dont les caractéristiques ne sont pas centrées sur l'utilisateur. Des coûts inutiles (erreur, incidents, accidents…) pourraient être évités et d'autres réduits (formation des utilisateurs, équilibration des postes de travail, stress…). L'enjeu est d'importance non seulement pour l'utilisateur final, mais pour toute l'entreprise.

Par ailleurs, cette démarche d'inspection est avant tout préventive et donne ainsi aux acteurs des ressources humaines des moyens d'anticipation, de discussion et de négociation avec les ingénieurs qui conçoivent ces systèmes. La mise en application des normes et critères ergonomiques représente donc un bon moyen pour décider de choix techniques, d'achats de logiciels, d'équipements industriels, d'aménagement d'environnements virtuels... qui soient adaptés à l'humain en plus d'être techniquement performants ou économiquement viables. En somme, ce chapitre a cherché à montrer qu'il est possible d'anticiper un jugement sur l'acceptabilité d'une technologie à partir de critères humains établis.

Ceci étant, l'approche par les critères et les normes peut se révéler insuffisante. Loin d'être « systématique », l'inspection vient souvent en complément d'autres méthodes d'évaluation non abordées dans ce chapitre. On pense aux tests d'utilisation menés en laboratoire, aux enquêtes en situations réelles, aux groupes de discussion, aux retours d'expériences, etc. Certaines d'entre elles précèdent la démarche d'inspection comme l'analyse des contextes d'utilisation, des profils utilisateurs et de leurs tâches. De ce fait, la démarche d'inspection est constamment influencée par de multiples facteurs faisant de celle-ci une activité complexe que les Critères Ergonomiques cherchent à baliser.

Bibliographie

Bach, C., & Scapin, D. L. (2005). *Critères Ergonomiques pour les Interactions Homme-Environnements Virtuels : définitions, justifications et exemples.* (Rapport de recherche n° 5531). Rocquencourt, France : INRIA Rocquencourt.

Brangier, E., & Barcenilla, J. (2003). *Concevoir un produit facile à utiliser : Adapter les technologies à l'homme.* Paris : Editions d'Organisation. 260 p.

Leulier, C., Bastien, J. M. C. & Scapin, D. L. (1998). *Compilation of ergonomic guidelines for the design and evaluation of Web sites.* Commerce & Interaction Report. Rocquencourt, France : Institut National de Recherche en Informatique et en Automatique.

Scapin, D. L., & Bastien, J. M. C. (1997), Ergonomic criteria for evaluating the ergonomic quality of interactive systems. *Behaviour & Information Technology,* 16, 220-231.

Chapitre 21

Comment améliorer la performance de l'opérateur par des dispositifs d'aide au travail ?

ERIC BRANGIER

Dans telle entreprise, ce sont les problèmes de qualité qui ont participé au développement d'aides au travail. En effet, nul doute que pour satisfaire le client, il faut être certifié qualité ! « Rédigeons des procédures qualité, et les ouvriers n'auront qu'à suivre ces modes opératoires » s'enorgueillit le responsable qualité. Et, comme « il suffit de faire comme c'est écrit ! », le directeur général est maintenant bien rassuré !

Pour améliorer l'efficacité des techniciens, telle autre entreprise décide de leur donner la possibilité de téléphoner à un expert du domaine... « Une bonne aide de trouvée ! » s'imagine le responsable technique. Il est persuadé des compétences du service d'assistance téléphonique, tout comme il est persuadé que les techniciens seront d'accord pour suivre à la lettre des conseils d'experts qui ne sont pas sur le terrain !

« Comme notre expert n'est pas toujours disponible, pourquoi ne ferions-nous pas un système expert ? » pense le responsable informatique de telle autre entreprise. Il s'agit là d'une application informatique qui simule les raisonnements d'un expert humain, et aide ainsi les autres opérateurs à faire le travail comme s'ils étaient des experts eux-mêmes. Voilà encore un problème de réglé : il suffisait de remplacer l'homme par la machine pour que tout fonctionne pour le mieux !

Inventées ? Certainement pas, ces situations de travail sont bien réelles. Elles illustrent les difficultés et les croyances qui règnent dans les entreprises à propos des aides au travail. Aussi, leur mise en place devient-elle un problème important de gestion des ressources humaines et organisationnelles des entreprises, tant elles sont omniprésentes. Dans cette perspective, l'objectif de ce chapitre est de définir les aides au travail, de rappeler qu'elles visent à accroître la performance humaine, de présenter des moyens d'optimiser leur implantation dans les entreprises et enfin, illustrer des interventions dans ces domaines.

LES AIDES AU TRAVAIL

Travailler implique, pour une part accrue, de résoudre un problème, de trouver la bonne procédure, d'organiser son activité, d'interpréter correctement une situation, d'avoir le bon geste, de bénéficier d'un raisonnement adapté, de diagnostiquer des dysfonctionnements mineurs ou majeurs, de corriger des erreurs, voire de récupérer des incidents ou de gérer des catastrophes, c'est-à-dire de mettre en œuvre une démarche permettant d'atteindre un niveau satisfaisant de fonctionnement, de production ou de qualité. Pour atteindre ces objectifs, de nombreuses entreprises développent des dispositifs d'aide au travail qui visent à améliorer les compétences, les performances et l'efficacité des opérateurs et ainsi à leur permettre d'effectuer leur travail avec qualité et rapidité.

Qu'est-ce qu'une aide au travail ?

Aider un opérateur, c'est estimer qu'il risque de rencontrer des difficultés et que l'aide améliorera la réalisation de sa tâche, donc sa performance au travail. L'aide apparaît lorsque trois éléments sont réunis : une tâche, un opérateur chargé de réaliser la tâche et une aide (humaine ou technique) chargée d'assister le premier dans sa tâche. On dira qu'il y a aide lorsqu'il y a concours apporté par l'un ou de l'autre des agents pour réaliser une tâche de manière satisfaisante. L'aide est donc une sorte de méta-outil, c'est-à-dire un outil qui explique l'usage et le fonctionnement des autres outils du travail. L'usage d'une aide implique généralement la coopération entre l'assistant et l'assisté ainsi qu'une tâche complémentaire : la coordination des deux agents (gestion des échanges d'informations, répartition des tâches…). Cette définition intègre non seulement des logiciels de supervision ou d'aide à la décision, mais aussi les supports écrits de formation au poste de travail, les interfaces homme-machine, et la collaboration d'autres individus (Grosjean, 1998).

Les aides au travail possèdent principalement deux propriétés. D'une part, elles constituent un référentiel de prescriptions en même temps qu'elles remplissent, d'autre part, un rôle d'aide-mémoire des actions à effectuer. Leur fonction est donc de décrire l'activité attendue en codifiant l'exécution du travail, c'est-à-dire le déroulement de l'activité. Ces aides participent alors à l'organisation du travail en déterminant des objectifs à atteindre et, le cas échéant, la mise en œuvre de moyens propres pour atteindre ces objectifs.

Quelles formes prennent les aides au travail ?

Les aides prennent la forme de manuels basés sur des procédures, de consignes de sécurité, de logiciels d'aide à la planification, de logiciels d'aide à la recherche d'information, de cédéroms d'enseignement, de systèmes experts, d'aides techniques pour des handicapés, ou encore à l'assistance téléphonique d'un expert. Elles peuvent être catégorisées selon le but qu'on leur assigne : informer l'opérateur, collaborer avec l'opérateur, suppléer les impossibilités de l'opérateur.

L'AIDE INFORMATIVE

Elle vise à donner des informations, souvent de nature procédurale, sur des problèmes posés à un opérateur pour réaliser une tâche donnée. L'aide informative organise le champ informationnel de l'opérateur. Les aides textuelles au travail, par la diversité des formats de présentation et de leur contenu sont de bons exemples d'aide informative. Ces documents d'aide représentent un médiateur entre l'homme et sa tâche (mode opératoire), un mémorandum aux activités de contrôle (document qualité), un support à la sécurité des individus (consignes de sécurité) et à la circulation de l'information de l'entreprise (notes de service, graphes de production, de rebuts....). Certaines aides peuvent proposer des représentations d'ensemble avec une schématisation importante et une abstraction élevée. D'autres mêlent différents registres où l'opérateur doit reconnaître la tâche principale de la tâche secondaire, le but des moyens, les objectifs des prérequis.

L'AIDE COLLABORATIVE

Elle permet la collaboration entre un agent d'assistance, humain ou technique, et un opérateur disposant de ressources limitées. L'opérateur entre en interaction avec l'assistance, qui ne fait pas que présenter des informations, mais lui pose des questions, explique des décisions, aide au diagnostic, etc. L'assistant effectue un tri des informations, traite les informations estimées pertinentes et conseille l'opérateur. L'assisté va construire son raisonnement au fur et à mesure des interactions avec l'assistance et, pour finir, opter pour une décision. L'assistant peut être technique. Il peut s'agir de système expert, système à base de connaissance, système interactif d'aide à la décision, qui sont destinés à assister l'homme dans des domaines où est reconnue une expertise humaine insuffisamment structurée pour être formalisée par un algorithme clos et figé, et/ou sujette à des révisions ou des enrichissements selon l'expérience accumulée. L'assistant peut également être humain. Par exemple, la collaboration d'un expert, souvent grâce au téléphone, nécessite une expertise fiable et établie, mais aussi des ajustements des représentations entre l'assisté et l'expert ainsi qu'une communication efficace.

L'AIDE SUPPLÉTIVE

Elle prend la place de l'homme dans un certain nombre de tâches qu'il ne peut réaliser. Cette assistance est conçue pour pallier les déficiences humaines (handicaps moteurs ou sensoriels) ou l'inaccessibilité d'une situation (télésurveillance, télémaintenance, robotique…). Ici, l'aide prend en charge une grosse partie du travail d'exécution, l'opérateur pilotant l'aide qui supplée ses insuffisances ou impossibilités.

Pourquoi un tel essor des aides au travail ?

L'essor des dispositifs d'aide au travail réside dans quatre éléments d'explication.

Premièrement, la complexification structurelle du système technique rend les technologies difficilement utilisables sans aide. L'exemple le plus frappant est sans doute Internet : sans interface d'aide à la navigation et à la recherche d'informations, l'Internet est quasi impraticable.

Deuxièmement, les besoins en compétences nouvelles amènent les entreprises à former continuellement leur personnel, et le personnel à maintenir son employabilité. Les opérateurs ont alors besoin d'acquérir régulièrement de nouvelles connaissances. Les formations – de plus en plus difficiles à anticiper, concevoir et mettre en place à temps – si elles permettent l'acquisition de certaines connaissances, demeurent bien souvent insuffisantes. Les techniciens ont besoin d'une pratique professionnelle de plus en plus longue afin d'acquérir les connaissances leur permettant d'être efficaces et autonomes dans leur travail. Les aides au travail offrent alors la possibilité de réduire les temps d'apprentissage en fournissant des moyens (procédures, méthodes, conseils) pour réaliser le travail avec un niveau correct de performance.

Troisièmement, les nouveaux modes de fonctionnements organisationnels – flexibilité, qualité, autonomie – reposent sur la possibilité d'effectuer des changements rapides. En fonction des clients ou des fournisseurs, le travail des opérateurs peut être redéfini, soit en quantité (juste-à-temps) soit en qualité (certification). Encore une fois, ce sont les aides qui vont servir à informer l'opérateur, à prescrire le bon geste, à préciser les contraintes de sécurité, à codifier les communications professionnelles et finalement à adapter le comportement professionnel aux nouvelles contraintes.

Quatrièmement, la nécessité d'actualiser en permanence leur savoir amène les entreprises à mettre en place des dispositifs de thésaurisation (base de données, base de connaissances, fichiers clients, dictionnaire fédéral...) qui sont autant d'aides au travail. Ces dispositifs d'assistance, généralement informatisés, prennent alors en charge une partie du travail de l'opérateur en tentant de réduire sa charge de travail (réduction des informations à mémoriser, élimination de certains modes opératoires, pertinence des informations...). A cette fin, les développements récents de la psychologie et de l'ergonomie permettent aujourd'hui de concevoir des dispositifs techniques d'assistance qui soient faciles à utiliser et compatibles avec la tâche de l'opérateur.

Quels sont les effets des aides au travail ?

Si l'effet escompté d'une aide est bien une augmentation de la performance et de l'efficacité du travail de l'opérateur, il apparaît que la réalité peut être très différente. Ainsi, malgré la réalisation d'une partie de la tâche par l'assistance, il se peut que la charge de travail ne soit pas pour autant réduite. Lorsque l'opérateur supporte à lui seul la répartition des sous-tâches, ou lorsque la fiabilité du dispositif d'assistance est insuffisante, il arrive que l'aide constitue une tâche supplémentaire qui surcharge l'opérateur. Ainsi, l'analyse de nombreuses situations de travail a montré que certaines aides étaient inutiles, détournées, sabotées, inefficaces et même qu'elles complexifiaient le travail alors que leur objectif est de le simplifier !

Si les aides peuvent bien modifier l'activité des individus, leurs représentations, leurs compétences et leurs performances, ces modifications ne sont pas toujours positives en termes d'acquisition de nouvelles compétences et d'accroissement des performances. Diverses recherches menées initialement sur les effets des systèmes d'intelligence artificielle sur le travail (notamment à partir de Bainbridge, 1991) ont ainsi montré que les aides peuvent :

• Fournir des procédures détaillées, mais qui ne permettent pas d'aider la planification de l'activité en cas d'erreur ou d'incident ;

• Favoriser la constitution de représentations d'ensemble des objets traités ; mais ces schémas risquent également de masquer des informations qu'une activité cognitive doit reconstruire ;

• Améliorer les heuristiques des opérateurs novices et ainsi présenter des qualités pédagogiques, mais s'avérer inefficaces pour des individus expérimentés ;

• Réduire les temps d'apprentissage en faisant accomplir une partie du travail par le dispositif d'aide, tout en entraînant ainsi une déqualification de l'opérateur : il devient incapable de faire seul son travail ;

• Diminuer la capacité des opérateurs à se rappeler rapidement les informations essentielles ;

• Détériorer les compétences liées au contrôle des actions des opérateurs, tout en permettant le développement de nouvelles formes de compétences collectives ;

• Restreindre les possibilités d'anticipation et de gestion des situations qui ne sont pas prévues dans les aides ;

• Etre d'une très mauvaise ergonomie, qui complexifie l'accès et l'usage de l'aide ;

• Déplacer les responsabilités et créer un climat de sur-confiance : l'opérateur risque de ne plus contrôler la complétude et la pertinence des informations et d'accepter telles quelles les propositions ou les décisions de l'aide. Du coup l'attribution des responsabilités devient un problème surtout dans le cas d'incidents ;

• Réduire les gratifications, car la réussite d'une opération est vue comme étant due à l'aide et non plus aux individus ;

• Rendre difficile, voire impossible, de se constituer une vision globale du fonctionnement des installations, surtout si l'aide ne porte que sur une portion réduite du travail ;

- Déqualifier l'opérateur, car il n'est plus utilisé que sur une petite partie du domaine de l'expertise, ce qui ne favorise pas un apprentissage global du métier ;
- Ne pas améliorer la durée de la prise de décision et la qualité de la décision des utilisateurs ayant des attitudes de résistance à l'égard de l'aide ; ceci étant ces attitudes peuvent évoluer dans le temps ;
- S'accompagner de modifications de l'organisation du travail en remettant notamment en cause la division du travail. Ces systèmes, comme beaucoup de nouvelles technologies, ne se contentent pas de se diffuser dans les entreprises, mais ils contribuent à leurs transformations.

Les changements observés dépendent des caractéristiques des aides (leur contenu, leur forme, leur qualité, etc.), de la situation d'utilisation et des caractéristiques des utilisateurs. Si la performance des aides est liée à leurs caractéristiques intrinsèques, elles ne dépendent pas strictement de celles-ci. D'autres facteurs interviennent, provenant de la situation de travail, de l'organisation sociale du travail, et des interactions entre l'homme et le dispositif d'aide. La mise en place d'une aide n'est pas réductible à un simple déplacement de connaissance d'une technologie vers des individus. Il s'agit là d'un processus complexe, qui montre que les opérateurs saisis par une telle mouvance développent des stratégies spécifiques de résistance, d'appropriation de l'outil et parfois d'invention d'un nouveau rapport au travail. Si ces stratégies dépendent des caractéristiques propres à l'assistance technique, elles dépendent aussi du rapport de l'individu au contexte professionnel de l'aide. En fait, ces résultats – soulignant tantôt l'efficacité des aides tantôt leur insuffisance – mettent en évidence qu'une aide n'est jamais donnée une fois pour toutes, mais qu'elle fait l'objet d'une élaboration par l'opérateur. Ainsi, les propriétés des aides ne sont ni fixes ni autodéterminées : l'aide s'inscrit toujours dans l'utilisation qui en est faite (Van de Weerdt-Ribert & Brangier, 2000). L'aide est ainsi redéfinie par l'opérateur en fonction de son contexte d'utilisation.

LA MISE EN PLACE DES DISPOSITIFS D'AIDE AU TRAVAIL

Pris dans leur globalité, la performance, l'usage et l'efficacité des aides vont principalement dépendre de trois facteurs :

- De la **pertinence des fonctionnalités** qui leur sont assignées (planification, diagnostic, pilotage d'un process, contrôle de l'environnement, guidage…), c'est-à-dire de l'adaptation de l'aide aux objectifs de tâches de l'opérateur ;

- De leur niveau d'**utilisabilité** (facilité d'utilisation, homogénéité de la présentation, tolérance aux erreurs de l'opérateur…), c'est-à-dire de la compatibilité de l'aide avec les caractéristiques physiques, cognitives et sociales de l'opérateur et son travail ;
- Des modes de **régulation** psychosociale (stratégie d'acceptation ou de résistance, formes d'appropriation des dispositifs, formes d'adaptation de l'opérateur aux changements introduits par l'aide…), c'est-à-dire des accommodements construits dans les interactions entre les opérateurs, leur organisation du travail et ces nouvelles technologies. Il s'agit d'arrangements convenables, de compromis acceptables entre l'homme, l'aide technique et l'organisation.

Ces trois points permettent à présent d'envisager des moyens pour accompagner la mise en place des aides au travail dans les entreprises.

Identifier les besoins réels de l'opérateur pour définir les fonctionnalités de l'aide

Tout d'abord se pose la question de l'adaptation de l'aide technique à ses fonctions, prises comme les actions propres de l'aide. L'identification des fonctionnalités permet l'adaptation exacte de l'aide son but utilitaire, par la définition des activités à aider. Dans le cas de l'aide supplétive, l'utilisateur pilote des fonctionnalités dont l'exécution est prise en charge par la technologie. A l'inverse, dans l'aide informative, les fonctionnalités sont souvent à inférer à partir de la lecture d'une procédure et l'élaboration d'une représentation du problème. De ce point de vue, la fonctionnalité réalisée par l'aide ou pour laquelle l'aide est un support, doit être lue et comprise par l'opérateur.

Les fonctionnalités seront conçues ou aménagées en utilisant une méthodologie d'analyse du travail et seront, de ce fait, décrites avec un certain formalisme. D'une manière générale, les psychologues du travail et les ergonomes utilisent un vocabulaire et des méthodes relativement formalisés qui permettent de décrire les tâches, activités, contraintes, astreintes et charge de travail. L'analyse du travail correspond à cette collecte d'un savoir sur le travail (conditions, organisation, contenu, caractéristiques des postes de travail, raisonnements en jeu…), à son analyse et à son opérationalisation en fonction des objectifs de l'analyse. Au sens large, elle s'attache à décrire et à comprendre les tâches, les activités, les comportements, les exigences du travail, les machines, l'organisation et les opérateurs. Cette analyse correspond à une description des activités de l'opérateur afin de comprendre leur travail réel et pas seulement le travail prescrit. Elle ne doit pas reproduire exactement l'existant mais l'améliorer et en diminuer les défauts. L'analyse du travail doit également préciser les exigences auxquelles le dispositif d'aide devra se soumettre. Elle doit encore favoriser le meilleur recouvrement possible entre la tâche réelle et la tâche assistée.

L'analyse de la tâche procède par une décomposition de la tâche en sous-tâches jusqu'au moment où les procédures élémentaires de l'opérateur sont détaillées (le lecteur pourra se rapporter à Sanchez, 2005). Ces procédures élémentaires sont déclarées atteintes lorsque l'analyse a permis de dégager des éléments simples pouvant se traduire par une procédure composée de plusieurs fonctionnalités. Il existe donc des liens forts entre les objectifs poursuivis par l'analyse du travail et la connaissance précise des différentes fonctions assurées par les opérateurs. Ceci étant, le but de l'analyse du travail n'est pas réductible à l'identification des fonctionnalités. Elle intervient aussi lorsqu'il s'agit de définir l'utilisabilité du système ou d'accompagner son implantation dans le tissu socio-organisationnel.

En d'autres termes, la condition préalable à l'efficacité et à l'usage d'une aide réside dans la validité des fonctionnalités du dispositif aidant l'homme. Il s'agit de recenser les fonctionnalités dont les utilisateurs ont un besoin réel et d'identifier les potentialités et les limites des technologies allant supporter l'assistance (par exemple : écrits, systèmes experts, téléphone), car des contraintes techniques peuvent obérer des fonctionnalités.

Développer l'utilisabilité du dispositif d'aide au travail

Les aides sont dotées de fonctionnalités de plus en plus nombreuses, riches et complexes. Pour que l'opérateur puisse en profiter pleinement, elles doivent présenter un bon niveau d'utilisabilité (Brangier & Barcenilla, 2003). L'utilisabilité correspond à l'adaptation de la technologie aux caractéristiques de l'utilisateur. Elle est définie par la conjonction de trois éléments : l'efficacité, l'efficience et la satisfaction :

- L'efficacité représente ce qui produit l'effet qu'on attend. Elle explicite les causes de la réalisation du phénomène produit par l'interaction entre une personne et un dispositif technique. Elle renvoie donc au degré d'ampleur avec laquelle une tâche est accomplie.
- L'efficience est la capacité de produire une tâche donnée avec le minimum d'effort ; plus l'effort est faible, plus l'efficience est élevée. L'effort peut être mesuré de plusieurs manières : par le temps mis pour réaliser une tâche, par le nombre d'erreurs, par les mimiques d'hésitation, etc.

L'efficience désigne donc le rendement d'un comportement d'usage d'un dispositif.

- La satisfaction se réfère au niveau de confort ressenti par l'utilisateur lorsqu'il utilise un objet technique. C'est l'acceptation du fait que l'objet est un moyen appréciable de satisfaire les buts de l'utilisateur. Bien souvent, la satisfaction est corrélée avec l'efficacité et l'efficience. La satisfaction est donc une réaction affective qui concerne l'acte d'usage d'un dispositif et qui peut être associé au plaisir que l'utilisateur reçoit en échange de son acte. La satisfaction est donc une évaluation subjective provenant d'une comparaison entre ce que l'acte d'usage apporte à l'individu et ce qu'il s'attend à recevoir.

Les enjeux de l'utilisabilité sont aujourd'hui économiquement importants. En effet, la facilité d'utilisation est devenue pour le consommateur un critère d'achat et pour l'opérateur un critère de satisfaction au travail (voir le chapitre 20, de Bach, Brangier & Scapin dans le présent ouvrage). Les critères d'utilisabilité concernent la compatibilité entre l'homme et la machine, la consistance des informations, le feed-back immédiat sur l'action réalisée, la prévention des erreurs, le contrôle de l'utilisateur, l'organisation des fonctions et des informations, la facilité de transfert d'apprentissage, le guidage de l'utilisateur, l'explicitation du vocabulaire et des commandes, la pertinence de l'information et l'incitation pour amener l'utilisateur à mettre en œuvre des moyens spécifiques d'action.

Ces recommandations ergonomiques représentent un ensemble de préconisations concernant la manière d'organiser l'interaction entre l'objet technique et l'homme. Elles se présentent comme adaptées à un grand nombre d'utilisateurs. Elles concernent ce qu'il faut ou ne faut pas faire en matière de présentation des informations à l'écran, de rédaction des manuels utilisateurs, de structuration des menus, etc. Elles permettent de justifier des choix de conception du contenu et du contenant d'une aide en fournissant une métrique de conception, d'évaluation et de correction de son utilisabilité. Par exemple, elles vont souligner que le nombre de couleurs à utiliser pour la présentation des informations à l'écran ne doit pas dépasser quatre ou cinq. De la sorte, elles fournissent aux concepteurs un ensemble de connaissances sur la manière dont « fonctionne » l'utilisateur lorsqu'il se trouve dans une situation d'interaction avec un ordinateur, un document, un magnétoscope…, où interviennent des dispositifs d'entrée et de sortie d'informations, des modes d'échanges d'informations et le contexte induit par son travail. En bref, les principes d'utilisabilité trouvent leur fondement dans la discontinuité entre l'homme et la technologie, en cherchant précisément à faire de l'interaction un processus continu. L'écart entre l'homme et la machine est ainsi réduit par le respect des recommandations qui favorisent la fluidité des échanges entre l'opérateur et l'ordinateur.

Ceci étant, l'utilisabilité sécrète sa propre limite. Cette dernière provient du fait qu'elle appréhende essentiellement l'usage à travers les instruments avec lesquels l'utilisateur réalise une tâche. L'usage est réduit à ces trois composants. Il s'agit là d'une réduction considérable. En réalité, les technologies modernes, et tout particulièrement les aides au travail sont socialement situées. Les personnes ont des relations avec ces objets, et avec d'autres personnes à travers ces objets. Ils procurent de la joie, de l'énervement, de l'anxiété... Ils ne procurent pas que du confort fonctionnel, comme le suggère la notion d'utilisabilité, mais aussi des émotions, de la haine et du plaisir. Ces objets sont imposés par d'autres personnes ou librement choisis. La manière dont ils s'implantent dans les situations de travail est également un critère important d'usage.

Gérer les dimensions sociales liées à l'implantation d'une aide au travail

L'efficacité d'une aide dépend toujours de l'utilisation qui en est faite dans un contexte particulier. Si l'intégration des aides connaît des difficultés, cela est non seulement lié aux caractéristiques de leurs fonctionnalités ou de leur utilisabilité, mais aussi de leur acceptation sociale par l'homme en tant que ce dernier est toujours un acteur situé dans un contexte socio-organisationnel. En effet, la transmission d'un savoir d'une aide vers un individu apparaît comme une situation sociale d'acquisition mentale, résultant, à la fois, du déterminisme technologique des nouveaux dispositifs, de l'expérience professionnelle acquise, des stratégies individuelles et collectives des utilisateurs, et des stratégies opératoires fondées à partir de ce que les individus pensent de ce qu'ils font ou ont à faire. Ainsi, la mise en place d'une aide n'est pas réductible à un simple déplacement de connaissance d'une technologie plus ou moins sophistiquée vers des individus humains. Il s'agit là d'un processus complexe, qui montre que les individus saisis par une telle mouvance développent des stratégies spécifiques d'appropriation, de résistance ou d'autonomie.

Par ailleurs, les nouvelles stratégies développées par les individus au cours de la mise en place d'une aide, reposent sur des représentations que les individus ont de leur dispositif technique. Ces nouvelles compétences émergent d'un processus de régulation des perturbations que provoque dans l'activité de l'opérateur l'implantation d'un nouvel outil. L'apprentissage de nouvelles connaissances se présente donc comme une forme de régulation des changements. En somme, l'implantation de dispositifs d'assistance est vécue comme une situation de « reconversion », visant à une augmentation des compétences. L'arrivée d'une aide technique n'est pas seulement le passage d'un système technique vers un autre, c'est surtout une phase relativement brève de la vie de l'entreprise qui introduit ou accompagne des changements durables dans les comportements professionnels.

Au cours de l'implantation d'une aide, les utilisateurs vont apprendre à s'en accommoder. De cette manière, ils corrigent la logique initiale de l'implantation, adaptent les raisonnements des systèmes d'aide, ajustent les décisions, sous-utilisent les aides, s'abritent derrière les heuristiques de la machine, découvrent des marges discrétionnaires leur donnant de l'autonomie, inaugurent de nouvelles formes de fonctionnement social, et réactualisent leur savoir. Dans le traitement de ces situations nouvelles, les individus font preuve d'accommodement, c'est-à-dire d'une intelligence pratique en mettant en œuvre des moyens nouveaux permettant une adaptation satisfaisante de la technologie, de l'organisation et/ou d'eux-mêmes. Ils peuvent ainsi chercher à acquérir de nouvelles connaissances, à modifier leur organisation du travail en réduisant la taylorisation des tâches, à travailler plus vite que prescrit, à se préserver des temps de repos, à s'aménager du confort. Ces stratégies visent à la fois à accommoder les nouvelles procédures et à les extérioriser dans des façons de faire qui leur sont propres.

INTERVENIR SUR LES AIDES AU TRAVAIL

Revenons sur les trois exemples de notre introduction : la mise en place de documents qualité devant aider les opérateurs à réaliser le bon geste ; l'assistance téléphonique de techniciens par des experts ; et la mise en place d'une aide informatisée dans une entreprise. Ces trois situations illustreront les points-clés de ce chapitre.

Améliorer les aides textuelles au travail

Les aides textuelles, et notamment les documents de certification qualité, correspondent à des référentiels de prescriptions et d'aide-mémoire destinés aux opérateurs, qui en les lisant doivent accomplir les procédures qui y sont décrites. Le développement de ces aides textuelles est un processus transformateur des conditions de réalisation du travail, qui précipite les opérateurs d'un système de travail oral vers l'écrit. C'est également une étape de la vie des entreprises où se constituent des accommodements entre les forces de résistance et celles d'innovation conduisant souvent à un changement d'organisation du travail et à des modifications de la culture d'entreprise.

Avec ces aides textuelles, la direction des entreprises espère améliorer les performances des opérateurs, même si ces derniers sont parfois illettrés. En réalité, en redistribuant les connaissances au sein des organisations, l'entreprise normalise les pratiques opératoires et impose une écriture ou une lecture collectives à l'ensemble des opérateurs. De ce point de vue, les aides écrites définissent les bons et mauvais comportements en codifiant des règles de travail, là où précisément les opérateurs pouvaient faire preuve d'autonomie. De cette manière, les langages ouvriers risquent de se trouver en partie disqualifiés ou contraints de donner leur place aux instructions écrites. La mise en place de ces aides correspond donc à un renforcement potentiel de l'explicite et du contrôle : les documents servant à la fois à définir ce qu'il faut faire et à vérifier ce qui a été fait. En somme, les aides liées à la certification qualité correspondent à une normalisation de l'action humaine réussie visant à orienter les comportements professionnels vers une efficacité supérieure (Cochoy, Garel & de Terssac, 1998). En organisant la pensée sur l'action, les aides textuelles sont également organisées par la pensée sur l'action.

Au niveau de leur lecture et de leur compréhension, ces documents qualité sont des textes procéduraux qui imposent des contraintes de mémorisation, une activité inférentielle importante, et des exigences d'exécution réussie des tâches. Prenons l'exemple d'un extrait de document : « AV. D. *assemblée assise + centrage* 10305 C445 ». Ce morceau « d'aide textuelle » doit amener la compréhension suivante : « Moulage et centrage sur l'avant-droit de l'assise d'un sous-ensemble de pattes, assemblée préalablement sur un autre poste, la référence de cette patte étant 10305 C445. L'assise désigne la partie du siège sur laquelle on s'assoit. Le sous-ensemble de pattes correspond à une pièce à assembler ». Ce texte repose sur une suppression des articles définis ; l'utilisation systématique de verbes substantivés (centrage) ; l'emploi d'adjectifs suplétifs (AV.D. avant-droit) accolés au nom qui précisent les propriétés structurelles et spatiales des objets ; la présence de participes passés adjectivés (assemblée) qui vient soutenir les transformations que les objets ont subies ; une codification numérique des objets manipulés au poste. Ces aides se présentent sous la forme d'un texte procédural contenant une série d'actions à exécuter selon un déroulement temporel ou événementiel. Elles s'appuient sur un langage technique dont la compréhension nécessite une certaine familiarité.

Encadré 1 : Evaluation de l'utilisabilité d'aides textuelles (extrait de Brangier et Barcenilla, 2003)

Dans une recherche portant sur la qualité rédactionnelle de 99 aides textuelles présentes aux postes d'opérateurs à bas niveaux de qualification – des modes opératoires, des documents qualité, des schémas et illustrations (tableau de production, graphe de rebuts...), des consignes de sécurité – récoltées dans 10 entreprises, nous avions souligné leur faible capacité à améliorer les performances des utilisateurs. Pour apprécier la qualité des documents, une grille d'évaluation a été élaborée. Cette dernière permettait d'apprécier la syntaxe, grammaire, richesse sémantique... des aides textuelles récoltées. Chacun des 99 documents était ainsi soumis à la grille d'évaluation. Les résultats font apparaître de nombreux défauts :

- la lisibilité des documents n'est assurée que dans 56,9 % des cas ;
- 43,4 % des documents présentent des abréviations et sigles inexpliqués ;
- 34,9 % des documents ont des formes syntaxiques complexes ;
- 76,7 % des documents ont des phrases courtes ;
- sur le plan grammatical, 58,9 % des phrases sont mal construites ;
- seulement 14,1 % des documents présentent les pré-requis des actions à réaliser ;
- les actions à réaliser ne sont explicités que dans 17,6 % des cas ;
- les procédures de récupération des erreurs et de contrôle ne sont pas intégrées aux modes opératoires (seulement dans 19 % des cas) ;
- enfin, le but des procédures est mal défini dans 64,7 % des documents.

Le faible niveau rédactionnel des aides textuelles (encadré 1) indique que certaines difficultés éprouvées par les opérateurs proviennent du manque d'efficience, d'efficacité et de satisfaction qu'elles procurent. Ces difficultés sont renforcées par la faible pratique de la lecture des opérateurs à bas niveaux qui comprennent mal les aides au travail parce qu'ils élaborent des stratégies de lecture (lexique réduit) et de compréhension inadaptées (inférer le sens à partir de peu d'indices textuels). Pourtant, il est relativement aisé d'améliorer l'utilisabilité de ces documents pour leur faire jouer un véritable rôle d'aide au travail (encadré 2). Longtemps oubliée, l'utilisabilité des aides textuelles au travail est en effet un élément déterminant de leur lecture, compréhension et usage.

**Encadré 2 : Démarche d'amélioration des documents
d'aide textuelle au travail et de leur usage.**

A partir d'une recherche pour le Ministère du Travail, Barcenilla et Brangier (2000) ont proposé des recommandations pour améliorer l'ergonomie des textes, notamment destinés aux opérateurs à bas niveaux. Cette démarche repose à la fois sur des recommandations sur la lisibilité et la compréhensibilité des textes, et sur des modes de gestion des écrits professionnels dans les entreprises.

Les recommandations ergonomiques concernent principalement la simplification des aides textuelles en améliorant diverses variables linguistiques et physiques des documents :

- homogénéiser le texte ;
- faciliter l'accès aux informations pertinentes ;
- développer la représentation graphique ;
- simplifier la syntaxe et la sémantique ;
- rédiger un texte compatible avec le travail réel et avec les caractéristiques mentales des opérateurs ;
- intégrer la sécurité et la qualité dans un même document ;
- prévoir les tâches atypiques et les modes de récupération d'erreur ;
- adapter l'aide aux conditions réelles de travail.

Au-delà de ces caractéristiques psycholinguistiques, les documents professionnels doivent être intégrés dans le quotidien de l'entreprise. Pour ce faire, il convient de :

- nommer un responsable de la création, rédaction, correction et gestion des aides et dispositifs d'assistance à l'opérateur ;
- analyser le travail pour faire une première rédaction du document ;
- tester et valider le document : évaluer son utilisabilité, comparer les prescriptions écrites et le travail réel ;
- vérifier le contenu du document avec les responsables des services concernés ;
- mettre en place des procédures d'archivage et d'évolution des documents.

Assister téléphoniquement l'opérateur

Si l'aide textuelle comprend des difficultés liées à la représentation et à la compréhension des informations, l'assistance téléphonique pose d'autres problèmes liées à l'efficacité de la communication et à la perte d'autonomie dans le travail.

Encadré 3 : Quelques variables agissant sur l'usage et l'efficacité des aides chez des techniciens

Dans une étude comparant des aides écrites et téléphoniques destinées à des techniciens de maintenance en télédiffusion, Ribert-Van De Weerdt et Brangier (2000) ont montré que l'usage des aides, loin d'être uniforme, dépendait à la fois :

- du niveau d'expérience : tandis que les débutants font appel à l'assistance téléphonique, les expérimentés privilégient l'aide écrite ;
- du niveau de diplôme : plus ils sont diplômés et moins ils recourent à l'assistance téléphonique ; et ils préfèrent l'autonomie offerte par l'aide textuelle ;
- de la pression agissant sur la situation de maintenance (importance du client, peu de temps pour réparer) : plus la pression est forte, plus les techniciens ont recours à l'assistance téléphonique ;
- du niveau de risque encouru : lorsque le risque est interprété comme important, les techniciens utilisent plus volontiers l'assistance téléphonique ;
- de l'autonomie offerte ou non par le dispositif d'assistance : plus l'aide se présente comme indépendante des collègues ou de hiérarchiques, plus elle présente des marges discrétionnaires et plus son usage sera privilégié. Si la stratégie d'autonomie est prioritairement recherchée, elle est abandonnée pour l'assistance téléphonique lorsque les pressions externes sont fortes. L'assistance téléphonique, considérée comme une solution de facilité, permet en moyenne de résoudre le problème plus rapidement que le document.

Pour résumer : le choix, l'usage et l'efficacité d'une aide est liée à la représentation que les techniciens ont de l'aide et de leur situation d'intervention.

Les conversations téléphoniques entre un novice et un expert mettent en évidence que les difficultés rencontrées se situent au niveau de la divergence de buts entre les interlocuteurs : problèmes d'intercompréhension, de non partage des prérequis nécessaires, d'inadaptation du vocabulaire utilisé. En fait, les interlocuteurs sont confrontés aux problèmes de co-construction à distance d'une représentation du problème de l'appelant. Ces difficultés se manifestent dans les échanges interlocutoires, qui représentent une sorte d'interface entre l'expert et le technicien ; interface dans laquelle s'ajustent les connaissances, se développent des incompréhensions, et finalement se récupère, plus ou moins rapidement, le dysfonctionnement. La formation des appelés à l'écoute et à diverses techniques conversationnelles peut améliorer l'efficacité des dialogues.

Par ailleurs, sur le plan symbolique l'assistance téléphonique n'est pas une aide neutre. Elle souligne la dépendance de l'appelant vis-à-vis de l'appelé (encadré 3). L'assistance téléphonique renforce l'idée d'une perte d'autonomie, d'une réduction de la marge de liberté de l'opérateur, ou encore d'une diminution de l'indépendance de ses propres décisions et actions. Ainsi, l'acceptation des décisions d'un expert n'est pas toujours un acte évident surtout si le contexte organisationnel est le lieu de conflits inter-catégoriels.

Comprendre les aspects sociaux de l'introduction d'une aide informatisée

Qu'elles soient textuelles, téléphoniques ou informatiques, les aides au travail correspondent à une diffusion de connaissances qui auparavant n'avaient pas lieu d'être diffusées. De ce point de vue elles présentent, comme nous l'avons vu, des problèmes liés à la compréhension des documents et à la communication interindividuelle, mais aussi, comme nous allons le voir, des problèmes liés au changement organisationnel. En effet, avec les aides au travail, les capacités de traitement, de stockage et de diffusion des informations sont accélérées, fournissant de la sorte un fort potentiel d'innovation en matière de communication, de décision, d'action et d'organisation du travail.

L'implantation d'une aide informatisée (système expert, système interactif d'aide à la décision, base de connaissances sur un intranet) correspond à la possibilité d'accéder à un savoir qui jusqu'alors était réservé aux experts. En capitalisant le savoir, l'aide propose une décentralisation de l'expertise. Il s'agit là d'un changement technologique considérable qui bouleverse de nombreuses d'habitudes, dérange beaucoup de situations acquises, pour être spontanément accepté et intégré de façon favorable dans les comportements. L'organisation dans laquelle l'informatisation a lieu devient du coup le siège de stratégies des divers protagonistes. Dès lors, les groupes en présence (les utilisateurs, les experts, l'encadrement, les dirigeants et les informaticiens) élaborent des stratégies de résistance, d'encouragement, de résignation ou encore d'acception, face à la mise en place des dispositifs d'assistance.

Une telle introduction représente pour les employés un ensemble de changements dans leurs manières antérieures de faire leur travail ; il touche directement les aspects cognitifs, organisationnels et culturels de leur travail (encadré 4). C'est une situation relativement brève dans la vie de l'organisation, qui induit cependant des changements importants et durables. La dynamique ainsi créée, montre que les savoir-faire – initialement capital informel des divers responsables production, technique, méthode ou qualité et devenant progressivement capital formel de l'aide informatisée – sont pris dans un processus à la fois perturbateur et intégrateur.

Bien souvent, après avoir résisté au changement les opérateurs s'y associent. Ils tendent à devenir un passage obligé dans le traitement ultérieur des informations capitalisées par l'aide, et mettent alors en place un court-circuitage des anciennes voies institutionnelles. De surcroît, par le biais des interactions homme-logiciel, l'accès quasi immédiat aux connaissances produites par les autres individus est également facilité. Ainsi, la production de chacun s'oriente vers plus d'autonomie. La polyvalence s'en trouve accrue tout comme l'interdépendance dans le travail. Cette réduction globale de la dépendance d'autrui et notamment de la hiérarchie tend souvent à remettre en cause la division du travail, tout en s'accompagnant de nouvelles contraintes liées à l'homogénéisation des façons de travailler. Par conséquent, les aides traînent dans leurs sillages un déplacement des zones de conflits : anciennement localisées au niveau d'une hiérarchie de connaissances, les conflits tendent à s'articuler au niveau d'une hiérarchie de management.

Encadré 4 : Formes d'apprentissages et de régulations psychosociales liées à la mise en place d'un système informatisé d'aide à la décision dans une entreprise

Dans une recherche monographique portant sur la mise en place d'un système expert, utilisé par une soixantaine d'agents d'une entreprise de gestion de pension (invalidité et retraite), Brangier, Hudson et Parmentier (1994) ont cherché à recenser et interpréter les façons dont les individus étaient confrontés au système d'aide, en tant que son utilisation impliquait de nouveaux apprentissages. Dans cette situation, il est apparu que :

- les individus réalisaient des apprentissages individuels qui étaient liés à une modification de leur compétence et de leur performance. D'un côté, les performances de certains augmentaient : ils traitaient mieux et en plus grand nombre les dossiers de pension. D'un autre côté, les compétences de certains autres diminuaient. Par exemple, pour analyser les modes de raisonnement, nous avions demandé à une opératrice de traiter manuellement un dossier, elle fut gênée puis déclara qu'elle ne savait plus le faire. Le système d'aide favoriserait un accroissement des performances tout en réduisant une partie des connaissances mobilisées dans les décisions ;
- l'organisation du travail évoluait vers plus d'ouverture. On constatait une réduction de la taylorisation, les individus pouvant traiter les dossiers dans leur entier. De ce point de vue, le système permettait de travailler autrement et de s'octroyer des marges de manœuvre liées à de nouvelles formes de savoir ;

> – la culture organisationnelle changeait également : de nouvelles valeurs et normes faisaient leur apparition comme la standardisation des décisions, l'homogénéité des raisonnements ou l'équité de traitement des dossiers de pension.
>
> En fait, ces apprentissages individuels, organisationnels et culturels semblaient avoir un double objectif. D'une part, ils permettaient de se donner plus de confort dans le travail en se déresponsabilisant des décisions tout en « jouant » avec le système (les individus apprenaient notamment à piéger le système ou à lui faire dire ce qu'ils voulaient). D'autre part, ces apprentissages favorisaient la mise en place d'une organisation moins taylorisée du travail.

De la sorte, les aides informatisées opèrent non seulement une transformation des modes opératoires, mais aussi une modification dans la façon de travailler, qui promeut une valorisation de la diffusion des connaissances. Elles doivent donc être envisagées selon un processus de changement organisationnel qui suscite des inquiétudes liées à la perte d'ancrage professionnel antérieur, tout en provoquant de nouvelles attentes. Tout en étant une forme de rationalisation des connaissances, elles accompagnent une ouverture des entreprises vers des solutions inédites d'organisations sociales.

CONCLUSION

La mise en place d'une aide correspond donc à un processus relativement complexe qui vise à l'augmentation de la performance de l'opérateur par un ensemble de connaissances destinées à améliorer sa représentation des problèmes professionnels dans un contexte socio-organisationnel donné. Avec les aides, l'opérateur est soucieux ou contraint de bénéficier du travail constructif d'un expert qui lui est externe, que ce dernier soit implémenté dans un dispositif technique ou humain. Mais ce bénéfice, s'il est louable aux yeux de certains, n'est pas toujours facilement accepté, tant il remet en cause des façons de faire et de s'organiser au travail. Aussi, pour optimiser la performance de l'utilisation, il convient de veiller à la pertinence des fonctionnalités des aides (que doivent-elles apporter à l'opérateur ?), à la qualité de l'utilisabilité de l'aide (sont-elles faciles à utiliser ? sont-elles agréables à utiliser ?) et aux changements sociaux qu'elles induisent (les changements seront-ils acceptés ? sous quelles conditions ? pour quels effets ?) (Figure 1).

Fonctionnalités	Utilisabilité	Régulation sociale
↓	↓	↓
Utile ?	Facile et agréable ?	Acceptable ?
Service rendu, utilité, opérationnalité de l'aide, pertinence des fonctions d'aide pour le travail de l'opérateur	Facilité d'utilisation, compatibilité, adaptation de l'aide aux caractéristiques de l'opérateur et de son travail	Changement dans le travail, impacts socio-organisationnels de l'aide, compétences de l'opérateur
↓	↓	↓

Performance de la relation humain-aide-organisation

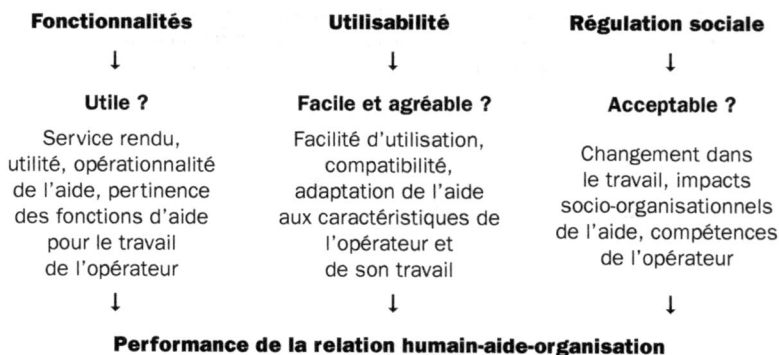

Figure 1 : **Modèle synthétique de la performance des aides au travail.**

Ainsi, nos façons de travailler, de vivre et de penser se trouvent transformées en même temps que le système technique dans lequel elles se déroulent. De ce point de vue, les aides agissent sur l'être humain qui, à son tour agit sur les dimensions de l'aide qui orientent son comportement. C'est donc la nature des relations en œuvre dans la performance humain-aide-organisation qui permet d'expliquer, tout à la fois, la valeur des aides au travail et l'orientation de la conduite humaine avec ces aides.

Plus largement, la question des aides au travail renvoie à celle des transferts de connaissances des hommes entre eux ou entre les hommes et les technologies. Elle nous indique que les entreprises sont de plus en plus dépendantes des connaissances qu'elles produisent, gèrent ou diffusent. Elles nous confirment donc que nous rentrons dans une société d'économie de la connaissance et que du coup le travail des spécialistes des ressources humaines devient de gérer le développement de l'infrastructure cognitive des organisations, qui est bien évidemment par essence humaine.

Bibliographie

Bach, C., Brangier, E., & Scapin, D.L., (2006). Comment s'assurer de la facilité d'utilisation d'une nouvelle technologie ? In C. Lévy-Leboyer, C., Louche, J-P., Rolland. *Management des organisations*, Paris : Editions d'Organisation.

Bainbridge, L. (1991). Will expert systems solve the operator's problems ? Les systèmes experts peuvent-ils aider les opérateurs à résoudre des problèmes ? In M. Neboit, & E., Fadier, (Eds). *Les facteurs humains de la fiabilité et de la sécurité des systèmes complexes*. Nancy : INRS. 17-25.

Barcenilla, J., & Brangier, E. (2000). Propositions pour une intervention en ergonomie des aides textuelles au travail. In Ch., El Hayek, (Coord). *Illettrisme et milieu de travail*. Paris : La documentation française, 357-368.

Brangier, E., & Barcenilla, J. (2003). *Concevoir un produit facile à utiliser : Adapter les technologies à l'homme*. Paris : Editions d'Organisation. 260p.

Brangier, E., Hudson, K, & Parmentier, H. (1994). User impacts of Alpin expert system. In D. Towne, T., Ton De Jong, & H., Spada, (Eds). *Simulation based experiential learning*. Berlin : Springer Verlag, 261-272.

Cochoy, F., Garel, J-P., de Terssac, G., (1998) Comment l'écrit travaille l'organisation : le cas des normes ISO 9 000. *Revue Française de Sociologie*, 39 (4), 673-699.

Grosjean, V. (1998). *Assistance à la conduite dans les situations dynamiques : influence de la construction d'une perspective temporelle sur la performance experte*, Thèse de doctorat de psychologie, Université de Liège, Liège.

Ribert-Van de Weerdt, C., & Brangier, E. (2000). L'usage et l'efficacité des aides à la maintenance en télédiffusion. *Le Travail Humain*, 63, 4, 331-352.

Sanchez, J.I. (2006). Pourquoi et comment faire une analyse de poste. In C. Lévy-Leboyer, C. Louche, J-P., Rolland. *Management des personnes*, Paris : Editions d'Organisation.

Chapitre 22

La création de sites web par des concepteurs débutants : Quels sont les processus cognitifs mis en œuvre et comment en faciliter la réalisation ?

NATHALIE BONNARDEL ET LAURENCE LANZONE

Le développement d'Internet et la possibilité de créer des sites sur le « World Wide Web » (web) modifient les habitudes d'accès à des informations et à des documents de nature variée, ainsi que les interactions entre les personnes qui créent ces documents et celles qui les consultent (Piolat, Bonnardel & Chevalier, 2001). Outre ce versant « consultation de sites web », le développement d'Internet a comme corollaire l'émergence d'un nouveau type d'activité créative : *la conception de sites web*. En effet, l'une des caractéristiques majeures du Web est qu'il permet, non seulement aux grands organismes mais aussi à de petites sociétés et à des personnes opérant individuellement, de concevoir et de « diffuser » leurs propres sites. De tels sites peuvent avoir une visée commerciale, fournir des informations à grande échelle ou simplement personnelles, et ils peuvent être réalisés sans nécessiter d'investissements importants, tant au niveau de l'équipement informatique que de l'expertise technique. De ce fait, ces activités de conception sont mises en œuvre non seulement par des spécialistes dans la création de sites web mais aussi par des concepteurs « tout-venant » : chacun peut créer son propre site, que ce soit dans un but professionnel ou personnel.

Bien que la création de sites web puisse sembler relativement aisée, en particulier pour les professionnels, parvenir à créer un site peut se révéler difficile pour des concepteurs « tout-venant » ou débutants. La complexité des tâches requises ne réside pas principalement dans le développement de programmes informatiques en HTML (HyperText Markup Language) puisque de nombreux éditeurs de sites web sont proposés (tels que Netscape Composer, Dreamweaver ou GoLive) et que leur utilisation, après une période d'apprentissage, n'est pas particulièrement difficile. Les difficultés apparaissent principalement liées à certaines caractéristiques générales des activités de conception ainsi qu'à des caractéristiques plus spécifiques à la conception de sites web. Ainsi, dans l'idéal, les concepteurs doivent sélectionner les informations à présenter sur le site en tenant compte des objectifs des internautes qui le consulteront, définir la navigation dans le site de façon à faciliter l'accès aux informations recherchées, etc.

Paradoxalement, compte tenu de la complexité cognitive des activités de conception de sites web et de l'enjeu qui leur est associé (par exemple, la consultation effective des sites créés, la vente de produits ou de services proposés sur des sites à visée commerciale), ces activités font l'objet de peu de recherches. Or, il apparaît primordial d'étudier la façon dont procèdent des concepteurs « tout-venant » ou débutants et, ce faisant, d'identifier les difficultés qu'ils rencontrent. Dans cette perspective, les activités de conception de sites web vont tout d'abord être caractérisées, puis nous présenterons une étude expérimentale conduite auprès de concepteurs venant de suivre une formation à la création de sites web. Sur la base de ces résultats, des modalités d'assistance seront proposées en tenant compte des besoins spécifiques de concepteurs débutant dans ce domaine.

CARACTÉRISTIQUES DES ACTIVITÉS DE CONCEPTION DE SITES WEB

Dans le cadre d'une approche de psychologie cognitive, la conception de sites web entre dans le champ de la résolution de problèmes de conception : les concepteurs doivent définir un produit satisfaisant différentes exigences, tout en faisant preuve d'une certaine créativité.

Les problèmes de conception apparaissent particulièrement complexes, en raison d'une double caractéristique :

- Ils sont « *mal définis* », en ce sens que chaque concepteur doit construire sa propre représentation mentale du produit à concevoir (par exemple, un site web) alors qu'il ne dispose, au départ, que d'un ensemble restreint d'exigences ou de données. Ce n'est que progressivement, au cours même de la résolution du problème, que la représentation mentale s'affine et se précise. Aussi, les activités de conception reposent sur un cycle de construction de la représentation du problème – « problem framing » – et de résolution proprement dite du problème – « problem solving » (Rittel & Webber, 1984 ; Simon, 1995).
- Les problèmes de conception sont également « *ouverts* », en ce sens qu'il n'existe pas une solution unique et optimale pour un problème donné mais une variété de solutions potentielles, qui satisfont plus ou moins certains critères ou certaines contraintes. Ces critères et ces contraintes peuvent également être considérés « ouverts » puisqu'ils dépendent non seulement de normes imposées par le commanditaire (ou d'exigences transmises *via* un cahier des charges) mais également de la représentation mentale que le concepteur se construit du problème à traiter, de l'expérience qu'il a acquise et de ses préférences (Bonnardel, 1999). Aussi, des concepteurs différents, supposés traiter un même problème, pourront parvenir à des solutions différentes, bien que potentiellement toutes acceptables.

Outre ces caractéristiques générales des problèmes de conception, d'autres caractéristiques apparaissent plus spécifiques à la conception de sites web :

- Les sites web sont à chaque fois dévolus à une finalité particulière et ils doivent paraître *attractifs et innovants* pour les internautes. Les activités de conception créatives ont été décrites comme se développant dans un « environnement cognitif contraint » (Bonnardel, 2000), dans lequel la recherche de solutions de conception est guidée par des contraintes variées. En ce qui concerne la conception de sites web, certaines contraintes sont définies par le commanditaire du site, mais les exigences de ce dernier peuvent être plus ou moins précises. Aussi, on peut se demander quel est l'impact du niveau de précision des exigences du commanditaire (ou du niveau de précision du problème) sur l'activité de conception de sites web. En outre, est-il préférable de fournir à des concepteurs débutants un cahier des charges relativement précis et complet ou vaut-il mieux les laisser gérer eux-mêmes et, donc plus librement, la majeure partie de leur activité ?

- Les concepteurs de sites web doivent prendre en compte *les points de vue* de différents acteurs impliqués dans la création du site. Contrairement à des situations de conception pour lesquelles il n'y a aucun utilisateur direct, le concepteur d'un site web doit prendre en compte, outre son propre point de vue, celui du commanditaire du site et celui de l'internaute qui consultera ce site (l'*utilisateur* ou le *visiteur* du site). Les connaissances nécessaires à l'élaboration et à l'évaluation d'options de conception pour le site sont, en effet, distribuées entre ces différents acteurs. Néanmoins, bien que ce type d'activité de conception repose sur une coopération ou, tout au moins, une communication entre les différents acteurs, les concepteurs de sites web travaillent en grande partie individuellement. Des interactions entre concepteurs et commanditaires ont effectivement lieu à certaines étapes du processus de conception, mais les interactions entre concepteurs et futurs utilisateurs restent dans la plupart des cas uniquement virtuelles, en particulier dans les petites sociétés chargées de la création de sites. De plus, la majeure partie de la réflexion relative au site a lieu lorsque le concepteur est engagé dans des phases de travail individuelles. Aussi, de façon idéale, les prises de décision intervenant dans ces situations individuelles devraient reposer sur un « référentiel opératif commun », c'est-à-dire sur un ensemble de connaissances partagées (de Terssac, 1996). Mais qu'en est-il réellement ? Comment les concepteurs de sites web parviennent-ils à adopter les points de vue des autres acteurs impliqués dans le processus de conception ? A quelles étapes de l'activité de conception ces points de vue sont-ils pris en compte ?

- Comme cela a été souligné précédemment, la conception de sites web est de plus en plus effectuée par des *concepteurs « tout-venant »*, *occasionnels et/ou débutants*. Aussi, comment procèdent-ils pour (1) se construire une représentation mentale du site à concevoir et adopter une démarche de conception appropriée, (2) changer de point de vue et, en particulier, adopter celui du commanditaire et de l'utilisateur du site ?

Afin de fournir des éléments de réponse à ces questions et de parvenir ainsi à une meilleure connaissance des processus cognitifs mis en œuvre par des concepteurs débutants, une étude expérimentale a été réalisée auprès de concepteurs venant de suivre une formation à la conception de sites web.

VERS UNE MEILLEURE CONNAISSANCE DU FONCTIONNEMENT COGNITIF DE CONCEPTEURS DE SITES WEB

L'étude qui va être décrite vise à déterminer l'impact du niveau de précision des exigences relatives au site web à concevoir sur la démarche mise en œuvre par des concepteurs débutants et sur leurs changements de point de vue. Afin de disposer d'une référence quant aux points de vue adoptés dans les activités de conception de sites web, une étude préalable a été réalisée auprès de concepteurs professionnels.

Etude préalable auprès de professionnels : l'adoption de point de vue

POSITION THÉORIQUE

Changer de point de vue sur une situation donnée est souvent décrit comme consistant à construire un nouvel « espace-problème » (cf., par exemple, Richard, 1995), c'est-à-dire une nouvelle interprétation du problème ou de la tâche. Dans le cadre des problèmes de conception, nous considérons que le fait de prendre en considération un nouveau point de vue va permettre au concepteur d'affiner sa représentation mentale et d'enrichir le travail effectué antérieurement, sans pour autant remettre totalement en cause la représentation antérieure du problème. La prise en compte d'un nouveau point de vue permettrait ainsi au concepteur de compléter l'état d'avancement d'une solution de conception élaborée en fonction d'un ou de plusieurs autre(s) point(s) de vue. Plus précisément, le nouveau point de vue pris en considération conduirait à l'activation ou à la définition de critères et de contraintes liés à ce point de vue. Ces critères et ces contraintes peuvent résulter (Bonnardel, 1999) :

- de connaissances propres au concepteur et antérieures au traitement du problème considéré ;
- d'un filtrage et d'une redéfinition d'informations spécifiques au problème considéré, présentées, par exemple, dans un cahier des charges ;
- d'une analyse des implications de contraintes déjà définies ou d'options de conception déjà adoptées.

ANALYSE DE SITUATIONS DE TERRAIN

Des observations en temps réel et des entretiens ont été conduits pendant 10 semaines au sein d'une société spécialisée dans la création de sites web, ce qui a permis de réaliser une analyse de la tâche et de l'activité de concepteurs professionnels (Bonnardel & Chevalier, 1999). Les verbalisations des concepteurs et les interactions avec leurs collègues et leurs clients ont, en outre, été analysées séparément par deux « juges », puis les résultats obtenus ont été comparés et ont donné lieu à un accord inter-juges. Cette analyse visait à définir comment les points de vue du commanditaire et celui de l'utilisateur du site étaient pris en compte et se manifestaient par une centration du concepteur sur certains aspects de son activité. Les résultats de cette analyse ont ensuite été soumis à l'appréciation des concepteurs concernés.

RÉSULTATS

Les premières observations ont confirmé le fait que la conception de sites web requiert l'intervention (effective ou virtuelle) de trois acteurs : le concepteur, le commanditaire et l'utilisateur du futur site, ce qui définit ainsi *trois points de vue* qualifiés de superordonnés. Néanmoins, une analyse approfondie de l'activité des concepteurs a permis de montrer que ces trois points de vue se manifestent en réalité, au niveau du concepteur, par une centration sur différents *aspects* (Bonnardel & Chevalier, 1999) :

- des aspects *fonctionnels*, relatifs à la navigation au sein du site et aux caractéristiques qui y concourent (par exemple, le nombre de pages) ;
- des aspects *financiers* qui regroupent à la fois le coût financier proprement dit et le coût temporel engendrés pour la création d'un site donné ;
- des aspects *techniques* qui ont trait, d'une part, aux connaissances que le concepteur a de ses propres outils informatiques et, d'autre part, à l'intérêt et aux limites de tels outils ;
- des aspects *esthétiques* qui font référence à l'apparence du produit à concevoir (par exemple, l'harmonie des couleurs au sein d'un site donné).

Ces différents aspects ont été pris en compte pour l'analyse d'une situation expérimentale mise en place auprès de concepteurs débutant dans la création de sites web.

Etude expérimentale auprès de concepteur débutants

Afin d'étudier l'activité de concepteurs débutants, une situation expérimentale inspirée d'une situation réelle leur a été proposée.

SITUATION EXPÉRIMENTALE

L'étude a été réalisée auprès de 10 étudiants venant de suivre une formation à la création de sites web. Cette formation a porté sur l'utilisation de l'éditeur de site « Netscape Composer ». Il s'agit d'un éditeur HTML « wysiwyg » (« what you see is what you get ») destiné aux concepteurs amateurs qui permet, avec Netscape Navigator, une pré-visualisation du site en cours de construction. Bien qu'il offre moins de fonctionnalités que des outils professionnels, l'intérêt est qu'il ne nécessite pas de connaissances spécifiques en programmation et qu'il permet de créer facilement et rapidement des sites web.

La tâche expérimentale proposée à ces concepteurs débutants consistait à réaliser un site de 3 pages, destiné à présenter une galerie de peinture. Ils disposaient pour cela d'une heure, ce qui constitue une durée suffisante pour développer le site en question. Cette tâche est inspirée d'une tâche réelle observée durant la pré-étude évoquée précédemment. Outre cette tâche principale, il était, notamment, demandé aux concepteurs de « raisonner à voix haute » afin de pouvoir identifier les aspects sur lesquels ils focalisaient leur attention et de caractériser leur démarche de conception.

Afin d'étudier l'influence du niveau de précision des exigences relatives au site web sur les processus cognitifs des concepteurs, la moitié des participants a été confrontée à un cahier des charges « peu défini » (comportant uniquement quelques informations de base) et l'autre moitié des participants à un cahier des charges mieux défini, dit « bien défini » (des informations complémentaires étant alors fournies). En outre, afin de disposer de deux groupes homogènes, les participants à cette étude ont :

- suivi le même cursus d'études dans le cadre d'une formation initiale (licence et maîtrise de psychologie – option psychologie cognitive),
- suivi la même formation à la création de sites web (en même temps et de la part d'un seul et même formateur),
- eu à remplir un questionnaire relatif à leur niveau général de connaissances en informatique et, plus particulièrement, à leur niveau de connaissances dans la création de sites web, ce qui a permis la constitution de deux groupes équivalents eu égard à ces aspects.

MÉTHODE D'ANALYSE

Comme cela a été le cas pour l'étude préalable réalisée auprès de professionnels, les verbalisations des concepteurs ont été retranscrites et analysées par deux « juges ». Cette analyse a été effectuée dans plusieurs perspectives :

- Comptabiliser :
    - d'une part, les révisions réalisées par les concepteurs, c'est-à-dire à la fois les remises en cause et les abandons de décisions antérieures,
    - et, d'autre part, les reports à plus tard de décisions ou d'actions ;
- Identifier les aspects sur lesquels les concepteurs focalisent leur attention, en se référant aux différents aspects identifiés lors de l'étude préalable (cf. Résultats page 456) ;
- Analyser l'évolution des processus cognitifs, sur la base d'un découpage temporel de l'activité de conception en tiers (par rapport à la durée totale de création du site), ce qui définit de façon arbitraire trois moments ou trois « phases » de l'activité de conception. La fréquence des révisions et des reports à plus tard a ainsi été calculée à ces trois moments (pour chaque participant, le nombre de traitements effectués à chaque phase a été divisé par le nombre total de traitements effectués).

Les productions intermédiaires et finales des concepteurs ont également été caractérisées et comparées les unes aux autres. Il s'agit des « story-boards » (représentations schématiques de l'architecture et des fonctionnalités du site) produits au cours de la réalisation de la tâche, ainsi que des maquettes de sites web créées par les concepteurs.

PRINCIPAUX RÉSULTATS ET INTERPRÉTATIONS

Les résultats de cette étude vont nous permettre de caractériser certains aspects du fonctionnement cognitif de concepteurs débutant dans la création de sites web, en particulier, en ce qui concerne :

- la construction de la représentation mentale du site et son influence sur la démarche de conception ;
- les différents aspects sur lesquels les concepteurs débutants focalisent leur attention.

Démarche de conception et représentation mentale

Le niveau de précision du cahier des charges s'est révélé exercer une forte influence sur la démarche mise en œuvre par les concepteurs. Ainsi, les concepteurs confrontés au cahier des charges peu défini ont effectué plus de révisions et ont reporté à plus tard davantage de décisions que les concepteurs confrontés au cahier des charges bien défini (cf. Figure 1) : en moyenne, respectivement, 17,4 vs 8,8 (différence significative à p < .05).

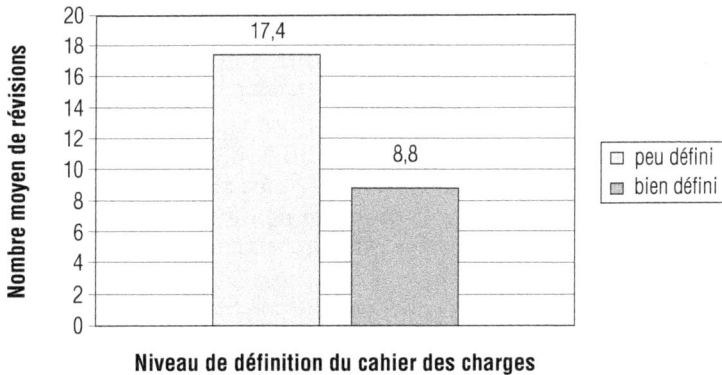

Figure 1 : Nombre moyen de révisions et de reports à plus tard en fonction du niveau de précision du cahier des charges.

Ces résultats peuvent être interprétés de la façon suivante :

* Les concepteurs confrontés au cahier des charges bien défini ont utilisé les exigences qui leur étaient présentées pour se construire une représentation mentale relativement précise d'un site correspondant à la situation proposée. Cette représentation mentale leur permet de planifier plus facilement leur activité de conception et, ainsi, d'effectuer moins de révisions et de reports à plus tard.

* Au contraire, les concepteurs confrontés au cahier des charges peu défini ont adopté une démarche caractérisée par de nombreuses révisions et des reports à plus tard, comme s'ils « tâtonnaient » et avaient plus de difficultés à prendre des décisions.

L'évolution de l'activité des concepteurs a également été approfondie sur la base d'un découpage en trois phases de la résolution du problème de conception. On constate ainsi que les révisions et les reports à plus tard évoluent différemment selon le cahier des charges proposé (cf. figure 2) :

- En ce qui concerne les concepteurs confrontés au cahier des charges bien défini, les révisions et les reports à plus tard apparaissent relativement fréquents dans la première phase de leur activité, mais ils diminuent considérablement dès la seconde phase et restent stables dans la troisième phase. Ainsi, ces concepteurs semblent avoir « tâtonné » ou procédé par « essais et erreurs » dans une première phase de leur activité. Ils se sont progressivement construit une représentation mentale d'un site correspondant à la situation proposée, qui leur permet au cours des phases suivantes de mettre en œuvre une démarche caractérisée par moins de révisions et de reports à plus tard que les autres concepteurs.

- En ce qui concerne les concepteurs confrontés au cahier des charges peu défini, les révisions et les reports à plus tard apparaissent relativement peu fréquents dans la première phase de leur activité, mais ils progressent considérablement dès la seconde phase et restent fréquents lors de la troisième phase. Ainsi, le déficit en informations auquel ces concepteurs ont été soumis semble rendre difficile à la fois la construction d'une représentation mentale du site et la planification de leur activité au cours de la seconde et de la troisième phases.

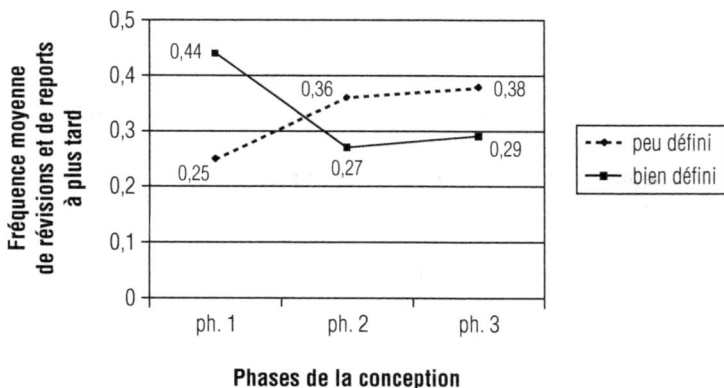

Figure 2 : Fréquence moyenne de révisions et de reports à plus tard appréhendée aux trois phases de la conception, en fonction du niveau de précision du cahier des charges.

Changements de focus de l'attention et aspects pris en compte

Les concepteurs confrontés au cahier des charges peu défini ont tendance à changer plus souvent de focus de l'attention que les concepteurs confrontés au cahier des charges bien défini (cf. figure 3) : en moyenne, respectivement, 18,5 changements *vs.* 11,4. (p = .08). Un tel résultat est tout à fait cohérent avec la démarche adoptée par les concepteurs qui ont eu à traiter le cahier des charges peu défini. Ces concepteurs étant moins contraints par les exigences fournies dans le cahier des charges, leur liberté d'action mais aussi leurs difficultés à effectuer des choix et à définir un plan d'action se manifestent non seulement par des remises en cause de décisions antérieures ou par des reports à plus tard d'autres décisions mais aussi par des changements plus fréquents de focus de l'attention. Il est à noter que ce type d'observation est également caractéristique d'une démarche dite « opportuniste » : les informations que la personne remarque sur l'état courant du problème l'amènent à prendre des décisions, même si ces décisions conduisent le concepteur à dévier d'un plan prédéfini. Cette démarche est souvent interprétée comme positive dans le cas des activités de conception, mais les observations effectuées ici auprès de concepteurs débutants semblent plutôt révélatrices des difficultés qu'ils rencontrent.

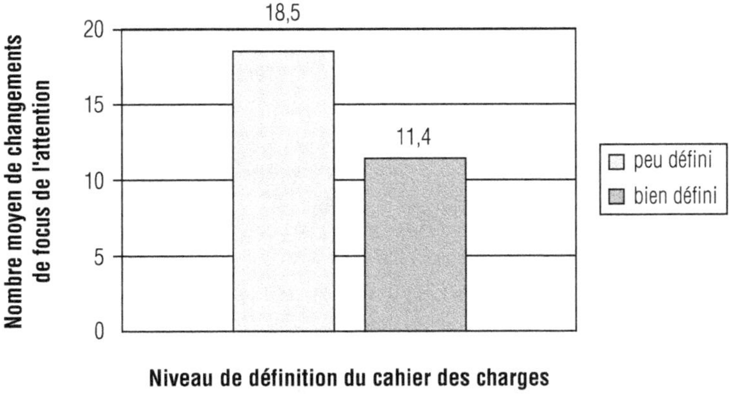

Figure 3 : **Nombre moyen de changements de focus de l'attention en fonction du niveau de précision du cahier des charges.**

Deux aspects pris en compte par les concepteurs sont apparus prépondérants, quel que soit le niveau de précision du cahier des charges (cf. figure 4) : les aspects fonctionnels et les aspects esthétiques, les deux autres aspects n'étant que peu ou pas pris en compte.

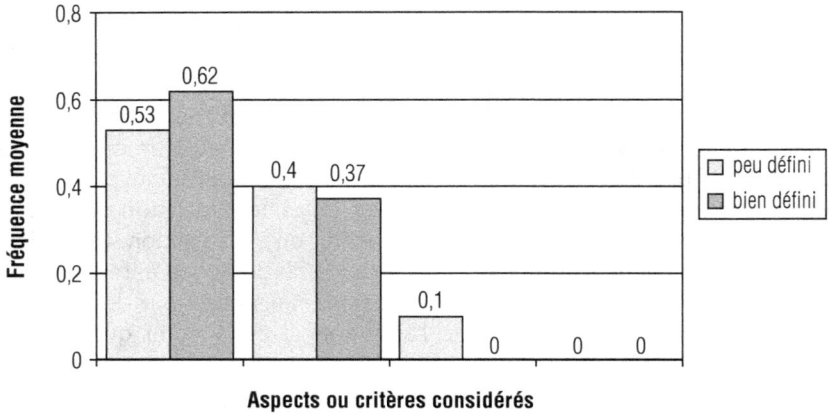

Figure 4 : Fréquence moyenne de prise en compte d'aspects ou de critères caractéristiques de la création de sites web, en fonction du niveau de précision du cahier des charges

Les deux aspects prépondérants – fonctionnels et esthétiques – sont liés à la perception que le futur utilisateur ou visiteur aura du site, à la navigation qu'il pourra effectuer et à l'utilisation qu'il en fera. Ainsi, en ce qui concerne les aspects esthétiques, l'un des concepteurs indique qu'il positionne une image beaucoup plus petite que les autres au centre de la page pour créer un « effet de style » ; un autre concepteur essaie différentes couleurs pour déterminer ce qui sera le plus esthétique. En ce qui concerne les aspects fonctionnels, certains concepteurs ont, par exemple, choisi de placer les photos des artistes exposant dans la galerie d'art sur la page d'accueil afin de créer à partir de ces photos des liens vers les pages présentant les œuvres des artistes en question ; d'autres concepteurs ont décidé que le logo de la galerie d'art servirait systématiquement à retourner à la page d'accueil. Les aspects fonctionnels et esthétiques sont ainsi liés au point de vue « superordonné » de l'utilisateur, ce qui traduit une focalisation spontanée des concepteurs débutants sur l'utilisateur du site. Une telle observation diffère de constatations effectuées dans d'autre tâches de conception d'interfaces, dans lesquelles la logique du concepteur apparaît foncièrement dissociée de la logique de l'utilisateur. Le résultat obtenu ici peut s'expliquer par le fait que les concepteurs, même débutants dans la conception de sites web, sont généralement familiarisés avec l'environnement Internet et ont l'habitude de consulter des sites variés. Aussi, bien qu'étant « concepteurs » de par la tâche qu'ils effectuent, ils ont pu intérioriser, par leur pratique anté-rieure de consultation de sites, le point de vue de l'utilisateur.

En ce qui concerne les aspects financiers et techniques, qui sont peu pris en compte par les concepteurs débutants, deux explications peuvent être avancées :

- Ces aspects sont importants dans le cadre d'une activité profession-nelle (influence des choix techniques sur les fonctionnalités du site, sur la rapidité de son développement et, de ce fait, sur son coût) alors que de telles considérations matérielles peuvent sembler secondaires pour des débutants. Leur priorité est de constituer un site adapté à la situation en utilisant les moyens dont ils disposent et quel qu'en soit le coût.

- Les concepteurs débutants peuvent essayer de prendre en compte de telles considérations matérielles mais ne pas disposer de connaissan-ces suffisantes pour anticiper, par exemple, le coût de réalisation du site, compte tenu du dispositif technique utilisé.

Productions intermédiaires et finales

Tout d'abord, il est apparu que seulement deux concepteurs de chaque groupe ont constitué un « story-board » avant de commencer à développer le site avec Netscape Composer. L'analyse des composantes de ces story-boards montre néanmoins que ceux réalisés par les concepteurs confrontés au cahier des charges bien défini sont plus précis. Ce résultat apparaît cohé-rent avec les précédents : ces concepteurs ayant pu se construire rapidement une représentation mentale du site à développer, ils sont en mesure de pro-duire – s'ils le souhaitent – une représentation graphique relativement pré-cise du site, ce qui peut également faciliter la planification de leur activité.

Néanmoins, les productions finales, c'est-à-dire les maquettes de sites web, présentent de grandes similitudes. Elles comportent toutes un titre, une image de la galerie de peinture, un lien vers chaque artiste ainsi qu'un lien vers la galerie (cf. figure 5). En outre, quel que soit le cahier des charges pro-posé, les traits présents sur la page d'accueil sont les mêmes et les pages liées aux artistes se ressemblent. Cependant, les concepteurs confrontés au cahier des charges peu défini ont intégré davantage d'images dans leur site que les autres concepteurs.

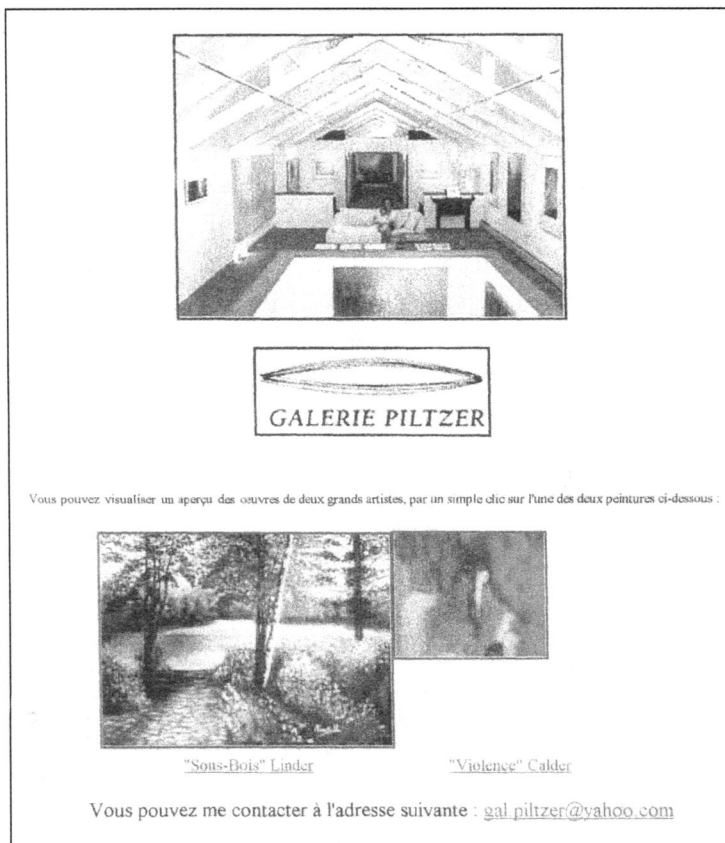

Figure 5 : Exemple de page d'accueil de site web.

Bien que les représentations mentales et les démarches de conception aient été influencées par le niveau de précision du cahier des charges, les productions finales se sont révélées similaires. Les concepteurs ont donc mis en œuvre des procédures différentes pour parvenir à des solutions similaires. Bien qu'étant débutants dans la création de sites web, ils ont été capables de compenser l'imprécision d'une situation initiale pour parvenir à une proposition de site web adaptée à la tâche proposée. Néanmoins, ces concepteurs semblent créer des sites relativement peu originaux, mais l'on peut se demander dans quelle mesure le matériel expérimental proposé (ex : les images intégrables dans le site) et l'éditeur de site web utilisé (Netscape Composer) n'ont pas limité les possibilités créatives des concepteurs.

COMMENT ASSISTER DES CONCEPTEURS DÉBUTANTS ?

Les difficultés appréhendées sur la base du travail présenté ci-dessus sont tout d'abord synthétisées, puis différentes modalités d'assistance sont envisagées afin de faciliter l'activité de concepteurs débutants.

Difficultés rencontrées par des concepteurs débutants

Plusieurs difficultés rencontrées par des concepteurs débutant dans la création de sites web ont été identifiées :

- Ces concepteurs sont apparus dépendants des exigences présentées dans le cahier des charges, la définition de contraintes supplémentaires à celles extraites du cahier des charges leur étant relativement difficile et n'étant réalisée que tardivement.
- Ils se sont révélés capables d'adopter le point de vue de l'utilisateur du site, mais quasiment pas celui du commanditaire du site. Si la création de sites web reste limitée à un objectif personnel, cette « lacune » peut ne pas être gênante pour leurs activités futures ; ce n'est que dans une perspective de création professionnelle de sites qu'il peut être indispensable d'y remédier.
- Bien qu'ayant mis en œuvre des procédures différentes selon le cahier des charges fourni, tous les concepteurs sont parvenus à constituer des maquettes de sites correspondant à la tâche proposée, mais leurs solutions de conception restent relativement peu variées et peu innovantes.

Modalités d'assistance

Un résultat positif pour une *approche centrée « utilisateur »* est que des concepteurs débutants sont capables d'adopter spontanément le point de vue de l'utilisateur, contrairement à ce qui a été décrit dans le cadre de la conception d'autres types de produits. Néanmoins, une telle approche intuitive s'est révélée plus difficile à mettre en œuvre lorsque les concepteurs débutants ont été confrontés à un problème très peu spécifié (cahier des charges peu défini). En outre, si l'on souhaite parvenir à des sites de meilleure qualité, il peut être intéressant d'aider les concepteurs à évaluer le site qu'ils sont en train de produire. Deux objectifs d'assistance sont ainsi définis : aider les concepteurs à approfondir et à compléter leur représentation mentale du site à créer et les aider à évaluer leur(s) production(s). Dans cette double perspective, différentes modalités d'assistance peuvent être envisagées :

1. Afin d'aider les concepteurs à définir de nouvelles contraintes, pertinentes pour l'élaboration d'un site adapté aux utilisateurs, une version simplifiée de la méthode du « Cognitive Walkthrough » peut leur être proposée (cf. Wharton, Rieman, Lewis & Polson, 1994). Cette méthode amène le concepteur à adopter le point de vue d'un utilisateur « naïf » (c'est-à-dire confronté à un dispositif particulier pour la première fois) lors de la réalisation d'une tâche donnée. Plus précisément, la « règle du jeu » consiste à n'exécuter que des actions qui se justifient par des connaissances générales (et non spécifiques à un domaine donné) ou qui sont induites par des messages fournis par le dispositif utilisé ou par ses « affordances » (par exemple, des informations perceptives qui vont amener l'utilisateur à effectuer « spontanément » certaines actions). Toute action nécessitant d'autres pré-requis est interprétée comme occasionnant une difficulté pour l'utilisateur et devra donner lieu à des améliorations du dispositif considéré.

2. Afin non seulement de susciter la définition de nouvelles contraintes mais aussi de faciliter et d'améliorer l'évaluation d'un site web en cours d'élaboration, une sélection de recommandations et de critères ergonomiques pourrait être présentée aux concepteurs (cf., par exemple, Leulier, Bastien & Scapin, 1998). Une telle sélection viserait à ne retenir que les recommandations qui sont les plus importantes et les plus faciles à comprendre et à appliquer par des personnes non spécialistes en ergonomie.

3. Certains outils, accessibles sur Internet, peuvent réaliser une évaluation automatique de certains aspects des sites web. Par exemple, ils peuvent permettre de détecter des liens non valides ou le non-respect de recommandations spécifiques pour l'accessibilité du site à des personnes atteintes de handicaps (cf., par exemple, l'adresse URL suivante : http ://webxact.watchfire.com). Cependant, l'apport de tels outils reste limité à des aspects particuliers des sites web et ils ne sauraient remplacer une réelle évaluation ergonomique des sites.

4. Toujours dans une perspective d'assistance à l'évaluation, une aide importante, intervenant au cours même de la conception, peut être fournie par un système dit « critique ». Ces systèmes informatiques

analysent les actions qu'effectuent les concepteurs et, à chaque fois qu'une action aboutit à un résultat incompatible avec certaines contraintes spécifiées dans la base de connaissances du système, un message critique est présenté au concepteur (cf. Fischer, Lemke, Mastaglio & Morch, 1991). Selon le niveau d'expertise du concepteur, la faiblesse identifiée peut être simplement mentionnée ou être accompagnée d'explications. De tels systèmes se sont révélés particulièrement utiles pour assister, différemment, non seulement des concepteurs débutants mais aussi des concepteurs expérimentés (cf. Bonnardel & Sumner, 1996). Compte tenu du mode de fonctionnement des systèmes critiques, les contraintes spécifiées dans la base de connaissances du système pourraient être définies de façon à refléter à la fois le point de vue de l'utilisateur d'un site web (en particulier, en reprenant les recommandations ergonomiques évoquées précédemment) et le point de vue du commanditaire du site. Ce dernier point de vue pourrait être analysé sur la base d'une interaction avec le commanditaire, *via* un module de « spécification » du problème de conception. Ainsi, des questions spécifiques pourraient être posées au commanditaire du site et les réponses fournies seraient utilisées pour générer des contraintes personnalisées reflétant le point de vue de ce commanditaire. En outre, des règles relatives à la réalisation pratique de sites pourraient également être intégrées dans le système critique de façon à faciliter la prise en compte des aspects techniques par des concepteurs débutants.

5. Des aspects liés à l'esthétique des sites devraient en outre être davantage pris en compte par les concepteurs, qu'il s'agisse de concepteurs débutants ou professionnels (cf. Bonnardel, Scotto di Liguori & Piolat, 2005). En effet, certains auteurs soulignent le rôle des aspects esthétiques et visuels des sites web, voire de leur beauté, dans l'attrait qu'ils vont présenter pour les internautes (Lavie & Tractinsky, 2004). Ces aspects seraient aussi importants que les aspects ergonomiques des sites, mais les jugements *a priori* fortement subjectifs des internautes restent à étudier.

Pour conclure, il est possible et souhaitable de proposer à des concepteurs débutants d'associer plusieurs méthodes d'aide à la création de site web. Aider des concepteurs « tout-venant » à créer des sites web apparaît cependant comme une tâche particulièrement difficile car, si de tels concepteurs suivent généralement une formation centrée sur l'utilisation d'un éditeur de site, cette formation ne leur permet généralement pas d'adopter une approche ergonomique. En outre, une approche appropriée à la conception de sites web devrait non seulement prendre en compte l'utilisateur, comme c'est le cas dans le cadre d'une approche ergonomique classique, mais également l'éventuel commanditaire du site. De plus, si la création de sites web ne constitue qu'une activité occasionnelle, les concepteurs risquent de ne pas être motivés ou de manquer de temps pour se former à une approche complémentaire ; aussi, il apparaît nécessaire de leur proposer des moyens d'aide à la fois aisés et rapides — tels que ceux qui viennent d'être évoqués. Néanmoins, quelles que soient les méthodes utilisées, il est important de souligner que l'efficacité réelle d'un site et son attrait pour les internautes ne pourront être appréciés qu'à l'issue de tests et de questionnaires auprès des utilisateurs ainsi que d'une analyse de l'utilisation des sites développés.

Remerciements

Nous remercions les concepteurs débutants qui ont participé à l'étude expérimentale décrite dans ce chapitre.

Bibliographie

Bonnardel, N. (1999). L'évaluation réflexive dans la dynamique de l'activité du concepteur. In J. Perrin (Ed.), *Pilotage et évaluation des activités de conception*. Paris : Editions L'Harmattan, 87-105.

Bonnardel, N. (2000). Towards understanding and supporting creativity in design : Analogies in a constrained cognitive environment. *Knowledge-Based Systems*, 13, 505-513

Bonnardel, N. & Chevalier, A. (1999). La conception de sites Web : une étude de l'adoption de points de vue. *Actes de la journée satellite au 34ème Congrès Annuel de la Société d'Ergonomie de Langue Française* (pp. 83-93). Lannion : CNET, France.

Bonnardel, N., Scotto di Liguori, A. & Piolat, A. (2005, mai). *Effets esthétiques et informatifs des pages d'accueil de sites web : gestion de textes et d'images par les concepteurs*. Communication orale au colloque Lire, Ecrire, Communiquer et Apprendre sur Internet – LECA Internet 2005. Aix-en-Provence, France.

© Groupe Eyrolles

Bonnardel, N. & Sumner, T. (1996). Supporting evaluation in design. *Acta Psychologica*, 91, 221-244.

Fischer, G., Lemke, A.C., Mastaglio, T. & Morch, A. (1991). Critics : An emerging approach to knowledge-based human-computer interaction. *International Journal of Man-Machine Studies*, 35, 695-721.

Lavie, T. & Tractinsky, N. (2004). Assessing dimensions of perceived visual aesthetics of web sites. *International Journal of Human-Computer Studies*, 60, 269-298.

Leulier, C., Bastien, J.M.C. & Scapin, D.L. (1998). *Compilation of ergonomic guidelines for the design and evaluation of Web sites*. Commerce & Interaction Report. Rocquencourt : INRIA.

Piolat, A., Bonnardel, N., & Chevalier, A. (2001). Rédaction collaborative sur le Web : Analyse des interactions entre auteur, reviewers, commentateurs et éditeur pendant l'expertise d'un article soumis. In M.M. de Gaulmyn, R. Bouchard, & A. Rabatel (Eds.), *Le processus rédactionnel. Écrire à plusieurs voix* (pp.221-245). Paris : L'Harmattan.

Richard J.-F. (1995). *Les activités mentales : comprendre, raisonner, trouver des solutions*. Paris : Armand Colin.

Rittel, H., & Webber, M.M. (1984). Planning problems are wicked problems. In N. Cross (Ed.), *Developments in Design Methodology* (pp. 135-144). New York : John Wiley & Sons, Inc.

Simon, H.A. (1995). Problem forming, problem finding and problem solving in design. In A. Collen & W. Gasparski (Eds.), *Design & Systems* (pp. 245-257). New Brunswick : Transaction Publishers.

de Terssac, G. (1996). Le travail de conception : de quoi parle-t-on ?, in G. de Terssac et E. Friedberg (Eds.), *Coopération et Conception*, Toulouse : Octares, 1-22.

Wharton, C., Rieman, J., Lewis, C. & Polson, P. (1994). The cognitive walkthrough method : A practitioner's guide. In J. Nielsen & R.L. Mack (Eds.), *Usability Inspection Methods*, New York : John Wiley & Sons, 105-140.

Chapitre 23

Le travail à distance et ses problèmes psychologiques

CLAUDE LOUCHE ET VIRGINIE JOUVE

Dans les années 70, lorsqu'on s'interrogeait sur le devenir du travail, on considérait que les activités professionnelles à distance seraient très largement répandues à la fin du XXe siècle. Les faits n'ont pas confirmé cette vue prospective. Toutefois, il est intéressant de relever que l'implantation du télétravail (Bereziat, Lagorce, Turbe-Suetens, 2000) diffère considérablement selon les pays (1,8 % seulement des salariés en France contre 18,2 % en Hollande en 1998-99). Il existe donc, particulièrement en France, tout un gisement d'activités qui pourraient être effectuées à distance. Plusieurs facteurs pourraient inciter les responsables à s'engager dans cette voie :

- des facteurs structurels (développement des activités de service qui assurent actuellement 70 % des emplois en France, décentralisation et mise en réseau d'entreprises, mise en place de politiques de flexibilité...) ;
- des facteurs politiques et sociaux (politique européenne, politique nationale ou régionale d'aménagement du territoire...) ;
- des facteurs liés à l'évolution technologique et à la baisse des coûts du matériel informatique et des télécommunications.

L'implantation du travail à distance et sa gestion soulèvent de multiples difficultés (au niveau juridique, technique, psychologique...). L'objet de ce chapitre sera de donner une vue d'ensemble limitée du travail à distance avant d'évoquer les difficultés psychologiques qui accompagnent son fonctionnement. Compte tenu de la grande diversité des situations de télétravail, on prendra essentiellement en compte le travail à domicile. C'est en effet dans ces situations que la rupture avec les formes classiques de travail est la plus prononcée.

DÉFINITION

On peut reprendre la définition retenue par Vivas (1997) et proposée par la mission télétravail pilotée par Thierry Breton : « le télétravail est une modalité d'organisation et/ou d'exécution d'un travail exercé à titre habituel, par une personne physique, dans les conditions cumulatives suivantes :
a) d'une part, ce travail s'effectue :
- à distance, c'est-à-dire en dehors des abords immédiats de l'endroit où le résultat de ce travail est attendu,
- en dehors de toute possibilité physique pour le donneur d'ordre de surveiller l'exécution de la prestation du télétravailleur ;
b) d'autre part ce travail s'effectue au moyen de l'outil informatique et/ou des outils de télécommunication et implique nécessairement la transmission au moyen d'une ou de plusieurs techniques de télécommunication au sens de l'article 32 du code de P et T, y compris au moyen de systèmes informatiques de communication à distance : des données utiles à la réalisation du travail demandé et/ou du travail réalisé ou en cours de réalisation ».

FORMES

Il existe différentes formes de travail à distance. On peut distinguer :
- le télétravail salarié à domicile. Il s'agit de salariés qui travaillent depuis leur logement. Ils peuvent éventuellement partager leur temps entre l'entreprise et leur domicile (on parlera de mode télépendulaire dans ce cas) ;
- le travail nomade : il s'agit de personnel itinérant, qui exerce son activité professionnelle à partir de différents lieux où il se trouve (les commerciaux, par exemple) ;
- le télétravail en réseau : les salariés de plusieurs entreprises collaborent sur un projet alors qu'ils sont géographiquement éloignés ; cette forme est adaptée surtout aux cadres et aux techniciens.

- Les télécentres : on appelle « télécentre » un lieu équipé de ressources informatiques et de moyens de télécommunication qui est mis à la disposition de télétravailleurs appartenant à différentes entreprises.

ACTIVITÉS CONCERNÉES PAR LE TÉLÉTRAVAIL

On peut regrouper les différentes activités des entreprises susceptibles d'être développées en télétravail :
- les activités de recherche et de développement : programmation, conception assistée par ordinateur, conseil, développement d'applications… ;
- les activités de saisie et d'édition : saisie de données, secrétariat, publication assistée par ordinateur… ;
- les activités de contact et de vente : vente, prise de contact, enquête, prise et transmission de commande… ;
- les activités d'information et d'assistance : renseignement et information aux consommateurs, permanence, maintenance, surveillance, dépannage, assistance, documentation ;
- les activités de gestion et de contrôle d'exploitation : comptabilité et gestion budgétaire, facturation et recouvrement, logistique et achats ;
- les activités d'interface de communication : traduction de documents, échanges de données informatisées.

L'apparition de la « nouvelle économie » voit se profiler de nombreux postes « télétravaillables », s'appuyant sur internet comme outil entièrement intégré à la fonction. Ainsi, au niveau des activités de création, on citera le webdesigner qui assure la direction artistique d'un site, son environnement graphique. Il travaille en relation avec le webmaster (qui crée des sites web et les actualise) mais également avec les services publicité et marketing.

LES AVANTAGES

Les avantages du télétravail sont nombreux : ils sont soulignés par plusieurs ouvrages (Gauthier, Dorin 1998, par exemple).

Au niveau social global

Il peut permettre le développement d'activités économiques dans des zones isolées. On peut citer, par exemple, le centre de Télespace Vercors, implanté en montagne. Ce centre présenté à la table ronde sur « les collectivités locales et les nouvelles technologies de l'information » en 1997, accueille des grandes entreprises (Schneider, Hewlett Packard, EDF) ainsi que des petites entreprises créées pour proposer de nouveaux services.

Il peut favoriser l'insertion professionnelle de personnes handicapées : cette insertion est actuellement rendue possible par l'existence de solutions techniques permettant de dépasser les contraintes occasionnées par des handicaps sensoriels ou moteurs.

Au niveau des entreprises

Il permet des gains importants de flexibilité (par exemple, contact avec la clientèle en dehors des heures normales d'ouverture des bureaux). Il s'accompagne d'une diminution des frais généraux : les frais de location, de chauffage, d'entretien des locaux, les taxes. Il contribue à augmenter les performances. Toutes les études convergent pour montrer l'efficacité du travail à distance. Il conduit en effet à une plus grande productivité : l'entreprise New York Téléphone relève une augmentation de productivité de 43 % par salarié, Control Data Corporation obtient une augmentation allant de 12 à 20 %. L'entreprise International Computers Limited (ICL) considère que 25 heures à la maison équivalent à 40 h au bureau. Bereziat, Lagorce et Turbe-Suetens (2000) indiquent que les études réalisées en France font état d'une augmentation de productivité allant de 15 à 35 %.

Au niveau des salariés

Des enquêtes (Tremblay, 2001, par exemple) ont permis de repérer les avantages que les salariés attribuent au télétravail. La souplesse des horaires constitue l'avantage qui est le plus fréquemment cité : Les télétravailleurs apprécient tout particulièrement la marge d'autonomie dont ils disposent. Elle leur permet de mieux réguler les relations entre la vie de famille et la vie de travail. Ensuite l'absence de déplacements vers le lieu de travail constitue le second avantage relevé : le télétravail supprime en effet les coûts et les tensions liés au transport et à de longs déplacements entre le domicile et l'entreprise. Il constitue une situation de travail spécifique dont les effets ont pu être appréhendés dans différentes études.

Des recherches portant sur des exécutants montrent en premier lieu que les travailleurs à distance ont un plus grand niveau de satisfaction vis-à-vis de leur emploi (Dubrin, 1991) que les salariés classiques. De plus elles établissent (Louche, Moliner, 2001) que les salariés à domicile valorisent plus le travail que ceux qui exercent leur activité dans une entreprise : ils ont une centralité du travail significativement plus forte. Elles permettent également de constater que les télétravailleurs attachent une moindre importance aux aspects instrumentaux du travail (Promotion, sécurité de l'emploi, salaire). Toutefois les aspects positifs de cette forme d'activité (notamment plus grande autonomie) doivent être nuancés.

LES DIFFICULTÉS ET LEUR TRAITEMENT

Comme on l'a vu précédemment, le télétravail est peu développé en France alors qu'il présente de nombreux avantages et que de nombreux facteurs poussent à son développement. Il faut tout de même considérer que le travail à distance constitue une situation organisationnelle particulière, susceptible de générer des difficultés. Il importe de prendre en compte et de traiter ces difficultés pour éviter des échecs coûteux sur le plan social et sur le plan financier. Elles concernent quatre groupes de variables liées à l'adaptation au travail à distance et qui seront évoquées dans la suite du chapitre.

Variables organisationnelles
- Culture organisationnelle
- Mécanisme de coordination

Variables interpersonnelles
- Relation aux pairs
- Relation à la hiérarchie

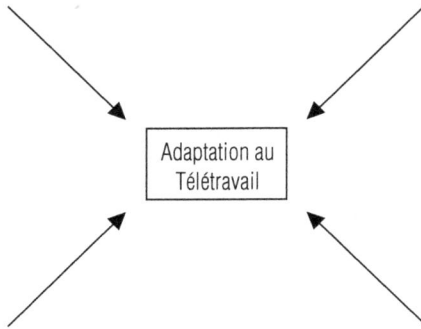

Adaptation au Télétravail

Variables personnelles
- Maîtrise de la tâche
- Personnalité
- Attentes relatives au travail

Variables extra-professionnelles
- Relation au conjoint, aux enfants
- Système des activités

Figure 1 : **Facteurs d'adaptation au télétravail**

Les difficultés liées à l'implantation

Le changement organisationnel est toujours complexe à piloter. Une erreur au niveau du pilotage du processus de changement peut conduire à des difficultés ultérieures de fonctionnement. Pour le gérer efficacement, il importe de s'interroger en premier lieu sur les enjeux du changement. On relèvera alors que l'implantation du travail à distance dans une entreprise ne constitue pas un changement anodin. Le télétravail implique une rupture avec les modes de gestion classiques de l'entreprise. Le salarié n'est plus contrôlé directement par la hiérarchie qui perd du pouvoir. Il bénéficie d'une plus grande autonomie. Il est donc absolument nécessaire qu'un effort de communication soit fait en direction du personnel d'encadrement. Il faudra préparer ces responsables au changement profond de la relation hiérarchique qui sera imposé par le travail à distance. Ils devront comprendre les nouvelles orientations qui se mettent en place, leur intérêt et les conséquences qui en découlent au niveau de la gestion de la relation hiérarchique. Une action de sensibilisation devra être également menée envers les salariés qui restent sur des postes classiques. Il faut éviter que ces salariés dévalorisent leurs collègues qui travaillent à domicile, en considérant qu'ils ne réalisent pas un vrai travail…

L'entreprise doit avoir corrélativement conscience que le télétravail n'est pas fait pour tous.

Elle devra procéder à une réflexion poussée sur le profil des télétravailleurs potentiels ainsi que sur le profil de l'encadrement. Il est nécessaire que les télétravailleurs soient en mesure de s'adapter à une grande autonomie, qu'ils disposent d'une capacité à gérer leur temps, qu'ils maîtrisent parfaitement leur tâche… (s'il n'y a pas cette maîtrise parfaite, des actions de formation doivent être engagées).

Dans ce choix des salariés, il vaut mieux adopter le principe du volontariat. Il est de plus souhaitable d'instaurer un principe de réversibilité couvrant une période durant laquelle, si le télétravailleur ne s'adapte pas, il peut retrouver son ancien poste. Dans les situations où l'on recrute en externe des salariés pour des postes en télétravail, plusieurs auteurs (Omari, Standen, 2000) recommandent de veiller à assurer une congruence entre la culture organisationnelle et les valeurs des personnes recrutées. Moins la congruence sera forte et plus les difficultés d'intégration seront présentes. Enfin, tant dans les recrutements en interne qu'en externe, il faudra considérer les raisons qui amènent les salariés à choisir le télétravail. Elles constituent, en effet, un facteur favorisant ou non la réussite du travail à distance. Les salariés, qui choisissent le travail à distance pour mieux équilibrer les contraintes professionnelles et familiales ou pour l'autonomie qu'il apporte, ont, d'après les recherches, les plus grandes chances de bien s'adapter à l'activité à distance. Mais, lorsqu'il n'y a pas de correspondance entre les attentes des salariés (par exemple statut, promotion…) et la situation professionnelle de travail à distance, on rencontre des difficultés d'adaptation (Omari, 1999).

Les difficultés liées au matériel et à son utilisation

Le salarié travaille à son domicile avec du matériel financé par l'entreprise. Il importe, pour des raisons de sécurité et d'assurance, de vérifier en premier lieu la qualité des installations électriques. Il faudra veiller à ce que les règles ergonomiques soient respectées tant au niveau de l'implantation du matériel que de son utilisation (décret de mai 91), le respect de ces contraintes étant d'autant plus difficile que les locaux n'ont pas été conçus pour abriter une activité professionnelle. Il est également impératif de ne pas négliger les problèmes de maintenance et d'assistance technique, pour ne pas laisser le télétravailleur désarmé devant une difficulté concernant le fonctionnement du matériel.

Les difficultés liées à la situation du salarié

Le télétravailleur est lié par un contrat à l'entreprise qui l'emploie. Il est donc membre d'une organisation mais réalise sa tâche dans un contexte organisationnel particulier. Le salarié classique travaille dans un cadre spatio-temporel bien délimité : il exerce ses activités dans les locaux de l'entreprise en suivant des horaires définis. De plus la hiérarchie constitue, par sa présence, un point de repère fixe. La relation aux pairs, par le rôle qu'elle joue dans la définition des identités sociales, contribue à structurer la situation de travail. Elle peut également assurer un soutien au niveau de l'exécution des tâches. Le salarié à domicile perd tous ces points de repère, ce qui peut générer des difficultés.

L'ISOLEMENT

La situation d'isolement dans laquelle se trouve le salarié à domicile pose pour l'organisation la question du contrôle. Ce dernier n'est plus directement assuré par la hiérarchie. Le donneur d'ordre n'a pas la possibilité de suivre l'exécution des tâches par le télétravailleur. Si la « supervision directe » ne peut être exercée, il convient de mettre en place un autre type de coordination. Tout dépend alors de la nature des activités réalisées à distance. S'il s'agit de tâches répétitives (saisie, traitement de dossiers, information de la clientèle…), il est relativement aisé de fixer, dans la concertation, des objectifs quantitatifs à atteindre.

Pour les tâches de conception, on se tournera vers un management par projet. Il s'agit d'une forme organisationnelle qui se développe dans les organisations actuelles. La transversalité qui accompagne son fonctionnement assure l'intégration du télétravailleur dans le collectif que constitue l'organisation. On sort ainsi le salarié à domicile d'un isolement qui constitue le problème majeur des télétravailleurs (Kouloumdjian, 2000 ; Lancry et al., 2000). Cette question de l'isolement devra également être prise en compte pour les salariés limités à des tâches d'exécution.

Les cadres intermédiaires, qui n'ont plus de supervision directe à assurer, pourront être chargés de gérer la communication avec les salariés à domicile. Il peut être prévu des « plages horaires de disponibilité » dans lesquelles les responsables peuvent être contactés, ou des appels réguliers pour faire le point avec les télétravailleurs. Le lien avec l'entreprise sera également maintenu en diffusant par les moyens électroniques accessibles aux télétravailleurs toute la communication d'entreprise (revues de presse, journal d'entreprise, circulaires…) Une certaine convivialité des moyens informatiques mis en œuvre (« Streaming ») facilitera la consultation des informations. Le lien social ne sera pas seulement maintenu par l'accès aux informations. Il importe de prévoir, pour le télétravailleur, une certaine présence dans l'entreprise (1 jour par semaine par exemple) lui permettant de participer à des réunions de service.

Les repères spatio-temporels

Comme on l'a vu précédemment, le télétravailleur n'exerce pas dans le cadre d'horaires définis dans un lieu conçu pour le travail : il est à son domicile. Il perd des repères spatio-temporels. L'absence de rupture entre vie professionnelle et vie privée peut conduire à un envahissement de la vie personnelle par la vie de travail. Les liens étroits gardés avec l'entreprise par l'intermédiaire des nouvelles technologies renforcent ce risque.

S'il est mal géré, il peut conduire à des tensions susceptibles d'avoir des répercussions négatives dans le registre professionnel (celui qui nous intéresse dans ce texte). Il faut aussi éviter que la vie personnelle envahisse la vie professionnelle.

Pour surmonter ces obstacles, il faut réserver au domicile un espace pour le travail. Il devra être protégé des appels émanant de l'entreprise en dehors des périodes définies au préalable avec les responsables hiérarchiques. Mais il devra également être protégé des intrusions familiales. Ces règles du jeu devront être construites avec tous les membres de la famille pour gérer la situation de travail à domicile (l'utilisation du matériel de l'entreprise, l'attitude face aux appels téléphoniques professionnels…). C'est une condition nécessaire pour que le télétravail assure un meilleur équilibre entre vie au travail et vie hors travail. Cet équilibre doit être impérativement recherché : les études (Louche, Moliner, 2001), montrent en effet que les salariés à domicile attachent une très grande importance au travail et à la vie familiale alors que les salariés classiques, privilégient la famille. Sur un plan général, il importera donc que le personnel d'encadrement gère les travailleurs à distance en prenant en compte les inter-relations entre la sphère professionnelle et la sphère extra-professionnelle. La séparation des deux sphères, qui est classique au niveau des pratiques dans les entreprises, conduirait à des erreurs si elle était maintenue dans le cas du travail à distance.

Stress et télétravail

Nous avons évoqué les difficultés qui marquent le travail à domicile. Elles sont susceptibles d'entraîner une réaction de stress chez le télésalarié. Celle-ci peut être évitée par un management adapté. Mais les recherches développées aux États-Unis suggèrent aussi de mettre en place des formations permettant aux salariés de faire face au stress (Norman et al., 1995). Ces auteurs constatent, dans une étude rigoureuse menée sur 192 télétravailleurs, que la manière dont les travailleurs à distance perçoivent les causes et les conséquences des problèmes professionnels qu'ils rencontrent est liée à la réponse qu'ils apportent à ces situations et à leur bien-être psychologique. Ceux qui apportent des explications internes (liées à leurs caractéristiques personnelles) développent des réponses inadaptées et vivent mal le télétravail. Norman et al. suggèrent alors de former les salariés à la prise en compte des explications externes (situationnelles) des problèmes. Cette nouvelle orientation dans l'analyse des problèmes réduit le stress des télétravailleurs. Ceci démontre le rôle important joué par « les explications » dans le fonctionnement organisationnel[1].

---

1. Sur ce sujet, voir les chapitres de R.D. Kouabenan et de N. Rascle, dans cet ouvrage.

CONCLUSION

Plusieurs facteurs (développement des activités de service, des technologies de l'information et de la communication) sont susceptibles de favoriser le développement du travail à distance. La faible implantation de cette forme d'activité en France, comparativement à d'autres pays industriels, mérite d'être questionnée ; ses avantages économiques et sociaux, démontrés par toutes les études, ne suffisent pas à favoriser son extension. La remise en cause fondamentale des formes de management qu'il implique explique sans doute une partie de ces difficultés. Mais c'est justement en n'occultant pas les transformations fondamentales qu'il nécessite qu'on se donnera les moyens de réussir l'implantation du télétravail.

Bibliographie

Bereziat, A., Lagorce, J., Turbe-Suetens, N. (2000). *Travail et activités à distance*, Paris, Éditions d'Organisation.

Dubrin, A. (1991). Comparison of the job satisfaction and productivity of telecommuters versus in-house employees, *Psychological Reports*, 68, 1223-1234.

Gauthier, C., Dorin, P. (1998). *Guide pratique du télétravail*, Paris, Éditions d'Organisation.

Kouloumdjian, M.F. (2000). Travail à distance, in Bernaud, J.L., Lemoine, C. *Traité de Psychologie du Travail et des Organisations*, Paris, Dunod, 345-386.

Lancry, A., Baugnet, L., Corne, K., Cottinet, A. (2000). L'impact du télétravail sur l'identité professionnelle, *Psychologie du Travail et des Organisations*, 6, 1-2, 163-184.

Louche, C., Moliner, P. (2001). Sens et représentation du travail chez des télétravailleurs et des travailleurs classiques, *Cahiers Internationaux de Psychologie Sociale*, 50, 70-79.

Norman, P., Collins, S., Conner, M., Martin, R., Rance, J. (1995). Attributions, cognitions and coping styles : Teleworkers' reactions to work-related problems, *Journal of Applied Psychology*, 25, 2, 117-128.

Omari, M. (1999). The ideal homeworker : An investigation of personal and job requirements for successful home-based work. Unpublished thesis for the degree of Master of Business, Edith Cowan University.

Omari, M., Standen, P. (2000). Selection for telework, in Daniels, K., Lamond, D., Standen, P. : *Managing telework*, Business Press.

Tremblay, D.G. (2001). Le télétravail : les avantages et les inconvénients pour les individus et les défis de gestion des RH. *Revue de Gestion des Ressources Humaines*, 42, 2-14.

Vivas, M. (1997). Le télétravail. *Performances Humaines et Techniques*, 86, 5-10.

Postface

Usage, non-usage ou mauvais usage de la psychologie du travail

Pieter J. Drenth[1]

Le XXᵉ siècle a vu les sciences humaines naître et se développer. Et les pionniers étaient tous optimistes. Ils prédisaient une meilleure compréhension du comportement humain, des interactions sociales, la création de structures et de processus menant à un monde meilleur. Et cela a fortement motivé les chercheurs à étudier les déterminants des comportements individuels ainsi que l'influence du contexte social, culturel et politique sur ces comportements.

Une centaine d'années plus tard, nous sommes devenus plus sages et plus modestes. Il y a plus de conflits individuels et sociaux que jamais, les guerres, les combats militaires, les préjugés ethniques font le quotidien de nos écrans de télévision. Il y a de plus en plus de stress, d'anxiété et de dépression ; les agressions et la criminalité sont devenues un cauchemar pour les gouvernements et pour les citoyens. Près de 200 millions de personnes ont été tuées au siècle dernier sur l'ordre de dirigeants au pouvoir. Doit-on admettre que les sciences humaines et sociales ont échoué ? La réponse à cette question, dans le discours d'adieu prononcé par Fridja (1992) constitue peut-être une lueur d'espoir : « La psychologie n'a pas

---

1. Traduction Claude Lévy-Leboyer

rendu le monde meilleur, mais il serait pire sans elle, plus stupide, plus vulgaire et plus enclin à la tyrannie ».

Il nous faut aussi faire preuve de modestie lorsque nous essayons d'évaluer la contribution de la psychologie du travail et des organisations aux prises de décision et à la qualité de la vie de travail. Dans ce domaine, les espoirs des pionniers comme Moede, Lahy, Lewin et Viteles ont peut-être été trop optimistes. A quoi peut servir la psychologie du travail ? Le problème de l'utilité des sciences sociales et comportementales, y compris la psychologie du travail, a été un sujet de discussions dans le monde occidental, au cours des dernières décennies, en particulier depuis que l'idéologie néo-marxiste a défendu l'idée que l'utilité de ces disciplines est fonction de leur contribution à l'émancipation des classes modestes, à la redistribution du pouvoir dans les organisations, et au développement d'une société démocratique, libre et égalitaire. Mais un débat plus récent sur la recherche scientifique dans ce domaine est fondé sur une définition différente de l'utilité, comme la contribution au développement économique et industriel. Aux yeux d'un praticien, l'utilité concerne la capacité de la psychologie du travail à développer des instruments de mesure et de prédiction valides, des méthodes de formation efficaces, des processus d'intervention utiles. Il est évident que l'utilité de la psychologie du travail peut être envisagée de manières variées, avoir des objectifs et des définitions dissemblables pour les différents utilisateurs.

QUATRE TYPES D'UTILITÉ

On peut différencier plusieurs types *d'utilité*. En premier lieu, l'utilité peut être *intrinsèque* pour toutes les sciences y compris pour la psychologie du travail, et ne pas se limiter à la valeur économique et à la facilité d'application. Qu'il s'agisse des sciences naturelles, des sciences humaines ou sociales, c'est la recherche qui permet d'accroître les connaissances, apportant ainsi une précieuse contribution à la civilisation. Etudier la nature et préciser les déterminants des phénomènes observés est à la fois une caractéristique propre à l'espèce humaine et le ressort de son développement. La continuité de l'effort scientifique apparaît clairement dans le dialogue avec la génération qui suit. L'utilité intrinsèque est étroitement associée à la mission scientifique de la science. Et c'est la formation et l'enseignement qui assurent la transmission, la revalidation et le développement des connaissances scientifiques, donc l'enrichissement de la génération suivante. Cette fonction pédagogique est particulièrement importante pour les sciences sociales et comportementales. L'intolérance, l'extrémisme, la répression, la xénophobie, et les conflits ethniques sont des produits de l'ignorance. La fonction pédagogique concerne donc la communauté tout entière, dans la mesure où l'éducation scientifique du grand public contribue à développer et à conforter la défense intellectuelle des bases démocratiques de la société.

En second lieu, l'utilité est *instrumentale*, parce que l'application immédiate ou indirecte de la recherche est fondée sur la transformation de ses résultats en outils et en procédures pratiques. La recherche appliquée en sciences sociales et comportementales, en particulier en psychologie du travail, a permis de construire de nombreux outils et procédures : des tests, des méthodes pédagogiques, des remèdes, des aides à la perception, et aussi des moyens pour influencer les autres, pour faciliter la prise de décision, et pour contribuer au changement des systèmes sociaux.

En troisième lieu, l'utilité est *innovante*. La recherche scientifique contribue à la création de nouveaux savoirs qui peuvent faire progresser de manière significative les actions de conseil ou de prévention, les pratiques d'intervention, ou encore les moyens d'influencer les processus sociaux. C'est le cas, par exemple, de la théorie de l'apprentissage social de Bandura, de l'analyse des conflits sociaux de Coser et de l'étude de la culture par Kluckhohn. Alors que l'utilité instrumentale est souvent le résultat de la recherche appliquée, ce n'est pas toujours le cas de l'utilité innovante. La recherche poussée par la seule curiosité peut se révéler porteuse d'applications, quelquefois de manière inattendue et même longtemps après ses résultats. C'est le cas des travaux de Bandura, de Atkinson, de Lord et Novick. De ce point de vue, la psychologie ne diffère pas des autres sciences. Dans les sciences naturelles, la recherche pure peut conduire à des applications inattendues, qui se révèlent souvent des années plus tard. Quelques exemples illustrent ce point : la topographie des ordinateurs dans les années 60 s'est appuyée sur la théorie de Radon, qui datait de 40 ans, l'application de la chimie des polymères à la fabrication des matières plastiques s'est faite 30 ans après sa formulation, et un délai de plus de 25 ans s'est écoulé entre le télégraphe de Marconi et les recherches fondamentales de Maxwell sur la transmission des ondes électroniques. Ces observations permettent de souligner combien la recherche pure et la recherche appliquée sont toutes deux importantes, également en psychologie.

La quatrième utilité concerne la *contribution* de la recherche. Dans ce cas, l'objectif n'est pas de développer des instruments ou d'innover au plan technologique, mais de contribuer au développement de la politique et des prises de décisions. L'implication de la psychologie du travail peut être évidente ou être difficile à identifier. Quand le psychologue est un des partenaires actifs de la prise de décision ou du processus d'élaboration d'une politique, son rôle est souvent peu visible. Le rôle joué par le savoir scientifique sur l'interaction complexe, voire chaotique, entre des forces rationnelles et irrationnelles est difficile à préciser, sauf ce que Weiss (1977) nomme *conceptualisation* : redéfinition des agendas, sensibilisation des décideurs aux problèmes importants, redéfinition des problèmes ou encore transformation des problèmes en non problèmes.

L'utilisation des résultats de recherche peut concerner les *munitions* apportées à une discussion ou à un débat, pour défendre ou pour attaquer une position, ou pour créer une attitude positive ou négative concernant un problème ou un point de vue. C'est là une situation familière pour les psychologues qui travaillent dans une entreprise publique ou privée. Mais le chercheur se doit d'être très prudent, parce que les arguments utilisés par les employeurs sont susceptibles d'opposer des groupes entre eux et de rendre ainsi vulnérables les personnes concernées. Les biais d'interprétation, les généralisations trop vastes ou les simples erreurs sont, dans ce cas, la règle plus que l'exception.

La contribution des sciences de l'organisation au travail des experts lorsqu'ils sont consultés aux différentes étapes de la prise de décision est plus explicite et plus facile à décrire. Dans la première étape, la recherche peut aider à définir les problèmes sur lesquels il faut prendre position. On met ainsi souvent en évidence des procédures inadéquates, l'insatisfaction du personnel, les procédures de production dangereuses, les conditions de travail non satisfaisantes, l'injustice ou la discrimination à l'égard de certains employés… Dans la seconde étape qui consiste à rechercher des solutions alternatives, les résultats des recherches peuvent être utilisés pour estimer les chances de succès de chaque solution et pour prévoir les effets non souhaités des différentes options possibles. Dans la troisième phase, la finalisation, le chercheur peut aider le décideur en calculant ou en estimant les conséquences (financières ou autres) des solutions possibles. Et dans la quatrième phase, qui met en œuvre la décision, le chercheur peut identifier les obstacles ou les résistances au changement, et également gérer un suivi et une évaluation.

© Groupe Eyrolles

DEUX SOURCES DE CONNAISSANCES

Comme l'a montré la discussion précédente, le rôle du psychologue ne se différencie pas facilement de celui du preneur de décisions. Pourtant il faut garder à l'esprit ce qui les différencie. Les chercheurs peuvent créer des informations sur ce qui est faisable et ce qui est impossible, sur les chances et les risques, sur les conséquences directes et indirectes. Mais ils ne sont pas responsables de la décision elle-même. Ils peuvent apporter des preuves sur les relations entre performance, rémunération et motivation, mais ils ne sont pas responsables de la nature et du niveau des accords entre partenaires. Ils peuvent souligner les relations évidentes entre le fait de fumer et l'absentéisme dû au cancer et aux maladies cardiaques, mais ils ne sont pas responsables de la mise en œuvre d'une législation anti-tabac. Et la répartition idéale des responsabilités est d'autant plus facile à respecter que la contribution du psychologue aux décisions est claire et identifiable.

Mais un autre facteur complique les choses. Il concerne la nature et la solidité des recherches sur lesquelles se fonde l'apport du psychologue. On peut différencier deux sortes de contributions, chacune étant tributaire de deux catégories différentes de connaissances scientifiques.

En premier lieu, les connaissances peuvent être solides, résulter de recherches empiriques souvent longues et difficiles, et être l'objet d'un accord général entre les chercheurs en psychologie. Par exemple, nous savons quels sont les facteurs qui déterminent la motivation au travail, quels aspects contingents affectent les déterminants de la participation au processus de décision, quelles relations existent entre anxiété et motivation, quelles sont les conditions qui favorisent l'apprentissage cognitif et l'acquisition de capacités, ainsi que les effets négatifs de la réflexion collective... Cela ne signifie pas que l'application de ces connaissances est facile à faire, mais qu'elles sont disponibles et qu'il suffit de mettre en œuvre les processus organisationnels ou politiques pour que des décisions les prennent en compte.

Une seconde catégorie de connaissances est moins solide parce qu'elles sont incomplètes, incertaines, et que leur application est risquée. C'est le cas, par exemple, du succès de l'apprentissage, de la réussite dans la carrière, de la survenue de conflits entre groupes, des raisons qui expliquent les faibles résultats de personnes à fort potentiel, du degré optimal de diversité du personnel... Et beaucoup des problèmes importants posés aux organisations professionnelles mettent en œuvre des connaissances de cette nature, connaissances qui sont incertaines, contingentes, circonstancielles, ou encore fondées sur des données incomplètes. C'est une erreur de communiquer ce savoir incomplet au public et aux preneurs de décision comme s'il s'agissait de conclusions solides. Et quand on le fait, on met en doute la crédibilité de la recherche scientifique.

On peut d'ailleurs aussi reprocher quelquefois aux chercheurs de fuir leurs responsabilités et de céder à ce penchant naturel qui consiste à ne pas s'autoriser à parler tant qu'on n'est pas en possession de preuves décisives. Mais l'inaction n'est pas toujours neutre, ni sans risque. C'est particulièrement vrai lorsqu'il s'agit de décisions dont les effets sont irréversibles comme la fusion d'entreprises, l'installation de systèmes d'automation ultra-modernes... En d'autres termes, les décisions fondées sur des hypothèses savantes et sur « l'imprécision précise » sont parfois préférables aux décisions non fondées ou à l'absence de décision.

Pour conclure sur l'utilisation des connaissances scientifiques, on peut retenir trois points. En premier lieu, comme il a été dit plus haut, il est important de toujours souligner clairement le caractère probable ou même incertain de certaines conclusions scientifiques, avec si possible une indication de la marge d'imprécision. Deuxièmement, dans toutes les recherches basées sur des probabilités, il faut décrire les risques et les conséquences des erreurs positives et négatives, qu'il s'agisse d'accepter une hypothèse fausse ou de rejeter une hypothèse correcte. Troisièmement, la plupart des conclusions de ce type de recherches devraient être formulées en utilisant des phrases prudentes de la forme « Si .. alors ». En effet, de nombreuses conclusions scientifiques sont conditionnelles et dépendent des conditions et du contexte. Une analyse systématique du « Si... alors » concernant les résultats éventuels apporte souvent des informations utiles. C'est ce qu'on fait de manière plus élaborée quand on construit des scénarios d'avenir, ce qui devient de plus en plus populaire actuellement dans les grandes organisations (Shell, 2002).

LA NON-UTILISATION

On peut distinguer deux catégories de frustrations possibles en ce qui concerne l'application des recherches scientifiques : le non-usage, et le mauvais usage, des résultats.

Commençons par le premier cas. Pourquoi les connaissances scientifiques sont-elles si souvent ignorées ou négligées par les preneurs de décision ? Plusieurs raisons peuvent être invoquées :

– En premier lieu, les résultats des recherches peuvent ne pas être acceptés parce qu'ils sont contraires à l'intuition, aux stéréotypes ou aux préjugés. C'est le cas pour les exemples suivants : l'insuffisance de l'entretien comme moyen de sélection du personnel, le fait qu'on ne peut pas déduire les traits de personnalité à partir de l'examen de l'écriture, l'absence de vérification expérimentale de l'astrologie, la non-validité des premières impressions, les erreurs fondées sur des stéréotypes ethnique, géographique ou de sexe. Tous ces résultats de recherche ont du mal à remplacer des préjugés bien ancrés. Un autre handicap des recherches sociales et comportementales vient du fait qu'elles sont souvent en compétition avec des pseudo « experts » qui défendent des absurdités présentées sous un faux aspect scientifique, correspondant aux préjugés intuitifs, comme l'astrologie, la graphologie, la programmation neurolinguistique, la réincarnation…Comment le grand public peut-il distinguer le grain de la paille ?

– En second lieu, la recherche en psychologie du travail produit souvent des résultats contradictoires : la participation améliore les décisions, – ou pas–, les groupes de formation doivent être homogènes – ou hétérogènes –, la perception subliminale a un effet – ou pas –, un encadrement étroit donne de meilleures performances – ou de plus mauvaises, un travailleur satisfait est plus, ou moins, efficace… En fait, il n'y a rien de mal à avoir des résultats non convaincants ou même opposés, et les différences observées sont souvent expliquées par la présence d'échantillons dissemblables, de circonstances, d'instruments ou de plans expérimentaux différents. Mais des résultats de recherches incompatibles ou non convaincants conduisent souvent à rejeter tous les résultats. Ce qui signifie que les chercheurs en psychologie du travail doivent être prudents et préciser les conditions dans lesquelles les résultats de leurs recherches s'appliquent ainsi que les conditions où ces résultats ne s'appliquent pas.

– En troisième lieu, il arrive que les résultats des recherches soient tout simplement insuffisants. Ce qui peut se présenter de manière différente. Il est possible qu'il n'y ait pas réellement de recherches sur le sujet. Et le psychologue doit le signaler clairement au preneur de décision. Plus souvent, les recherches actuelles ne sont pas encore concluantes et ne permettent pas de donner un avis fondé. Enfin, en psychologie du travail, il nous arrive souvent d'avoir des résultats incertains. Mais il est difficile pour les utilisateurs d'apprécier ce que signifient des résultats non définitifs et ils aiment les certitudes.

– La quatrième cause de non-utilisation, et la plus inquiétante, est le fait que les psychologues sont accusés de ne pas répondre aux questions que se posent réellement les gestionnaires de ressources humaines et les cadres. Leurs recherches développées au laboratoire et portant souvent sur un point singulier ne contribuent pas de manière significative à la compréhension et à la gestion de la réalité complexe et à multiples facettes à laquelle les gestionnaires doivent faire face. La psychologie du travail est la victime d'un positivisme strict, d'une tradition quantitative qui a évidemment été très productive. Mais ses méthodes ne sont pas toujours capables d'apporter des réponses à la complexité concrète des décisions et des stratégies organisationnelles. Différentes approches, utilisant aussi des méthodes d'analyse qualitative et descriptive sont nécessaires pour comprendre la réalité et regagner une réelle crédibilité auprès des cadres et des décideurs. Aussi longtemps que les psychologues n'utiliseront pas une approche multi méthode, et si nécessaire, des équipes multi disciplinaires, pour traiter la complexité des problèmes de l'organisation actuelle, et qu'ils ne réaliseront pas les risques et les incertitudes impliquées par la nécessité, pour les organisations, de survivre dans un environnement et avec une population d'employés et de clients qui changent rapidement, les résultats de leurs recherches continueront à ne pas être pris en compte.

– La cinquième cause n'est pas due à un manque de compréhension mais à un manque de bonne volonté, – le refus d'accepter les résultats de nos recherches parce qu'elles contredisent nos préférences, nos idéologies et nos convictions. Dans les cas extrêmes, la recherche elle-même est attaquée ou interdite (Galilée, Spinoza) et/ou le chercheur est forcé de se soumettre ou... il est assassiné (Lyssenko, More). Plus souvent, on essaie d'influencer les résultats des recherches en menaçant le chercheur (ce qui ne constitue pas un danger imaginaire dans le cas des recherches faites sous contrat avec des organismes publics ou privés). Et la solution la plus simple consiste, évidemment, à ignorer les résultats de ses recherches.

– Une dernière raison tient au fait que la prise de décision n'est pas la simple application de faits ou de connaissances. Les normes, les considérations éthiques et politiques sont des éléments importants d'une prise de décision exhaustive et mature. Ce qui peut devenir une objection lorsque la rationalité est totalement supprimée par le pouvoir, la négociation, les marchandages et les discussions, les affinités, ou encore les préoccupations électorales. Mais il y a là aussi un côté positif. Les considérations normatives, morales, idéologiques peuvent faire adopter un résultat différent des « prédictions scientifiques ». Abaisser les normes de sélection pour les migrants, ne pas investir dans un pays dont le régime politique n'est pas démocratique, avoir un système de quota en faveur des minorités, abandonner la décision de fermer un département qui n'est pas bénéficiaire... constituent des décisions acceptables pour le conseiller scientifique même si elles vont à l'encontre des connaissances scientifiques.

DE MAUVAIS USAGES

L'usage abusif des résultats scientifiques est pire que leur non-usage. Il peut arriver que décideurs et responsables utilisent ces résultats de manière partielle, en en faisant une interprétation biaisée ou en extrapolant les conclusions pour légitimer des décisions qui ne sont pas justifiées. C'est le cas pour la décision prise par le gouvernement de l'État de Californie d'arrêter le programme « Headstart » sur la base de l'étude de Jensen qui conclut à l'impossibilité de développer l'intelligence. D'autres applications abusives des recherches en psychologie du travail peuvent être citées. Rejeter les candidats originaires du Surinam ou du Maroc parce que les *moyennes* des résultats aux tests de ces minorités sont plus faibles que ceux des populations autochtones, arrêter un programme de participation aux décisions parce qu'une recherche sur un échantillon d'employés peu motivés n'a pas permis de constater une amélioration de la performance dans les conditions de participation... ne sont que quelques exemples d'un usage non justifié de résultats de recherches.

Il y a eu une époque où la recherche scientifique n'était pas concernée par la manière dont ses résultats étaient appliqués. La science posait des questions sur la nature des choses, pas sur comment elles devraient être. Les questions morales et éthiques sur l'application de la recherche scientifique pouvaient être posées, mais ce n'était pas l'affaire des chercheurs. Cette attitude qui était d'ailleurs peu répandue chez les chercheurs en sciences sociales et comportementales, a été abandonnée (Drenth, 1999). La responsabilité des chercheurs ne s'arrête pas à la porte du laboratoire. Et l'usage inconsidéré des résultats de leurs recherches les concerne. Même si ce n'est pas toujours possible, le chercheur, après avoir terminé une recherche et en avoir publié les résultats, devrait :

- Prendre une part active à l'analyse des conséquences éthiques et sociales des résultats de ses recherches et de leurs applications.
- Dénoncer les interprétations partielles ou biaisées des résultats de ses recherches.
- Désapprouver les applications abusives des résultats de ses recherches et agir en conséquence.
- Etre prêt à fournir des informations détaillées, complètes et faciles à comprendre de ses résultats, y compris à la presse, et en particulier si l'impact social, politique, ou économique risque d'être significatif.
- Intervenir auprès des étudiants et des professionnels afin d'encourager l'adoption d'attitudes morales et de règles scrupuleuses en ce qui concerne l'application des résultats de leurs recherches.

Références citées :

P.J.D. Drenth (1999), Prometheus chained : social and ethical constraints on psychologists, *European Psychologist*, 4, 4, 223-239

Shell International (2002), *People and connections : global scenarios for* 2020, Londres, Shell Centre

C.H. Weiss (1977), *Using social research in public policy making*, Lexington, Lex-Books

Index

360° 17, 18

A

accident 290, 365, 366, 367, 368, 369, 371, 372
accidents 362, 370, 374, 381, 382
acculturation 48
activité 269
activité de travail 277
affectivité négative 311
affects 350, 352
aide à la décision 446
aide(s) au travail . . . 29, 430, 431, 432, 433, 435, 436, 437, 439, 440, 442, 445, 448
aide aux employés 303
aide collaborative 432
aide(s) informatisée(s) . 445, 447
aide informative 431
aide supplétive 432
aide(s) textuelle(s) 440, 441, 442, 443
ambiance d'une équipe 230
ambiance d'une équipe de travail 229
amélioration de la qualité 43
analyse de l'activité 271
analyse des événements 290, 293
analyse du travail . 274, 437
ancres de carrière(s) . . . 152, 160, 161
apprentissage 81, 420
aptitudes 237
arbre des causes 368
assistance téléphonique 443

attitude(s) . . . 112, 363, 364, 368, 375, 381
attributions causales . . . 365
auto-efficacité 378
autonomie 228, 306
autorité 77, 79

B

biais de supériorité 373
bien-être 175, 176, 180, 181, 182, 183, 185, 187, 188
bilan(s) de compétences 112, 168
burnout . . 28, 319, 320, 321, 322, 323, 324, 325, 327, 329, 330, 331, 332, 333, 334

C

cadre(s) 252, 253, 254, 255, 256, 257, 258, 259, 261, 262, 264, 265
cadres intermédiaires . . . 407
carrière(s) . . . 151, 153, 155, 157, 159, 162, 165, 168, 169, 170, 172
carrière indépendante . . 157
carrière(s) nomade(s) . . 151, 154, 155, 168, 171
carrière(s) traditionnelle(s) . 156, 158
centrales nucléaires 284
cercles de contrôle de qualité 41, 43
cercles de qualité . . 195, 201
changement(s) . . 26, 27, 53, 54, 64, 65, 66, 68, 71, 72, 73, 74, 75, 76, 77, 78, 79, 80, 82, 83
changement organisationnel . 71, 72, 80

changement participatif . 78
charge de travail . . . 258, 305
cibles d'engagement 184
« climat » de l'équipe . . 198
coaching 308
collectivisme 36
communication . . 218, 261, 275
compatibilité 425
compétence(s) . 16, 17, 153, 158, 211, 213, 236, 292, 314, 344, 402, 403, 408, 409, 440
compétence sociale 236
compétition 44, 218
compétitivité 24
comportement . . . 363, 364, 379
comportement(s) d'inclusion . . 93, 97, 100, 101, 102
comportement de type A 310
concept de soi 160
conflit(s) 53, 54, 176
conflits de rôle 183, 185
considération et structure . 238, 240, 244
contrat psychologique . 152, 159, 163, 164, 165, 166, 167, 170
coopération 34, 218
Critères Ergonomiques . 421, 423, 424, 425, 426, 427, 428
croyance(s) . . 361, 362, 363, 366, 367, 369, 370, 372, 373, 375, 377, 378, 379, 381
CTI 393
culture(s) 34, 35
culture(s) collectiviste(s) 35, 40
culture de la sécurité . . . 292

culture globale   . . .44, 47, 49
culture
    organisationnelle 49
culture professionnelle
    globale 46
cultures individualistes . 35,
    40
cultures locales 47
cultures nationales 44
cynisme 322

D

Data Warehouse 392
décision(s) 59, 67, 345
dépersonnalisation 320
développement
    organisationne. 1 54
distance de pouvoir . 36, 37,
    38, 40, 41
diversité 26, 213, 214
diversité culturelle 45

E

EDI 393
effet de la voix 58
efficacité 197, 198, 200,
    205, 227, 433, 437
efficacité
    professionnelle 322
efficience 437
égalité 39
égalité entre les sexes . . .37
e-Learning 393
e-mail 391
émotion(s) . . . 338, 339, 340,
    341, 342, 343, 344, 345, 346,
    347, 348, 349, 352, 354, 355
emploi(s) 400, 401
employabilité 93, 114,
    168, 169, 405
encadrement
    intermédiaire 407
engagement affectif . . .176,
    177, 178, 180, 181,
    185, 186, 187
engagement
    de continuité . . . 176, 177,
    178, 179, 180, 187
engagement normatif . . 176,
    177, 178, 181, 182, 183, 187

engagement
    organisationnel 175,
    176, 177, 178, 180, 187
entretien(s) 19, 20, 116
environnement global . . .45
environnements
    virtuels 422
épuisement
    émotionnel 320, 322
équilibre travail-famille . 178
équipe(s) 22, 40, 41,
    220, 225
équipe(s) de travail . . . 191,
    192, 193, 194, 195, 197,
    198, 199, 200, 202, 205,
    210, 212, 224, 229, 231
équipe temporaire 194
ERP 391
études de l'Ohio 238
évaluation 59
exclusion 121, 122, 123
exercices corporels 304
Extranet 391

F

facilité
    d'utilisation 414, 415
facteurs humains 288,
    291, 292
flexibilité
    chronique 157, 158
formation(s) 16, 64, 80,
    81, 108, 109, 111, 133,
    134, 145, 256, 257, 258,
    263, 271, 291, 292, 295,
    313, 314, 371, 372, 432

G

GED 391
gestion
    de l'information 398
gestion des carrières 27
gestion du stress 312
globalisation 33
globalisation
    de l'économie 16
grille de Blake
    et Mouton 20
groupe 40, 196
groupes
    autonomes 201, 202
groupes de projet 194

groupes de résolution
    de problème 195
groupes
    interfonctionnels 195
groupes
    multidisciplinaires . . 195
Groupware 392
GSM 394

H

handicap 121
humeur 340

I

illusion
    d'invulnérabilité 373
illusion de contrôle 373
incertitude . . .36, 37, 38, 45,
    64, 130, 131, 132, 139,
    140, 143, 144
inclusion 95
individualisme 36
industrie nucléaire 295
inéquité 326
information 140, 143,
    167, 170, 390, 398
informatique 389
insatisfaction 300
insertion 108, 110, 111,
    112, 114, 115, 116, 118, 122,
    127, 128, 129, 130, 136, 141,
    142, 143, 144, 145, 146
insertion
    professionnelle 118
inspection 424
intégration . . .117, 126, 127,
    129, 141, 155
intelligence
    des situations 276
interdépendance 208
Internet 388, 390, 391,
    394, 397
Intranet 391
Inventaire du Système
    des Activités 137

J

justice 57, 63, 65, 66, 67
justice distributive . . .55, 56,
    57, 61

justice interactionnelle . . 56,
60, 61, 62, 65
justice
organisationnelle . 27, 53,
54, 55, 63, 64, 65, 66, 67
justice procédurale . . 56, 58,
59, 60, 64

K

Knowledge
Management 393

L

leader(s) 221, 222, 223,
224, 233, 234, 235, 236,
237, 239, 241
leadership 37, 196, 222,
233, 234, 235, 236, 238,
239, 240, 243, 244
leadership
autocratique 238
leadership
démocratique 237
leadership t
ransactionnel 245
leadership
transformationnel . . . 245,
246
lieu de contrôle . . . 310, 366
lisibilité 425

M

management 234, 406
mauvais usage(s) . . 488, 491
mesure des émotions . . 347
micro-informatique 388
modèle
adéquationniste 160
modèle de Fiedler 242
modèle de Hersey
et Blanchard 243
modèle de Vroom
et Jago 241
modèles
de contingence 240
motivation(s) 16, 20, 38,
40, 49, 82, 159, 160,
168, 210, 376

N

non-usage 488
non-utilisation 490
normes ISO 414, 415
nouveau leaderhip 245
nouvelles formes
d'emploi 152
nouvelles formes
de travail 16, 28
nouvelles
technologies 413, 414
NTIC 387, 388, 389, 390,
394, 395, 396, 397, 398,
399, 400, 402, 403, 405,
406, 407, 408, 409, 410

O

optimisme irréaliste 373
organisation du travail . . 271
orientation
professionnelle . . 162, 168
orientation vers l'avenir . . 37
orientation vers
la performance 37

P

participation . . . 40, 230, 241
personnalité . . 16, 236, 237,
276, 311, 324
PGI 391
postes de travail 274
pouvoir 218
préjugés 489
prévention . . . 366, 370, 371,
374, 382
principe d'égalité . 38, 39, 57
principe d'équité 38, 39,
56, 57
principe de besoin . . . 38, 39
principe des besoins
individuels 57
prise de décision 40
processus cognitifs . 342, 457
productivité 219
professionnalisme
nomade 157
professions d'aide 320
programme de Blake
et Mouton 239
psychologie du travail . . 18,
19, 21, 29
« pyramide » de Maslow . 20

Q

qualification 107, 402
questionnaire « LPC » . . 242

R

Realistic Job Previews . . 129
récompense(s) 38, 227
recrutement . . 21, 115, 116,
126, 129
relation de service 267,
268, 269, 270, 272, 278
représentations 112
réseaux
de communication . . . 209
résistance
au changement . . . 54, 71
risque(s) 362, 365, 372,
374, 381, 382
rôles 216, 326
rôles d'équipe 215

S

satisfaction 58, 63, 160,
198, 338, 339, 346, 347, 350,
352, 353, 355, 358, 438
sécurité . . 28, 284, 285, 288,
291, 292, 361, 362, 365,
366, 370, 371, 373, 374,
375, 376, 377, 378, 382
sécurité des systèmes . . 287
sécurité nucléaire . . 284, 296
sélection 120, 126
service(s) 400, 401, 402,
403
site(s) web . . . 451, 452, 453,
454, 455, 456, 457, 458, 462,
463, 464, 465, 466, 467
situation de travail . 277, 408
sociabilité 275
socialisation . . 130, 131, 132
socialisation
anticipatrice 139
socialisation
organisationnelle 26,
129, 162
soutien social . 141, 306, 325
stabilité émotionnelle . . 324
stades de carrière 159
statut professionnel 155
stratégie d'implication . . 226
stratégie de contrôle . . . 226

stress 28, 179, 180, 183,
  184, 187, 299, 300, 301,
  302, 305, 307, 309, 311,
  313, 315, 319, 323,
  324, 341, 479
style affectif 340
style de coping 325
style de leadership .237, 239
surcharge de travail 326
sûreté nucléaire 291
système informatique ...417
système(s)
  technique(s) ...416, 418,
  419, 423
systèmes experts 393
systèmes
  socio-techniques 287

T

tâche conjonctive 208
tâches additives 207
tâches compensatoires ..207
tâches disjonctives 207

technologies
  informatiques 387
télétravail ... 471, 472, 473,
  474, 475, 476, 479
télétravailleur(s) .. 476, 477,
  478, 479
temps de travail ... 27, 249,
  250, 251, 252, 253, 254,
  255, 257, 258, 259,
  261, 262, 263
temps partiel 405
tests « in basket » 237
théorie de Belbin 216
théorie de l'engagement .79
théorie de la régulation ..82
théorie du « dégel » 76
thérapies cognitives 313
travail à distance . 472, 474,
  476, 477, 480
travail nomade 472
travailleur(s)
  handicapé(s) .. 85, 86, 87,
  88, 89, 90, 91, 92, 93, 94, 95,
  96, 97, 98, 99, 100, 101, 102

U

utilisabilité ...416, 421, 427,
  436, 437, 438, 439, 442
utilité 484, 485

V

valeurs culturelles ...34, 35,
  37, 43, 44, 46, 49
valeurs globales 46, 48
valeurs locales 48
validation des acquis
  de l'expérience 169
validité 16, 20
vie au travail/vie hors
  travail 134
vie de travail/vie hors
  travail 135
visioconférence 393

W

Workflow 392

www.ingramcontent.com/pod-product-compliance
Lightning Source LLC
Chambersburg PA
CBHW061957220326
41599CB00021BA/3148